HISTOIRE

DE

LA PÉDAGOGIE

4169-20. — Corbeil. Imprimerie Crété.

HISTOIRE

DE

LA PÉDAGOGIE

PAR

GABRIEL COMPAYRÉ

MEMBRE DE L'INSTITUT

INSPECTEUR GÉNÉRAL DE L'INSTRUCTION PUBLIQUE

VINGT-NEUVIÈME ÉDITION

Augmentée d'un chapitre sur « Le mouvement pédagogique contemporain
en France et à l'étranger ».

PARIS

LIBRAIRIE CLASSIQUE DELAPLANE

Paul MELLOTTÉE, éditeur.

48, RUE MONSIEUR-LE-PRINCE, 48

Les Philosophes

Socrate, par P. LANDORMY, ancien élève de l'École normale supérieure, agrégé de philosophie, professeur de l'Université. 1 volume in-18, br.............................. **2 50**

Platon, par M. RENAULT, ancien élève de l'École normale supérieure, agrégé de philosophie, inspecteur d'Académie. 1 volume in-18, br.............................. **2 50**

Spinoza, par E. CHARTIER, ancien élève de l'École normale supérieure, agrégé de philosophie, professeur au Lycée Henri IV. 1 volume in-18, br.............................. **2 50**

Descartes, par P. LANDORMY. 1 volume in-18, br...... **2 50**

Épicure, par M. RENAULT. 1 volume in-18, br.......... **2 50**

Le Positivisme, par G. CANTECOR, agrégé de philosophie, professeur au lycée Pasteur. 1 volume in-18, br.......... **2 50**

Leibnitz, par MAURICE HALBWACHS, ancien élève de l'École normale supérieure, maître de conférences de philosophie à la Faculté des lettres de l'Université de Strasbourg. 1 volume in-18, br.............................. **2 50**

Kant, par G. CANTECOR. 1 volume in-18, br............ **2 50**

Aristote, par CH. LALO, professeur agrégé de philosophie au Lycée de Versailles. 1 volume in-18, br............. **2 50**

Les Stoïciens, par M. RENAULT. 1 volume in-18, br. *Sous presse.*

Les Grands Éducateurs

J.-J. Rousseau *et l'éducation de la nature*, par GABRIEL COMPAYRÉ, Membre de l'Institut, Inspecteur général de l'Instruction publique. 1 volume in-18, br............. **2 50**

Herbert Spencer *et l'éducation scientifique*, par GABRIEL COMPAYRÉ. 1 volume in-18, br............. **2 50**

Pestalozzi *et l'éducation élémentaire*, par GABRIEL COMPAYRÉ. 1 volume in-18, br............. **2 50**

Jean Macé *et l'instruction obligatoire*, par GABRIEL COMPAYRÉ. 1 volume in-18, br............. **2 50**

Condorcet *et l'éducation démocratique*, par F. VIAL, ancien élève de l'École normale supérieure, agrégé des lettres, inspecteur général de l'Instruction publique. 1 volume in-18, broché............. **2 50**

Herbart *et l'éducation par l'instruction*, par GABRIEL COMPAYRÉ. 1 volume in-18, br............. **2 50**

Pécaut *et l'éducation de la conscience*, par GABRIEL COMPAYRÉ. 1 volume in-18, br............. **2 50**

Montaigne *et l'éducation du jugement*, par GABRIEL COMPAYRÉ. 1 volume in-18, br............. **2 50**

Charles Démia *et les origines de l'enseignement primaire*, par GABRIEL COMPAYRÉ. 1 volume in-18, br............. **2 50**

Horace Mann *et l'école publique aux États-Unis*, par GABRIEL COMPAYRÉ. 1 volume in-18, br............. **2 50**

Le P. Girard *et l'éducation par la langue maternelle*, par GABRIEL COMPAYRÉ. 1 volume in-18, br............. **2 50**

Fénelon *et l'éducation attrayante*, par GABRIEL COMPAYRÉ. 1 volume in-18, br............. **2 50**

Frœbel *et les jardins d'enfants*, par G. COMPAYRÉ. 1 vol. **2 50**

INTRODUCTION

Ce que pourrait être une histoire complète de l'éducation. — En écrivant une histoire élémentaire de la pédagogie, nous ne prétendons pas écrire une histoire de l'éducation. Pédagogie et éducation, comme logique et sciences, comme rhétorique et éloquence, sont choses différentes, quoique analogues.

Quelle ne serait pas l'étendue d'une histoire complète de l'éducation ? Elle devrait embrasser dans ses vastes développements le tableau entier de la culture intellectuelle et de la culture morale des hommes à toutes les époques et dans tous les pays. Elle serait le résumé de la vie de l'humanité dans ses diverses manifestations, littéraires et scientifiques, religieuses et politiques. Elle déterminerait les causes si nombreuses et si diverses qui agissent sur le caractère des hommes, et qui, modifiant un fond commun, produisent des êtres aussi différents que le sont un contemporain de Périclès et un Européen moderne, un Français du moyen âge et un Français d'après la Révolution.

Il n'y a pas seulement, en effet, l'éducation proprement dite, celle qui est donnée dans les écoles et qui provient de l'action directe des pédagogues. Il y a une éducation naturelle que l'on reçoit, sans le savoir, sans le vouloir, par l'influence du milieu social où l'on vit. Il y a ce qu'un philosophe contemporain a appelé ingénieusement les *collaborateurs occultes* de l'éducation, le climat, la race, les mœurs, la condition sociale, les institutions politiques, les croyances religieuses. Si un homme du dix-neuvième siècle ressemble peu à un homme du dix-septième siècle, ce n'est pas uniquement parce que celui-ci a été élevé dans un lycée de l'Université, et celui-là dans un collège de la compagnie de Jésus ; c'est aussi que dans l'air ambiant dont l'un et l'autre ont été enveloppés, ils ont insensiblement contracté d'autres habitudes de l'esprit et du cœur ; c'est qu'ils ont grandi sous d'autres lois, sous un autre régime social et politique ; c'est qu'ils ont été nourris d'une autre philosophie, d'une autre religion. Dans ce composé délicat et

a.

divers qu'on appelle une âme humaine, combien de forces qu'on ne soupçonne pas mettent leur empreinte! Combien de sourdes et latentes origines à nos qualités ou à nos défauts! L'action consciente et réfléchie du maître d'école n'est peut-être pas la plus puissante. A côté de lui, travaillent obscurément, mais efficacement, des agents innombrables, sans compter l'effort personnel et ce que produit d'elle-même l'énergie originale de l'individu.

On voit ce que pourrait être une histoire de l'éducation : une sorte de philosophie de l'histoire à laquelle rien ne serait étranger, et qui scruterait dans ses causes les plus variées et les plus menues, comme dans ses origines les plus profondes, la vie morale de l'humanité.

Ce que doit être une histoire élémentaire de la pédagogie. — Tout autre est le but restreint et modeste d'une histoire de la pédagogie, qui prétend seulement exposer les doctrines et les méthodes des maîtres de l'éducation proprement dite. Dans ce sens plus limité, l'éducation se réduit à l'action préméditée que la volonté d'un homme exerce sur d'autres hommes pour les instruire et les former. Elle est l'auxiliaire réfléchie du développement naturel de l'âme humaine. A ce que peut la nature, à ce que peuvent les influences aveugles et fatales qui se jouent de la destinée humaine, l'éducation ajoute le concours de l'art, c'est-à-dire, de la raison attentive, maîtresse d'elle-même, qui, volontairement et sciemment, applique à la formation des âmes les principes dont elle a reconnu la vérité et les méthodes dont elle a expérimenté la puissance.

Même ainsi réduite, l'histoire de la pédagogie ouvre encore aux recherches un vaste champ d'exploration. C'est qu'il n'est guère de sujet qui ait provoqué, au même degré que l'éducation, l'effort de la pensée humaine. Qu'on jette les yeux sur le catalogue des ouvrages d'éducation publiés en notre langue, tel que l'a récemment dressé M. Buisson (1). Même incomplet, cet inventaire ne comprend pas moins de deux mille numéros. Et peut-être en Allemagne la fécondité pédagogique a-t-elle été poussée plus loin qu'en France. Cela tient d'abord à ce que les questions d'éducation, se renouvelant avec chaque génération, exercent sur les esprits un attrait irrésistible et sans cesse renaissant. Cela tient aussi à ce qu'il suffit d'être père pour avoir le goût de la pédagogie, et, ce qui n'est pas toujours un bien, pour y prétendre à quelque compétence. Cela tient enfin au caractère même des solutions pédagogiques, qui

_____

(1) Voyez le *Dictionnaire de Pédagogie* de M. Buisson. Article *Bibliographie*.

ne se déduisent pas par raisonnement abstrait et indépendant, à la façon des conclusions mathématiques, mais qui, ayant trait à la nature et à la destinée de l'homme, changent et varient avec les fluctuations des doctrines psychologiques et morales dont elles ne sont que les conséquences. A des psychologies différentes correspondent des pédagogies différentes. Un idéaliste, comme Malebranche ne raisonnera pas sur l'éducation à la façon d'un sensualiste comme Locke. Et de même tout système de morale contient en germe une pédagogie propre et originale. Un mystique, comme Gerson, ne proposera pas à l'éducation le même but qu'un homme pratique et positif comme M. Herbert Spencer. De là une diversité très grande dans les systèmes, ou tout au moins une variété infinie dans les nuances des opinions pédagogiques.

En outre, l'activité pédagogique peut se manifester de diverses façons, soit par des doctrines et des théories, soit par des méthodes et des institutions pratiques. L'historien de la pédagogie n'a pas seulement à faire connaître les conceptions générales que les philosophes de l'éducation ont tour à tour soumises à l'approbation des hommes. S'il veut être complet, il doit entrer dans le détail des faits accomplis et étudier dans leur réalité les établissements scolaires qui ont été institués aux diverses époques par les organisateurs de l'instruction.

La pédagogie est chose complexe, et il y a bien des manières d'en écrire l'histoire. Une entre autres, à laquelle on a trop peu songé, et qui ne serait à coup sûr ni la moins intéressante, ni la moins fructueuse, consisterait à étudier, non les grands pédagogues et leurs doctrines, les grands professeurs et leurs méthodes, mais les élèves eux-mêmes. Si l'on pouvait raconter par le menu, à supposer que l'histoire nous fournît sur ce point les renseignements nécessaires, la façon dont a été élevé tel grand homme, ou tel homme de bien ; si l'on pouvait analyser les influences diverses qui ont agi sur la formation du talent ou le développement de la vertu chez des individus remarquables ; s'il était possible, en un mot, de reconstituer par des biographies précises et intimes le travail, la lente élaboration, d'où sont sortis à diverses époques les fermes caractères, les volontés droites ou les esprits judicieux, on ferait œuvre utile et éminemment pratique, quelque chose d'analogue à ce que serait une histoire de la logique, où l'on aurait exposé, non les règles abstraites et les lois formelles de la recherche de la vérité, mais les expériences heureuses, les découvertes brillantes qui ont peu à peu constitué le patrimoine de la science. Ce serait là peut-être la meilleure des logiques, une logique réelle et en action : la meilleure aussi des pédagogies, puisqu'on y apprendrait non des vérités générales, d'un emploi parfois difficile et d'une utilité qui reste à démontrer, mais des moyens pratiques, des méthodes vivantes, dont on saisirait sur le fait l'application heureuse et efficace.

Nous venons de tracer le plan imaginaire d'une histoire de la pédagogie, plutôt que le cadre exact de la série de leçons que contient ce livre. Pourtant nous nous sommes rapproché le plus que nous avons pu de cet idéal, faisant effort pour grouper autour des principales idées philosophiques et morales les pédagogues qu'elles ont inspirés ; essayant de ne rien omettre d'essentiel ; faisant succéder à de rapides esquisses des portraits étudiés et approfondis ; mêlant sans cesse l'exposition des doctrines et l'analyse des ouvrages importants à l'étude des méthodes pratiques, à l'examen des institutions réelles ; pénétrant enfin dans la pensée des grands éducateurs, pour leur demander comment ils sont devenus eux-mêmes pédagogues, et les suivant, quand ils ont joint l'expérience à la théorie, dans les éducations particulières qu'ils ont dirigées avec succès.

Division de l'histoire de la pédagogie. — L'abondance et la variété des questions pédagogiques, le grand nombre des penseurs qui ont traité de l'éducation, la complexité du sujet, en un mot, pourrait inspirer à l'historien de la pédagogie l'idée de diviser son travail et de distribuer ses études en plusieurs séries. Par exemple, il serait possible d'écrire à part l'histoire de l'éducation en général, et ensuite l'histoire de l'instruction, qui n'est qu'un élément de l'éducation. L'éducation elle-même comprenant trois parties, l'éducation physique, l'éducation intellectuelle et l'éducation morale, il y aurait lieu à trois séries d'études distinctes sur ces différents sujets. Mais ces divisions présenteraient de graves inconvénients. En général les opinions d'un pédagogue ne se scindent pas : il y a connexité entre sa façon de voir en matière d'instruction et la solution qu'il donne aux questions d'éducation proprement dite. Un même esprit anime ses théories ou sa pratique en fait de discipline morale, et ses idées en matière d'éducation intellectuelle. Il est donc nécessaire de considérer dans leur ensemble les divers systèmes pédagogiques.

Un ordre de division, peut-être meilleur, serait celui qui, sans tenir compte du temps, distinguerait toutes les doctrines et toutes les applications pédagogiques en un certain nombre d'écoles. et rattacherait tous les éducateurs à quelques tendances générales : la tendance ascétique, celle des Pères de l'Église par exemple et du moyen âge, la tendance utilitaire, celle de Locke et d'un grand nombre de modernes' le pessimisme de Port-Royal, l'optimisme de Fénelon; l'école littéraire des humanités de la Renaissance, l'école scientifique de Diderot et de Condorcet. Un tel travail aurait son intérêt, parce qu'il dégagerait nettement, dans les manifestations en apparence si variées de la pensée pédagogique, quelques principes toujours les mêmes qui reparaissent à toutes les époques de l'histoire; mais ce serait plutôt là une philosophie de l'histoire de l'éducation qu'une simple histoire de la pédagogie.

Le mieux est donc de suivre l'ordre chronologique, et d'étudier tour à tour les pédagogues de l'antiquité, ceux du moyen âge, de la Renaissance et des temps modernes. Le mieux est d'interroger successivement les grandes figures de l'enseignement et de l'éducation, en demandant à chaque instituteur comment il a résolu pour son compte les diverses parties des problèmes pédagogiques. Outre que cet ordre est le plus simple et le plus naturel, il a cet avantage de nous montrer le progrès de la pédagogie s'élevant peu à peu de l'instinct à la réflexion, de la nature à l'art, et, à travers de longs tâtonnements, après nombre d'étapes, s'élevant de ses humbles débuts à une organisation complète et définitive; de nous révéler ce beau spectacle d'une humanité sans cesse grandissante, où, à l'origine, l'instruction ne porte que sur un petit nombre d'objets en même temps qu'une petite élite participe seule à l'éducation, mais où peu à peu s'étendent à la fois et le domaine des connaissances qu'il faut acquérir, des qualités morales qu'exige la lutte pour la vie, et le nombre des hommes qui sont appelés à s'instruire et à s'élever : l'idéal étant, suivant le mot de Coménius, que tous apprennent et que tout soit enseigné.

Utilité de l'histoire de la pédagogie. — L'histoire de la pédagogie fait toujours partie du programme des écoles normales primaires. Elle a été inscrite dans le règlement d'études de la troisième année sous cette rubrique :

Doctrines pédagogiques : Lecture des meilleures pages de la pédagogie moderne. — Idées des doctrines et des moyens d'action des principaux pédagogues (1).

Est-il nécessaire d'insister pour justifier la part qui a été faite à cette étude ? L'histoire de la pédagogie offre d'abord ce grand intérêt qu'elle se rattache intimement à l'histoire générale de la pensée et aussi à l'explication philosophique des actions humaines. Les doctrines pédagogiques en effet ne sont ni de opinions fortuites, ni des événements sans

(1) Décret et arrêté du 4 Août 1905.

portée. D'une part, elles ont leurs causes et leurs principes, les croyances morales, religieuses, politiques, dont elles sont l'image fidèle. D'autre part, elles contribuent à façonner les esprits, à établir les mœurs. Derrière le *Ratio studiorum* de la compagnie de Jésus, derrière l'*Émile* de Rousseau apparaît distinctement toute une religion, toute une philosophie. Dans les études classiques organisées par les humanistes de la Renaissance, on voit poindre le grand éclat littéraire du siècle de Louis XIV ; de même que dans les études scientifiques, prônées il y a cent ans par Diderot et par Condorcet, se préparait l'esprit positif de notre temps. L'éducation du peuple est à la fois la conséquence de tout ce qu'il croit et la source de tout ce qu'il sera.

Mais il y a d'autres raisons qui recommandent l'étude des pédagogues et la lecture de leurs ouvrages. L'histoire de la pédagogie est l'introduction nécessaire à la pédagogie elle-même. On doit l'étudier, non par esprit d'érudition et de vaine curiosité, mais dans une intention pratique, afin d'y rechercher les vérités durables qui sont les éléments essentiels d'une théorie définitive de l'éducation. L'effort désirable à l'heure présente, ce n'est peut-être pas tant de chercher des idées nouvelles, que de bien comprendre celles qui sont déjà en circulation, de faire un choix entre elles, et, une fois ce choix fait, de s'appliquer résolument à les mettre en œuvre. Quand on considère avec impartialité tout ce qui a été conçu ou pratiqué avant le dix-neuvième siècle, on voit bien ce que nos devanciers nous ont laissé à faire, en fait de conséquences à déduire, d'aperçus incomplets ou obscurs à généraliser ou à éclaircir, surtout de tendances diverses à concilier, on se demande ce qu'ils nous ont vraiment laissé à inventer.

Il n'y a pas jusqu'aux chimères et aux erreurs pédagogiques de nos devanciers qu'il ne soit profitable d'étudier. Ce sont en effet autant d'expériences marquées qui contribuent aux progrès de nos méthodes, en nous avertissant des écueils qu'il convient d'éviter. Une analyse approfondie des paradoxes de Rousseau, des conséquences absurdes auxquelles le conduit l'abus du principe de la nature, n'est pas moins instructive que la méditation des préceptes les plus sages de Montaigne ou de Port-Royal.

A vrai dire, pour qui connaît à fond les grands pédagogues des siècles passés, la pédagogie est plus qu'à moitié faite. Il ne reste qu'à coordonner les vérités éparses qu'on a recueillies dans leurs œuvres, en se les appropriant par la réflexion personnelle, en les fécondant par l'analyse psychologique et par la foi morale.

Et notez qu'étudiées chez les hommes qui les ont pour la

première fois conçues ou pratiquées, les méthodes pédagogiques se présentent à notre examen avec un relief surprenant. Les novateurs prêtent à ce qu'ils inventent un
accent particulier, quelque chose de vivant, d'excessif parfois, mais qui précisément permet de mieux comprendre
leur pensée, d'en pénétrer plus complètement les qualités
ou les défauts.

Ce n'est d'ailleurs pas seulement le profit intellectuel,
c'est aussi l'excitation morale qu'on en retirera qui recommande l'histoire de la pédagogie. Croit-on qu'il soit inutile,
pour encourager les efforts de nos instituteurs et de nos
institutrices, de leur présenter ces beaux modèles de vertus
pédagogiques qui s'appellent Coménius, Rollin, Pestalozzi?
Le maître qui reprend chaque jour sa lourde tâche, ne
sera-t-il pas réconforté et soutenu, n'entrera-t-il pas meilleur
et plus fort dans sa classe, où l'attendent tant de difficultés
et tant de travaux, si son imagination est hantée par le
souvenir précis de ceux qui, dans le passé, lui ont ouvert la
voie et donné l'exemple? On est parvenu aujourd'hui, grâce
aux prodiges de l'électricité, à transporter la force matérielle et mécanique, à en opérer le transfert à travers l'espace et malgré la distance. Eh bien, par la lecture, par la
méditation, nous pouvons faire quelque chose d'analogue
dans le monde moral : nous pouvons emprunter aux anciens,
à travers le temps, un peu de l'énergie morale qui les en-
flammait et faire revivre dans nos cœurs quelques-unes de
leurs vertus de dévoûment et de foi. Sans doute une histoire
sommaire de la pédagogie ne saurait remplacer, à ce point
de vue, la lecture même des auteurs; mais elle la prépare
et elle en donne le goût.

Il est donc permis de dire que l'utilité de l'histoire de la
pédagogie se confond avec celle de la pédagogie elle-même.
Et nous n'en sommes plus aujourd'hui à avoir besoin de
cette seconde démonstration. La pédagogie, longtemps négligée même dans notre pays, a repris crédit : bien plus,
elle est à la mode. La France pédagogise, disait récemment
un des hommes qui auront le plus contribué de notre temps
à exciter et aussi à régler le goût des études pédagogiques (1).
Les mots *pédagogue*, *pédagogie*, ont couru des dangers dans
l'histoire de notre langue. Littré nous dit que le mot *pédagogue* « est le plus souvent pris en mauvaise part. » D'un
autre côté, si l'on consulte son dictionnaire, on se convainc
que le sens du mot *pédagogue* n'était pas encore fixé il y a
plusieurs années, puisqu'il la définit « l'éducation morale des
enfants. » Aujourd'hui, non seulement dans la langue, mais

(1) V. l'article de M. Pécaut dans la *Revue pédagogique*, 1882, n° 2.

dans les faits et dans les institutions, le sort de la pédagogie
est fixé. Sans doute, il ne faut pas en abuser, ni lui attribuer une vertu souveraine et toute puissante qu'elle n'a pas.
Nous dirions volontiers de la pédagogie ce que Sainte-Beuve
disait de la logique : La meilleure est celle qui ne s'en fait
pas accroire, qui n'est pas éprise d'elle-même et qui modestement reconnaît les limites de son pouvoir. La meilleure
est celle qu'on se fait à soi-même, non celle qu'on apprend
dans les livres.

L'enseignement de la pédagogie n'en est pas moins destiné à rendre de grands services à l'éducation, et l'éducation, prenons-y garde, est en train d'acquérir chaque jour
une importance nouvelle : d'abord pour cette raison que,
sous un gouvernement libéral et dans une société républicaine, il est de plus en plus nécessaire que les citoyens
soient instruits et éclairés. La liberté est chose dangereuse,
si elle n'a pas l'instruction pour contre poids. De plus, il faut
bien reconnaître que, de nos jours, parmi ces *collaborateurs
occultes* dont nous avons parlé et qui en tout temps ajoutent
leur action à celle de l'éducation proprement dite, les uns
ont perdu de leur influence, les autres, loin de collaborer à
l'œuvre éducatrice, la contrarient et la compromettent.
D'une part la religion a vu son action s'amoindrir : elle n'est
plus, comme autrefois, la puissance tutélaire à l'ombre de
laquelle grandissaient paisiblement les jeunes générations.
Il faut que par les progrès de la raison, par le développement réfléchi de la moralité, l'éducation compense le déchet
de l'influence religieuse.

D'autre part, les conditions sociales, le progrès même de
la liberté civile et de la liberté politique, l'indépendance
plus grande accordée à l'enfant dans la famille, la multi-
plication des livres, des mauvais comme des bons, tous ces
agents collatéraux de l'éducation n'en sont pas toujours les
auxiliaires complaisants et utiles; ils seraient plutôt les com-
plices d'une décadence morale, si les éducateurs ne faisaient
un effort d'autant plus vigoureux pour agir sur les volontés
et sur les cœurs, comme sur les esprits, pour fonder les
mœurs et assurer le relèvement de notre pays.

HISTOIRE

DE

LA PÉDAGOGIE

PREMIÈRE LEÇON

L'ÉDUCATION DANS L'ANTIQUITÉ

Considérations préliminaires. — Un historien allemand de la philosophie commence son travail en posant cette question : « Adam a-t-il été philosophe? » De même certains historiens de la pédagogie débutent par de savantes recherches sur la pédagogie des sauvages. Nous ne ferons pas remonter si haut nos investigations. Sans doute, du jour où une famille humaine a vécu, du jour où un père et une mère ont aimé leurs enfants, l'éducation a existé. Mais il y a peu d'intérêt

1

pratique à étudier ces obscurs commencements de la pédagogie. C'est affaire d'érudition et de curiosité. Outre qu'il est difficile de ressaisir les faibles vestiges de l'éducation primitive, il y aurait peu de profit à suivre péniblement les longs tâtonnements des premiers hommes. L'histoire de la pédagogie ne date, à vrai dire, que de l'époque, relativement récente, où la pensée humaine a substitué, dans l'éducation, la réflexion à l'instinct, l'art à la nature aveugle. Aussi nous hâterons-nous d'aborder l'étude de la pédagogie chez les peuples classiques, chez les Grecs et chez les Romains, après avoir jeté un coup d'œil rapide sur quelques sociétés orientales, considérées soit dans leur berceau et leurs origines lointaines, soit dans leur développement plus moderne.

La pédagogie des Hindous. — Il ne saurait être question d'entrer ici dans des détails sur une civilisation aussi étrangère à la nôtre que celle des Hindous. Mais nous ne pouvons oublier que nous sommes en partie les descendants de ce peuple, que nous appartenons au même groupe ethnique et que les langues européennes dérivent de la sienne.

Politique de caste et panthéisme religieux. — L'esprit de caste, au point de vue social, le panthéisme, au point de vue religieux, telles sont les caractéristiques de la société hindoue. Les castes indiennes constituaient des classes héréditaires, où le rang social et la destination de la vie étaient déterminés, non par un choix libre, mais par la naissance. Par suite, une routine éternelle, aucun souci ni de l'individualité, ni des talents personnels, ni de l'inclination des enfants, aucune possibilité de s'élever par l'effort au-dessus de son rang. D'autre part, les idées religieuses venaient encore limiter, dans les cadres où elle étaient déjà emprisonnée, l'activité du jeune Hindou. Dieu est partout présent; il se manifeste dans les phénomènes du ciel et de la terre, dans le soleil et dans les astres, dans l'Himalaya et dans le Gange; il pénètre et anime tout; les choses sensibles ne sont que le vêtement changeant et éphémère de l'être immuable. « Avec cette conception panthéistique du monde et de la vie, la pensée et la volonté de l'Hindou périssaient dans la contemplation mystique de l'âme. Devenir maître des inclinations, abandonner toute pensée terrestre, se confondre et s'anéantir dès cette vie dans la nature divine, se préparer par des macérations et par des expiations à la submersion totale dans le principe primitif de tout être, c'est la plus haute sagesse, le vrai bonheur de l'Hindou, et l'idéal de toute éducation sérieuse (1). »

Conséquences pédagogiques. — On devine ce que pouvait être l'éducation sous le poids de ces doubles chaînes sociales et religieuses. Tandis que dans nos sociétés modernes l'idéal est de plus en plus d'affranchir l'individu, de créer la personne humaine, libre et consciente d'elle-même, l'effort des brahmanes hindous consistait surtout à effacer toute spontanéité, à abolir les dispositions individuelles, en prêchant la doctrine du renoncement absolu de soi-même, de l'asservissement volontaire et du mépris de la vie. L'homme alors naissait doublement esclave, et par sa condition sociale qui le prédestinait à l'apprentissage routinier de l'état de ses ancêtres, et par sa dépendance mystérieuse avec l'être divin, qui absorbait en lui toute activité réelle et n'en laissait aux êtres humains que la trompeuse et fragile apparence.

Réforme bouddhique. — La réforme bouddhique, survenue au sein du brahmanisme vers le sixième siècle avant Jésus-Christ, ne modifia pas sensiblement, au point de vue de l'éducation, les idées des Hindous. Bouddha enseigna, lui aussi, que la cause du mal réside dans les passions humaines, et que, pour parvenir à la paix morale, il n'y a pas d'autre moyen à employer que

_____

(1) Dittes, *Histoire de l'éducation et de l'instruction*, traduction Redolfi, 1880, p 33

celui de l'abdication de soi-même, du **renoncement** à tout égoïsme et à toute personnalité.

Entretien de Bouddha et de Purna. — Une des traditions qui nous permettent le mieux d'apprécier le caractère original, à la fois touchant et naïf, de la pensée indienne, c'est l'entretien de Bouddha avec son disciple Purna, sur un voyage que ce dernier allait entreprendre chez les barbares pour leur enseigner la religion nouvelle :

« Ce sont, lui dit Bouddha, des hommes emportés, cruels, colères, furieux, insolents. S'ils t'adressent en face des paroles méchantes et grossières, s'ils se mettent en colère contre toi, que penseras-tu ? — S'ils m'adressent en face des paroles insolentes et grossières, voici ce que je penserai : Ce sont certainement des hommes bons, ces hommes qui m'adressent en face des paroles méchantes, mais qui ne me frappent ni de la main ni à coups de pierre. — Mais s'ils te frappent de la main et à coups de pierre, que penseras-tu? — Je penserai que ce sont des hommes bons, des hommes doux, ceux qui me frappent de la main et à coups de pierre, mais qui ne me frappent ni du bâton ni de l'épée. — Mais s'ils te frappent du bâton et de l'épée? — Ce sont des hommes bons, ce sont des hommes doux, ceux qui me frappent du bâton et de l'épée, mais qui ne me privent pas complètement de la vie. — Mais s'ils te privent complètement de la vie? — Ce sont des hommes bons, ce sont des hommes doux, ceux qui me délivrent avec si peu de douleur de ce corps rempli de souillures! — Bien, bien, Purna! tu peux habiter dans le pays de ces barbares. Va, Purna; délivré, délivre; consolé, console : parvenu au nirvâna complet, fais-y arriver les autres (1)! »

Tout ce qu'une pareille morale a d'admirable dans son étrangeté ne doit pas nous dissimuler les vices des conséquences pratiques qui en résultaient : abus de la résignation passive, absence complète de l'idée de droit et de l'idée de justice, aucune vertu active.

Pratiques pédagogiques. — Les pratiques pédagogiques des Hindous sont peu connues. Disons cependant que les brahmanes, les prêtres, étaient les maîtres exclusifs de l'éducation. La femme, absolument dépen-

(1) Burnouf, *Introduction à l'histoire du Bouddhisme*, p. 252.

dante de l'homme, restait en dehors de toute instruction.

Quant aux garçons, il semble qu'il y ait eu de tout
temps dans l'Inde des écoles primaires à leur usage :
écoles qui se tenaient en pleine campagne, sous le couvert
des arbres, ou bien, en cas de mauvais temps, sous des
hangars. L'enseignement mutuel y a été pratiqué depuis
l'antiquité la plus reculée ; et c'est dans l'Inde en effet que
l'Anglais Bell a recueilli, à la fin du dix-huitième siècle,
la tradition de ce mode d'enseignement. Les exercices
d'écriture s'exécutaient d'abord sur le sable avec un
bâton, puis sur des feuilles de palmier avec des stylets
de fer, enfin sur des feuilles sèches de platane avec de
l'encre. La discipline n'excluait pas les punitions corporelles ; outre les verges, le maître employait d'autres
moyens originaux : par exemple, il jetait de l'eau froide
sur le coupable. Le maître était d'ailleurs entouré d'un
respect religieux : l'enfant devait le respecter comme
Bouddha lui-même.

Les hautes études étaient reservées à la caste des
prêtres qui cultivèrent avec succès, longtemps avant
l'ère chrétienne, la rhétorique et la logique, l'astronomie et les mathématiques.

L'éducation chez les Israélites. — « Si jamais
peuple a démontré la puissance de l'éducation, c'est
bien le peuple israélite (1). » Quel singulier spectacle
nous offre en effet cette nation, qui, depuis dix-huit cents
ans dépossédée de son territoire, s'est dispersée parmi
les peuples sans se confondre avec eux, et qui continue
de subsister, sans patrie, sans gouvernement, sans chef,
conservant avec une énergie vivace ses habitudes, ses
mœurs et sa foi ! Sans nier ce qui, dans cette vitalité
extraordinaire du peuple juif, revient aux dons naturels
de la race, à son tempérament tenace et à sa merveilleuse activité d'esprit, il est juste d'en attribuer une
partie à la forte éducation, à la fois religieuse et natio-

(1) Dittes. *ouvrage cité*, p. 49.

nale, dont les premiers Hébreux ont transmis la tradition à leurs descendants.

Ages primitifs, éducation religieuse et nationale. — Ce qui dans les âges reculés caractérisait d'abord l'éducation des Hébreux, c'est qu'elle était essentiellement domestique. Pendant toute la période biblique, on ne trouve point trace d'écoles publiques, au moins pour les petits enfants. La vie de famille est le principe de cette société primitive, où la notion de l'État est à peu près inconnue, où Dieu est le vrai roi.

L'enfant doit devenir le serviteur fidèle de Jéhovah. Pour cela il n'est pas besoin qu'il acquière de grandes connaissances. Il importe seulement qu'il apprenne, par la parole et l'exemple instructif de ses parents, les règles morales et les croyances religieuses. On l'a très justement dit (1) : « Chez toutes les nations, la direction imprimée à l'éducation dépend de l'idée qu'elles se forment de l'homme parfait. Chez les Romains, c'est le soldat vaillant, dur à la fatigue, docile à la discipline ; chez les Athéniens, c'est l'homme qui réunit en lui l'heureuse harmonie de la perfection morale et de la perfection physique ; chez les Hébreux, l'homme parfait, c'est l'homme pieux, vertueux, capable d'atteindre l'idéal tracé par Dieu lui-même en ces termes : « Soyez saints, « comme moi l'Éternel, je suis saint (2). »

La discipline était rude, comme en témoignent divers passages de la Bible : « Qui épargne les verges, hait son fils, disent les *Proverbes*; qui l'aime, le châtie (3). » — « N'épargne pas la correction au jeune enfant; quand tu l'auras frappé de verges, il n'en mourra pas. — Tu le frapperas et tu délivreras son âme du sépulcre (4). » Et ce qui est plus expressif encore : « Châtie ton fils

---

(1) *L'éducation et l'instruction chez les anciens Juifs,* par J. Simon. Paris, 1879, p. 16.
(2) *Lévit.,* XIX, 2.
(3) *Prov.,* XIII, 24.
(4) *Ibid.,* XXIII, 13 et 14

tant qu'il y a espoir; mais ne te laisse pas aller jusqu'à
le tuer (1). »

Les garçons seuls, semble-t-il, apprenaient à lire,
à écrire. Quant aux jeunes filles, on leur enseignait à
filer, à tisser, à préparer les repas, à surveiller les travaux domestiques, et aussi à chanter, à danser.

En résumé, la culture intellectuelle n'était que l'accessoire de l'éducation primitive des Hébreux; la grande
affaire à leurs yeux, c'était l'enseignement moral,
religieux, et aussi l'éducation patriotique. Les pères
enseignaient à leurs enfants l'histoire nationale, les
grands événements qui avaient marqué la destinée du
peuple de Dieu. La série de ces événements que l'on
célébrait d'ailleurs par de grandes fêtes, souvent renou-
velées et auxquelles les enfants participaient, remplissaient à la fois leur cœur de reconnaissance pour Dieu
et d'amour pour la patrie.

Progrès de l'instruction populaire. — On ne
s'imagine pas jusqu'à quel point, dans les années qui
suivirent l'avènement du christianisme, le souci de
l'instruction se développa chez les anciens juifs. De
domestique qu'elle avait été jusque-là, l'éducation juive
devient publique. En outre, on ne se contente plus d'inculquer aux enfants de bons principes, de saines habitudes morales : on veut aussi les instruire. Dès les premiers siècles de l'ère chrétienne, les Israélites, en ce qui
touche l'obligation et l'universalité de l'instruction, se
rapprochaient de notre idéal moderne. Comme tous les
peuples vaincus, mais forts, dont l'énergie survit à la
défaite, comme les Prussiens, après Iéna, comme les
Français, après 1870, les Juifs ont cherché par un grand
effort intellectuel à se défendre contre la conquête
et à préparer la revanche par le développement de
l'instruction.

Organisation des écoles. — En l'an 64, le grand
prêtre Josué Ben Gamala impose à chaque ville, sous

(1) *Prov.*, XIX. 18.

peine d'excommunication, l'obligation d'entretenir une école. Si la ville est coupée en deux par une rivière et qu'il n'y ait point de pont solide pour la traverser, il doit être créé une école dans les faubourgs. Nous sommes loin, même aujourd'hui, d'avoir réalisé, en ce qui concerne le nombre des écoles et des instituteurs, cette règle posée par le Talmud : « Si le nombre des enfants ne dépasse pas vingt-cinq, l'école sera dirigée par un seul maître ; à partir de vingt-cinq, la ville payera un adjoint : au-dessus de quarante, il faudra deux directeurs. »

Respect des instituteurs. — Quelle haute et noble idée on se faisait dès lors des instituteurs, « ces vrais protecteurs de la cité ! » Comme on se montrait déjà exigeant pour eux ! Comme en revanche on les estimait, comme on les respectait ! Les rabbins demandent que le maître d'école soit marié : ils se défient d'instituteurs qui ne seraient pas en même temps pères de famille. Est-il possible de faire valoir les avantages de la maturité et de l'expérience plus délicatement que dans ce ravissant langage ? « Celui qui apprend quelque chose d'un maître jeune, ressemble à un homme qui mange des raisins verts, et boit du vin sortant du pressoir : mais celui qui a un maître d'un âge fait ressemble à un homme qui mange des raisins mûrs et exquis, et boit du vin vieux. » La douceur, la patience, le désintéressement étaient recommandés comme les vertus maîtresses de l'instituteur : « Si votre maître et votre père, dit le Talmud, ont besoin de votre assistance, secourez votre maître avant de secourir votre père : celui-ci ne vous a donné que la vie de ce monde ; tandis que celui-là vous a procuré la vie du monde à venir. »

Méthodes et discipline. — C'est à six ans que l'enfant entrait à l'école. « Si l'on amène dans ton école un enfant de moins de six ans, il ne faut pas le recevoir, » est-il dit dans le Talmud ; et, pour indiquer qu'à partir de cet âge, il convient de rattraper le temps perdu, le Talmud ajoute : « Après six ans, reçois-le, et *charge-le comme un bœuf.* » D'autres docteurs du même temps, plus judicieux et plus clairvoyants, recommandent au contraire la modération dans le travail et disent qu'il faut traiter, « les petits selon leurs forces, les grands selon leurs forces. »

Ce qu'on apprenait dans ces écoles juives, c'était, avec la lecture et l'écriture (1), un peu d'histoire naturelle, beaucoup de géométrie et d'astronomie. La Bible était naturellement le premier livre mis aux mains des enfants. Le maître mêlait sans cesse des leçons morales à l'enseignement de la lecture. Il s'attachait avec une sollicitude particulière à obtenir une prononciation correcte. Il multipliait les explications afin d'être bien compris, répétant son commentaire jusqu'à *quatre cents fois*, s'il le fallait.

Les méthodes étaient, semble-t-il, suggestives et attrayantes, la discipline relativement douce. Elle ne se ressentait plus de la dureté proverbiale des premiers temps. « Les enfants, dit le Talmud, doivent être punis d'une main et caressés des deux. » L'esprit chrétien, l'esprit de celui qui avait dit : « Laissez venir à moi les petits enfants, » avait pénétré les Juifs eux-mêmes. Les châtiments corporels étaient cependant tolérés dans une certaine mesure et seulement, chose bizarre, pour les enfants au-dessus de onze ans ; au-dessus de cet âge on pouvait priver de pain l'élève indocile, et même le frapper avec une courroie de chaussure.

Esprit exclusif et jaloux. — Les éloges que mérite l'éducation juive ne vont pas cependant sans quelques réserves. L'esprit des Juifs était borné, étroit, malveillant pour le reste du genre humain. Il est resté quelque chose de ces tendances jalouses, exclusives,

(1) Quelles étaient les méthodes suivies pour la lecture et l'écriture? M. Renan, dans la *Vie de Jésus*, nous dit : « Jésus apprit à lire et à écrire, sans doute selon la méthode de l'Orient, consistant à mettre entre les mains de l'enfant un livre qu'il répète en cadence avec ses petits camarades, jusqu'à ce qu'il le sache par cœur. »

usque chez les Israélites de notre temps. Au début de
l'ère chrétienne, tout ce qui était du dehors, tout ce qui
n'appartenait pas à la tradition nationale, les Juifs le
proscrivaient avec un patriotisme âpre et dédaigneux.
Rien de la culture grecque ou romaine ne pénétrait
dans ce monde fermé. Les docteurs palestiniens enve-
loppaient dans le même mépris « celui qui élève des
porcs et celui qui apprend à son fils la science grecque. »

L'éducation chez les Chinois. — Nous avons essayé
de mettre en relief les mœurs pédagogiques des deux
peuples orientaux avec lesquels la civilisation de l'Oc-
cident a le plus de rapports. Quelques mots suffiront
pour les autres sociétés primitives, dont l'histoire est
trop peu connue et la civilisation trop éloignée de la
nôtre pour que leur pédagogie soit autre chose qu'un
objet de curiosité.

La Chine a été civilisée de temps immémorial, et, à
tous les âges de sa longue histoire, elle se ressemble à
elle-même. Une absolue uniformité caractérise depuis
plus de trois mille ans ce peuple immobile. Tout y est
réglé par la tradition. L'instruction y est machinale et
formelle. Les maîtres se préoccupent exclusivement de
faire acquérir une habileté mécanique, une routine
régulière et sûre. Ils ont plus souci des apparences,
d'une manière d'agir convenable, que d'une moralité
intime et profonde. La vie n'est qu'un cérémonial mi-
nutieusement fixé et ponctuellement suivi. Aucune
liberté, aucun élan de spontanéité. Dans l'art, je ne sais
quoi de raffiné et de mesquinement joli : rien de grand
et d'élevé. Par leur formalisme, les pédagogues chinois
sont les jésuites de l'Orient.

Lao-tsée et Cong-tsée. — Vers le sixième siècle
avant Jésus-Christ, deux réformateurs parurent en
Chine, Lao-tsée et Cong-tsée. Le premier représente
l'esprit d'émancipation, de progrès, de recherche de
l'idéal, de protestation contre la routine : il échoua.
Le second, devenu célèbre sous le nom de Confucius, et
auquel la tradition attribue plus de trois mille disci-

ples immédiats, fit triompher au contraire ses idées
de moralité pratique, utilitaire, fondée sur l'autorité
de l'État et celle de la famille, comme sur l'intérêt de
l'individu.

Une citation de Lao-tsée prouvera que la pensée humaine, dès le sixième siècle, avait pris en Chine un vol
élevé :

> « A en croire de mauvais souverains, il faudrait laisser vides le
> cœur et l'esprit de l'homme, mais à la place remplir son ventre;
> il faudrait lui fortifier les os plus que la force de la volonté;
> il faudrait toujours aspirer à ce que le peuple restât dans l'igno-
> rance : car alors il ne demande pas beaucoup... Il est difficile,
> disent-ils encore, de gouverner un peuple qui sait trop... Ces
> doctrines sont directement opposées à ce que l'on doit à l'huma-
> nité. Il faut que les gouvernants s'adressent au peuple par la
> parole et par la doctrine; il faut que, loin de l'opprimer et de
> le traiter servilement, ils lui fassent du bien de toute manière. »

En d'autres termes, c'est en éclairant le peuple, c'est
en se dévouant avec bonté à ses intérêts, qu'on mérite
de le gouverner.

Si les Chinois n'ont pas tout retenu de ces conseils
sages et élevés, du moins il semble que de tout temps ils
aient fait effort pour répandre l'instruction. « La Chine
est assurément le pays du monde où l'instruction primaire est le plus répandue, » disait hardiment M. Huc,
missionnaire en Chine. De même un écrivain allemand
affirme qu'il n'y a pas en Chine de village si misérable, de hameau si modeste qui ne soit pourvu d'une
école quelconque (1). Dans un pays de tradition comme
la Chine, on peut conclure de ce qui existe aujour-
d'hui à ce qui existait autrefois. Seulement cette instruction, si largement répandue, est toute superficielle
et ne tend qu'à une culture extérieure. Comme le dit
M. Dittes, la méthode pédagogique des Chinois consiste, non à *développer*, mais à *communiquer*(2).

---

(1) Voyez dans le *Dictionnaire de Pédagogie*, de M. Buisson, a
l'article CHINE, une série de documents intéressante sur l'état
actuel de l'éducation en Chine.

(2) Dittes, *op. cit.*, p. 32

L'éducation chez les autres peuples de l'Orient. — De toutes les sociétés orientales, l'Égypte est celle où la culture intellectuelle semble s'être élevée le plus haut, mais seulement chez quelques hommes privilégiés. Là, comme dans l'Inde, la caste des prêtres gardait pour elle le privilège de la science ; elle conservait jalousement le dépôt de connaissances mystérieuses, qu'elle ne communiquait qu'aux rois. Le peuple, divisé en classes d'ouvriers asservis de père en fils au même état social, n'apprenait guère que ce qu'il fallait pour exercer les métiers traditionnels et s'initier aux croyances religieuses.

Dans la société plus militaire et beaucoup moins théocratique du peuple perse, des efforts furent tentés au contraire en faveur d'une éducation générale. Le dualisme religieux qui distinguait le principe du bien, Ormuz, du principe du mal, Ahriman, et qui promettait au premier la victoire, faisait un devoir à chaque homme d'aider à cette victoire définitive, en pratiquant lui-même le bien. De là, de nobles tentatives pour atteindre à la perfection physique et à la perfection morale L'éducation sobre et frugale des Perses a excité l'admiration de certains écrivains grecs, notamment de Xénophon, et l'on retrouvera dans la *Cyropédie* le tableau saisissant des mœurs courageuses et vertueuses des premiers Perses.

En résumé, l'histoire de la pédagogie chez les peuples orientaux nous offre peu d'exemples à suivre. Ce qui, à des degrés divers, caractérise l'éducation primitive, c'est qu'elle est le privilège de certaines classes; que la femme en est le plus souvent exclue; qu'il n'est guère question pour le peuple que de l'apprentissage d'un métier, de l'art de la guerre, ou de la préparation à la vie future; que nul appel n'est fait à la libre énergie des individus, et que les grandes masses populaires de l'antiquité ont généralement vécu sous l'oppression accablante des idées religieuses, des traditions immobiles et du despotisme politique.

LEÇON II

L'ÉDUCATION CHEZ LES GRECS

La pédagogie grecque. — L'éducation athénienne et l'éducation spartiate. — Les écoles d'Athènes : écoles de grammaire; écoles de gymnastique, les *palestres*; écoles de musique. — Les écoles de rhétorique et de philosophie. — Socrate et la méthode socratique. — L'ironie. — La maieutique ou l'art d'accoucher les esprits. — Exemples d'ironie et de maieutique empruntés aux *Mémorables* de Xénophon. — Platon et la *République*. — L'éducation des guerriers et des magistrats. — La musique et la gymnastique. — La religion et l'art dans l'éducation : le beau et le bien. — La haute éducation intellectuelle. — Les *Lois* : définition de l'éducation; prescriptions de détail. — Xénophon. — L'*Économique* et l'éducation de la femme. — La *Cyropédie* : protestations de Xénophon contre les mœurs dégénérées des Grecs. — Aristote. — Caractère général de sa pédagogie. — Éducation publique. — Développement progressif de la nature humaine. — Éducation physique. — Éducation intellectuelle et morale. — Défauts de la pédagogie d'Aristote et en général de la pédagogie grecque.

La pédagogie grecque. — Sur cette terre privilégiée de la Grèce, dans cette brillante Athènes, florissante en artistes, en poètes, en historiens, en philosophes, dans cette rude Sparte, célèbre par sa discipline et par ses mâles vertus, l'éducation a été plutôt le fruit spontané de la nature, le produit naturel de la diversité des mœurs, des caractères et des races, que le résultat prémédité d'une action réfléchie de la volonté humaine. La Grèce a eu pourtant sa pédagogie, parce qu'elle a eu ses législateurs et ses philosophes : les uns réglant, dans la pratique, les détails de l'éducation, les autres recherchant dans leurs théories les principes essentiels du développement des âmes humaines. Pour l'éducation, comme pour tout le reste, la vie supérieure de l'esprit chez les peuples modernes s'est développée sous l'influence de l'antiquité grecque (1).

L'éducation athénienne et l'éducation spartiate. — Ce qui frappe tout d'abord dans le spectacle que nous offre la Grèce, par opposition avec l'immobilité et l'unité des sociétés primitives de l'Orient, c'est un déploiement plus libre des facultés humaines; c'est par suite la diversité des tendances et des mœurs. L'individu sans doute, dans les républiques grecques, est toujours subordonné à l'État. Il est peu question encore, même à Athènes, de la dignité propre de la personne humaine. Mais l'État athénien diffère profondément de l'État spartiate, et par conséquent la vie individuelle est autrement comprise, autrement dirigée dans ces deux grandes cités. A Athènes, sans négliger le corps, on s'occupe beaucoup de l'esprit; la culture intellectuelle est poussée fort loin, jusqu'à devenir raffinée; les beaux parleurs y sont goûtés au point qu'ils finissent par abuser de la parole et du raisonnement et par mériter le nom discrédité de sophistes. A Sparte l'esprit est sacrifié au corps; la force physique, l'aptitude militaire, sont les qualités préférées; on ne songe à former que des athlètes et des soldats; la sobriété et le courage, mais aussi l'ignorance et la brutalité, sont les résultats de cette éducation trop exclusive. Montaigne a mis en relief, non sans quelque partialité pour Sparte, le contraste de ces deux éducations :

« On alloit, dit-il, aux aultres villes de Grece chercher des rhetoriciens, des peintres et des musiciens; mais en Lacedemone, des legislateurs, des magistrats et empereurs d'armee : à Athenes, on apprenoit à bien dire : et icy à bien faire; là à se desmesler d'un argument sophistique, et à rabattre l'imposture des mots captieusement entrelacés : icy à se desmesler des appasts de la volupté, et à rabattre d'un grand courage les menaces de la fortune et de la mort : ceux-là s'enbesoin-guoient aprez les paroles, ceulx-cy aprez les choses : là c'estoi une continuelle exercitation de la langue : icv une continuelle exercitation de l'ame (1). »

Ce dernier trait manque de justesse : les exercices quotidiens des jeunes Spartiates, le saut, la course, la lutte, le jeu des lances, le jeu des disques, ne sauraient passer pour des occupations de l'âme; et d'autre part, en apprenant à parler, les jeunes Athéniens apprenaient aussi à sentir et à penser.

Les écoles d'Athènes. — Le législateur d'Athènes, Solon, avait mis sur le même rang les exercices du corps et ceux de l'esprit. Les enfants, disait-il, doivent avant toutes choses apprendre « à nager et à lire. » Il semble même que l'éducation du corps fût la principale préoccupation de la république athénienne. Tandis qu'on abandonnait à l'initiative privée l'organisation des écoles de grammaire et des écoles de musique, l'État intervenait dans la direction des gymnases. Le chef du gymnase ou gymnasiarque était élu chaque année par l'assemblée du peuple. Néanmoins l'éducation athénienne devint de plus en plus, surtout vers le sixième siècle avant Jésus-Christ, une éducation littéraire.

L'enfant athénien restait jusqu'à six ou sept ans entre les mains d'une nourrice et d'une garde. A sept ans un pédagogue, c'est-à-dire un « conducteur d'enfants », le plus souvent un esclave, était chargé de surveiller l'enfant. Sous la conduite de son pédagogue, l'élève fréquentait tour à tour l'école de grammaire, l'école de gymnastique, ou *palestre* (2), et l'école de musique. Le grammairien, qui parfois donnait ses leçons en plein air, dans les rues et sur les places publiques, enseignait

(1) Montaigne, *Essais*, l. I, ch. xxiv.
(2) La *palestre* était l'école de gymnastique des enfants. Le *gymnase* était réservé aux adultes et aux hommes faits.

la lecture, l'écriture, la mythologie. Homère était le livre de lecture. L'enseignement de la gymnastique était donné parallèlement à l'enseignement grammatical : commencé dans les palestres, il se continuait plus tard dans les gymnases. L'instruction musicale succédait aux exercices de grammaire et de gymnastique. Le maître de musique ou *cithariste* exerçait d'abord ses élèves à chanter, puis à jouer des instruments à corde, la lyre et la cithare. On sait quelle valeur les Athéniens attribuaient à la musique. Platon, Aristote, sont d'accord pour penser que le rythme et l'harmonie de la musique communiquent aux âmes l'amour de l'ordre, la douceur, la régularité, je ne sais quel apaisement des passions. Il faut d'ailleurs considérer que la musique jouait un grand rôle dans la vie réelle des Grecs. On promulguait les lois en chantant. Pour remplir ses devoirs religieux, il fallait savoir chanter. L'éducation de Thémistocle passait pour négligée, parce qu'il ne savait pas la musique. « Il faut, dit Montesquieu, regarder les Grecs comme une société d'athlètes et de combattants : or ces exercices, si propres à faire des gens durs et sauvages, avaient besoin d'être tempérés par d'autres qui pussent adoucir les mœurs. La musique qui tient à l'esprit par les organes du corps était très propre à cela (1). »

Dans les petites écoles d'Athènes, à l'origine du moins, régnait une discipline sévère. Aristophane, se plaignant de la mollesse de son temps, rappelle en ces termes le bel ordre des écoles d'autrefois (2) :

« Je dirai quelle était l'ancienne éducation aux jours florissants où j'enseignais (c'est la Justice qui parle) et où la modestie régnait. Alors les garçons sortaient de chaque rue, la tête et les pieds nus, et se dirigeaient ensemble, malgré la pluie et la neige, dans l'ordre le plus parfait, vers l'école de musique. Là ils étaient assis tranquilles et modestes ; il ne leur était pas permis de croiser les jambes, et ils apprenaient quelques bonnes

(1) Montesquieu. *Esprit des lois*, l. IV. ch. VIII.
(2) Aristophane.

chansons... Le maître leur chantait la chanson lentement et gravement... Si quelqu'un s'avisait de chanter avec des inflexions molles et recherchées, il était fouetté durement. »

Les écoles de rhétorique et de philosophie. — La grammaire, la gymnastique, la musique au sens propre du mot, représentaient donc l'instruction élémentaire du jeune Athénien. Mais cette instruction était réservée aux citoyens aisés. Les pauvres, selon les intentions de Solon, n'apprenaient que la *lecture*, la *natation*, et un métier. Le privilège de l'instruction devenait plus exclusif encore, quand il s'agissait des écoles de rhétorique et de philosophie fréquentées par les adolescents.

Il ne saurait être question ici de dire ce qu'étaient ces cours de littérature, ni de faire connaître les méthodes de ces maîtres de rhétorique, qui enseignaient l'éloquence à tout venant, sur les places, dans les gymnases. Les sophistes, professeurs ambulants qui allaient de ville en ville, ouvrant des cours chèrement payés, enseignant à parler sur tout sujet, à plaider pour l'erreur et pour l'injustice aussi habilement que pour la justice et la vérité, illustrèrent en même temps qu'ils avilirent l'enseignement de l'éloquence. Les philosophes furent plus dignes de leur tâche : Socrate, Platon, Aristote, ont été de grands professeurs de morale. Socrate, sans tenir école, groupa autour de lui des jeunes gens distingués et les initia à la science et à la vertu. L'*Académie* de Platon et le *Lycée* d'Aristote furent de grandes écoles de philosophie, de véritables universités privées, dirigées chacune par un seul homme. L'enseignement donné dans ces écoles a traversé les âges et subsiste dans des livres impérissables. En outre ces grands esprits de la Grèce nous ont transmis, soit des méthodes, soit des idées générales, que l'histoire de la pédagogie doit recueillir avec piété, comme les premiers efforts sérieux de la réflexion humaine dans l'art de l'éducation.

Socrate : la méthode socratique. — Socrate a passé sa vie à enseigner, et à enseigner d'après une méthode originale, qui a gardé son nom. Il a eu le génie de l'interrogation. Questionner tous ceux qu'il rencontrait, soit au gymnase, soit dans les rues, les sophistes pour les convaincre de leurs erreurs et confondre leur arrogance, les jeunes gens présomptueux pour leur apprendre la vérité qu'ils ignoraient ; questionner les grands et les petits, les chefs d'État et les maçons, tantôt Périclès, tantôt un boutiquier ; questionner toujours et partout, afin de forcer chacun à voir clair dans ses idées, telle a été l'occupation constante et la passion de sa vie. Quand il se laissait aller à rêver de la vie future, il disait, en souriant, qu'il espérait bien continuer dans les Champs Élysées les habitudes de l'agora d'Athènes et interroger encore les ombres des grands morts. Avec Socrate la conversation est devenue un art ; le dialogue, une méthode. Presque jamais il n'employait la forme didactique, l'enseignement direct. Il s'adressait à son interlocuteur, le priait d'exposer ses idées, le harcelait de ses interrogations parfois un peu subtiles, le conduisait habilement à reconnaître la vérité qu'il avait lui-même en tête, ou bien le laissait s'égarer dans une fausse voie, pour lui découvrir ensuite son erreur et jouir de sa confusion : et cela, avec un art d'analyse merveilleux, avec une finesse de raisonnement presque poussée à l'excès, comme aussi avec une grande simplicité de langage, avec des exemples empruntés à la vie familière, et qu'on appellerait volontiers des exemples intuitifs.

L'ironie socratique. — Pour se rendre bien compte de la méthode de Socrate, il faut d'ailleurs y remarquer deux parties. Socrate suivait une double voie et recherchait un double but.

Dans le premier cas, il voulait combattre l'erreur, réfuter les opinions fausses. Il avait recours alors à ce qu'on a appelé l'*ironie* socratique (1). Il posait une

(1) Le mot grec εἰρωνεία, ironie, signifie primitivement interrogation. Socrate donnait à ses interrogations un tour mo-

question, comme quelqu'un qui aurait simplement envie de s'instruire : si on lui répondait par l'affirmation d'une erreur, il ne protestait pas, il faisait même semblant de partager les idées et les sentiments de son interlocuteur, puis, par des questions adroites, insidieuses parfois, il l'obligeait à développer son opinion, à étaler, pour ainsi dire, toute l'étendue de sa sottise, et l'amenait malicieusement à des conséquences si absurdes, si contradictoires, que l'interlocuteur finissait par perdre contenance, par s'embrouiller dans sa conclusion, et par confesser son erreur.

La maïeutique ou l'art d'accoucher les esprits. — Des procédés analogues constituent l'autre partie de la méthode socratique, celle qu'il appelait lui-même la *maïeutique*, ou l'art d'accoucher les esprits.

Ici Socrate, convaincu que l'esprit humain, naturellement droit, découvre par lui-même certaines vérités, pour peu qu'on sache le conduire et le stimuler, faisait appel à la spontanéité de son auditeur, à son initiative, et l'acheminait doucement, par petites transitions, à l'opinion qu'il voulait lui faire admettre. Il n'appliquait d'ailleurs sa méthode qu'à la recherche des vérités qui peuvent, ou être suggérées par les intuitions du bon sens et de la raison, ou déterminées par une induction naturelle, c'est-à-dire les vérités psychologiques, morales et religieuses.

Exemples d'ironie et de maïeutique. — C'est par des exemples surtout que l'on peut donner une idée exacte de la méthode socratique. Ces exemples, il faut les chercher dans les écrits des disciples de Socrate : dans les *Dialogues* de Platon, tels que le *Gorgias*, l'*Euthydème*, etc., et de préférence encore dans les *Mémorables* de Xénophon, où la pensée du maître et ses habitudes d'enseignement sont plus fidèlement reproduites que dans les compositions hardies et originales de Platon. Nous citerons ici, tout en reconnaissant l'insuffisance

queur, ironique; par suite, ce mot a perdu sa signification première, pour prendre celle que nous lui donnons aujourd'hui.

de ces extraits, deux morceaux où est nettement marquée soit sa critique incisive, soit sa méthode suggestive et féconde :

« Les trente tyrans avaient fait mourir un grand nombre de citoyens des plus distingués ; ils en avaient forcé d'autres à seconder leurs injustices. « Je serais étonné, dit un jour Socrate, que le gardien d'un troupeau qui en égorgerait une partie et rendrait l'autre plus maigre, ne voulût pas s'avouer mauvais pasteur ; mais il serait plus étrange encore qu'un homme qui, se trouvant à la tête de ses concitoyens, en détruirait une partie et corromprait le reste, ne rougît pas de sa conduite et ne s'avouât pas mauvais magistrat. » Ce discours fut rapporté ; Critias et Chariclès mandèrent Socrate, lui montrèrent la loi, et lui défendirent d'avoir des entretiens avec la jeunesse.

« Socrate leur demanda alors s'il lui était permis de leur faire des questions sur ce qu'il y avait d'obscur pour lui dans cette défense. Sur leur réponse affirmative : « Je suis prêt, leur dit-il, à me soumettre aux lois ; mais, afin de ne pas les violer par ignorance, je voudrais savoir clairement de vous-mêmes si vous interdisez l'art de la parole parce que vous croyez qu'il est au nombre des choses qui sont bien ou de celles qui sont mal. Dans le premier cas, on doit donc désormais s'abstenir de bien dire ; dans le second, il est clair qu'il faut tâcher de bien parler. » Alors Chariclès, s'emportant : « Puisque tu ne nous entends pas, nous te défendons, ce qui est plus facile à comprendre, de jamais t'entretenir avec les jeunes gens. — Pour qu'on voie clairement, dit Socrate, si je m'écarte de ce qui m'est prescrit, indiquez-moi jusqu'à quel âge les hommes sont dans la jeunesse. — Ils y sont tant qu'il ne leur est pas permis d'entrer au sénat, parce qu'ils n'ont pas encore acquis la prudence ; ainsi ne parle pas aux jeunes gens au-dessous de trente ans. — Mais si je veux acheter quelque chose d'un marchand qui ait moins de trente ans, pourrai-je lui dire : Combien cela ? — On te permet cette question ; mais tu as coutume d'en faire sur quantité de choses que tu sais bien, et voilà ce qui t'est défendu. — Ainsi je ne répondrai point à un jeune homme qui me dirait : Où demeure Chariclès ? où est Critias ? — Tu peux répondre à cela, lui dit Chariclès. — Mais souviens-toi, Socrate, reprit Critias, de laisser en repos les cordonniers, les fabricants de métaux et autres artisans ; aussi bien, je crois qu'ils sont fort las de s'entendre mêlés à tous tes propos. — Il faudra sans doute aussi, répondit Socrate, que je renonce aux conséquences que je tirais de leurs professions, relativement à la justice, à la piété, à toutes les vertus (1) ? »

(1) *Entretiens mémorables de Socrate*, l. I.

Dans la dernière phrase de ce piquant morceau, le ton s'élève, la pensée devient grave : Socrate savait à merveille allier l'enthousiasme à l'ironie.

Voici maintenant un passage où Socrate applique la maieutique à l'établissement d'une vérité morale, la croyance en Dieu :

« Je raconterai l'entretien qu'un jour, en ma présence, il eut sur la Divinité avec Aristodème surnommé le Petit. Il savait qu'Aristodème ne sacrifiait jamais aux dieux, qu'il ne consultait pas les oracles, et que même il raillait ceux qui observaient ces pratiques religieuses. « Réponds, Aristodème, lui dit-il : y a-t-il quelques hommes dont tu admires le talent? — Sans doute. — Nomme-les. — J'admire surtout Homère dans la poésie épique, Mélanippide dans le dithyrambe, Sophocle dans la tragédie, Polyclète dans la statuaire, Zeuxis dans la peinture. — Mais quels artistes trouves-tu les plus admirables, de ceux qui font les figures dénuées de pensée et de mouvement ou de ceux qui produisent des êtres animés et doués de la faculté de penser et d'agir? — Ceux qui créent des êtres animés, si cependant ces êtres sont l'ouvrage d'une intelligence et non du hasard. — Des ouvrages dont on ne reconnaît pas la destination, ou de ceux dont on aperçoit manifestement l'utilité, lesquels regarderas-tu comme la création d'une intelligence ou comme le produit du hasard? — Il est raisonnable d'attribuer à une intelligence les ouvrages qui ont un but d'utilité (1)... »

Et Socrate montre alors à Aristodème comment les différents organes du corps humain sont admirablement appropriés aux fonctions de la vie et à l'utilité de l'homme. D'exemple en exemple, d'induction en induction, retenant toujours attentif l'esprit de son auditeur par les questions qu'il lui pose et les réponses qu'il lui suggère, le forçant à collaborer avec lui, le mettant de moitié dans tous ses raisonnements, il le conduit à son but, qui est de lui faire reconnaître l'existence de Dieu.

La République de Platon. — « Voulez-vous prendre, disait Jean-Jacques Rousseau, une idée de l'éducation publique? lisez la *République* de Platon. C'est le plus beau traité d'éducation qu'on ait jamais écrit. »

(1) *Entretiens*, etc., liv. L.

Il faut assurément rabattre de l'enthousiasme de Rousseau. La *République* contient sans doute quelques belles parties de pédagogie sage et pratique ; mais elle n'est dans son ensemble qu'une utopie, un composé de paradoxes et de chimères. Dans la cité rêvée par Platon, l'individu et la famille elle-même sont sacrifiés à l'État. La femme est assimilée à l'homme, au point d'être soumise aux mêmes exercices gymnastiques : elle est soldat comme lui. Les enfants ne connaissent plus ni père ni mère : dès leur naissance ils sont livrés à des nourrices communes, véritables fonctionnaires publics. Dans ce bercail commun « on aura soin qu'aucune mère ne reconnaisse sa progéniture. » On devine qu'en faisant un pompeux éloge de la *République* le paradoxal auteur de l'*Émile* songeait à préparer le lecteur à accueillir avec complaisance ses propres chimères.

L'éducation des guerriers et des magistrats. — Platon, par je ne sais quel ressouvenir de la constitution sociale des Hindous, établit dans la société trois castes : les laboureurs et les artisans, les guerriers, les magistrats. L'éducation des laboureurs et des artisans est nulle : il suffit aux hommes de cette caste d'apprendre un métier. Platon est un aristocrate en politique : il dédaigne le peuple, « cet animal robuste et indocile. » Ajoutons cependant que les barrières qu'il établit entre les trois ordres sociaux ne sont pas infranchissables. Si un enfant de la classe inférieure témoigne de qualités exceptionnelles, il doit être admis dans la classe supérieure ; de même si un fils de guerrier ou de magistrat est notoirement incapable et indigne de son rang, il sera frappé de déchéance et deviendra artisan ou laboureur.

Quant à l'éducation qu'il destine aux guerriers et aux magistrats, Platon en détermine les règles avec un soin minutieux. L'éducation des guerriers comprend deux parties : la musique et la gymnastique. L'éducation des magistrats est une haute instruction philosophique : on les initie à toutes les sciences et à la métaphysique. Les chefs d'État doivent être, non des prêtres comme dans l'Orient, mais des savants et des philosophes.

La musique et la gymnastique. — Quoiqu'il at tache un grand prix à la gymnastique, Platon lui préfère la musique. Avant de former le corps, l'idéaliste Platon veut former l'âme, parce que c'est l'âme, d'après lui, qui par sa vertu propre donne au corps toute la perfection dont il est capable. Même dans les exercices physiques, le but doit être d'accroître la vigueur de l'âme : « Dans les exercices du corps nos jeunes gens se proposeront surtout d'augmenter la force morale. » Écoutez ce vigoureux portrait de l'homme qui n'exerce que son corps : « Qu'un homme s'applique à la gymnastique, qu'il s'exerce et qu'il mange beaucoup, et qu'il néglige entièrement la musique et la philosophie, son corps prendra d'abord des forces..... Mais s'il ne fait rien autre chose, s'il n'a aucun commerce avec les Muses, son âme eût-elle quelque instinct d'apprendre, n'étant cultivée par aucune science, par aucune recherche, par aucun discours, en un mot par aucune partie de la musique, c'est-à-dire l'éducation intellectuelle ; son âme deviendra insensiblement faible, sourde et aveugle... Tel qu'une bête féroce, il vivra dans l'ignorance et la grossièreté, sans grâce ni politesse. »

Il s'en faut cependant que Platon dédaigne la santé et la force physiques. Nous lui reprocherons tout au contraire d'avoir fait aux citoyens de sa République une loi de se bien porter, et d'en avoir exclu tous ceux que leurs infirmités, la faiblesse de leur tempérament condamnent à « traîner une vie mourante. » Le droit de vivre, dans la cité de Platon, comme dans la plupart des sociétés antiques, n'appartient qu'aux hommes sains de corps ; les débiles, les malingres, les chétifs, tous ceux dont le tempérament est mal constitué, on ne les tuera pas, Platon ne va pas jusque-là, mais, ce qui revient à peu près au même, « on les laissera mourir. » Le bien de l'État exige que l'on sacrifie tout homme que sa santé rend impropre aux devoirs civiques. Doctrine cruelle et implacable qui étonne chez celui que Montaigne appelait le divin Platon, et qui étonne plus encore quand on la retrouve chez des philosophes contemporains, que les inspirations de la charité chrétienne ou de la fraternité humaine auraient dû préserver d'une aussi impitoyable dureté. N'est-ce pas M. Herbert Spencer lui-même qui blâme les sociétés modernes de nourrir les incapables et d'assister les infirmes?

La religion et l'art dans l'éducation. — Platon s'est fait une haute idée du rôle de l'art dans l'éducation : ce qui ne l'empêche pas d'être sévère pour certaines formes de l'art, notamment pour la comédie et la tragédie, et pour la poésie en général. Il veut que l'on expulse les poètes de la cité, et qu'on les reconduise à la frontière, tout en leur rendant hommage par les parfums que l'on versera sur leur tête et les fleurs dont on les couronnera. Il n'admet d'autre poésie que celle qui reproduit les mœurs et les discours de l'honnête homme, qui célèbre les grandes actions ou qui chante la gloire des Dieux. Moraliste rigoureux, adorateur de la bonté divine, il condamne les poètes de son temps, soit parce qu'ils attribuent à la Divinité les vices et les passions des hommes, soit parce qu'ils inspirent aux imaginations de lâches frayeurs, en leur parlant du Cocyte, du Styx, en leur représentant un enfer épouvantable et des dieux toujours acharnés à persécuter le genre humain. Platon a dit ailleurs, dans le livre des *Lois*, comment il entendait la religion. Les livres religieux mis aux mains des enfants doivent, dit-il, être choisis avec autant de soin que le lait de la nourrice. Dieu est une bonté infinie, qui veille sur les hommes, et il faut l'honorer non par des sacrifices et de vaines cérémonies, mais par la justice et par la vertu.

Pour moraliser les hommes, Platon d'ailleurs compte sur l'art plus encore que sur le sentiment religieux.

Aimer les lettres, entretenir commerce avec les Muses, pratiquer la musique, la danse, tel est pour les grands esprits d'Athènes l'acheminement naturel vers la perfection morale. L'éducation morale, à leur sens, est surtout une éducation artistique. L'âme s'élève au bien par le beau. « Beau et bon » (καλός καί ἀγαθός) sont deux mots constamment associés dans la langue des Grecs. Nous aurions, même aujourd'hui, beaucoup à profiter de réflexions comme celles-ci :

« Il faut, dit Platon, chercher des artistes habiles, capables de suivre à la trace la nature du beau et du gracieux, afin que les jeunes gens, élevés parmi leurs ouvrages comme dans un air pur et sain, en reçoivent sans cesse de salutaires impressions par les yeux et les oreilles, afin que dès l'enfance tout les porte insensiblement à aimer, à imiter la beauté et à établir entre elle et eux un parfait accord. N'est-ce pas pour cette raison que la musique est la partie principae de l'éducation, parce que le nombre et l'harmonie, pénétrant dans l'âme, s'en emparent et y font entrer la grâce à leur suite, lorsqu'on donne l'éducation comme il convient, au lieu que le contraire arrive lorsqu'on la néglige? Un jeune homme élevé comme il faut dans la musique saisira avec la plus grande perspicacité tout ce qu'il y a d'imparfait et de défectueux dans les ouvrages de l'art ou de la nature et en sera justement affecté; par cela même il louera ce qu'il remarquera de beau, lui donnera entrée dans son âme, en fera sa nourriture et se formera ainsi à la vertu; tandis qu'il aura un mépris et une aversion naturels pour ce qu'il trouvera de vicieux, et cela dès l'âge le plus tendre, avant d'être éclairé des lumières de la raison; mais, sitôt qu'elle sera venue, il l'embrassera comme une amie, à la connaissance de laquelle la musique l'aura préparé. »

La haute éducation intellectuelle. — L'éducation intellectuelle des guerriers, dans la *République* de Platon, reste exclusivement littéraire et esthétique; celle des magistrats est en outre scientifique et philosophique. Le futur magistrat, après avoir reçu jusqu'à vingt ans l'instruction ordinaire, sera initié aux sciences abstraites : mathématiques, géométrie, astronomie. A cette éducation scientifique, qui durera une dizaine d'années, succédera, pendant cinq ans, l'étude de la dialectique, c'est-à-dire de la philosophie, qui développe la plus haute faculté de l'homme, la raison, et lui apprend à découvrir, par delà les apparences fugitives du monde sensible, les vérités éternelles et l'essence des choses. Mais Platon prolonge encore l'éducation de ses magistrats. Après les avoir nourris de raisonnements et d'intuitions intellectuelles, il les replonge à trente-cinq ans dans la vie pratique, en les renvoyant à la caserne, en les faisant passer par tous les emplois civils et militaires, jusqu'à ce qu'enfin, à cinquante ans, en possession de toutes les qualités qu'assure une expérience consommée jointe à une science approfondie, ils soient aptes à se charger du fardeau du pouvoir. On ne s'improvisait pas homme d'État dans la *République* de Platon.

Et cependant jusque dans cette instruction accomplie Platon laisse subsister deux grandes lacunes : d'une part il omet absolument les sciences physiques et naturelles, parce que dans son idéalisme mystique les choses sensibles, trompeuses et vaines images, ne lui apparaissent pas comme dignes d'arrêter le regard de l'esprit ; d'autre part, quoique venu après Hérodote, quoique contemporain de Thucydide, il ne parle pas de l'histoire, par dédain sans doute de la tradition et du passé.

Les Lois. — Dans les *Lois*, œuvre de sa vieillesse, Platon a désavoué en partie les chimères et atténué les hardiesses de la *République*. Le philosophe redescend sur la terre et veut bien condescendre à l'état réel de l'humanité. Il renonce à la distinction des castes sociales, et ses préceptes, très pratiques et très minutieux, s'appliquent indistinctement à tous les enfants (1).

Notons d'abord cette belle définition du but de l'éducation. « La bonne éducation est celle qui donne au corps et à l'âme toute la beauté, toute la perfection dont ils sont capables. » Quant aux moyens, il semble que Platon hésite entre la doctrine de l'effort et la doctrine du travail attrayant. D'une part, en effet, il dira que

(1) Voyez surtout le VII° livre des *Lois*

« l'éducation est une discipline bien entendue qui, *par voie d'amusement* (1), conduit l'âme de l'enfant à aimer ce qui doit le rendre accompli ». D'autre part, il proteste contre la faiblesse des parents qui cherchent à éviter à leurs enfants tout chagrin, toute douleur: « Je suis persuadé que cette attention à flatter les goûts des enfants est la chose du monde la plus propre à les corrompre... Il ne faut pas nous livrer à une recherche trop empressée du plaisir, d'autant que nous ne serons jamais tout à fait exempts de douleur. »

Citons encore cette définition des effets d'une bonne éducation : « J'appelle éducation la vertu telle qu'elle se montre chez les enfants, quand les sentiments de joie ou de tristesse, d'amour ou de haine qui s'élèvent dans leur âme sont conformes à l'ordre. »

Ces principes posés, Platon entre dans le détail : il recommande tour à tour l'usage du maillot, l'habitude de bercer les enfants, les jeux naturels que l'enfant trouve de lui-même, la séparation des sexes, passé l'âge de six ans; l'équitation, l'arc et le javelot pour les garçons ; la lutte qui donne la force corporelle; la danse qui donne la grâce; la lecture et l'écriture retardées jusqu'à la dixième année, et apprises pendant trois ans...

Mais il serait trop long de suivre jusqu'au bout le philosophe, qui d'ailleurs se rapproche beaucoup, dans les règles qu'il propose, des pratiques suivies par les Athéniens de son temps. La *République* était une œuvre d'imagination pure : les *Lois* ne sont guère que le commentaire de la réalité. Seulement on y retrouve ce qui a été l'âme même de Platon, le souci constant d'une moralité supérieure.

Xénophon. — Xénophon, comme pédagogue, a obéi à deux influences diverses. Son bon génie, ce fut son

_____

(1) Conférez aussi ce passage : « Un esprit libre ne doit rien apprendre en esclave... La leçon que l'on fait entrer de force dans l'âme n'y demeurerait point. N'usez donc pas de violence envers les enfants : faites plutôt qu'ils s'instruisent en jouant. »

maître Socrate. Le livre gracieux et charmant de l'*Économique* a été écrit sous l'inspiration douce et tempérée du grand sage athénien. Mais Xénophon a eu aussi son mauvais génie, l'enthousiasme immodéré qu'il avait pour Sparte, pour ses institutions et ses lois. Le premier livre de la *Cyropédie*, qui expose les règles de l'éducation des Perses, est une imitation malheureuse des lois de Lycurgue.

L'Économique et l'éducation de la femme. — Il faut lire l'*Économique*, cette délicieuse esquisse de l'éducation féminine. On peut répéter de ce petit livre ce que M. Renan a dit des écrits de Plutarque sur le même sujet : « Où trouver un idéal plus charmant de la vie de famille ? Quelle bonhomie ! Quelle douceur de mœurs ! Quelle chaste et aimable simplicité ! » Avant le mariage, la jeune Athénienne n'a appris qu'à filer la laine, à être sobre, à ne pas faire de questions, vertus toutes négatives. C'est son mari que Xénophon charge de former son esprit, de lui apprendre les devoirs positifs de la vie de famille : l'ordre, l'économie, la bonté pour les esclaves, la tendresse pour les enfants. La femme athénienne, dans la réalité des choses, était encore réduite à un rang subalterne. Enfermée dans le gynécée, elle n'apprenait que par exception à lire et à écrire, il était fort rare qu'on l'initiât aux arts et aux sciences. L'idée de la dignité humaine, de la valeur de la personne humaine, n'était pas encore née. L'homme n'avait de valeur qu'à raison des services qu'il pouvait rendre à l'État, à la cité, et la femme ne faisait point partie de la cité. Xénophon a eu le mérite de s'élever au-dessus des préjugés de son temps, de se rapprocher de l'idéal de la famille moderne, en appelant la femme à participer plus intimement aux affaires de la maison et aux occupations de l'homme (1).

La Cyropédie. — La *Cyropédie* n'est pas digne des mêmes éloges. Sous prétexte de décrire l'organisation

_____
(1) Voyez surtout les chap. VII et VIII.

de la cité perse, Xénophon y a tracé, à sa façon, le plan d'une éducation absolument uniforme, et exclusivement militaire. Pas d'éducation domestique, aucune liberté individuelle, aucun souci des lettres et des arts. Au sortir de l'enfance le jeune Perse est embrigadé, et il ne doit plus quitter la place d'armes, même la nuit. La ville n'est plus qu'un camp : l'existence humaine une perpétuelle parade militaire. Montaigne loue Xénophon d'avoir dit que les Perses apprenaient la vertu aux enfants « comme les autres nations font les lettres ». Mais il est malaisé de se rendre compte des méthodes qui auraient été suivies dans ces écoles de justice et de tempérance, et il est permis de douter de l'efficacité des moyens proposés par Xénophon, par exemple celui qui consisterait à transformer les petites querelles des écoliers en procès réguliers, donnant lieu à des jugements, à des acquittements ou à des condamnations. L'auteur de la *Cyropédie* est mieux inspiré lorsque, se ressouvenant de ses propres études, il recommande d'étudier l'histoire, si l'on veut devenir juste. Quant à la tempérance, il l'impose peut-être plus qu'il ne l'enseigne à ses élèves : il ne leur donne que du pain pour toute nourriture, du cresson pour tout assaisonnement, de l'eau pour toute boisson.

Quels que soient les défauts et les bizarreries de la *Cyropédie*, il faut, pour les excuser en partie, se rappeler qu'en l'écrivant, en traçant le tableau d'une vie simple, sobre et courageuse, Xénophon songeait sans doute à réagir contre les excès de la vie élégante et raffinée d'Athènes. De même que Rousseau, au milieu du dix-huitième siècle, protestait contre les licences et les mœurs artificielles de son temps en conseillant un retour chimérique à la nature, de même, contemporain des sophistes, Xénophon opposait aux mœurs dégénérées des Grecs et aux raffinements d'une civilisation avancée les vertus sauvages des Perses.

Aristote : caractère général de sa pédagogie. — par sa vaste instruction et ses connaissances encyclo-

pédiques, par la direction expérimentale de ses recherches, par les tendances positives et pratiques de son
génie, Aristote était appelé à voir plus clair que Platon
dans les choses de la pédagogie. Ajoutons qu'il a sur
Platon encore cet avantage d'avoir connu et goûté les
douceurs de la vie de famille, d'avoir aimé et élevé ses
propres enfants, dont il disait : « Les parents aiment
leurs enfants comme une partie d'eux-mêmes. » Ajoutons enfin qu'il avait pratiqué l'art de l'éducation,
puisque de 343 à 340 il fut le précepteur d'Alexandre.

De telles conditions, jointes à la force du génie le
plus puissant qui fut jamais, promettent un pédagogue
compétent et avisé. Malheureusement on a perdu le
traité *sur l'Éducation* (περὶ παιδείας) qu'Aristote avait
composé, au témoignage de Diogène de Laërce ; et,
pour entrevoir ses idées sur la pédagogie, nous
ne disposons que de quelques esquisses imparfaites,
de quelques parties d'ailleurs mutilées elles-mêmes
de ses ouvrages sur la morale et sur la politique?

Quand on travaille à consolider la famille, à en
resserrer les liens, on travaille aussi pour le bien de
l'éducation. A ce titre, Aristote a déjà bien mérité de la
pédagogie. Il a critiqué avec force le communisme de
Platon. L'amitié, ce que nous appellerions aujourd'hui
la charité ou la fraternité, l'amitié, disait-il, est la
garantie, le principe de la vie sociale. Or le communisme affaiblit l'amitié en la délayant; de même qu'un
peu de miel répandu dans une grande quantité d'eau,
y perd toute sa saveur... « Il y a deux choses qui contribuent essentiellement à faire naître l'intérêt et l'atta-
chement dans le cœur des hommes : la propriété et
l'amitié. » C'était relever au nom du bon sens, contre
les chimères de Platon, les droits de la famille et de
l'individu.

Éducation publique. — Mais Aristote ne va pas
cependant, comme ces prémisses pourraient le faire

---

(2) Voyez surtout la *Politique*, liv. IV et V.

croire, jusqu'à abandonner aux parents le soin de l'éducation de leurs enfants. D'accord avec les tendances générales de l'antiquité, il se déclare partisan de l'éducation publique et commune. Il loue les Spartiates d'avoir voulu que « l'éducation fût la même pour tous. » — « Comme il y a, dit-il, un but unique, une fin qui est la même pour toute société civile, et qui consiste à apprendre la vertu, il s'ensuit que l'éducation doit être une et la même pour tous les membres de la société... C'est au législateur à régler cet objet pour tous les citoyens. » L'État interviendra donc, non pas comme le voulait Platon, dès la naissance, pour allaiter les enfants, mais seulement à l'âge de sept ans, pour les instruire et les élever dans des habitudes vertueuses.

Quelle devait être, d'ailleurs, l'éducation de l'enfant, et sur quels objets Aristote dirigeait-il ses études?

Développement progressif de la nature humaine. — Une distinction essentielle et indiscutable sert de point de départ au philosophe grec. Il y a, dit-il, trois moments, trois degrés dans le développement de l'homme : d'abord la vie physique du corps ; puis l'instinct, la sensibilité, la partie irraisonnable de l'âme ; enfin l'intelligence ou la raison. Aristote en conclut qu'il faut graduer, selon ces trois degrés de la vie, la progression des exercices et des études. « Le corps nécessairement doit être, avant l'âme, l'objet des premiers soins ; et ensuite la partie de l'âme qui est le siège des désirs. » Mais il ajoute, ce qui est très important et ce qui réfute d'avance Rousseau, « qu'il ne faut pas cesser d'avoir en vue l'intelligence, dans les soins que l'on donne à la sensibilité, ni l'âme, dans ceux que l'on donne au corps. »

Éducation physique. — Fils d'un médecin de la cour de Macédoine, très versé lui-même dans les sciences naturelles, Aristote traite avec une complaisance marquée de l'éducation physique. Elle commence avant que l'enfant soit né, avant même qu'il soit conçu. Par suite, réglementation légale des mariages, interdiction des unions trop précoces ou trop tardives, indication des conditions climatologiques qui conviennent le mieux pour l'époque du mariage (l'hiver, et le vent du nord), sages conseils sur l'hygiène de la mère, pendant la grossesse; puis l'allaitement maternel recommandé, les bains froids prescrits : tels sont les principaux traits d'un plan que ne désavouerait pas un hygiéniste moderne.

Éducation intellectuelle et morale. — Quant à l'éducation intellectuelle, Aristote est d'avis qu'elle ne doit pas commencer avant l'âge de cinq ans. Mais, suivant le principe posé plus haut, cette période d'attente ne doit pas être perdue pour l'intelligence de l'enfant; ses jeux même doivent être la préparation des exercices auxquels il se livrera dans un âge plus avancé. D'autre part, Aristote insiste beaucoup sur la nécessité d'écarter de l'enfant toutes les influences pernicieuses, celles qui proviennent de la société des esclaves ou des spectacles immoraux.

Aristote, comme tous ces contemporains, compte, parmi les éléments de l'instruction, la grammaire, la gymnastique et la musique : il y ajoute le dessin. Mais c'est de la musique qu'il se préoccupe le plus, à raison de l'influence morale qu'il lui attribue. Il partage le préjugé qui faisait dire aux Grecs que pour relâcher ou réformer les mœurs d'un peuple, il suffirait d'ajouter ou de supprimer une corde à la lyre.

L'éducation morale a beaucoup préoccupé Aristote; comme Platon, il insiste sur la nécessité de former, avec le plus grand soin, les habitudes morale du premier âge. Dans ses divers écrits sur l'Éthique, il a d'ailleurs traité des diverses vertus humaines, dans un esprit sage et pratique, qui n'exclut pas l'élévation. Nul n'a mieux célébré la justice, dont il dit : « Ni l'astre du soir, ni l'étoile du matin, n'inspirent autant de respect que la justice. »

Ce serait faire tort à Aristote que de chercher l'expres-

tion complète de sa pédagogie dans les vues théoriques,
incomplètes et écourtées, que contient la *Politique*. Il faut
y joindre le souvenir de l'admirable enseignement
qu'il donna lui-même dans le *Lycée*, et qui comprenait,
dans son vaste programme, presque toutes les sciences.
Il en excluait seulement les sciences et les arts qui ont
un caractère mécanique et utilitaire. Asservi sur ce
point aux préjugés de l'antiquité, il considérait comme
servile, comme indigne d'un homme libre, tout ce qui
tend à l'utilité pratique et matérielle. Il ne proposait
à ses auditeurs que les études intellectuelles, celles
qui ont seulement pour but d'élever l'esprit et de le
remplir de nobles pensées.

**Défauts de la pédagogie d'Aristote, et en gé-
néral de la pédagogie grecque.** — Il faut le dire en
finissant, quelque admiration que nous inspire la pédagogie d'Aristote, elle a le tort, comme celle de tous les
écrivains grecs, de n'être qu'une pédagogie aristocratique. L'éducation que rêvaient Platon et Aristote est
réservée à une petite minorité, et même elle n'est possible
que parce que la majorité en est exclue. Les esclaves,
chargés de nourrir leurs semblables, et de leur créer
les loisirs que réclame Aristote, ne participaient pas plus
à l'éducation qu'ils ne participaient à la liberté ou à la
propriété. Au siècle de Périclès, au plus beau temps de
la République athénienne, ne l'oublions pas, il y avait,
à Athènes, près de quatre cent mille esclaves pour faire
cortège à vingt mille citoyens libres. Pour admirer à
son aise la pédagogie grecque, il faut donc la détacher
de son cadre, et la considérer en elle-même, en dehors
du plan étroit sur lequel étaient construites les cités
grecques, en dehors de ce régime social qui n'assurait
l'éducation de quelques-uns qu'en perpétuant l'oppression du plus grand nombre.

LEÇON III

L'ÉDUCATION A ROME

Deux périodes dans l'éducation romaine. — La Grèce, nous l'avons vu, a pratiqué deux systèmes d'éducation contraires : à Sparte, une éducation exclusive, toute guerrière, sans nul souci de la culture intellectuelle ; à Athènes, une éducation complète, qui conciliait harmonieusement le soin du corps et le développement de l'esprit, et d'après laquelle, selon les expressions de Thucydide, « on philosophait sans s'amollir. »

Rome, dans le long cours de son histoire, a successivement suivi ces deux systèmes. Sous la République, jusqu'à la conquête de la Grèce, c'est l'éducation spartiate qui prévaut. Sous les empereurs, c'est l'éducation athénienne qui domine, avec une tendance très marquée à mettre au-dessus de tout l'éducation littéraire et oratoire.

Éducation des premiers Romains. — Les pre

mières écoles ne furent ouvertes à Rome que vers la fin du
troisième siècle avant Jésus-Christ. Jusque-là les Romains
n'eurent d'autres maîtres que leurs parents et la nature.
L'éducation était presque exclusivement physique et
morale, ou, pour mieux dire, militaire et religieuse. D'une
part, les exercices du champ de Mars; de l'autre, la
récitation des chants Saliens, sorte de catéchisme qui
contenait les noms des dieux et des déesses; en outre,
l'étude des Douze Tables, c'est-à-dire de la loi romaine.
De cette éducation naturelle sortirent les hommes les
plus robustes, les plus courageux, les plus disciplinés,
les plus patriotes qui furent jamais. Rome est la grande
école des vertus civiques et militaires. Il ne s'agit plus
pour les Romains, comme pour les Athéniens, de rechercher d'une façon désintéressée la perfection du
corps et de l'esprit. Rome travaille pour un but pratique;
elle n'est guidée que par des considérations d'utilité;
elle n'a aucun souci de l'idéal; elle veut simplement
former des soldats et des citoyens obéissants et dé-
voués. Elle ne connaît pas l'homme : elle ne connaît
que le citoyen romain.

Les vertus des premiers Romains, vertus pratiques
que gâtaient une sorte d'insensibilité farouche et le dédain des choses de l'esprit, peuvent être attribuées, en
écartant les circonstances du milieu et de la race, à trois
ou quatre causes principales. D'abord à une forte discipline domestique : l'autorité du père était absolue; à
son pouvoir excessif correspondait une obéissance aveugle. Ensuite au rôle de la mère dans la famille : à Rome
la femme est plus considérée qu'à Athènes; elle devient
presque l'égale de l'homme; elle est la gardienne du
foyer; elle élève ses enfants. Le nom de *matrone* impose
le respect. Coriolan, insurgé contre sa patrie, s'incline
devant les larmes de sa mère Véturie. La grande Cornélie
est l'institutrice de ses fils, les Gracques, qu'elle appelle
« ses plus beaux joyaux ». En outre, l'influence religieuse
s'ajoute à l'action de la famille. Le Romain vit entouré
de dieux. Quand un enfant était sevré, la légende voulait

qu'une déesse lui apprit à manger, une autre à boire,
plus tard quatre déesses guidaient ses premiers pas et
lui prenaient les deux mains. Toutes ces superstitions im
posaient la régularité et la tenue aux actes les plus or
dinaires de la vie quotidienne. On respirait alors dans
une atmosphère divine. Enfin le jeune Romain apprenait à
lire dans les lois des Douze Tables, c'est-à-dire dans le
code civil de son pays. Il s'accoutumait par là dès l'enfance à considérer la loi comme quelque chose de naturel, d'inviolable et de sacré.

Rome à l'école de la Grèce. — Les mœurs primitives ne durèrent pas. Sous l'influence grecque, la pureté
romaine s'altéra, et, comme le dit Horace, la Grèce con-
quise conquit à son tour son farouche vainqueur. Le
goût des lettres et des arts s'introduisit à Rome vers la
fin du troisième siècle avant Jésus-Christ, et transforma
l'éducation austère et rude des premiers âges. Les Romains s'éprirent à leur tour du beau langage, de la dialectique subtile. Des écoles s'ouvrirent. Les rhéteurs et
les philosophes devinrent les maîtres de l'éducation.
Les parents ne se chargèrent plus d'instruire leurs enfants. Selon la mode athénienne, ils les confiaient à des
esclaves, sans s'inquiéter des défauts et même des vices
de ces pédagogues vulgaires :

« S'ils ont quelques bons serviteurs, dit Plutarque, ils font les
uns laboureurs de leurs terres, les autres patrons de leurs na-
vires, les autres facteurs, les autres recepveurs, les autres banc-
quiers pour manier et trafficquer leurs deniers, et s'il s'en
trouve quelqu'un qui soit ivrongne, gourmand et inutile à tout
bon service, c'est celui-là auquel ils commettront leurs en-
ants (1).

**Pourquoi Rome n'a pas eu de grands péda-
gogues.** — Au siècle d'Auguste, alors que la littérature
latine s'épanouit dans tout son éclat, on est étonné de
ne pas rencontrer, comme au siècle de Périclès, quelque
grand penseur qui, à l'exemple de Platon et d'Aristote,

(1) Plutarque, *de l'Education des enfants*, trad. d'Amot.

expose sur l'éducation des vues générales et se signale par une œuvre remarquable de pédagogie. C'est que les Romains n'ont jamais pris gout aux sciences désintéressées, aux recherches spéculatives. Ils ne se sont distingués que dans les sciences pratiques, dans le droit, par exemple, où ils excellent. Or la pédagogie, bien qu'elle soit en un sens une science pratique, repose cependant sur des principes philosophiques, sur la connaissance de la nature humaine, sur une conception théorique de la destinée de l'homme : questions qui laissent les Romains froids, et que Cicéron lui-même n'a abordées qu'en passant, à la suite de Platon qu'il traduit dans un magnifique langage.

Remarquons en outre que les Romains semblent n'avoir jamais considéré l'éducation comme une œuvre nationale, comme l'affaire de l'État. La loi des Douze Tables reste muette sur l'éducation des enfants. Pas d'écoles publiques, pas de professeurs officiels à Rome jusqu'à Quintilien. Au siècle d'Auguste chaque maître avait sa méthode. « Nos ancêtres, dit Cicéron, n'ont pas voulu qu'il y eût pour les enfants des règles fixes d'éducation, déterminées par les lois, publiquement promulguées et uniformes pour tous (1). » Et il paraît ne pas désapprouver cette négligence, tout en reconnaissant que Polybe y a vu une lacune importante des institutions romaines.

Cicéron. — Dans l'œuvre pourtant si considérable de Cicéron, c'est à peine si l'on trouverait quelques mots relatifs à l'éducation. Et cependant le grand orateur s'écriait : « Quel meilleur, quel plus grand service pouvons-nous rendre aujourd'hui à la république que d'instruire et de former la jeunesse (2) ! » Mais il se contentait d'écrire pour elle de beaux sermons philosophiques, avec plus d'éloquence que d'originalité.

Varron. — Un écrivain moins célèbre, Varron,

---

(1) Cicéron, *République*, IV, 115.
(2) Cicéron, *de la Divination*, II, 2

semble avoir eu quelque instinct pédagogique. Il a écrit sur la grammaire, sur la rhétorique, sur l'histoire sur la géométrie, de vrais livres d'éducation, dont la plupart sont aujourd'hui perdus, mais qui, au témoignage de ses contemporains, contribuèrent à élever plusieurs générations.

Quintilien (35-95 ap. J.-C.). — Après le siècle d'Auguste, l'éducation devint de plus en plus oratoire. On songea surtout à former des avocats. Mais parmi ces rhéteurs vulgaires, préoccupés des artifices extérieurs du style, « marchands de paroles, » comme disait saint Augustin, il faut distinguer un rhéteur d'un ordre plus élevé, qui ne sépare pas la rhétorique d'une culture générale de l'esprit; l'auteur de l'*Institution oratoire*, Quintilien.

Chargé à vingt-six ans d'une chaire d'éloquence, la première que l'État romain ait appointée, appelé plus tard par l'empereur Domitien à diriger l'éducation de ses petits-neveux, Quintilien a pratiqué l'enseignement public et l'enseignement privé.

L'Institution oratoire. — Son livre de l'*Institution oratoire*, sous la forme d'un traité de rhétorique, est par endroits un véritable traité d'éducation. L'auteur en effet prend dès le berceau le futur orateur; il donne des conseils à sa nourrice, et, « ne rougissant pas de descendre aux petits détails, » il suit pas à pas l'éducation de son élève. Ajoutons que, dans le noble idéal qu'il conçoit, l'éloquence ne se séparant pas de la sagesse, Quintilien a été conduit par son sujet même à traiter de l'éducation morale.

Pédagogie générale. — Le premier livre tout entier est une pédagogie générale, dont les leçons peuvent être indifféremment appliquées à tous les enfants, qu'ils se destinent ou non à l'art oratoire.

« Vous est-il né un fils? concevez d'abord de lui les plus hautes espérances. » Ainsi débute Quintilien, qui pense qu'on ne saurait avoir trop bonne opinion de la nature humaine, ni lui proposer un but trop

élevé. Les esprits rebelles à toutes instruction sont des
monstres. Le plus souvent, c'est la culture qui a fait
défaut : ce n'est point la nature qui est coupable.

Première éducation de l'enfant. — Qu'on fasse
choix de nourrices vertueuses et sages. Quintilien ne
demande pas qu'elles soient doctes, comme le voulait
le stoïcien Chrysippe : mais il exige que leur langage
soit irréprochable. Les premières impressions de l'enfant en effet sont très profondes : « Les vases neufs
conservent le goût de la première liqueur qu'on y a
versée, et la laine, une fois teinte, ne recouvre plus sa
blancheur primitive. »

Par une illusion analogue à celle des lettrés du
seizième et du dix-septième siècle qui veulent que le
petit Français apprenne d'abord le latin, Quintilien enseigne à son élève le grec, avant de lui faire étudier la
langue maternelle.

Les études doivent d'ailleurs commencer de bonne
heure : « Mettons à profit le premier âge, d'autant plus
que les éléments des lettres ne demandent que de la
mémoire, et que la mémoire des enfants est très tenace. »

On croirait entendre un pédagogue moderne, lorsque
Quintilien recommande d'éviter tout ce qui pourrait
rebuter l'esprit de l'enfant. « Que l'étude soit pour lui
un jeu : faisons-lui des questions, donnons-lui des
louanges, et qu'il s'applaudisse parfois de son petit
savoir. »

La lecture et l'écriture. — Il faudrait citer en
entier le passage relatif à la lecture. On a tort, dit
Quintilien, d'apprendre aux enfants les noms des lettres
et leurs places respectives avant qu'ils en connaissent
les figures. Il approuve d'ailleurs l'usage des lettres
en ivoire que l'enfant prend plaisir à manier, à voir, à
nommer.

Quant à l'écriture, Quintilien recommande, pour affermir la main de l'enfant, pour l'empêcher de s'égarer,
de l'exercer sur des tablettes de bois où les caractères

sont gravés en creux. Plus tard les modèles d'écriture
devront contenir, « non des maximes oiseuses, mais
des vérités morales ». En tout le pédagogue latin ne
veut pas qu'on se hâte. « On ne saurait croire, dit-il,
combien on se retarde dans la lecture, en voulant trop
se presser. »

Éducation publique. — Sur l'éducation publique
et ses avantages, Quintilien a écrit un plaidoyer des
plus complets que Rollin a reproduit presque en entier (1).

Nous n'en citerons que le passage suivant, qui prouve
combien les contemporains de Quintilien étaient déjà
loin des habitudes viriles des premiers âges, et qui est
d'une aplication toujours vraie aux parents trop indulgents :

« Plût aux dieux qu'on n'eût pas à nous reprocher à nous-
mêmes de gâter les mœurs de nos enfants! A peine sont-ils nés
que nous les amollissons par toutes sortes de délicatesses. Cette
éducation efféminée, que nous déguisons sous le nom d'indulgence, brise tous les ressorts de l'âme et du corps.... Nous for-
mons leur palais avant leur langue. Ils grandissent dans des
litières; s'ils touchent terre, les voilà pendus aux mains de deux
personnes qui les soutiennent! Nous sommes enchantés quand
ils ont dit quelques paroles un peu libres. Nous accueillons
avec des rires et des baisers des mots qu'on ne devrait pas
même passer à des bouffons! Faut-il s'étonner de ces dispositions? C'est nous-mêmes qui les avons instruits (2). »

Devoirs des maîtres. — On avait déjà à Rome,
au premier siècle après Jésus-Christ, une haute idée
des devoirs d'un maître : « Son premier soin doit être
de s'attacher à connaître à fond l'esprit et le caractère
de l'enfant. » Sur la mémoire, sur la faculté d'imitation,
sur les dangers de la précocité d'esprit, de judicieuses
réflexions témoignent de la finesse psychologique de
Quintilien. Il n'est pas moins bien inspiré quand il
esquisse les règles de la discipline morale; « La crainte

---

(1) « Quintilien a traité cette question avec beaucoup d'étendue
et d'éloquence, etc. » (*Traité des Études*, liv. IV, art. 2)
(2) Quintilien, *Inst. oratoire*, i. 2.

retient les uns, elle énerve les autres... Pour moi je veux qu'on me donne un enfant qui soit sensible à la louange, que la gloire enflamme, à qui une défaite arrache des larmes. »

Quintilien se prononce avec force contre l'usage du fouet, « quoique l'usage l'autorise, dit-il, et que Chrysippe ne le désapprouve pas. »

La grammaire et la rhétorique. — Comme ses contemporains, Quintilien distingue dans les études deux degrés, la grammaire et la rhétorique. « Aussitôt que l'élève saura lire et écrire, il faudra le mettre entre les mains du grammairien. » La grammaire se divisait en deux parties : l'art de parler correctement et l'explication des poètes. Des exercices de composition, des développements appelés *chries, sentences*, des narrations, s'ajoutaient à l'étude théorique des règles grammaticales. Notons que Quintilien insiste sur les procédés étymologiques, et aussi qu'il attache une grande importance à la lecture à haute voix. « Que l'enfant, pour bien lire, comprenne bien ce qu'il lit... Qu'il évite, quand il lit les poètes, les modulations affectées. C'est à propos de cette manière de lire que César, jeune encore, disait excellemment: « Si vous chantez, vous chantez mal; si vous lisez, pourquoi chantez-vous? »

Étude simultanée des sciences. — Il s'en faut que Quintilien enferme son élève dans le cercle étroit de la grammaire. Persuadé que l'enfant est capable d'apprendre plusieurs choses à la fois, il veut qu'on lui enseigne simultanément la géométrie, la musique, la philosophie:

« Faudra-t-il n'étudier que la grammaire, puis la géométrie, et oublier dans l'intervalle ce qu'on aura appris? Autant vaudrait conseiller à l'agriculteur de ne pas cultiver en même temps ses champs, ses vignes, ses oliviers, ses arbres, et de ne pas donner à la fois ses soins aux grains, aux bestiaux, aux jardins, aux abeilles. »

Bien ente du Quintilien ne considère les différentes

études qu'il propose à son élève que comme les instruments de l'éducation oratoire. La philosophie, qui comprend la dialectique ou logique, la physique ou science de la nature et enfin la morale, fournit à l'orateur des idées, et lui apprend l'art de les distribuer dans une argumentation serrée. La géométrie, elle aussi, proche parente de la dialectique, exerce l'esprit et lui enseigne à distinguer le vrai du faux. Enfin la musique est une préparation excellente à l'éloquence : elle donne l'harmonie, le goût du nombre et de la mesure.

Les écoles de philosophie. — A côté des écoles de rhétorique, où l'on exerçait surtout le talent de la parole, la Rome impériale vit fleurir en grand nombre des écoles de philosophie, où l'on cherchait à former les mœurs. Ce ne fut pas faute de prédications morales si les vertus romaines dégénérèrent. Toutes les écoles de la Grèce, les stoïciens et les épicuriens surtout, et aussi les écoles de Pythagore, de Socrate, de Platon et d'Aristote, eurent leurs représentants à Rome ; mais leurs noms obscurs ont à peine survécu

Sénèque. — Parmi ces philosophes et ces moralistes du premier siècle après Jésus-Christ, se distingue, au premier rang, Sénèque, qui, il est vrai, ne tint pas école, mais qui, par ses nombreux écrits, s'efforça de maintenir parmi ses contemporains quelques débris au moins des anciennes vertus. Ses *Lettres à Lucilius*, véritables lettres spirituelles et de direction morale, contiennent d'ailleurs quelques préceptes pédagogiques. C'est ainsi que Sénèque s'attache à diriger vers un but pratique les études scolaires, en développant le fameux adage : « Nous devons apprendre, non pour l'école, mais pour la vie, » (*non scholæ, sed vitæ discimus*). Ailleurs il critique les lectures confuses et mal digérées, qui n'enrichissent pas l'esprit, et il conclut en recommandant l'étude approfondie d'un seul livre (*timeo hominem unius libri*). Dans une autre lettre il remarque que le meilleur moyen d'éclaircir ses propres idées, c'est de les communiquer aux autres ; la meilleure manière d'achever de s'instruire, c'est d'enseigner (*docende discimus*). Citons encore cette maxime si souvent répétée : « Les exemples conduisent plus vite au but que les préceptes (*longum iter per præcepta, breve per exempla*). »

Plutarque (50-128 après J.-C.). — Dans les derniers temps de la civilisation romaine, deux noms méritent d'arrêter l'attention du pédagogue : Plutarque et Marc-Aurèle.

Bien qu'il soit né en Béotie et qu'il ait écrit en grec, Plutarque appartient au monde romain. Il vint plusieurs fois à Rome, et y ouvrit au temps de Domitien une école où il traitait de philosophie, de littérature et d'histoire. De nombreux ouvrages nous ont transmis le fond de cet enseignement, qui eut un succès extraordinaire.

Les Vies des hommes illustres. — Traduites au quinzième siècle par Amyot, les *Vies parallèles* de Plutarque ont été pour nos pères une véritable école de morale fondée sur l'histoire. Combien de nos grands hommes, ou simplement de nos hommes de bien, y ont puisé en partie la substance de leur vertu ! L'Hôpital, d'Aubigné en étaient nourris. Henri IV disait de ce livre : « Il m'a été comme ma conscience, et m'a dicté à l'oreille beaucoup de bonnes honnêtetés et de maximes excellentes pour ma conduite et le gouvernement de mes affaires. »

Le Traité de l'éducation des enfants. — L'opuscule célèbre intitulé *de l'Éducation des enfants* (1) est le premier traité, consacré spécialement à l'éducation, que l'antiquité nous ait transmis. L'authenticité en a été contestée par des critiques allemands : mais il importe peu, car ces critiques sont les premiers à reconnaître que l'auteur du traité, quel qu'il soit, connaissait parfaitement Plutarque et résume assez exactement les

_____

(1) « *Comment il faut nourrir les enfants,* » dans la traduction l'Amyot.

idées qu'il a développées plus amplement dans d'autres
ouvrages.

Nous n'analyserons pas cet opuscule, qui abonde
pourtant en réflexions intéressantes sur le premier âge.
Nous en signalerons seulement le principe essentiel, le
trait saillant et original, qui est un vif sentiment de la
famille. Dans la société, telle que la conçoit Plutarque,
l'État n'exerce plus une absorbante souveraineté. Sur
les ruines de la cité antique Plutarque édifie la famille.
C'est à la famille qu'il s'adresse pour assurer l'éducation des enfants (1). Il n'est pas d'accord avec Quintilien: ce qu'il recommande, c'est l'éducation domestique et individuelle. Il n'admet guère les écoles
publiques que pour l'enseignement supérieur. A un
certain âge, le jeune homme, déjà formé par les soins
d'un gouverneur sous la surveillance de ses parents, ira
suivre les cours des moralistes et des philosophes, et
les lectures des poètes.

Éducation des femmes. — Une des conséquences
du rôle prépondérant que Plutarque attribue à la famille, c'est qu'il relève du même coup la condition
matérielle et morale de la femme. Dans son livre des
Préceptes du mariage, qui rappelle l'*Économique* de
Xénophon, il restitue à l'épouse son rang dans le ménage ; il en fait l'associée du mari pour les affaires
matérielles de l'existence comme pour l'éducation des
enfants. La mère allaite les nouveau-nés. « La Providence, dit-il naïvement, a eu la sagesse de donner deux
mamelles aux femmes afin que, si elles ont enfanté
deux jumeaux, elles puissent nourrir en même temps
l'un et l'autre. » La mère participera aussi à l'instruction de ses enfants, et par suite elle devra elle-même
être instruite. Plutarque lui propose les études les plus
hautes, telles que les mathématiques et la philosophie.

_____

(1) Bien entendu, Plutarque, comme tous les écrivains de l'antiquité, n'a parlé que pour les enfants de bonne maison et de
libre condition. « Il délaisse, comme il le dit lui-même, l'instruction des pauvres et populaires. »

Mais il compte encore plus sur ses qualités naturelles que sur la science qu'elle pourra acquérir : « La tendresse de l'âme, dit-il, est relevée chez les femmes par l'attrait du visage, par la douceur de la parole, par la grâce caressante, par la sensibilité plus vive. »

Du rôle de la poésie dans l'éducation. — Dans un petit ouvrage intitulé : « *De la manière d'entendre les poètes* », Plutarque a dit dans quelle mesure il fallait associer la poésie à l'éducation. Plus équitable que Platon, il ne condamne pas la lecture des poètes : il demande seulement qu'on les lise avec discrétion, en choisissant ceux qui dans leurs écrits mêlent l'inspiration morale à l'inspiration poétique.

« Lycurgue, dit-il, ne fit pas preuve de sagesse, lorsque, pour réprimer les désordres des Spartiates qui s'adonnaient à l'ivresse, il commanda d'arracher toutes les vignes du Péloponèse. Il y avait un parti plus sage à prendre, c'était de rapprocher des tonneaux de vin l'eau des sources, afin de corriger et de ramener à la raison le dieu de la folie, selon les expressions de Platon, par la main d'un autre dieu, le dieu de la sobriété. »

Enseignement de la morale. — Plutarque est avant tout un moraliste. Si théoriquement il n'ajoute rien aux doctrines élevées des philosophes grecs dont il s'inspire, du moins il est entré plus profondément dans l'étude des méthodes pratiques, qui assurent l'efficacité des beaux préceptes et des grands enseignements. « La contemplation, qui s'écarte de la pratique, est sans utilité, » dit-il. Il veut que les jeunes gens sortent des cours de morale, non pas seulement plus instruits, mais plus vertueux. Qu'importent les belles maximes, si elles ne passent pas dans les actes ! Le jeune homme devra donc s'habituer de bonne heure à se gouverner lui-même, à réfléchir sur sa conduite, à prendre conseil de sa raison. Plutarque lui donne en outre un directeur de conscience, un philosophe, qu'il ira consulter dans ses doutes, auquel il confiera son âme. Mais ce qui importe le plus à ses yeux, c'est l'effort personnel, la réflexion toujours attentive, le travail intérieur qui assimile à notre âme les leçons morales que nous avons reçues, qui les fait entrer dans notre substance et pour ainsi dire dans notre chair.

« Que penserait-on, dit-il ingénieusement, d'un homme qui allant chercher du feu chez son voisin, et trouvant le foyer bien garni, y resterait à se chauffer, sans plus songer à retourner dans sa propre maison ? »

Ainsi font ceux qui ne s'inquiètent pas d'avoir une moralité propre et qui, incapables de se diriger par eux-mêmes, ont toujours besoin de la tutelle d'autrui.

La grande préoccupation de Plutarque, — et par là il est vraiment de la race des grands pédagogues, — c'était d'éveiller, d'exciter les forces intérieures de la conscience, et aussi l'énergie de l'intelligence. Il ne pensait pas seulement à l'éducation morale, il pensait aussi à la fausse éducation intellectuelle qui, au lieu de former l'esprit, se contente d'accumuler dans la mémoire des connaissances indigestes, quand il écrivait cette maxime mémorable : « L'âme n'est pas un vase qu'il faille remplir, c'est un foyer qu'il faut échauffer (1). »

Marc-Aurèle (121-180). — Le plus sage des empereurs romains, l'auteur du livre intitulé *A Moi-même*, plus connu sous le titre de *Pensées*, Marc-Aurèle mérite une mention dans l'histoire de la pédagogie. Il a été le plus parfait représentant peut-être de la morale stoïcienne, qui elle-même est la plus haute expression de la morale antique. Il est le type le plus achevé de ce que peuvent, pour élever une âme, l'influence des exemples domestiques et l'effort personnel de la conscience. Il avait eu un maître de rhétorique, le célèbre Fronton, dont on jugera le caractère d'après

(1) Ce n'est pas que Plutarque méprise la mémoire : « Sur toutes choses il faut exercer et accoutumer la mémoire des enfants, parce qu'elle est le trésor de la science. »

ce seul trait : « J'ai beaucoup travaillé hier, écrivait-il à son élève; j'ai combiné quelques images dont je suis content. » En revanche, Marc-Aurèle eut beaucoup à profiter des exemples de sa famille : « Mon aïeul, disait-il pieusement, m'a appris la patience... De mon père, je tiens la modestie... A ma mère je dois la piété. » Malgré sa modestie qui lui inspirait d'attribuer à autrui tout le mérite de sa vertu, c'est à lui-même surtout, c'est à un effort persévérant de sa volonté, c'est à un perpétuel examen de sa conscience, qu'il dut de devenir le plus vertueux des hommes, le plus sage et le plus saint, après Socrate, des moralistes de l'antiquité. Ses *Pensées* nous montrent en action cette éducation de soi-même, qui de notre temps a suggéré à Channing de si belles réflexions.

Conclusion. — En résumé, il faut avouer que la littérature latine est pauvre en matière d'éducation. Quelques mots épars çà et là dans les auteurs classiques témoignent cependant qu'ils ne restaient pas absolument étrangers aux questions pédagogiques.

Ainsi Horace professait l'indépendance d'esprit; il déclare qu'il ne s'astreint à « jurer sur les paroles d'aucun maître. (1) » D'autre part, Juvénal a défini l'idéal du but de la vie et de l'éducation, quand il a dit qu'il fallait désirer par-dessus toute chose « une âme saine dans un corps sain (2) ». Enfin Pline le Jeune, en trois mots, *multum, non multa*, « à fond, et pas beaucoup de choses », fixe un point essentiel de la méthode pédagogique, et recommande l'étude approfondie d'une seule science, de préférence à l'étude superficielle qui s'étend sur trop d'objets.

Mais surtout, en même temps que par leur goût, par la justesse de leur pensée et par la perfection de leur style, ils sont dignes d'être placés à côté des Grecs

----

(1) « *Nullius addictus jurare in verba magistri.* »

(2) « *Orandum est ut sit mens sana in corpore sano.* » Juvénal, sat x, 356.

comme les maîtres de l'éducation littéraire, les écrivains latins doivent nous apparaître comme les guides toujours respectables de l'éducation morale. A Rome comme à Athènes, ce qui fait le fond de l'enseignement, c'est la recherche de la vertu ; ce qui préoccupe Cicéron comme Platon, Sénèque comme Aristote, c'est moins l'extension des connaissances et le développement de l'instruction que le progrès des mœurs et le perfectionnement moral de l'homme.

LEÇON IV

Esprit nouveau du christianisme. — Par ses
dogmes, par l'idée de l'égalité de toutes les créatures
humaines, par son esprit de charité, le christianisme
introduisait dans la conscience des éléments nouveaux
et semblait appelé à donner un puissant essor à l'éducation morale des hommes. La doctrine du Christ était
d'abord une réaction du libre arbitre, de la dignité individuelle contre le despotisme de l'État. « Toute une
moitié de l'homme échappait désormais à l'action de
l'État. Le christianisme enseignait que l'homme n'appar
tenait plus à la société que par une partie de lui-même
qu'il était engagé à elle par son corps et par ses intérêts
matériels; que, sujet d'un tyran, il devait se soumettre;
que, citoyen d'une république, il devait donner sa vie
pour elle; mais que, pour son âme, il était libre et
n'était engagé qu'à Dieu (1). » Désormais il ne s'agissait

(1) Fustel de Coulanges, *la Cité antique*, p. 476.

plus de former seulement des citoyens pour le service
d'un État : l'idée d'un développement désintéressé de
la personne humaine faisait son apparition dans le
monde. D'autre part, en proclamant que tous les
hommes avaient même destinée, qu'ils étaient tous égaux
devant Dieu, le christianisme relevait de leur condition
misérable les pauvres et les déshérités, et leur promettait à tous même instruction. L'idée d'égalité s'ajoutait
à l'idée de liberté, et la justice pour tous, la participation à un même droit, étaient contenues en germe dans
la doctrine du christianisme.

**Pauvreté pédagogique des premiers âges
chrétiens.** — Cependant les germes contenus dans la
doctrine de la religion nouvelle ne fructifièrent pas
tout de suite. Il est facile d'analyser les causes de cette
impuissance pédagogique des premiers siècles du
christianisme.

D'abord l'enseignement chrétien tombait sur des
peuples barbares qui ne pouvaient d'emblée s'élever
à une haute culture intellectuelle et morale. Suivant
la comparaison célèbre de Jouffroy, l'invasion des
barbares au milieu de la société antique fut comme une
brassée de bois vert que l'on jetterait sur la flamme
d'un brasier : il ne pouvait en sortir tout d'abord que
beaucoup de fumée.

De plus il faut tenir compte de ce fait que les premiers chrétiens, pour établir leur foi, avaient à lutter
contre des difficultés sans cesse renaissantes. Les premiers siècles furent une période de lutte, de conquête
et d'organisation, qui ne laissa que peu de place aux
préoccupations désintéressées de la pédagogie. Dans
leurs efforts contre l'ancien monde, les premiers chrétiens en vinrent à confondre dans une même haine les
lettres classiques et la religion païenne. Pouvaient-ils
recueillir avec sympathie l'héritage littéraire et scientifique d'une société dont ils répudiaient les mœurs et
dont ils détruisaient les croyances?

D'autre part la condition sociale des hommes qui

s'attachèrent les premiers à la religion nouvelle les détournait des études qui sont la préparation de la vie. Obligés de se cacher, de s'enfuir dans le désert, véritables parias du monde païen, ils vivaient de la vie contemplative; ils étaient naturellement conduits à concevoir comme idéal de l'éducation une existence ascétique et monacale.

Ajoutons que par ses tendances mystiques le christianisme, à ses débuts, ne pouvait être une bonne école de pédagogie pratique et humaine. Le chrétien n'était détaché de la cité humaine, que pour entrer dans la cité de Dieu. Il fallait rompre avec un monde corrompu et pervers. Il fallait réagir par les privations, par le renoncement à tout plaisir, contre l'immoralité de la société gréco-romaine. L'homme devait aspirer à imiter Dieu ; et Dieu, c'est la sainteté absolue, c'est la négation de toutes les conditions de la vie terrestre, c'est la perfection suprême. La disproportion même d'un pareil idéal et de la faiblesse humaine devait égarer les premiers chrétiens dans une vie mystique, qui n'était que la préparation à la mort. En outre la conséquence de ces doctrines était de faire de l'Église la maîtresse exclusive de l'éducation et de l'instruction. L'initiative individuelle, si elle était sollicitée d'un côté par les doctrines fondamentales du christianisme, était étouffée d'autre part sous la domination ecclésiastique.

Les Pères de l'Église. — Les docteurs célèbres qui par leur érudition, leur éloquence, sinon par leur goût, illustrèrent les commencements du christianisme, furent les uns des mystiques jaloux, des sectaires, aux yeux de qui la curiosité philosophique était un péché, l'amour des lettres une hérésie; les autres, des chrétiens conciliants qui alliaient dans une certaine mesure la foi religieuse et le culte des lettres.

Tertullien rejetait toute pédagogie païenne : il ne voyait dans la culture classique qu'un vol fait à Dieu, un acheminement à la fausse et arrogante sagesse des anciens philosophes. Saint Augustin lui-même, qui,

dans sa jeunesse, ne pouvait lire le quatrième livre de
l'*Énéide*, sans verser des larmes, qui avait été amoureux
de la poésie et de l'éloquence antiques, renia, après sa
conversion, ses goûts littéraires aussi bien que ses folles
passions de jeune homme. Ce fut sous son inspiration
que le concile de Carthage défendit aux évêques la
lecture des auteurs du paganisme.

Telle n'était pas la tendance de saint Basile, qui
demande au contraire que le jeune chrétien fréquente
les orateurs, les poètes, les historiens de l'antiquité ;
qui pense que les poèmes d'Homère inspirent l'amour
de la vertu ; qui veut enfin qu'on puise à pleines mains
dans les trésors de la sagesse antique pour former
l'âme des jeunes gens (1). Telle n'était pas non plus la
pensée de saint Jérôme, qui disait qu'il ne voulait pas
cesser d'être cicéronien en devenant chrétien.

Saint Jérôme et l'éducation des filles. — Les
lettres de saint Jérôme sur l'éducation des filles sont
le plus précieux document pédagogique des premiers
siècles du christianisme (2). Elles ont excité de vives
admirations : Érasme les savait par cœur, sainte
Thérèse en lisait un passage tous les jours. Il est impossible aujourd'hui, tout en admirant certains détails,
de ne pas condamner l'esprit général qui les a dictés :
esprit étroit, défiant à l'endroit du monde, qui pousse
le sentiment religieux jusqu'au mysticisme, le dédain
des choses humaines jusqu'à l'ascétisme.

Ascétisme physique. — Il ne s'agit plus de donner
des forces au corps, d'en faire, comme le voulaient les
Grecs, le robuste instrument d'une belle âme. Le corps
est un ennemi qu'il faut mater par le jeûne, par l'absti
nence, par les mortifications de la chair :

(1) Voyez l'homélie de saint Basile, *Sur l'utilité que les jeunes
gens peuvent retirer de la lecture des auteurs profanes.*

(2) *Lettre à Læta sur l'éducation de sa fille Paula* (403). *Lettre
Gaudentius sur l'éducation de la petite Pacatula.* La lettre à
Gaudentius est très inférieure à l'autre, à cause des digressions
perpétuelles où se laisse entraîner l'auteur.

« Que Paula ne mange point en public, c'est-à-dire qu'elle n'assiste pas aux festins qui se font en famille, de peur qu'elle ne désire des viandes qu'on y servira. Qu'elle s'accoutume à ne pas boire de vin: car il est la source de toute impureté.... Qu'elle se nourrisse de légumes et rarement de poisson ; qu'elle mange de telle manière qu'elle ait toujours faim. »

Le mépris du corps est poussé si loin que les soins de propreté sont presque interdits.

« Pour moi je défends entièrement le bain à une jeune fille. »

Il est vrai qu'effrayé lui-même des conséquences d'un régime aussi austère, saint Jérôme autorise par exception pour les enfants l'usage des bains, du vin et de la viande, mais seulement « lorsque la nécessité l'exige et de peur que les pieds ne leur manquent avant d'avoir marché. »

Ascétisme intellectuel et moral. — Pour l'esprit comme pour le corps, on peut dire de saint Jérôme ce que Nicole écrivait à une religieuse de son temps : « Vous nourrissez vos élèves de pain et d'eau. » La Bible est le seul livre recommandé, ce qui est peu; mais la Bible en entier, ce qui est trop : le *Cantique des cantiques*, avec son sensualisme imagé, serait une étrange lecture pour une jeune fille. Les arts, comme les lettres, ne trouvent point grâce devant le mysticisme de saint Jérôme :

« Que Paula n'entende jamais d'instruments de musique; qu'elle ignore même à quels usages servent la flûte et la harpe. »

Passe pour la flûte, que les philosophes grecs eux aussi n'aimaient pas : mais la harpe, l'instrument de David, et des anges ! mais la musique religieuse elle-même ! Que nous sommes loin, avec saint Jérôme, de cette vie complète, de ce développement harmonieux de toutes les facultés, que les pédagogues modernes, que Herbert Spencer, par exemple, nous présentent avec raison comme l'idéal de l'éducation!

Saint Jérôme va jusqu'à proscrire la promenade.

« Qu'on cherche en vain Paula dans les chemins du siècle (périphrase emphatique pour dire *les rues*), dans les assemblées et la compagnie de ses proches ; qu'on ne la retrouve que dans la retraite. »

L'idéal de saint Jérôme, c'est la vie monocale et cloîtrée jusque dans le monde. Ce qui est plus grave, et ce qui est la loi fatale du mysticisme, c'est que saint Jérôme, après avoir proscrit les lettres, les arts, les plaisirs légitimes et nécessaires, condamne jusqu'aux sentiments les plus respectables du cœur. Le cœur est chose humaine lui aussi, et tout ce qui est humain est mauvais ou dangereux.

« Ne souffrez pas que Paula ait plus d'amitié pour une de ses compagnes que pour les autres ; ne souffrez pas qu'elle s'entretienne à voix basse avec elle. »

Et comme s'il craignait même les affections de la famille, le docteur de l'Église conclut ainsi :

« Qu'elle soit élevée dans un cloître, où elle ne connaîtra pas le siècle, où elle vivra comme un ange, ayant un corps comme si elle n'en avait point, et pour tout dire en un mot où elle vous délivrera du soin de la garder... Si vous voulez nous envoyer Paula, je me charge d'être son maître et sa nourrice ; je la presserai entre mes bras ; ma vieillesse ne m'empêchera point de délier sa langue, et je serai plus glorieux que le philosophe Aristote, puisque j'instruirai, non un roi mortel et périssable, mais ur ' ouse immortelle du Roi des cieux. »

Vérités durables. — Les exagérations pieuses de saint Jérôme ne font que mieux ressortir la justesse et l'excellence de quelques-uns de ses conseils pratiques, sur l'enseignement de la lecture par exemple, ou sur la nécessité de l'émulation :

« Mettez entre les mains de Paula des lettres en bois ou en ivoire, faites-lui en connaître les noms : elle s'instruira tout en jouant. Mais il ne suffira pas qu'elle sache de mémoire les noms de ces lettres et qu'elle les appelle successivement dans l'ordre de l'alphabet : vous les mêlerez souvent ensemble, mettant les dernières au commencement et les premières au milieu... »

« Faites-lui assembler des mots en lui proposant des prix, ou en lui donnant pour récompense ce qui plaît d'ordinaire aux enfants de son âge... Qu'elle ait des compagnes, afin que les éloges qu'elles pourront recevoir excitent son émulation... Ne lui reprochez pas la difficulté qu'elle éprouve à comprendre : au contraire, encouragez-la par des louanges ; faites en sorte qu'elle soit également sensible à la joie d'avoir bien fait et à la douleur de n'avoir pas réussi... Surtout prenez garde qu'elle ne conçoive pour l'étude une aversion qu'elle pourrait conserver dans un âge plus avancé (1). »

Faiblesse intellectuelle du moyen âge. — Si les premiers docteurs de l'Église témoignèrent parfois de quelque sympathie pour les lettres profanes, c'est que dans leur jeunesse, avant de recevoir le baptême, ils avaient fréquenté eux-mêmes les écoles païennes. Mais, ces écoles une fois fermées, le christianisme n'en rouvrit pas d'autres, et, après le quatrième siècle, une nuit profonde couvrit l'humanité. Le travail des Grecs et des Romains fut comme non avenu. Le passé n'existait plus. L'humanité recommençait à nouveau. Au cinquième siècle, Sidoine Apollinaire déclare que « les jeunes gens n'étudient plus, que les professeurs n'ont plus d'élèves, que la science languit et meurt. » Plus tard Loup de Ferrières, le favori de Louis le Débonnaire et de Charles le Chauve, écrit que l'étude des lettres est presque nulle. Dans les premières années du onzième siècle, l'évêque de Laon, Adalbéric, avoue que « plus d'un évêque ne savait pas compter sur ses doigts les lettres de l'alphabet. » En 1291, de tous les moines du couvent de Saint-Gall, il n'y en avait qu'un qui sût lire et écrire. Les notaires publics étaient si difficiles à trouver qu'on était réduit à passer les actes verbalement. Les seigneurs tiraient vanité de leur ignorance. Même après les efforts du douzième siècle l'instruction resta un luxe pour les laïques ; elle était le privilège des ecclésiastiques, qui eux-mêmes ne la poussaient pas bien loin.

(1) Pour l'écriture, saint Jérôme, comme Quintilien, recommande qu'on exerce d'abord l'enfant sur des tables de bois où les caractères sont gravés en creux.

Les Bénédictins confessent qu'on n'étudiait les mathématiques que pour être en état de calculer la date du jour pascal.

Causes de l'ignorance du moyen âge. — Quelles furent les causes permanentes de cette situation qui se prolongea dix siècles ? L'Église catholique en a été parfois rendue responsable. Sans doute les docteurs du christianisme ne professaient pas toujours une bien vive sympathie pour la culture intellectuelle. Saint Augustin avait dit : « Ce sont les ignorants qui s'emparent du ciel (*indocti cœlum rapiunt*). » Saint Grégoire le Grand, pape du sixième siècle, déclarait qu'il rougirait de soumettre la parole sainte aux règles de la grammaire. Trop de chrétiens enfin confondaient l'ignorance avec la sainteté. Sans doute, vers le septième siècle, les ténèbres s'épaissirent encore sur l'Église chrétienne : des barbares entrèrent dans l'épiscopat et y apportèrent leurs rudes mœurs. Sans doute aussi, pendant la période féodale, le prêtre se fit souvent soldat et resta ignorant. Il serait pourtant injuste de faire à l'Église du moyen âge un procès de tendance et de la représenter comme systématiquement hostile à l'instruction. Tout au contraire, c'est le clergé qui, au milieu de la barbarie générale, maintint quelque tradition de la culture antique. Les seules écoles de ce temps, ce sont les écoles épiscopales et claustrales, annexées les unes aux évêchés, les autres aux monastères. Les ordres religieux associèrent volontiers le travail manuel et le travail de l'esprit. Dès 530, saint Benoît fondait le couvent du Mont-Cassin et rédigeait des statuts qui faisaient une part, dans la vie des moines, à la lecture, au travail intellectuel.

En 1179, la troisième concile de Latran promulguait le décret suivant :

« L'Église de Dieu, étant obligée, comme bonne et tendre mère, de pourvoir aux besoins corporels et spirituels des indigents, désireuse de procurer aux enfants pauvres la facilité d'apprendre à lire et de s'avancer dans l'étude, ordonne que chaque cathédrale ait un maître chargé d'instruire gratuitement les

ρ res de cette église et les écoliers pauvres, et qu'on lui assigne
un bénéfice qui, suffisant à sa subsistance, ouvre ainsi la porte
de l'école à la jeunesse studieuse. Un écolâtre sera installé dans
les autres églises et dans les monastères où il y avait autrefois
les fonds affectés à cette destination. »

Ce n'est donc pas à l'Église qu'il faut rapporter l'en-
gourdissement général des esprits au moyen âge.
D'autres causes expliquent ce long sommeil de l'esprit humain. D'abord la condition sociale du peuple.
La sécurité et le loisir, conditions indispensables de
l'étude, manquaient complètement à des populations toujours en guerre, écrasées successivement par les barbares, par les Normands, par les Anglais, par les luttes
sans fin de la féodalité. Les gentilshommes du temps
n'aspiraient qu'à chevaucher, à chasser, à figurer dans
les tournois et les passes d'armes. L'éducation physique, voilà ce qui convenait avant tout à des hommes
dont la guerre, par habitude et par nécessité, était le
goût favori. D'autre part, le peuple asservi ne pressen-
tait pas l'utilité de l'instruction : pour comprendre la
nécessité de l'étude, cette grande libératrice, il faut
déjà avoir goûté à la liberté. Dans une société où le
sentiment du besoin de l'instruction n'était pas encore
né, qui donc aurait pris l'initiative d'instruire le peuple?

Ajoutons que le moyen âge présentait encore d'autres
conditions défavorables à la propagation de l'instruction : particulièrement l'absence de langues nationales, ces véhicules nécessaires de l'éducation. Les
langues maternelles sont des instruments d'émancipation intellectuelle. Chez les peuples où règne une
langue morte, une langue savante, accessible aux seuls
initiés, les classes inférieures restent nécessairement
plongées dans l'ignorance. De plus les livres latins eux-
mêmes étaient rares : Loup de Ferrières était obligé
d'écrire à Rome et de s'adresser au pape en personne
pour se procurer un ouvrage de Cicéron. Sans livres,
sans écoles, sans aucun des outils indispensables du
travail intellectuel, que pouvait devenir la vie de l'es-

prit? Elle se réfugia dans quelques monastères ; l'érudition ne fleurit que dans des cercles étroits, chez quelques privilégiés, et le reste de la nation demeura enfoui dans une nuit obscure.

Les trois renaissances. — On a dit avec raison qu'il y avait eu trois renaissances : la première, dont Charlemagne a été l'initiateur et dont l'éclat ne fût pas durable ; la seconde, celle du douzième siècle, d'où est sortie la scolastique ; la troisième, la grande renaissance du seizième siècle, qui dure encore et que la Révolution a complétée.

Charlemagne. — Charlemagne a incontestablement nourri le dessein de répandre l'instruction autour de lui. Il la recherchait avidement pour lui-même, s'exerçait à écrire, apprenait le latin et le grec, la rhétorique et l'astronomie. Il aurait voulu communiquer à tous ceux qui l'entouraient la même ardeur pour l'étude : « Ah ! que n'ai-je, s'écriait-il, douze clercs aussi parfaitement instruits que le furent Jérôme et Augustin ! » C'est naturellement sur le clergé qu'il comptait pour en faire l'instrument de ses desseins : mais, comme le prouve une de ses circulaires à la date de 788, le clergé avait besoin qu'on lui rappelât la nécessité de l'instruction :

« Nous avons jugé utile que dans les évêchés et dans les monastères l'on prît soin, non pas seulement de vivre selon les règles de notre sainte religion, mais encore d'enseigner la connaissance des lettres à ceux qui sont capables de les apprendre avec l'aide du Seigneur. Quoiqu'il vaille mieux pratiquer la loi que la connaître, il faut la connaître avant de la pratiquer. Plusieurs monastères nous ayant envoyé des écrits, nous avons remarqué que, dans la plupart de ces écrits, les sentiments étaient bons, mais le langage mauvais. Nous vous exhortons donc, non seulement à ne pas négliger l'étude des lettres, mais à vous y livrer de tout votre pouvoir. »

D'autre part, les nobles ne mettaient pas grand empressement à justifier leur rang social par le degré de leur science. Un jour que Charlemagne était entré dans une école, impatienté de la paresse et de l'ignorance des jeunes seigneurs qui la fréquentaient, il leur tint ce ferme langage : « Vous comptez sur votre naissance, et vous en concevez de l'orgueil ? Sachez que vous n'aurez ni gouvernement ni évêchés, si vous n'êtes pas plus instruits que les autres. »

Alcuin (735-804). — Charlemagne fut secondé dans ses efforts par l'Anglais Alcuin, dont on pourrait dire qu'il a été le premier ministre de l'instruction publique en France. C'est lui qui fonda l'*École du palais*, espèce d'Académie princière et ambulante, qui suivait partout la cour, école modèle, où Alcuin eut pour élèves les quatre fils, les deux filles de Charlemagne, et Charlemagne lui-même, toujours avide de s'instruire.

La méthode d'Alcuin n'était pas sans originalité, mais c'est bien à tort qu'on l'a comparée à la méthode de Socrate. Alcuin procède sans doute par interrogations : mais, ici, c'est l'élève qui interroge et le maître qui fait les réponses :

« Qu'est-ce que la parole? demande Pépin, le fils aîné de Charlemagne ? — C'est l'interprète de l'âme, répond Alcuin. — Qu'est-ce que la vie? Une jouissance pour les uns, une douleur pour les misérables, l'attente de la mort. — Qu'est-ce que le sommeil? L'image de la mort. — Qu'est-ce que l'écriture? La gardienne de l'histoire. — Qu'est-ce que le corps? La demeure de l'âme . — Qu'est-ce que le jour? Une provocation au travail. »

Tout cela est ou banal ou artificiel : les sentencieuses réponses d'Alcuin peuvent être de jolies maximes bonnes à orner la mémoire, mais dans ce travail d'un lettré, raffiné pour son temps, il n'y a rien qui puisse exciter l'intelligence de l'élève.

Le nom d'Alcuin n'en marque pas moins une date dans l'histoire de la pédagogie : un premier essai pour allier les lettres classiques et l'inspiration chrétienne, pour créer une « Athènes chrétienne », selon l'expression emphatique d'Alcuin lui-même.

Les successeurs de Charlemagne. — Charlemagne avait eu l'ambition de régner sur une société civilisée plutôt que sur des peuples barbares. Convaincu que l'unité des idées et des mœurs fait seule l'unité politique, il croyait trouver dans la religion le fondement de cette unité morale, et la religion elle-même, il voulait la fonder sur une instruction plus largement répandue. Mais ces idées étaient trop hautes pour le temps ou d'une exécution trop difficile pour les circonstances. Une décadence nouvelle suivit l'ère de Charlemagne. Le clergé ne répondit pas aux espérances que le grand empereur avait mises en lui. Dès 817, le concile d'Aix-la-Chapelle décida que désormais on ne recevrait plus de laïque dans les écoles des couvents, pour cette raison qu'un trop grand nombre d'élèves rendait impossible le maintien de la discipline monacale. Aucun des successeurs de Charlemagne ne semble avoir épris l'idée du grand empereur ; aucun ne s'est préoccupé des questions scolaires. C'est sur l'autorité despotique, non sur les progrès intellectuels de leurs sujets, que ces dominateurs inintelligents voulaient fonder leur pouvoir. Sous Louis le Débonnaire, sous Charles le Chauve, on construisit plus de châteaux forts que d'écoles.

Les rois de France étaient loin d'imiter le roi anglo-saxon, Alfred le Grand (871-901), auquel la tradition attribue ces deux maximes : « Les Anglais doivent être toujours libres, aussi libres que leurs pensées; » — « Les fils de condition libre doivent savoir lire et écrire. »

La scolastique. — C'est seulement au douzième siècle que l'esprit humain se réveilla. Ce fut l'âge de la *scolastique*, qui eut pour caractère essentiel l'étude du raisonnement, la pratique de la dialectique syllogistique. Le syllogisme, qui de prémisses données conclut à une conséquence nécessaire, était l'instrument naturel d'un siècle de foi, où l'on voulait seulement démontrer des dogmes immuables, sans jamais innover en fait de croyances. On l'a souvent observé, l'art de raisonner est la science des peuples jeunes, nous dirions volontiers des peuples barbares. La dialectique subtile se concilie parfaitement avec des mœurs encore grossières et avec une science restreinte. Elle n'est qu'une machine intellectuelle. Il ne s'agissait pas alors de penser à nouveau : il fallait simplement raisonner sur les pensées acquises, dont la théologie conservait le dépôt sacré. Pas de science indépendante par conséquent : la philosophie n'était, suivant l'expression du temps, que l'humble servante de la théologie. La dialectique des docteurs du moyen âge ne fut que le commentaire subtil des livres saints et de la doctrine d'Aristote. Il semble, dit Locke, à voir l'inertie du moyen âge, que Dieu se fût contenté de faire de l'homme un animal à deux pattes, en laissant à Aristote le soin d'en faire un être pensant. De son côté, un sage pédagogue du dix-septième siècle, l'abbé Fleury, juge en ces termes sévères la méthode scolastique:

« Cette manière de philosopher sur les mots et sur les pensées, sans examiner les choses en elles-mêmes, était assurément commode pour se passer de la connaissance des faits, qui ne s'acquiert que par la lecture (Fleury aurait dû ajouter *et par l'observation*), et c'était un moyen facile d'éblouir les laïques ignorants par un langage singulier et par de vaines subtilités. »

La scolastique eut pourtant son heure d'éclat, ses docteurs érudits, ses professeurs éloquents, notamment Abélard.

Abélard (1079-1142). — Véritable professeur d'enseignement supérieur, Abélard, par le prestige de son éloquence, groupa autour de lui à Paris des milliers d'étudiants. La parole humaine, la parole vivante du professeur avait alors une autorité, une importance qu'elle a perdue en partie, depuis que les livres partout répandus remplacent jusqu'à un certain point l'enseignement oral. En un temps où l'imprimerie n'existait pas, où les copies manuscrites étaient rares, un maître qui joignait à la science le don de la parole était chose vraiment incomparable, et on accourait de tous les points de l'Europe pour profiter de ses leçons. Abélard est le représentant le plus brillant de la pédagogie scolastique, avec une tendance originale

4

et personnelle vers l'émancipation de l'esprit. « Il est ridicule, disait-il, de prêcher aux autres ce qu'on ne peut leur faire comprendre, ni comprendre soi-même. » Avec plus de hardiesse que saint Anselme, il appliquait la dialectique à la théologie, et cherchait à raisonner sa foi.

Les sept arts libéraux. — Les sept arts libéraux constituaient ce qu'on peut appeler l'enseignement secondaire du moyen âge, tel qu'il était donné dans les écoles claustrales ou écoles de couvent, et plus tard dans les universités. On distribuait les arts libéraux en deux cours d'études, le *trivium* et le *quadrivium* : le *trivium* comprenait la grammaire (grammaire latine, bien entendu), la dialectique ou logique, et la rhétorique ; au *quadrivium* se rattachaient la musique, l'arithmétique, la géométrie et l'astronomie. Il est important de remarquer que ce programme ne renferme que des études abstraites et *formelles* : pas d'études réelles et concrètes. Les sciences qui nous font connaître l'homme et le monde, l'histoire, la morale, les sciences physiques et naturelles, étaient omises et inconnues, sauf peut-être dans quelques couvents de bénédictins. Rien de ce qui peut former véritablement l'homme et développer l'ensemble de ses facultés ne préoccupe le moyen âge. D'un programme d'études ainsi limité pouvaient sortir des raisonneurs habiles, des argumentateurs redoutables, mais jamais des hommes complets.

Méthodes et discipline. — Les méthodes, dans les écoles ecclésiastiques du moyen âge, répondaient à l'esprit d'un temps où l'on n'avait aucun souci de la liberté, de l'initiative intellectuelle, où l'on songeait à imposer des dogmes, non à former des intelligences. Les maîtres récitaient ou lisaient leurs cahiers ; les élèves apprenaient par cœur. La discipline était dure. On se défiait de la nature humaine corrompue. En 1363 on interdisait aux étudiants l'usage des bancs et des chaises, sous prétexte que ces sièges étaient trop hauts pour ne pas devenir une occasion d'orgueil. Pour obtenir l'obéissance, on usait et on abusait des châtiments corporels. Le fouet est à la mode au quinzième comme au quatorzième siècle : « Il n'y a d'autre différence, dit un historien, sinon que les fouets du quinzième siècle sont deux fois plus longs que les fouets du quatorzième (1). » Notons cependant la protestation de saint Anselme, protestation qui signalait le mal plus qu'elle n'y remédia :

« Jour et nuit, disait un abbé à saint Anselme, nous ne cessions de frapper les enfants confiés à nos soins, et ils empirent toujours. » — Anselme répondit : « Eh quoi! vous ne cessez de les frapper! Et quand ils sont grands, que deviennent-ils? idiots et stupides. Voilà une belle éducation qui d'hommes fait des bêtes !... Si tu plantais un arbre dans ton jardin, et si tu l'enfermais de toutes parts, de sorte qu'il ne pût étendre ses rameaux, quand tu le débarrasserais au bout de plusieurs années, que trouverais-tu? Un arbre dont les branches seraient courbées et tordues; et ne serait-ce pas ta faute pour l'avoir ainsi resserré immodérément ? »

Les universités. — En dehors des écoles claustrales et cathédrales, auxquelles il faut ajouter quelques écoles paroissiales, premier essai de nos écoles de village, la seule fondation pédagogique du moyen âge fut ce qu'on appelle les *Universités*. Vers le treizième et le quatorzième siècle, on vit se multiplier dans les grandes villes d'Europe ces centres d'études, ces groupements d'étudiants, qui rappellent de loin les écoles de Platon et d'Aristote. De ce nombre furent : l'Université qui s'ouvrit à Paris pour l'enseignement de la théologie et de la philosophie (1200), les universités de Naples (1224), de Prague (1345), de Vienne (1365), de Heidelberg (1386), etc. Sans être complètement affranchies de la tutelle sacerdotale, ces universités furent un premier épanouissement de la science libre. Les Arabes avaient dès le neuvième siècle donné l'exemple au reste de l'Europe, en fondant à Salamanque, à Cordoue, et dans d'autres villes d'Espagne, des écoles où étaient cultivées toutes les sciences.

(1) Monteil, *Histoire des Français des divers états.*

Gerson (1363-1429). — Avec le doux Gerson, l'auteur supposé de l'*Imitation*, il semble que la sèche dialectique s'efface, pour laisser parler le cœur et faire place au sentiment. Le chancelier de l'université de Paris se distingue des hommes de son temps par son amour pour le peuple. Il écrivit en langue vulgaire de petits traités élémentaires à l'usage et à la portée des *simples gens*. Son livre latin, intitulé *Des petits enfants qu'il faut conduire au Christ*, témoigne d'un grand esprit de douceur et de bonté; les observations fines et délicates y abondent. Gerson demande par exemple aux maîtres la patience et la tendresse : « Les petits enfants, dit-il, sont plus facilement conduits par les caresses que par la crainte. » Il redoute pour ces frêles créatures la contagion de l'exemple: « Aucun être vivant n'est plus exposé que l'enfant à se laisser corrompre par un autre enfant. » Le petit enfant est à ses yeux une plante délicate qu'il faut protéger avec vigilance contre toute influence malsaine, en particulier contre les lectures dangereuses, comme celle du *Roman de la Rose*. Gerson condamne les châtiments corporels et exige des maîtres pour leurs élèves une affection de père :

« Que le précepteur avant toutes choses s'efforce d'être un père pour ses élèves. Qu'il ne soit pas du tout colère. Qu'il reste toujours simple dans ses enseignements; qu'il raconte aux enfants des choses saines et agréables... »

Âme sensible et élevée, Gerson est **un précurseur** de Fénelon (1).

Victorin de Feltre (1371-1446). — On aime à rapprocher de Gerson un de ses contemporains italiens, le célèbre Victorin de Feltre, professeur à l'université de Padoue. C'est comme précepteur des fils du prince de Gonzague, et comme fondateur d'une maison d'éducation à Venise, que Victorin trouva l'occasion de ma-

(1) Dans le *Traité de la visite des diocèses*, en 1400, Gerson recommandait aux évêques de s'enquérir si chaque paroisse possédait une école, et d'en établir où il n'y en avait pas.

nifester ses aptitudes pédagogiques. Avec lui l'éducation redevient ce qu'elle était en Grèce, le développement harmonieux de l'esprit et du corps. Les exercices corporels, la natation, l'équitation, l'escrime, remis e hon neur ; la préoccupation des qualités extérieures de la tenue ; une méthode d'enseignement engageante et agréable ; un effort constant pour démêler le caractère et les aptitudes des enfants ; une préparation consciencieuse de chaque leçon ; une surveillance assidue du travail des élèves : tels sont les traits principaux de la pédagogie de Victorin de Feltre, pédagogie évidemment supérieure à son temps et qui mériterait une plus longue étude.

Autres pédagogues de la fin du moyen âge. — Si nous écrivions ici un livre d'érudition, il y aurait d'autres penseurs à signaler dans les dernières années du moyen âge, dans cette période indécise et pour ainsi dire crépusculaire qui sert de transition entre la nuit du moyen âge et le grand jour de la Renaissance. Citons entre autres le chevalier de la Tour-Landry, et Ænéas Sylvius Piccolomini.

Le chevalier de la Tour-Landry, dans l'ouvrage qu'il a écrit pour l'éducation de ses filles (1372), ne s'élève guère au-dessus de l'esprit de son temps. La femme, à ses yeux, est faite pour prier, pour aller à l'église. Il propose pour modèle à ses filles une comtesse qui « chaque jour voulait oïr trois messes. » Il recommande le jeûne trois fois par semaine « pour mieux dompter la chair » et empêcher « que elle ne s'esgaie trop. » Pas de responsabilité ni de dignité propre pour la femme, qui doit obéir à son mari, à son seigneur, « et faire son commandement soit tort, soit droit : si il y a vice, elle en est desblasmée et demoure le blasme à son seigneur. »

Ænéas Sylvius, le futur pape Pie II, dans son opuscule sur l'*Éducation des enfants* (1451), est déjà un homme de la Renaissance, puisqu'il recommande avec enthousiasme la lecture et l'étude de la plupart des

auteurs classiques. Il trace d'ailleurs un programme
d'études relativement large : à côté des lettres il place
les sciences, la géométrie et l'arithmétique, « qui
sont nécessaires, dit-il, pour exercer l'esprit et assurer
la rapidité des conceptions, » et aussi l'histoire et la
géographie ; il avait composé lui-même des récits
historiques acompagnés de cartes. Les défiances de la
dévotion outrée n'existaient plus chez un pédagogue qui
écrivait : « Il n'y a rien au monde de plus précieux, de
plus beau, qu'une intelligence éclairée. »

Résumé. — C'est ainsi que le moyen âge finissant
s'acheminait peu à peu par des progrès continus vers
l'émancipation définitive que la Renaissance et la Réforme allaient consacrer. Mais le moyen âge, en lui-
même, quelque effort que l'on tente aujourd'hui pour
le réhabiliter et y découvrir l'âge d'or des sociétés modernes, reste une époque néfaste. Quelques vertus,
négatives pour la plupart, vertus d'obéissance et de
renoncement, ne sauraient compenser les défauts réels de
ces siècles rudes et barbares. Une éducation supérieure
réservée aux ecclésiastiques ou aux hommes de haute
condition ; une instruction qui se réduisait à un verbiage subtil, qui ne développait que le mécanisme du
raisonnement, et faisait de l'intelligence la prisonnière
de la forme syllogistique ; après la barbarie des premiers temps un pédantisme bizarre qui s'oubliait dans
des discussions superficielles, dans des distinctions verbales ; l'éducation populaire à peu près nulle et restreinte à l'enseignement latin du catéchisme; enfin
une Église absolue, souveraine, qui déterminait pour
tous, grands ou petits, les limites de la pensée, de la
croyance et de l'action : telle était, au point de vue qui
nous occupe, la situation du moyen âge. Il était temps
que la Renaissance vînt affranchir les esprits, exciter
et révéler à lui-même le besoin inconscient de l'instruction, et par l'alliance féconde de l'esprit chrétien et
des lettres profanes préparer l'avènement de la pédagogie moderne.

LEÇON V

LA RENAISSANCE ET LES THÉORIES DE L'ÉDUCATION AU SEIZIÈME SIÈCLE

Caractères généraux de la pédagogie du seizième siècle. — Causes de la renaissance pédagogique. — La théorie et la pratique de l'éducation au seizième siècle. — Érasme (1467-1536). — Éducation d'Érasme : les Jéromites. — Ouvrages pédagogiques d'Érasme. — La civilité puérile. — L'éducation du premier âge. — L'instruction des femmes. — Rabelais (1483-1553). — Critique de l'ancienne éducation : Gargantua et Eudémon. — Éducation nouvelle. — Éducation physique. — Éducation intellectuelle. — Les sciences physiques et naturelles. — Leçons de choses. — Méthodes attrayantes. — Éducation religieuse. — Éducation morale. — Montaigne (1532-1592) et Rabelais. — Éducation personnelle de Montaigne. — L'éducation doit être générale. — But de l'instruction. — Éducation du jugement. — Moyens pédagogiques. — Études recommandées. — Défauts de Montaigne. — Insuffisance de ses vues sur l'instruction des femmes.

Caractères généraux de la pédagogie du seizième siècle. — Avec la Renaissance commence l'éducation moderne. Les méthodes pédagogiques qu'on entrevoit alors ne seront sans doute développées et perfectionnées que plus tard; les doctrines nouvelles ne passeront dans la pratique que peu à peu et avec le progrès des temps. Mais dès le seizième siècle la pédagogie est en possession de ses principes essentiels. A l'éducation du moyen âge, éducation rigoriste et répressive, qui condamnait le corps à un régime trop sévère, l'esprit à une discipline trop étroite, va succéder, au moins en théorie, une éducation plus large, plus libérale, qui fera sa part à l'hygiène, aux exercices physiques, qui affranchira l'intelligence, jusque-là prisonnière du syllogisme, qui excitera les forces morales, au lieu de les comprimer, qui substituera des études réelles aux subtilités verbales de la dialectique, qui donnera le pas aux choses sur les mots, qui enfin, au lieu de ne développer qu'une seule faculté, le raisonnement, au lieu de réduire l'homme à n'être qu'une espèce d'automate dialecticien, cherchera à former l'homme tout entier, esprit et corps, goût et science, cœur et volonté.

Causes de la renaissance pédagogique. — Les hommes du seizième siècle ayant renoué avec l'antiquité classique un commerce trop longtemps interrompu, il était naturel qu'ils proposassent aux jeunes gens l'étude des Grecs et des Romains. Ce qu'on appelle l'enseignement secondaire date réellement du seizième siècle. Aux ouvrages indigestes du moyen âge succèdent les beaux écrits d'Athènes et de Rome, vulgarisés désormais par l'imprimerie, et avec les auteurs anciens renaissent, grâce à une imitation féconde, leurs qualités de justesse dans la pensée, de goût et d'élégance dans la forme. En France, comme en Italie, les langues nationales, maniées et pour ainsi dire consacrées par des écrivains de génie, deviennent des instruments de propagande intellectuelle. Le goût des arts, ranimé par une floraison d'artistes incomparables, étend l'horizon de la vie et suscite des émotions nouvelles. Enfin la Réforme protestante développe la pensée personnelle et le libre examen, en même temps que par son succès elle impose de plus grands efforts à l'Église catholique.

Ce n'est pas à dire que tout soit irréprochable dans les essais pédagogiques du seizième siècle. D'abord, comme il est naturel chez des novateurs, la pensée des pédagogues de ce temps-là se distingue par l'enthousiasme plus que par la précision. Ils indiquent avec ardeur le but à atteindre, plutôt qu'ils ne déterminent avec exactitude les moyens à employer. En outre, quelques-uns d'entre eux se contentent d'émanciper l'esprit et oublient de le régler. Enfin d'autres abusent des anciens ; ils sont trop préoccupés de la forme et de la pureté du langage ; ils tombent dans la *cicéromanie*, et il ne tient pas à eux qu'une nouvelle superstition, celle de la rhétorique, ne succède à la superstition du syllogisme.

La théorie et la pratique de l'éducation au seizième siècle. — Dans l'histoire de l'éducation au seizième siècle il faut d'ailleurs distinguer avec soin la théorie et la pratique : la théorie, déjà hardie et en avance sur son siècle, la pratique, qui se traîne encore péniblement dans l'ornière, malgré quelques initiatives heureuses.

La théorie, il faut la chercher dans les œuvres d'Érasme, de Rabelais et de Montaigne, dont on peut dire qu'avant de prétendre à les devancer, même de notre temps, nous devrions nous appliquer à les atteindre, à les égaler, dans la plupart de leurs préceptes pédagogiques.

La pratique, c'est d'abord le développement de l'étude des humanités, particulièrement dans les premiers collèges de la société de Jésus, et, avant les jésuites, dans certains collèges protestants, notamment au collège de Strasbourg, dirigé avec éclat par le célèbre Sturm (1537-1589). C'est ensuite le renouvellement de l'enseignement supérieur, marqué surtout par la fondation du Collège de France (1530) et par les leçons brillantes de Ramus. C'est enfin le progrès, il faudrait presque dire, la naissance de l'enseignement primaire, avec les tentatives des réformateurs protestants, et notamment de Luther.

Néanmoins la pensée pédagogique du seizième siècle reste supérieure à l'action ; les théories devancent de beaucoup les applications, et méritent presque seules d'être mises en lumière.

Érasme (1467-1536) — Par ses nombreux écrits,

traductions, grammaires, dictionnaires, compositions
personnelles, Érasme a répandu autour de lui et communiqué à ses contemporains son goût passionné pour
les lettres classiques. Sans agir directement sur l'éducation, puisqu'il n'a guère enseigné, il a encouragé par son
exemple, par son active propagande, l'étude des anciens. L'érudit qui disait : « Quand j'aurai de l'argent,
j'achèterai d'abord des livres grecs, puis des habits, »
mérite d'être compté au premier rang parmi les créa-
teurs de l'enseignement secondaire.

Éducation d'Érasme : les Jéromites. — Érasme
a été élevé par les moines, comme Voltaire le fut par
les jésuites : ce qui n'a rien ôté à ces libres esprits de leur
humeur indépendante et de leur verve satirique. A l'âge
de douze ans, Érasme entrait au collège de Deventer, en
Hollande. Ce collège était dirigé par les Jéromites, ou
frères de la vie commune. Fondée en 1340 par Gérard
Groot, l'association des Jéromites se proposait, entre
autres occupations, l'instruction des enfants. Très mystiques et très ascétiques à leurs débuts, les disciples de
Gérard Groot se bornaient à enseigner la Bible, la lecture et l'écriture ; ils proscrivaient, comme inutiles à la
piété, les lettres et les sciences. Mais au quinzième siècle,
sous l'influence de Jean de Wessel et de Rodolphe
Agricola, les Jéromites se transformèrent : ils furent les
précurseurs de la Renaissance, les promoteurs de
l'alliance des lettres profanes avec le christianisme.
« On peut, disait Jean de Wessel, lire une fois Ovide. On
doit lire avec plus d'attention Virgile, Horace et
Térence. » Horace et Térence furent précisément les auteurs favoris d'Érasme, qui les apprit par cœur à Deventer. Agricola, dont Érasme ne parle qu'avec enthousiasme, fut aussi le propagateur zélé des chefs-d'œuvre
de l'antiquité, en même temps que le critique sévère
des mœurs pédagogiques d'un temps où l'école ressemblait trop à une prison.

« Si une chose a un nom contradictoire, c'est, disait-l, l'école

Les Grecs l'ont appelée σχολή, qui veut dire *loisir, récréation*, et les Latins *ludus*, c'est-à-dire *jeu :* or il n'y a rien de plus éloigné de la récréation et du jeu. Aristophane l'a nommée φροντιστήριον, c'est-à-dire *lieu de souci, de tourment*, et c'est là assurément la dénomination qui lui convient le mieux. »

Les premiers professeurs d'Érasme étaient donc des hommes éclairés, qui, malgré leur condition monastique, connaissaient et aimaient l'antiquité. Mais, à vrai dire, Érasme fut son propre maître à lui-même. Il se mit par un effort personnel à l'école des anciens, il étudia toute sa vie, tantôt boursier au collège de Montaigu, à Paris, tantôt précepteur de riches gentilshommes, toujours en quête de science, parcourant l'Europe entière, pour y chercher en chaque ville savante de nouvelles occasions de s'instruire.

Ouvrages pédagogiques d'Érasme. — La plupart des ouvrages d'Érasme ont trait à l'instruction. Les uns sont presque des livres de classe, des traités élémentaires de pédagogie pratique, par exemple ses livres *Sur la manière d'écrire les lettres*, *Sur la civilité des mœurs puériles*, etc. Notons aussi ses *Adages*, vaste répertoire de proverbes, de sentences empruntées à l'antiquité; ses *Colloques*, recueil de dialogues à l'usage des jeunes gens, quoique l'auteur y traite de bien des choses dont un écolier ne doit pas entendre parler. Dans une autre catégorie doivent être placés des ouvrages d'un caractère plus théorique, où Érasme expose ses idées sur l'éducation. Dans l'opuscule *Sur la méthode des études (de Ratione studii)*, il cherche les règles de l'instruction littéraire, de l'étude de la grammaire, de la culture de la mémoire, de l'explication des auteurs grecs et latins. Un autre traité, intitulé *De la première éducation libérale des enfants (De pueris statim ac liberaliter instituendis)*, est plus important encore et embrasse l'ensemble de l'éducation. Érasme y étudie le caractère de l'enfant, la question de savoir si l'on peut utiliser les premières années, les ménagements à garder avec le jeune âge; il y recommande les méthodes attrayantes, il y condamne avec vivacité la discipline barbare qui régnait dans les écoles de son temps.

La civilité puérile. — Érasme est un des premiers pédagogues qui aient compris l'importance de la politesse. Dans un siècle encore grossier, où les mœurs des classes cultivées elles-mêmes toléraient des usages que répudierait aujourd'hui le rustre le plus ignorant, il était bon d'appeler l'attention sur la tenue extérieure et les devoirs de la civilité. Érasme savait à merveille que la politesse a un côté moral, qu'elle n'est pas affaire de pure convention, qu'elle procède des dispositions intérieures d'une âme bien réglée. Aussi lui assigne-t-il une place importante dans l'éducation :

« Le debvoir d'instruire la jeunesse contient, dit-il, plusieurs parties, desquelles comme la première, aussi la principale est que l'esprit tendrelet de l'enfant soit instruit à la piété ; la deuxiesme qu'il aime et apprenne les arts libéraux ; la troisiesme qu'il soit dressé à l'entregent d'une vie civile : la quatriesme que dès les rudiments de son eage, il s accoutume à la civilité morale. »

On ne s'étonnera pas d'ailleurs que la civilité d'Érasme soit encore imparfaite, tantôt trop facile, tantôt trop exigeante, toujours naïve. « C'est chose religieuse, dit-il, de saluer celuy qui esternue. — C'est chose moralement peu convenable, quand on boit, de pencher la tête en arrière, comme font les cigognes, afin qu'il ne reste rien dans le verre. — Si on laisse tomber du pain par terre, on le baisera après l'avoir relevé. » D'autre part, Érasme semble admettre qu'on se mouche avec les doigts, quoiqu'il interdise de prendre pour mouchoir son bonnet ou son habit. Il demande qu'on se lave la figure le matin avec de l'eau pure ; mais, « ajoute-t-il, le faire à nouveau après ne rime à rien. »

L'éducation du premier âge. — Comme Quintilien, dont il s'inspire souvent, Érasme ne dédaigne pas d'entrer à l'école primaire, et de régler les premiers exercices de la culture intellectuelle. Sur bien des points la pensée de l'érudit du seizième siècle n'est qu'un écho de l'*Institution oratoire* ou des essais pédagogiques de Plutarque. Quelques maximes méritent d'être retenues :

« Nous apprenons tout volontiers de ceux que nous aimons. » — « Les parents eux-mêmes ne peuvent bien élever leurs enfants, s'ils ne s'en font que craindre. » — « Il y a des enfants que l'on tuerait plutôt que de les amender par les coups : par la douceur et les avertissements bienveillants, on en fait ce que l'on veut. » — « Les enfants apprendront à parler leur langue sans aucune fatigue, par l'usage et la pratique. » — « L'apprentissage de la lecture et de l'écriture est quelque peu fastidieux : le maître atténuera ingénieusement l'ennui par l'artifice d'une méthode attrayante. » — « Les anciens moulaient en forme de lettres des friandises aimées des enfants, et leur faisaient ainsi, en quelque sorte, avaler l'alphabet. » — « On se bornera d'abord, en fait de préceptes de grammaire, à ce qu'il y a de plus simple. » — « De même que le corps, dans le premier âge, est nourri à petites doses distribuées par intervalles, ainsi l'esprit de l'enfant doit être nourri de connaissances appropriées à sa faiblesse et présentées petit à petit. »

De toutes ces citations ressort une pédagogie bienveillante et aimable, pleine de tendresse pour les enfants. Érasme réclame pour eux le lait et les caresses de la mère, la familiarité et la bonté du père, la propreté et même l'élégance de l'école, enfin la douceur et l'indulgence du maître.

L'instruction des femmes. — Les érudits de la Renaissance n'excluaient pas les femmes de toute participation aux trésors littéraires que leur ouvrait à eux-mêmes l'antiquité retrouvée : Érasme les admet même à un partage égal.

Dans le *Colloque de l'abbé et de la femme instruite* Magdala réclame pour elle le droit d'apprendre le latin, « afin de s'entretenir chaque jour avec tant d'auteurs si éloquents, si instructifs, si sages, si bons conseillers. » Dans le livre du *Mariage chrétien*, Érasme raille les jeunes filles qui n'apprennent qu'à faire la révérence, à tenir les mains croisées, à pincer les lèvres quand elles rient, à ne boire et manger que le moins possible dans les repas en commun, après l'avoir fait amplement en

particulier. Plus ambitieux pour la femme, Érasme lui
recommande toutes les études qui lui permettent
d'élever elle-même son enfant et de s'associer à la vie
intellectuelle de son mari.

Vivès, un contemporain d'Érasme (1492-1540), un
pédagogue espagnol, exprimait des idées analogues
dans ses livres sur l'éducation des femmes, où il recommande aux jeunes filles la lecture de Platon et de
Sénèque.

En résumé, la pédagogie d'Érasme n'est pas sans
valeur ; mais avec lui l'éducation courait le risque de
rester exclusivement grecque et latine. Humaniste avant
tout, il ne faisait qu'une toute petite part aux sciences,
à l'histoire, qu'il suffit d'effleurer, disait-il ; et, ce qui
le peint au naturel, il recommandait l'étude des
sciences physiques pour cette raison surtout, que l'écrivain trouvera dans la connaissance de la nature une
source abondante de métaphores, d'images et de comparaisons.

Rabelais (1483-1553). — Tout autre est l'esprit de Rabelais, qui sous une forme fantaisiste et originale a
esquissé un système complet d'éducation. Quelques pages de haute gravité, éparses au milieu des polisson-
neries épiques de son œuvre burlesque, lui donnent le
droit de figurer au premier rang parmi les personnes
qui ont réformé l'art de discipliner et de développer les
âmes humaines (1).

La pédagogie de Rabelais est la première apparition
de ce qu'on peut appeler le *réalisme* dans l'instruction, à l'encontre du *formalisme* scolastique. L'auteur
de *Gargantua* tourne l'esprit du jeune homme vers
des objets vraiment dignes de l'occuper ; il entrevoit
l'avenir réservé à l'éducation scientifique, à l'étude de
la nature ; il convie l'esprit, non plus aux laborieuses
subtilités, aux artifices compliqués que la scolastique

_____

(1). Voyez surtout les chapitres suivants : Livre I. ch. xiv, xv, xx
xiii, xxiv ; livre II, ch. v, vi, xii, viii.

avait mis à la mode, mais à de rudes efforts, à un large épanouissement de la nature humaine.

Critique de l'ancienne éducation : Gargantua et Eudémon — La verve satirique de Rabelais a trouvé dans les mœurs du seizième siècle mainte occasion de s'égayer, et son livre est comme un recueil de pamphlets. Mais il n'est rien qu'il ait poursuivi de plus de sarcasmes que l'éducation de ce temps-là.

Gargantua, au début, est élevé d'après les méthodes scolastiques ; il travaille pendant vingt ans de toutes ses forces, apprenant si bien les livres où il étudie, qu'il est capable de les réciter par cœur au rebours. « Et cependant son père aperceut que en rien ne prouffitoit ; et qui pis est, en devenoit fou, niays, tout resveur et rassoté. »

A cette discipline, inintelligente et artificielle, qui surcharge la mémoire, qui retient de longues années l'élève sur des livres insipides, qui fait perdre à l'esprit toute initiative, qui l'hébète au lieu de le dégourdir, Rabelais oppose l'éducation naturelle, qui fait appel à l'expérience et aux faits, qui forme le jeune homme, non pas seulement pour des discussions d'école, mais pour la vie réelle, pour les conversations du monde, qui enfin enrichit l'intelligence et orne la mémoire, sans étouffer les grâces natives et la liberté de l'esprit.

Eudémon, qui, dans le roman de Rabelais, représente l'élève des méthodes nouvelles, sait penser avec justesse, parler avet aisance ; il se présente sans hardiesse, mais avec assurance. Quand on le met en présence de Gargantua, il se tourne vers lui, « le bonnet au poing, la face ouverte, la bouche vermeille, les yeulx asseurez ; et avecque modestie juvénile, » il le complimente élégamment et gracieusement. A tout ce qu'Eudémon lui dit d'aimable, Gargantua ne trouve rien à répondre : « Toute sa contenance feut qu'il se print à plorer comme une vache, et se cachoit le visaige de son bonnet, et on ne peut tirer de luy une parolle. »

Rabelais a ingénieusement personnifié dans ces deux

écoliers si différents d'allure deux méthodes d'éducation contraires, celle qui, par de mécaniques exercices de mémoire, engourdit et alourdit l'esprit, et celle qui, laissant plus de liberté, forme des intelligences vives, des caractères francs et ouverts.

Éducation nouvelle. — Voyons maintenant avec quelque détail comment Rabelais conçoit cette éducation nouvelle. Après avoir mis en relief les défauts contractés par Gargantua à l'école de ses premiers maîtres, il le confie à un précepteur, à Ponocrate, qui est chargé de le corriger, de le redresser, en le gouvernant d'après ses propres principes.

Ponocrate procède d'abord avec lenteur; il considère que « nature ne endure mutations soubdaines sans grande violence. » Il étudie et observe son élève; il veut juger de son train naturel. Puis il se met à l'œuvre; il entreprend une refonte générale du caractère et de l'esprit de Gargantua, en dirigeant à la fois son éducation physique, son éducation intellectuelle, son éducation morale.

Éducation physique. — L'hygiène et la gymnastique, la propreté qui conserve le corps, et les exercices qui le fortifient, ces deux parties essentielles de l'éducation physique préoccupent également Rabelais. Érasme pensait qu'il « ne rime à rien » de se laver plus d'une fois par jour. Gargantua, au contraire, après ses repas, baigne ses mains et ses yeux dans l'eau fraîche. Rabelais n'oublie pas qu'il a été médecin: aucun détail n'est omis, relativement aux soins du corps, même les plus répugnants. Il n'en est plus à croire comme les mystiques du moyen âge, qu'il est permis de loger la science dans un corps crasseux, et qu'un intérieur malpropre ou négligé ne messied pas aux âmes vertueuses. Les premiers précepteurs de Gargantua disaient qu'il suffisait de se peigner « avec les quatre doigts et le pouce : et que soy aultrement pigner, laver et nettoyer, estoyt perdre son temps en ce monde » Avec Panocrate, Gargantua réforme ses habitudes, et s'efforce de ressembler à Eudemon, qui était « tant testonné, tant bien tiré, tant bien espousseté tant honneste en son maintien que trop mieulx ressembloit quelque petit angelot qu'ung homme. »

Rabelais attache la même importance à la gymnastique, à la promenade, à la vie active et en plein air Il ne laisse pas Gargantua pâlir et s'étioler sur les livres. Après l'étude du matin, il le mène jouer. La paume. la balle succèdent à la lecture : « Gualantement s'exer coit le corps, comme il avoit son ame auparavant exercé. » De même, après l'étude de l'après-midi, jus qu'au souper, Gargantua consacre tout son temps aux exercices du corps. Équitation, lutte, natation, toute espèce de jeux physiques, la gymnastique sous toutes ses formes, il n'est rien que Gargantua ne fasse pour dégourdir ses membres et fortifier ses muscles. Ici comme ailleurs. Rabelais force la note, et recherche à dessein l'exagération pour mieux faire comprendre sa pensée. Il faudrait des journées qui eussent plusieurs fois vingt-quatre heures pour qu'un homme réel trouvât le temps de faire tout ce que l'auteur de Gargantua demande à son géant. C'est une véritable orgie de gymnastique qu'il propose au corps colossal de son héros, comme revanche du long ascétisme du moyen âge. N'oublions pas qu'ici, comme dans toutes les autres parties de l'œuvre de Rabelais, la fiction se mêle sans cesse à la réalité. Rabelais écrit pour des géants, auxquels il est naturel de demander des efforts gigantesques. Pour avoir la pensée exacte de l'auteur, il faut réduire aux proportions humaines ses exagérations fan taisistes.

Éducation intellectuelle. — Pour l'esprit comme pour le corps, Rabelais veut des prodiges d'activité. Gargantua se lève à quatre heures du matin, et la plus grande partie de sa longue journée est remplie par l'étude. Aux paresseuses contemplations du moyen âge Rabelais substitue un effort incessant, une action intense de l'esprit. Ce sont d'abord les langues anciennes que

Gargantua étudie : en première ligne le grec, que Rabelais relève du long discrédit où il était tombé au moyen âge, comme le prouvait l'adage vulgaire « *Græcum est, non legitur.* »

« Maintenant toutes disciplines sont restituees, les langues instaurees, grecque (sans laquelle c'est honte que une personne se die sçavant), hebraicque, chaldaicque, latine: les impressions tant elegantes et correctes en usance, qui ont esté inventees de mon eage par inspiration divine, comme à contrefil l'artillerie par suggestion diabolicque. Tout le monde est plein de gens sçavans, de precepteurs tres doctes, de librairies tres amples, et il m'est advis que ny au temps de Platon, ny de Ciceron, ny de Papinian, n'estoit telle commodité d'estude comme on y veoit maintenant. »

Rabelais, comme tous ses contemporains, est donc enthousiaste des lettres classiques, mais il se distingue d'eux par un goût très prononcé pour les sciences, et en particulier pour les sciences de la nature.

Les sciences physiques et naturelles. — Le moyen âge avait complètement négligé l'étude de la nature. L'art d'observer était ignoré de ces dialecticiens subtils, qui ne voulaient connaître le monde physique qu'à travers les théories d'Aristote ou les dogmes des livres saints, qui n'attachaient aucun prix à l'étude de l'univers matériel, séjour passager et méprisable des âmes immortelles, et qui d'ailleurs se flattaient de découvrir au bout de leurs syllogismes tout ce qu'il était nécessaire d'en savoir. Rabelais est assurément le premier en date de cette grande école de pédagogues qui mettent les sciences au premier rang parmi les études dignes de l'homme.

L'écolier du moyen âge ne savait rien du monde. Gargantua exige de son fils qu'il le connaisse sous tous ses aspects :

« Quant à la congnoissance des faicts de nature, écrit-il à Pantagruel, je veulx que tu te y adonnes curieusement, qu'il n'y ait mer, riviere, ny fontaine dont tu ne congnoisses les poissons : tous les oyseaulx de l'aer, tous les arbres, arbustes et frutices des forestz, toutes les herbes de la terre, toutz les metaulx cachez au ventre des abysmes, les pierreries de tou orient et midy, rien ne te soit incongneu... Par frequentes anatomies acquier-toy parfaicte congnoissance de l'aultre monde, qui est l'homme... Somme que je voye un abysme de science. »

Rien n'est omis, on le voit, de ce qui constitue la science de l'univers ou la connaissance de l'homme.

Remarquons-le d'ailleurs, Rabelais veut que son élève non seulement connaisse, mais qu'il aime et sente 'a nature. Il recommande aux écoliers d'aller lire les *Géorgiques* de Virgile au milieu des prés et des bois. Précurseur de Rousseau sur ce point comme sur quelques autres, il pense qu'il y a profit pour la santé de l'âme à se rafraîchir l'imagination, à se reposer l'esprit, par le spectacle des beautés de la nature :

« Ponocrate, pour sejourner Gargantua de ceste vehemente intention des esperitz, advisoit une foys le moys quelque jour bien clair et serain, auquel bougeoyent au matin de la ville, et alloyent à Gentilly, ou à Boloigne, ou à Montrouge, ou au pont-Charanton, ou à Vanves, ou à Sainct-Clou. Et là passoyent toute la journée jouans, chantans, dansans, se veaultrans en quelque beau pré, dénicheans des passereaulx, prenans des cailles, peschants aux grenouilles et escrevisses... »

Leçons de choses. — Dans le plan d'études qu'imagine Rabelais, l'esprit de l'élève est toujours en éveil, même à table. Là l'instruction se fait en causant : l'entretien porte sur les mets, sur les objets qui frappent les yeux de Gargantua, sur la nature et les propriétés de l'eau, du vin, du pain, du sel. Tout objet sensible devient matière à questions et à explications. Gargantua fait souvent des promenades à travers champs, et il étudie la botanique en pleine campagne, « passans par quelques prez ou aultres lieux herbus, visitans les arbres et plantes, les conferens avec les livres des anciens qui en ont escript... et en emportans les pleines mains au logis. » Peu de leçons didactiques : un enseignement intuitif, donné en présence des choses elles-mêmes, telle est déjà la méthode de Rabelais. C'est

dans le même sens qu'il envoie son élève visiter les
magasins des orfèvres, les fonderies, les cabinets
d'alchimie, les ateliers de toute espèce : véritables promenades scientifiques, analogues à celles que l'on pratique aujourd'hui. Rabelais veut former un homme
complet, initié à l'art, à l'industrie, capable aussi,
comme l'*Émile* de Rousseau, de se livrer à un travail
manuel. Quand le temps est pluvieux et la promenade
interdite, Gargantua emploie son temps à fendre, à
scier du bois, à battre des gerbes dans la grange.

Méthodes attrayantes. — Par réaction contre la
routine fastidieuse du moyen âge, Rabelais voudrait
que son élève étudiât en jouant, qu'il apprît les
mathématiques elles-mêmes « par récréation et amusement. » C'est en maniant des cartes à jouer que
Gargantua s'instruit de mille « inventions nouvelles qui
se rapportent à la science numérale. » De même pour
la géométrie, l'astronomie. Les arts d'agrément ne sont
pas négligés, notamment l'escrime. Gargantua est un
homme monstrueux, qui doit être développé dans tous
les sens. Les beaux-arts, musique, peinture, sculpture,
ne lui sont pas étrangers. Le héros de Rabelais représente moins un homme individuel, qu'un être collectif
qui personnifie la société tout entière, avec toute la
variété de ses aspirations nouvelles, avec toute l'intensité de ses besoins multiples. Tandis que le moyen âge
laissait de parti pris dans l'inaction certaines tendances naturelles, Rabelais les appelle toutes à la vie,
sans choix, il est vrai et sans discernement, avec toute
la fougue d'une imagination émancipée.

Éducation religieuse. — Pour la religion
comme pour tout le reste, Rabelais est l'adversaire
d'une éducation simplement extérieure et de pure
forme. Il se moque de son Gargantua, qui avant sa
régénération intellectuelle, alors qu'il est encore à
l'école de « ses précepteurs sophistes », se rend à
l'église, après un copieux déjeuner, « pour y entendre
vingt et six ou trente messes. » Ce qu'il substitue à cette

dévotion du dehors, à cet abus des pratiques super
ficielles, c'est un sentiment vrai de piété, c'est la
lecture directe des textes sacrés : « Ce pendant qu'on
habilloit Gargantua, luy estoit leue quelque pagine de
la divine Escripture (1). » C'est plus encore, c'est l'ado-
ration intime et personnelle « du grand plasmateur
de l'univers », excitée par l'étude des œuvres de Dieu.
A peine levés, Gargantua et son maître Ponocrate considèrent l'état du ciel ; ils admirent la voûte céleste.
Le soir ils se livrent à la même contemplation. Après
les repas, comme avant de dormir, Gargantua adresse
des prières à Dieu, pour l'adorer, pour confirmer sa
foi, pour le glorifier de sa bonté immense, pour lui
rendre grâces de tout le temps passé et se recommander à lui pour l'avenir. L'inspiration religieuse
de Rabelais procède à la fois, et du sentiment qui pro-
voqua la Réforme protestante, à laquelle il faillit lui-
même adhérer, et de tendances plus modernes encore,
celles par exemple qui animent la philosophie déiste
de J.-J. Rousseau.

Éducation morale. — Ceux qui ne connaissent
Rabelais que de réputation, ou pour quelques-unes de
ses drôleries innombrables, s'étonneront peut-être que
le jovial auteur puisse passer pour un maître de
morale. Il est cependant impossible de méconnaître
l'inspiration sincère et élevée de passages tels que
celui-ci :

« Parce que, selon le saige Salomon, sapience n'entre point
en ame malivole, et science sans conscience n'est que ruyne de
l'ame, il te convient servir, aymer et craindre Dieu, et en luy
mettre toutes tes pensees, tout ton espoir... Aye suspectz les abus
du monde. Ne metz ton cueur à vanité : car ceste vie est transi-
toire : mais la parolle de Dieu demoure eternellement. Soys
serviable à tous tes prochains, et les ayme comme toy mesme.
Revere tes precepteurs, fuy les compaignies des gens esquelz tu

(1). Rabelais recommande l'étude de l'hébreu afin que l'on puisse
connaître dans leur forme originale les livres sacrés. Il a dit
quelque part : « J'ayme bien mieulx ouïr l'Évangile que de ouïr l
vie de sainte Marguerite ou quelque autre cafarderie. »

ne veulx point ressembler ; et les graces que Dieu te a donnees, icelles ne reçoipz en vain. Et quand tu congnoistras que tu auras tout le sçavoir de par dela acquis, retourne vers moi, afin que je te voye, et donne ma benediction devant que mourir. »

Montaigne (1533-1592) et Rabelais. — Entre Érasme, l'humaniste érudit, exclusivement amoureux des belles-lettres, et Rabelais, le hardi novateur, qui recule aussi loin que possible les limites de l'esprit, et qui fait entrer toute l'encyclopédie du savoir humain dans la cervelle de son élève, au risque de la faire éclater, Montaigne occupe une place intermédiaire, avec ses tendances circonspectes et mesurées, avec sa pédagogie discrète, modérée, ennemie de tous les excès. Il semblait que Rabelais voulût développer également toutes les facultés, et qu'il mît toutes les études, lettres et sciences, sur le même plan. Montaigne demande à choisir : entre les diverses facultés, il s'attache surtout à former le jugement ; entre les diverses connaissances il recommande de préférence celles qui font les esprits droits et sensés. Rabelais surmène l'esprit et le corps : il rêve une instruction à outrance, où toute science serait approfondie. Montaigne demande seulement qu'on « gouste des sciences la crouste premiere ; » qu'on les effleure sans les épuiser, qu'on les traverse légèrement, « à la française. » Mieux vaut à ses yeux une tête bien faite, qu'une tête bien pleine. Il s'agit, non d'accumuler, d'entasser des connaissances, mais de s'en assimiler ce qu'une intelligence avisée peut en digérer sans fatigue. En un mot, tandis que Rabelais s'attable pour ainsi dire au banquet de la science, avec une avidité qui rappelle la gloutonnerie des repas pantagruéliques, Montaigne est un gourmet délicat qui veut seulement satisfaire avec discrétion un appétit modéré.

Éducation personnelle de Montaigne. — On devient souvent pédagogue par ressouvenir de son éducation personnelle. C'est ce qui est arrivé à Montaigne. Sa pédagogie est à la fois une imitation des méthodes qu'un père plein de sollicitude lui avait appliquées à lui-même, et une protestation contre les défauts et les vices du collège de Guyenne, où il entra à l'âge de six ans.

L'éducation domestique de Montaigne offre le spectacle intéressant d'un enfant qui grandit librement. Mon âme, dit-il lui-même, a été élevée en toute douceur et liberté, sans rigueur ni contrainte. Son père, ingénieux dans sa tendresse, le faisait éveiller chaque matin au son des instruments, afin de lui éviter ces réveils brusques qui préparent mal au travail. En tout, il pratiquait avec lui cette discipline tempérée, à la fois indulgente et ferme, également éloignée de la complaisance et de la dureté, que Montaigne a baptisée du nom de *douceur sévère*. Une autre particularité de l'éducation de Montaigne, c'est qu'il apprit le latin comme on apprend sa langue maternelle. Son père l'avait entouré de domestiques et de précepteurs qui ne l'entretenaient qu'en latin. Il en résulta qu'à six ans il était assez avancé dans la langue de Cicéron pour que les meilleurs latinistes du temps « craignissent à l'accoster ; » en revanche, il n'entendait pas plus le français que l'arabesque. » Il est évident que le père de Montaigne avait fait fausse route, mais du moins Montaigne retira de cette expérience une idée juste, à savoir, que les méthodes ordinairement suivies pour l'étude des langues mortes sont trop lentes et trop mécaniques ; qu'on y abuse des règles et qu'on n'y fait point une assez grande part à l'usage : « C'est un bel et grand adjencement, dit-il, que le grec et le latin, mais on l'achepte trop cher. »

Au collège de Guyenne, où il passa sept ans, Montaigne apprit à détester les châtiments corporels et le dur régime des internats de son temps :

« ...Au lieu de convier les enfants aux lettres, on ne leur présente à la vérité qu'horreur et cruauté. Ostez moy la violence et la force ; il n'est rien, à mon advis, qui abastardisse et estourdisse si fort une nature bien nee... Cette police de la plupart de nos colleges m'a tousjours despleu... C'est une vraye geaule de jeunesse captive. Arrivez-y sur le poinct de leur office : vous n'oyez que cris et d'enfants suppliciez et de maistres enivrez en leur cholere. Quelle maniere pour esveiller l'appetit envers leur leçon, à ces tendres ames et craintifves, de les y guider d'une trongne effroyable, les mains armees de fouets! Inique et pernicieuse forme!... Combien leurs classes seroient plus decemment jonchees de fleurs et de feuillees, que de tronçons d'osiers sanglants! J'y ferois pourtraire la Joye, l'Alaigresse, et Flora et les Graces... Où est leur proufit, que là feust aussi leur esbat! »

Importance d'une éducation générale, non spéciale. — Si Montaigne a traité en passant, dans divers chapitres des *Essais* (1), des questions de pédagogie, ce n'est pas seulement en souvenir de ses propres années d'apprentissage, c'est aussi parce qu'il juge en philosophe que « la plus grande difficulté et importance de l'humaine science semble estre en cest endroict, où il se traicte de la nourriture et instruction des enfants. »

Pour lui, l'éducation est l'art de former des hommes, non des spécialistes. C'est ce qu'il explique d'une façon originale et sous forme d'anecdote :

« Allant un jour à Orleans, je trouvay dans cette plaine, au deçà de Clery, deux regents qui venoyent à Bourdeaux, environ à cinquante pas l'un de l'aultre : plus loing derriere eux je veoyois une troupe, et un maistre en teste, qui estoit feu monsieur le comte de la Rochefoucault. Un de mes gents s'enquit au premier de ces regents, qui estoit ce gentilhomme qui venoit aprez luy; luy, qui n'avoit pas veu ce train qui le suyveoit, et qui penseoit qu'on luy parlast de son compaignon, respondit plaisamment : « Il n'est pas gentilhomme, c'est un grammairien, et je suis logicien. » Or, nous qui cherchons icy, au rebours, de former, non un grammairien ou logicien, mais un gentilhomme, laissons les abuser de leur loisir: nous avons affaire ailleurs. »

Il est vrai que Montaigne dit gentilhomme, et non simplement homme; mais au fond sa pensée est déjà

(1). Voyez surtout le ch. xxiv du livre Ier, du *Pédantisme*; le chap. xxv du même livre : *de l'Institution des enfants*; le chap. vii du livre II : *de l'Affection des péres aux enfants.*

celle de Rousseau et de tous ceux, qui réclament une éducation générale de l'âme humaine.

But de l'instruction. — D'après cela, il est facile de comprendre que les lettres et les autres études ne sont, aux yeux de Montaigne, que le moyen, l'instrument, et non le but, la fin de l'instruction. L'auteur des *Essais* ne cède pas à l'ivresse littéraire qui, au seizième siècle, s'empara de quelques érudits et fit de la connaissance des langues anciennes l'idéal de l'éducation. Peu lui importe que l'élève ait appris à écrire en latin ; ce qu'il faut exiger, c'est qu'il soit devenu meilleur et, plus avisé, qu'il ait le jugement plus sain. « Si son ame n'en va un meilleur bransle, j'aymerois autant qu'il eust passé le temps à jouer à la paulme. »

Éducation du jugement. — Montaigne a retourné en cent manières sa pensée pédagogique dominante, qui est la nécessité de former le jugement. Sur ce point il faudrait citer des pages entières :

« ... A la mode de quoy nous sommes instruicts, il n'est pas merveille, si ny les escholiers, ny les maistres, n'en deviennent pas plus habiles, quoy qu'ils s'y facent plus doctes. De vray, le soing et la despense de nos peres ne vise qu'à nous meubler la teste de science : du jugement et de la vertu, peu de nouvelles. Criez d'un passant à nostre peuple : « O le sçavant homme ! » et d'un aultre : « O le bon homme ! » il ne fauldra pas à destourner les yeulx et son respect vers le premier. Il y fauldroit un tiers crieur : « O les lourdes testes ! » Nous nous enquerons volontiers : « Sçait il du grec ou du latin ? escrit il en vers ou en prose ? » mais s'il est devenu meilleur ou plus advisé, c'estoit le principal, et c'est ce qui demeure derriere. Il falloit s'enquerir qui est mieulx sçavant, non qui est plus sçavant. »

« Nous ne travaillons qu'à remplir la memoire, et laisson l'entendement et la conscience vuides. Tout ainsi que les oyseau. vont quelquefois à la queste du grain, et le portent au bec san le taster, pour en faire bechee à leurs petits : ainsi nos pedans vont pillotants la science dans les livres, et ne la logent qu'au bout de leurs levres, pour la degorger seulement et mettre au vent. »

Études recommandées. — L'esprit pratique et utilitaire de Montaigne lui dicte son plan d'études. Il ne s'agit pas avec lui de pénétrer dans les enfoncements des sciences : les études désintéressées ne sont pas son affaire. Si Rabelais a voulu développer les facultés spéculatives, Montaigne, au contraire, s'est préoccupé des facultés pratiques : il subordonne tout à la morale. L'histoire, par exemple, il faut l'apprendre, non pas tant pour connaître les faits que pour les apprécier. Il ne faut pas tant imprimer dans la mémoire de l'enfant « la date de la ruyne de Carthage, que les mœurs de Hannibal et de Scipion, ny tant où mourut Marcellus, que pourquoy il feust indigne de son debvoir de mourir là. »

De même dans la philosophie, ce n'est pas la connaissance générale de l'homme et de la nature, ce sont seulement les parties morales et d'une utilité pratique que Montaigne estime et recommande :

« C'est grand cas que les choses en soyent là en nostre siecle, que la philosophie soit, jusques aux gents d'entendement, un nom vain et fantastique, qui se trouve de nul usage et de nul prix, par opinion et par effect. Je croy que ces ergotismes en sont cause, qui ont saisi ses avenues... »

« ...La philosophie est celle qui nous instruit à vivre. »

Moyens pédagogiques. — L'éducation purement livresque n'est pas du goût de Montaigne. Il compte moins sur les livres que sur l'expérience et la fréquentation des hommes, sur l'observation des choses et sur les suggestions naturelles de l'esprit :

« Pour apprendre à bien juger et à bien parler, tout ce qui se presente à nos yeux sert de livre suffisant : la malice d'un page, la sottise d'un valet, un propos de table, ce sont autant de nouvelles matieres... »

« A cette cause le commerce des hommes y est merveilleusement propre, et la visite des païs estrangiers..., pour en rapporter principalement les humeurs de ces nations et leurs façons, e pour frotter et limer nostre cervelle contre celle d'aultruy. »

« ...La leçon se fera tantost par devis, tantost par livre.... »

« ...L'enfant sondera la portée d'un chascun, un bouvier, un maçon, un passant. Qu'on luy mette en fantasie une honneste curiosité de toutes choses : tout ce qu'il y aura de singulier autour de lui, il le verra ; un bastiment, une fontaine, un homme,

le lieu d'une bataille ancienne, le passage de César ou de
Charlemagne.... »

Les choses doivent précéder les mots. Montaigne sur
ce point devance Coménius, Rousseau et tous les pédagogues modernes.

« Que notre disciple soit bien pourveu de choses : les pa oles ne
suyvront que trop. »

« Le monde n'est que babil, et ne veis jamais homme qui ne
die plus tost plus que moins qu'il ne doibt. Toutefois la moitié
de nostre aage s'en va là : on nous tient quatre ou cin¡ ans à
entendre les mots, etc.... »

« Ce n'est pas à dire que ce ne soit une belle et bonne chose
que le bien dire : mais non pas si bonne qu'on la faict ; et suis
despit de quoy nostre vie s'embesongne toute à cela. »

Comment il faut lire. -- Montaigne a vivement
critiqué l'abus des livres :

« Je ne veulx pas qu'on emprisonne ce garson : je ne veulx
pas corrompre son esprit à le tenir à la gehenne et au travail,
à la mode des aultres, quatorze ou quinze heures par jour,
comme un portefaix ; ny ne trouverois bon, quand, par quelque
complexion solitaire et mélancholique, on le verroit adonné
d'une application trop indiscrete à l'estude des livres, qu'on la
luy nourrist : cela les rend ineptes à la conversation civile, et
les destourne de meilleures occupations. »

Mais, en même temps qu'il déconseille l'excès de la
lecture, il a admirablement défini de quelle façon il
convient de lire. Surtout, dit-il, qu'on s'assimile et qu'on
s'approprie ce qu'on lit. Que le travail du lecteur ressemble à celui des abeilles, qui pilotent, deci, delà, les
sucs des fleurs, et qui en font du miel, qui n'est plus ni
thym ni marjolaine. En d'autres termes, qu'on lise avec
réflexion, avec esprit de critique, en dominant par
son jugement personnel les pensées de l'auteur, sans
s'y asservir jamais.

Défauts de Montaigne. — Le plus grand défaut de
Montaigne, c'est, il faut bien le dire, qu'il manque un
peu de cœur. Légèrement égoïste et épicurien, il n'a
célébré que la vertu facile où l'on arrive « par des routes
ombrageuses, gazonnées de doux fleurantes. » A-t-il

jamais pratiqué lui-même les devoirs pénibles, qui
exigent un effort? Pour aimer les enfants, il attend
qu'ils soient aimables; tant qu'ils sont petits, il les dédaigne et les éloigne de lui.

« Je ne puys recevoir cette passion de quoy on embrasse
ses enfants à peine encore nays, n'ayant ni mouvement en
l'ame, ny forme recognoissable au corps, par où ils se puissent
rendre aimables, et ne les ay pas souffert volontiers nourrir près
de moy (1). » — « Ne prenez jamais et donnez encore moins à vos
femmes la charge de la nourriture de vos enfants ! »

Montaigne avait joint l'exemple au précepte. Il dit
quelque part lestement : « Mes enfants me meurent
tous en nourrice. » Il va jusqu'à dire qu'un homme de
lettres doit préférer ses écrits à ses enfants : « Les enfan-
tements de nostre esprit sont plus nostres (2). »

**Insuffisance des vues de Montaigne sur l'ins-
truction des femmes.** — Un autre défaut de l'esprit de Montaigne, c'est qu'à force de modération et
de mesure, il reste un peu étroit. Ne lui demandons pas de
hautes vues sur la destinée humaine: il la conçoit d'une
façon un peu mesquine et terre à terre. Cette absence
de conceptions larges se manifeste surtout dans ses réflexions sur l'éducation féminine. Montaigne est de ceux
qui par fausse galanterie veulent maintenir la femme
dans l'ignorance, sous prétexte que l'instruction nuirait
à ses charmes naturels. Il prohibe à leur endroit même
l'étude de la rhétorique, parce que, dit-il, ce serait
« couvrir ses beautez sous des beautez estrangieres. »
Les femmes doivent se contenter des avantages que
leur assure leur sexe. Avec la science qu'elles ont naturellement, elles commandent à la baguette et régentent
les régents et l'école. Pourtant il se ravise; mais il y a
dans ses concessions plus de mépris encore que dans
ses prohibitions

« Si toutefois il leur fasche de nous ceder en quoy que ce soit

(1) *Essais*, l. II., ch. VIII.
(2) *Ibid.*, l. III., ch. XIII

et veulent par curiosité avoir part aux livres, la poésie est un amusement propre à leur besoing : c'est un art folastre et subtil, parlier, desguisé, tout au plaisir, tout en montre comme elles. »

Citons encore les passages suivants (1) :

« Et nous et la théologie ne requerons pas beaucoup de science aux femmes... »

« ...François, duc de bretaigne, fils de Jean **V**, comme on luy parla de son mariage avec Isabeau, fille d'Escosse, et qu'on luy adjousta qu'elle avoit esté nourrie simplement et sans aucune instruction de lettres, respondit : « qu'il l'en aymoit mieulx, et qu'une femme estoit assez sçavante quand elle sçavoit mettre difference entre la chemise et le pourpoint de son mari. »

« ...Quand je les veois attachées à la rhetorique, à la judiciaire, à la logique et semblables drogueries si vaines, et inutiles à leur besoing, j'entre en crainte que les hommes qui le leur conseillent le facent pour avoir loy de les regenter soubs ce titre (2). »

Il est impossible de témoigner plus de mépris pour la femme. Montaigne va jusqu'à lui refuser certaines qualités du cœur. Il lui échappe de dire à propos de Melle de Gournay, sa fille adoptive : « La perfection de la très saincte amitié où nous ne lisons point que son sexe ayt pu monter encore... »

Quoi qu'il en soit, malgré de graves lacunes, la pédagogie de Montaigne est une pédagogie de bon sens, dont certaines parties mériteront toujours d'être admirées. Les jansénistes, Locke, Rousseau, à des degrés divers, s'inspireront de Montaigne. De son temps, il est vrai, ses idées ne furent guère recueillies que par son disciple Charron, qui dans le livre de *la Sagesse* (2) n'a fait que distribuer dans un ordre méthodique les pensées éparses des *Essais*. Mais s'il n'a pas agi sur son siècle, Montaigne est du moins demeuré, après trois cents ans, un guide sûr en matière d'éducation intellectuelle.

(1) *Essais*, l. III, ch. m.
(2) Voy. surtout le ch. xiv du livre III.

LEÇON VI

Origines de l'enseignement primaire. — Avec La
Salle et la fondation de l'institut des frères des écoles
chrétiennes l'historien de la pédagogie salue les origines catholiques de l'enseignement primaire ; dans
les décrets et les lois de la Révolution française, ses
origines laïques et philosophiques : mais c'est aux réformateurs protestants, c'est dès le seizième siècle à Luther, c'est au dix-septième siècle à Coménius, que revient l'honneur d'avoir les premiers organisé des écoles
populaires. L'enseignement primaire en ses débuts
est chose protestante, et la Réforme en a été le berceau.

Esprit de la réforme protestante. — Le développement de l'instruction primaire était la conséquence
logique des principes fondamentaux de la réforme
protestante. Comme l'a dit M. Michel Bréal : « En

rendant l'homme responsable de sa foi et en plaçant la source de cette foi dans l'Écriture sainte, la Réforme contractait l'obligation de mettre chacun en état de se sauver par la lecture et par l'intelligence de la Bible... La nécessité d'expliquer et de commenter le catéchisme fut pour les maîtres une obligation d'apprendre à exposer une idée et à la décomposer en ses éléments. L'étude de la langue maternelle, celle du chant, se rattachèrent à la lecture de la Bible (traduite en allemand par Luther) et au service religieux. » La Réforme contenait donc en germe toute une révolution pédagogique ; elle mettait au service de l'instruction l'intérêt religieux ; elle associait le savoir et la foi, et voilà pourquoi depuis trois siècles les nations protestantes tiennent la tête de l'humanité en fait d'instruction primaire.

Calvin (1509-1564), Mélanchton (1497-1560), Zwingli (1484-1532). — Il s'en faut cependant que tous les protestants de la Réforme aient témoigné d'un zèle égal pour l'instruction primaire. Calvin, absorbé par les luttes et les polémiques religieuses, ne s'occupa que sur la fin de sa vie de fondations scolaires, et encore le collège qu'il installa à Genève en 1559 n'était guère qu'une école de latin. Mélanchthon, qu'on a appelé « le précepteur de l'Allemagne », a travaillé pour les écoles savantes plus que pour les écoles populaires. Il a été avant tout un professeur de belles-lettres ; il voyait avec tristesse la solitude se faire à ses cours de l'université de Wittemberg, quand il expliquait les *Olynthiennes* de Démosthène. Avant Calvin et Mélanchton, le réformateur suisse Zwingli s'était montré soucieux de l'enseignement primaire dans son petit livre : « *Sur la manière d'instruire et d'élever chrétiennement les garçons* (1524.)» — Il y recommandait l'histoire naturelle, l'arithmétique, et aussi les exercices d'escrime, afin de préparer de bonne heure des défenseurs à la patrie.

Luther (1483-1546). — Le réformateur allemand Luther est de tous ses coreligionnaires celui qui a servi avec

le plus d'ardeur la cause de l'instruction élémentaire.
Avec lui non seulement un appel pressant fut adressé aux
classes dirigeantes pour la fondation des écoles du
peuple ; mais, de plus, les méthodes s'améliorèrent,
l'esprit pédagogique fut renouvelé selon les principes
du protestantisme. « La spontanéité, a-t-on dit non
sans quelque exagération, la libre-pensée, et la libre
recherche sont le fond du protestantisme : où il régna,
disparurent la méthode de répéter et d'apprendre par
cœur sans réflexion, le mécanisme, l'assujettissement à
l'autorité, la paralysie de l'intelligence opprimée par
des instructions dogmatiques, et la science mise en
tutelle par les croyances de l'Église (1). »

**Appel aux magistrats et aux sénateurs de
l'Allemagne.** — Dès 1524, Luther, dans un écrit spécial
adressé aux pouvoirs publics de l'Allemagne, se prononçait avec force contre l'oubli où étaient tenus les
intérêts de l'instruction. Cet appel a ceci de caractéristique que le grand réformateur, tout en professant que
l'Église est la mère de l'école, semble surtout compter
sur le bras séculier, sur la puissance laïque, pour servir
ses desseins d'instruction universelle. Chaque ville, disait-
il, fait annuellement de grandes dépenses pour construire
ses chemins, pour fortifier ses remparts, pour acheter
des armes et équiper des soldats : pourquoi ne dépense-
rait-elle pas autant pour payer un ou deux maîtres
d'école? « La prospérité d'une cité ne dépend pas
seulement de ses richesses naturelles, de la solidité de
ses murs, de l'élégance de ses maisons, de l'abondance
des armes dans ses arsenaux : le salut et la force d'une
ville résident surtout dans la bonne éducation, qui lui
donne des citoyens instruits, raisonnables, honnêtes,
bien élevés. »

Double utilité de l'instruction. — Ce qui est
remarquable chez Luther, c'est que, pour prêcher l'instruction, il ne se place pas seulement au point de vue

(1. Dittes, *ouvrage cité*, p. 127.

religieux. Après avoir recommandé les écoles comme
des institutions auxiliaires de l'Église, il se place résolument au point de vue humain. « Quand il n'y aurait,
dit-il, ni âme, ni ciel ni enfer, encore serait-il nécessaire d'avoir des écoles pour les choses d'ici-bas,
comme nous le prouve l'histoire des Grecs et des
Romains. Le monde a besoin d'hommes et de femmes
instruits, afin que les hommes puissent bien gouverner
le pays, afin que les femmes puissent bien élever leurs
enfants, soigner leurs domestiques et diriger leur
maison. »

Nécessité d'une instruction publique. — On
objectera peut-être, dit Luther, que, pour élever les
enfants, la maison domestique suffit et que l'école est
inutile. « A cela je réponds : on voit bien comment sont
élevés les garçons et les filles qui restent à la maison. »
Et il les montre ignorants et « stupides », incapables de
rien dire, de donner un bon conseil, sans aucune expérience de la vie : tandis que, s'ils étaient élevés dans des
écoles, par des maîtres et des maîtresses enseignant les
langues, les arts et l'histoire, ils pourraient en peu de
temps recueillir en eux-mêmes, comme dans un miroir,
l'expérience de tout ce qui s'est fait depuis l'origine du
monde ; et de cette expérience, ajoute-t-il, ils retireraient
la sagesse dont on a besoin pour se conduire soi-même
et donner de bons conseils aux autres.

Critique des écoles du temps. — Mais, puisqu'il
faut des écoles publiques, ne peut-on se contenter de
celles qui existent déjà ? Luther répond, soit en consta-
tant que les parents négligent d'y envoyer leurs enfants
soit en dénonçant la nullité des résultats obtenus par
ceux qui les fréquentent :

« On trouve des gens, dit-il, qui servent Dieu par des exercices
bien étranges ; ils jeûnent, portent des habits rudes ; mais ils
passent aveuglément à côté du vrai service divin de la maison:
ils ne savent pas élever les enfants.... Crois-moi, il est beaucoup
plus nécessaire de faire cas de tes enfants et de prendre soin de
les élever, que de quêter des indulgences, de visiter des églises
étrangères ou de faire des vœux... Tous les peuples, surtout les

juifs, obligent leurs enfants à aller à l'école, plus que ne le font les chrétiens. C'est pourquoi la chrétienté est en si mauvais état: car toute sa force et sa puissance sont dans les jeunes générations; et, si elles sont négligées, il en sera des Églises chrétiennes comme d'un jardin qui a été négligé au printemps. .. Tous les jours naissent des enfants, qui grandissent; et malheureusement personne ne s'occupe du pauvre jeune peuple, personne ne songe à le régler: on le laisse aller comme il veut. N'était-il pas lamentable de voir un garçon n'étudier en vingt ans et davantage que juste assez de mauvais latin pour pouvoir devenir un prêtre et aller à la messe? Et celui qui y parvenait passait pour un être bien heureux! Bien heureuse a été la mère qui a porté un tel enfant! Et il est resté toute sa vie un pauvre homme non lettré. Nous avons vu, en tous lieux, de tels instituteurs et maîtres, qui ne savaient rien eux-mêmes et ne pouvaient rien enseigner de bon et de convenable; ils ne connaissaient même pas la manière d'apprendre et d'enseigner... A-t-on appris autre chose jusqu'à présent dans les hautes écoles et dans les couvents, qu'à devenir des ânes et des souches?... »

Organisation des écoles nouvelles. — Luther conclut donc à la nécessité d'organiser des écoles nouvelles. Il en met les frais à la charge des pouvoirs publics; il démontre aux parents l'obligation morale d'y faire instruire leurs enfants ; au devoir de la conscience il ajoute l'obligation civile; enfin il se préoccupe d'assurer le recrutement des maîtres. « Puisque en tous lieux l'absence d'instituteurs est le plus grand mal, on ne doit pas attendre qu'ils se montrent d'eux-mêmes: nous devons nous donner la peine de les élever et de les préparer. » Pour cela, Luther laisse plus de temps à l'école les meilleurs écoliers et les meilleures écolières; il leur donne des professeurs particuliers; il leur ouvre des bibliothèques. Il ne sépare jamais dans sa pensée les institutrices des instituteurs : il veut des écoles pour les filles comme pour les garçons. Seulement, pour ne pas gêner les parents et pour ne pas détourner les enfants de leur travail pratique, il n'exige que peu de temps pour le travail scolaire:

« Vous dites : Est-il possible de se passer de ses enfants et de les élever comme des gentilshommes? N'est-il pas nécessaire qu'ils travaillent chez eux? Je réponds : Je n'approuve pas non plus ces écoles où un enfant passait vingt ou trente ans à étudier, sans y rien apprendre, Donat ou Alexandre. Un autre monde s'est levé, qui va autrement. Mon opinion est qu'il faut envoyer les garçons à l'école une ou deux heures par jour, et leur faire apprendre un métier à la maison le reste du temps. Il est à désirer que ces deux occupations marchent de pair. D'ailleurs les enfants passent certainement deux fois plus de temps à jouer aux boules, à courir et à vagabonder. Les filles par conséquent peuvent bien, elles aussi, sans négliger les affaires de la maison, consacrer à l'école à peu près le même temps; elles en perdent davantage à trop dormir et à trop danser. »

Programme d'études. — En première ligne Luther place l'enseignement de la religion : « Ne serait-il pas raisonnable que chaque chrétien sût l'Évangile à l'âge de neuf ou dix ans? »

Viennent ensuite les langues, non comme on pourrait l'espérer, la langue maternelle, mais les langues savantes, le latin, le grec et l'hébreu. Luther ne s'était pas encore assez dépouillé du vieil esprit pour comprendre que la langue populaire doit être la base de l'enseignement universel. Il a laissé à Coménius la gloire de séparer définitivement l'école primaire de l'école latine. Du moins Luther donnait d'excellents conseils pour l'étude des langues, qu'il faut connaître, disait-il, moins dans les règles abstraites de leur grammaire que dans leur réalité concrète.

Luther recommande les mathématiques et aussi l'étude de la nature; mais il a un faible pour l'histoire et pour les historiens, qui sont, dit-il, « les gens les plus utiles et les meilleurs instituteurs, » à condition qu'ils n'altèrent pas la vérité et qu' « ils n'obscurcissent pas l'œuvre de Dieu »

Des arts libéraux du moyen âge Luther ne fait pas grand cas. Il dit avec raison de la dialectique qu'elle ne peut suppléer au savoir réel, et qu'elle est simplement « un instrument par lequel nous nous rendons compte de ce que nous savons. »

Les exercices du corps ne sont pas oubliés dans le règlement pédagogique de Luther. Mais c'est au chant surtout qu'il attache une grande importance : « Il faut qu'un maître d'école sache chanter, sans quoi je ne le regarde même pas. » — « La musique, dit-il encore, est une demi-discipline qui rend les hommes plus indulgents et plus doux. »

Progrès des méthodes. — En même temps qu'il élargit le cadre des études, Luther réforme l'esprit des méthodes. Il veut plus de liberté et plus de joie dans l'école·

« **Salomon**, dit-il, est un maître d'école vraiment royal. Il ne défend pas à la jeunesse d'aller dans le monde et d'être joyeuse, comme le font les moines. Ainsi qu'Anselme l'a dit : « Un jeune « homme détourné du monde ressemble à un jeune arbre que « l'on voudrait faire grandir dans un pot. » Les moines ont emprisonné les jeunes gens comme des oiseaux dans leur cage. Il e t dangereux d'isoler la jeunesse. Il faut au contraire permett e aux jeunes gens d'entendre, de voir et d'apprendre toute sort e de choses, tout en observant la discipline et les règles de l'honneur. La joie et la récréation sont aussi nécessaires aux enfants que la nourriture et la boisson. Les écoles jusqu'ici étaient de véritables prisons et des enfers ; le maître d'école un tyran... Un enfant intimidé par de mauvais traitements est irrésolu dans tout ce qu'il fait. Celui qui a tremblé devant ses parents tremblera toute sa vie devant le bruit d'une feuille que le vent soulève. »

Ces citations suffiront à faire apprécier le large et libéral esprit de Luther et la portée de son rôle pédagogique. Personne n'a plus glorifié la fonction d'instituteur, dont il disait qu'à côté de la prédication, c'est l'œuvre la plus noble, la plus utile et la meilleure ; « et encore, ajoutait-il, je ne sais laquelle de ces deux professions doit passer la première. »

Ne nous imaginons pourtant pas que Luther ait exercé tout de suite sur les mœurs pédagogiques de son temps une influence décisive. Quelques écoles furent fondées : on les appelait des écoles d'écriture. Mais les événements, et notamment la guerre de Trente ans, interrompirent le mouvement dont Luther a la gloire d'avoir été l'initiateur.

Les états généraux d'Orléans (1560). — Tandis qu'en Allemagne, sous l'impulsion de Luther, les écoles primaires commençaient à naître, la France restait en arrière. Notons cependant les vœux exprimés en 1560 par les états généraux d'Orléans :

« Plaise au roi, était-il dit dans les cahiers de la noblesse, de lever une contribution sur les bénéfices ecclésiastiques, pour raisonnablement stipendier des pédagogues et gens lettrés en toutes villes et villages, pour l'instruction de la pauvre jeunesse du plat pays, et soient tenus tous les pères et mères, à peine d'amende, à envoyer lesdits enfants à l'école, et à ce faire soient contraints par les seigneurs et les juges ordinaires. »

Il était demandé, en outre, qu'on fît des leçons publiques sur l'Écriture sainte *en langue intelligible*, c'est-à-dire dans la langue maternelle. Mais les réclamations si énergiques et si démocratiques de la noblesse protestante de la France du seizième siècle ne furent pas entendues. Avec le protestantisme succomba pour longtemps dans notre pays la cause de l'instruction primaire. Les nobles du dix-septième et du dix-huitième siècle ne songèrent plus à pétitionner pour l'éducation du peuple, et Diderot pouvait dire d'eux avec raison : « La noblesse se plaint des agriculteurs qui savent lire. Peut-être le principal grief de la noblesse se réduit-il à ceci : c'est qu'un paysan qui sait lire est plus difficile à opprimer qu'un autre. »

Ratich (1571-1635). — Dans la première moitié du dix-septième siècle, un Allemand, Ratich, un Slave, Coménius, ont été, avec des mérites très divers, les héritiers de la pensée pédagogique de Luther.

Non sans quelque charlatanisme et sans quelque turbulence, Ratich consacra sa vie à propager un nouvel art d'enseignement, une *didactique*, à laquelle il attribuait des miracles. Il prétendait, par sa *méthode des langues*, enseigner en six mois l'hébreu, le grec et le latin. Mais de beaucoup de divagations bizarres et de promesses hautaines se dégagent pourtant quelques pensées pratiques. Le premier mérite de Ratich a été

de donner à la langue maternelle, à la langue allemande,
le pas sur les langues anciennes. Un pédagogue anglais,
M. Hébert Quick, dans ses *Essais sur les réformateurs de
l'éducation* (1874), a résumé ainsi qu'il suit les principes
essentiels de la pédagogie de Ratich : 1° chaque chose
doit être enseignée en son temps, en son ordre (*suo
loco et ordine*), et selon la méthode naturelle; en passant
du plus facile au plus difficile ; 2° il ne faut apprendre
qu'une seule chose à la fois : « On ne fait pas cuire en
même temps dans la même marmite de la bouillie, de la
viande, du poisson, du lait et des légumes; » 3° Il faut
répéter plusieurs fois la même chose ; 4° grâce à ces répétitions fréquentes, l'élève n'aura rien à apprendre par
cœur ; 5° tous les livres scolaires doivent être composés
sur un même plan; 6° il faut faire connaître la chose
en elle-même avant les détails de la chose, et aller du
général au spécial (*a generalibus ad specialia*) ; 7° en
tout il faut procéder par induction et expérience (*per ex-
perimentum omnia.*) Ratich entend surtout par là qu'il
faut en finir avec l'autorité, avec le témoignage des anciens, et s'en rapporter à la raison ; 8° enfin tout doit être
appris sans contrainte : « La contrainte et la férule, contraires à la nature, dégoûtent la jeunesse de l'étude. L'esprit de l'homme apprend avec plaisir tout ce qu'il doit
retenir. » Il ne semble pas que Ratich ait su tirer de ces
principes, qui ne sont vrais d'ailleurs que sous réserve
de certaines corrections, toutes les conséquences heureuses qui y sont contenues : il a laissé à Coménius la
gloire de mettre en pratique l'esprit nouveau.

Coménius (1592-1671). — Longtemps oublié et mé-
connu, Coménius a enfin obtenu de nos contemporains
l'admiration qui lui est due. C'est avec enthousiasme
que Michelet parle de « ce beau génie doux, fécond,
savant universel : (1) » et qu'il l'appelle le premier
évangéliste de la pédagogie moderne, Pestalozzi devant
être le second. Cette admiration, on est à l'aise pour la

---

(1) Michelet, *Nos fils*, p. 175 et suiv.

justifier. Le caractère de Coménius égale son intelligence. A travers mille obstacles, il a dévoué sa longue
vie à l'œuvre de l'enseignement populaire. Il s'est consacré à l'enfance avec une ardeur généreuse. Il a écrit
vingt ouvrages, il a enseigné en vingt villes. De plus il
a eu le premier la conception nette de ce que doivent
être les études primaires. Il a déterminé, il y a près
de trois cents ans, avec une précision qui ne laisse rien
à désirer, la division des divers degrés de l'instruction.
Il a exactement défini quelques-unes des lois essentielles
de l'art d'enseigner. Il a appliqué à la pédagogie, avec
une finesse remarquable, les principes de la logique
moderne. Il a été enfin, comme le dit Michelet, le Ga-
lilée, nous aimerions mieux dire le Bacon, de l'éducation.

Inspiration baconienne. — Les destinées particulières de la pédagogie sont liées aux destinées générales de la science. Tout progrès scientifique a son
contre-coup dans l'éducation. Quand un novateur a
modifié les lois de la recherche de la vérité, d'autres
novateurs surviennent qui modifient à leur tour les
règles de l'instruction. A une logique nouvelle correspond presque nécessairement une pédagogie nouvelle. Or Bacon, au début du dix-septième siècle, avait
frayé des voies inconnues à la pensée scientifique. Au
travail abstrait de l'esprit, à la comparaison stérile des
propositions et des mots, en quoi consistait tout l'art du
syllogisme, l'auteur du *Novum Organum* avait substitué
l'étude concrète de la réalité, l'observation vivante et
féconde de la nature. La mécanique du raisonnement
déductif était remplacée par l'interprétation lente et
patiente des faits. Il ne s'agissait plus d'analyser doci-
lement des principes admis à tort ou à raison comme
des vérités absolues, ni de devenir expert à manier le
syllogisme, qui, comme un moulin tournant à vide, donnait souvent peu de farine. Il fallait ouvrir les yeux
devant le spectacle de l'univers, et par l'intuition, par
l'observation, par l'expérience, par l'induction, en pénétrer les secrets, en déterminer les lois. Il fallait s'élever

pas à pas de la connaissance des choses les plus simples à la découverte des vérités les plus générales, et demander enfin à la nature elle-même de révéler tout ce que l'esprit humain dans ses méditations solitaires est impuissant à découvrir.

A y regarder de près, cette révolution scientifique, si considérable au point de vue des recherches spéculatives et qui allait changer la face des sciences, contenait aussi une révolution pédagogique. Il n'y avait qu'à appliquer au développement même des intelligences et à la communication des choses d'enseignement les règles proposées par Bacon pour l'investigation de la vérité. Les lois de l'induction scientifique pouvaient devenir les lois de l'éducation des âmes. Plus de principes abstraits au début, imposés d'autorité : mais des faits intuitivement saisis, recueillis par l'observation et vérifiés par l'expérience ; la marche de la nature fidèlement suivie; une progression circonspecte des idées les plus simples et les plus élémentaires aux vérités plus difficiles et plus complexes; la connaissance des choses à la place de l'analyse des mots : tel pouvait être le caractère du nouvel enseignement. En d'autres termes, il était possible de faire suivre à l'enfant, pour le conduire à connaître et à comprendre les vérités déjà trouvées qui constituent le fond de l'instruction élémentaire, la même méthode que Bacon recommandait aux savants pour la découverte des vérités inconnues.

C'est cette transposition, pour ainsi dire, cette traduction des maximes de la logique baconienne en règles pédagogiques que Coménius a tentée, et voilà pourquoi il peut être appelé « le père de la méthode intuitive ». Il était nourri de la lecture de Bacon, auquel il ressemble, non seulement par ses idées, mais aussi par son langage imagé et trop souvent allégorique. Le titre même d'un de ses livres, la *Grande Didactique* (*Didactica magna*) rappelle le titre de l'ouvrage de Bacon (*Instauratio magna*).

Vie de Coménius. — Pour connaître Coménius et

son rôle au dix-septième siècle, pour apprécier cette grande figure pédagogique, il faudrait commencer par raconter sa vie, ses malheurs, ses voyages en Angleterre, où le Parlement faisait appel à ses lumières, en Suède, où le chancelier Oxenstiern le chargeait d'écrire des manuels d'enseignement, surtout son travail opiniâtre, son courage à travers l'exi, et les longues persécutions qu'il subit comme membre de la secte dissidente des frères moraves, ses fondations d'écoles à Fulneck en Bohème, à Lissa, à Patak, en Pologne.... Mais il serait trop long de suivre ici dans ses incidents et ses péripéties une existence tourmentée, qui par les épreuves subies, comme par la constance à les supporter, rappelle la vie de Pestalozzi.

Ses principaux ouvrages. — Coménius a écrit en latin, en allemand, en tchèque, un grand nombre d'ouvrages, dont quelques-uns seulement sont dignes de fixer l'attention du pédagogue. Dans les autres, il se laisse souvent aller à des divagations philosophiques, à des rêveries mystiques, dans son ardeur à rechercher ce qu'il appelait la *pansophie*, la sagesse ou la science universelle. Nous distinguerons seulement, dans cette forêt de publications vouées à l'oubli, trois livres qui contiennent les principes généraux de la pédagogie de Coménius et les applications qu'il a faites de sa méthode :

1° La *Grande Didactique*, *Didactica magna* (écrite en tchèque vers 1630, recomposée en latin vers 1640). C'est là que Coménius expose ses principes, ses théories générales sur l'éducation et aussi ses vues particulières sur l'organisation pratique des écoles. Il est à regretter qu'une traduction française n'ait pas encore popularisé dans notre pays ce livre considérable, qui serait digne de prendre place à côté des *Pensées* de Locke et de l'*Émile* de Rousseau.

2° La *Porte des langues ouvertes*, *Janua linguarum reserata* (1631): c'était dans la pensée de l'auteur une méthode nouvelle pour apprendre les langues. Coménius, égaré sur ce point par des préjugés religieux, voulait bannir les auteurs latins des écoles, « afin, disait-il, de réformer les études dans le véritable esprit du christianisme. » Par suite, pour remplacer les auteurs classiques, qu'il répudiait encore pour cette autre raison que la lecture en est trop difficile, et que les faire étudier à l'enfant, c'est « vouloir pousser dans le vaste Océan une petite nacelle qui ne demande qu'à jouer sur un petit lac, » il avait eu l'idée de composer lui-même un recueil de phrases, distribuées en cent chapitres. Ces phrases au nombre de mille, d'abord très simples, très courtes et à un seul membre, ensuite plus longues et plus compliquées, étaient formées de deux mille mots, choisis parmi les plus usités et les plus utiles. En outre, les cent chapitres du *Janua* faisaient connaître à l'enfant, successivement et dans un ordre méthodique, toutes les choses de l'univers, les éléments, les métaux, les astres, les animaux, les organes du corps, les arts et métiers, etc., etc. En d'autres termes, le *Janua linguarum* est une nomenclature d'idées et de mots, destinée à fixer l'attention de l'enfant sur tout ce qu'il doit connaître du monde. Débarrassé du texte latin qui l'accompagne, le *Janua* est un premier livre de lecture, fort défectueux sans doute, mais qui témoigne d'un effort intéressant pour proportionner à l'esprit de l'enfant les connaissances qu'on lui destine.

3° L'*Orbis sensualium pictus*, le *Monde des choses sensibles en figures*, le plus populaire des ouvrages de notre auteur (1658). C'est le *Janua linguarum*, accompagné d'images qui, à défaut d'intuitions réelles, représentent à l'enfant les choses dont on lui parle au fur et à mesure qu'il en apprend les noms. L'*Orbis pictus*, première application pratique de la méthode intuitive, eut un succès extraordinaire et a servi de modèle aux innombrables livres d'images qui, depuis trois siècles, ont envahi les écoles.

Quatre degrés d'instruction. — Il ne faut pas

demander à un homme du dix-septième siècle de renier les études latines. Coménius les prise fort, mais du moins, il a su les mettre à leur place, et il ne les confond plus, comme faisait Luther, avec les études élémentaires.

Rien de plus précis, de plus nettement tranché que l'organisation scolaire proposée par Coménius. Nous allons y retrouver, telle que après trois siècles l'usage l'a enfin consacrée et établie, la distinction entre les écoles du premier âge, les écoles primaires proprement dites, et les écoles supérieures.

Le premier degré de l'instruction, c'est l'*école maternelle*, l'école du *sein maternel*, *materni gremii*, comme dit Coménius. La mère est la première institutrice. Jusqu'à six ans, l'enfant reçoit ses leçons; il est initié par elle aux connaissances qu'il approfondira à l'école primaire.

Le second degré, c'est l'*école élémentaire publique*. Tous les enfants, filles ou garçons, y entrent à six ans et n'en sortent qu'à douze. Le caractère de cette école, c'est que l'enseignement y est donné dans la langue maternelle, et voilà pourquoi Coménius l'appelle l'école « vulgaire », *vernacula*, nom que les Romains donnaient à la langue populaire.

Le troisième degré est représenté par l'*école latine* ou *gymnase*. Là sont envoyés, de douze à dix-huit ans, les enfants auxquels est réservée une instruction plus complète, ce que nous appellerions aujourd'hui une instruction secondaire.

Enfin, au quatrième degré correspondent les *académies*, c'est-à-dire les facultés d'enseignement supérieur, ouvertes aux jeunes gens de dix-huit à vingt-quatre ans.

L'enfant, s'il le peut, parcourra successivement ces quatre degrés· mais, dans la pensée de Coménius, les études doivent être réglées dans les écoles élémentaires, de telle sorte qu'en les quittant, l'élève possède une éducation générale qui le dispense d'aller plus loin.

si sa condition ne le destine pas à suivre les cours de
l'école latine :

> « Nous poursuivons, dit Coménius, une éducation générale :
> l'enseignement à tous les hommes de toutes les choses humaines...
> Le but de l'école populaire sera que tous les enfants des deux
> sexes, de la dixième à la douzième ou à la treizième année, soient
> instruits des connaissances dont l'usage s'étend à toute la vie. »

C'était admirablement définir le but de l'école pri
maire. Ce qui n'est pas moins remarquable, c'est que
Coménius installe une école élémentaire dans chaque
village :

> « Il doit y avoir une école maternelle dans chaque famille ;
> une école élémentaire dans chaque commune ; un gymnase
> dans chaque ville ; une académie dans chaque royaume, ou
> même dans chaque province considérable. »

**Initiation élémentaire à toutes les connais-
sances.** — Une des idées les plus neuves et les plus
originales du grand pédagogue slave, c'est de vouloir
que, dès les premières années de sa vie, l'enfant acquière
quelques notions élémentaires de toutes les sciences
qu'il doit étudier plus tard. Dès le berceau le regard de
l'enfant, guidé par la mère, doit se porter sur tous les
objets qui l'entourent, et sa réflexion naissante sera
exercée à travailler sur ses intuitions. « Ainsi, dès qu'il
commence à parler, l'enfant se familiarise de lui-même,
et par son expérience journalière, avec certaines
expressions générales et abstraites ; il arrive à comprendre le sens des mots *quelque chose, rien, ainsi,
autrement, où, semblable, différent ;* et qu'est-ce que les
généralisations et les catégories exprimées par ces
mots, sinon les rudiments de la métaphysique ? Dans
le domaine de la physique, l'enfant peut apprendre à connaître l'eau, la terre, l'air, le feu, la pluie, la neige, etc.,
ainsi que le nom et l'usage des parties de son propre
corps, ou du moins des membres et des organes extérieurs. Il débutera dans l'optique, en apprenant à dis-

tinguer la lumière, l'obscurité, et les diverses couleurs; dans l'astronomie, en remarquant le soleil, la lune, les étoiles, et en observant que ces astres se lèvent et se couchent tous les jours. En géographie, suivant le lieu qu'il habite, on pourra lui montrer une montagne, une vallée, un champ, une rivière, un village, un bourg, une ville, etc. En chronologie, on lui fera comprendre ce que c'est qu'une heure, un jour, une semaine, une année, l'été, l'hiver, hier, avant-hier, demain, après-demain, etc. L'histoire, telle que son âge peut la concevoir, consistera à se rappeler ce qui s'est passé récemment, et à en rendre compte, en indiquant la part que celui-ci ou celui-là a prise à telle ou telle chose. L'arithmétique, la géométrie, la statique, la mécanique, ne lui resteront pas étrangères : il en acquerra les éléments en distinguant la différence entre peu et beaucoup, en apprenant à compter jusqu'à dix, en remarquant que trois est plus que deux; que un ajouté à trois fait quatre; en comprenant le sens des mots grand et petit, long et court, grand et étroit, lourd et léger, en dessinant des lignes, des courbes, des cercles, etc.; en voyant mesurer une étoffe avec une aune ou peser un objet dans une balance; en essayant de faire ou de défaire quelque chose, comme les enfants y prennent plaisir.

« Il n'y a, dans ce besoin de construire et de détruire, que les efforts d'une petite intelligence pour arriver à produire, à fabriquer soi-même quelque chose : aussi ne faut-il pas y mettre obstacle, mais l'encourager et le diriger. »

« La grammaire du premier âge consisterait à apprendre à bien prononcer la langue maternelle. Il n'est pas jusqu'à la politique dont l'enfant ne puisse recevoir déjà les premières notions : on lui fera observer que certaines personnes se rassemblent à l'hôtel de ville et qu'on les appelle conseillers; et que parmi ces personnages il y en a un qu'on appelle bourgmestre, etc. (1). »

(1) Dictionnaire de pédagogie de M. Buisson, art. Comenius.

L'école populaire. — Divisée en six classes, l'école populaire devait préparer l'enfant, soit à la vie pratique, soit à de plus hautes études. Coménius y envoie non seulement les fils de paysans ou d'ouvriers, mais les fils de bourgeois ou de nobles, qui entreront plus tard à l'école latine. En d'autres termes, l'étude du latin est reculée jusqu'à l'âge de douze ans ; et, jusque-là, tous les enfants doivent recevoir une forte instruction primaire, qui comprendra, avec la langue maternelle, l'arithmétique, la géométrie, le chant, les traits saillants de l'histoire, les éléments des sciences naturelles, la religion. Les toutes récentes réformes de l'enseignement secondaire, qui, depuis quelques années à peine, ont reporté jusqu'à la sixième l'étude du latin, et qui retiennent jusque-là l'enfant sur les matières de l'enseignement primaire, ne sont-elles pas comme un lointain écho de la pensée de Coménius ? Remarquons en outre que le plan de Coménius comportait pour l'école primaire une instruction complète, encyclopédique, qui pût se suffire à elle-même, qui, tout en demeurant élémentaire, fût un tout, et non un commencement.

Certes ce n'est point par insuffisance que péchait le programme d'études dressé par Coménius : il est permis au contraire de le juger trop étendu, trop touffu, conforme plutôt aux rêves généreux d'un novateur qu'à une prudente appréciation des possibilités pratiques ; et on ne s'étonnera pas que, pour alléger en partie la lourde tâche qu'il imposait à l'instituteur, Coménius ait eu l'idée de diviser les classes en sections que devaient diriger, sous la surveillance du maître, des aides choisis parmi les meilleurs élèves.

Emplacement de l'école. — On n'est un pédagogue complet qu'à la condition de veiller à l'organisation extérieure et matérielle de l'école, aussi bien qu'à sa réglementation morale. Coménius sur ce point encore mérite nos éloges. Il veut un préau pour les récréations. Il demande que la maison d'école soit d'un aspect gai et riant. La question avait été discutée avant lui par Vivès

« On choisira, disait le pédagogue espagnol, un ciel salubre, pour que les écoliers n'aient pas à prendre un jour la fuite, dispersés par la crainte d'une épidémie. Il faut la santé à ceux qui veulent s'adonner de bon cœur et fructueusement à l'étude des sciences. On choisira encore un endroit isolé de la foule, et surtout à distance des métiers bruyants, tels que ceux des forgerons, tailleurs de pierres, travailleurs au marteau, au tour, à la roue, au métier de tissage. Toutefois, je ne voudrais pas un endroit trop riant et gracieux, qui invitât les écoliers à de trop fréquentes promenades. »

Mais ces préoccupations, qui font honneur à Vivès et à Coménius, n'étaient guère en rapport avec les ressources dont disposaient alors les amis de l'instruction. Il n'y avait pas à se demander comment seraient construites et situées les maisons d'école, à une époque où le plus souvent les maisons d'école n'existaient pas. « En hiver, dit Platter, on couchait dans la salle d'école, en été à la belle étoile (1). »

Intuitions sensibles. — Si Coménius a tracé de main de maître le cadre de l'école primaire, il n'a pas moins de mérite en ce qui concerne les méthodes.

Lorsqu'ils recommandent l'observation des choses sensibles comme premier exercice intellectuel, les pédagogues modernes ne font que répéter ce que Coménius a dit il y a trois siècles :

« Pourquoi à la place des livres morts n'ouvririons-nous pas le livre vivant de la nature?... Instruire la jeunesse, ce n'est pas lui inculquer un amas de mots, de phrases, de sentences, d'opinions recueillies dans les auteurs, c'est lui ouvrir l'entendement par les choses....

« Le fondement de toute science consiste à bien représenter à nos sens les objets sensibles, de sorte qu'ils puissent être compris avec facilité. Je soutiens que c'est là le principe de toutes les autres actions, puisque nous ne saurions ni agir, ni parler sagement, à moins que nous ne comprenions bien ce que nous voulons faire ou dire. Or il est certain qu'*il n'y a rien dans l'entendement qui n'ait été auparavant dans les sens*, et par conséquent, c'est poser le fondement de toute sagesse, de toute éloquence et de toute bonne et prudente action, que d'exercer soigneusement les sens à bien concevoir les différences des

(1) Platter, instituteur suisse du seizième siècle (1499-1582).

noses naturelles ; et comme ce point, tout important qu'il est
est négligé ordinairement dans les écoles d'aujourd'hui, et qu'on
propose aux écoliers des objets qu'ils n'entendent point, parce
qu'ils ne sont pas bien représentés à leurs sens ou à leur
imagination, c'est pour cette raison que, d'un côté, la fatigue
d'enseigner et, de l'autre, la peine d'apprendre deviennent
malaisées et rapportent si peu de fruits...

« Il faut offrir à la jeunesse, non les ombres des choses,
mais les choses elles-mêmes, qui font impression sur les sens et
l'imagination. L'instruction doit commencer par une observation
réelle des choses, et non par une description verbale. »

On le voit, Coménius accepte de la doctrine de Bacon
jusqu'à ses erreurs, jusqu'à son sensualisme absolu.
Dans sa préoccupation de l'importance de l'instruction
sensible, il va jusqu'à méconnaître cette autre source
de connaissances et d'intuitions qui est la conscience
intérieure.

Simplification des études grammaticales. — Le
premier résultat de la méthode expérimentale appliquée
à l'instruction, c'est de simplifier la grammaire et de
la débarrasser de l'abus des règles abstraites :

Aux enfants, dit Coménius, il faut des exemples et des
choses qu'ils puissent voir, et non des règles abstraites. »

Et dans la *Préface* du *Janua linguarum*, il insiste sur
les défauts de la vieille méthode employée pour l'étude
des langues.

« C'est une chose qui parle de soy mesme que la vraye et
propre façon d'enseigner les langues n'a pas esté bien recongneue
ès escoles jusqu'à présent. La pluspart de ceux qui s'adonnoyent
ux lettres s'envieillissoyent en l'estude des mots, et on mettoit
dix ans et davantage à l'estude de la seule langue latine ; voire
mesme on y employoit toute sa vie, avec un avancement fort
ent et fort petit, et qui ne respondoit pas à la peine qu'on y
prenoit (1). »

C'est par l'usage et par la lecture que Coménius veu

(1) Pour cette citation, comme pour toutes celles que nous
empruntons à la préface du *Janua linguarum*, dont une édition
française (en trois langues, latin, allemand, français), parut en
1643, nous copions le texte authentique.

remplacer l'abus des règles. Les règles ne doivent intervenir que pour aider l'usage et lui donner de la sûreté. L'élève apprendra donc la langue, soit en parlant, soit en lisant un livre analogue à l'*Orbis pictus*, où il trouvera à la fois tous les mots dont se compose la langue elle-même, et des exemples de toutes les constructions de sa syntaxe.

Nécessité de l'exercice et de la pratique. — Un autre point essentiel de la méthode nouvelle, c'est l'importance attribuée par Coménius aux exercices pratiques :

« Les artisans, disait-il, s'y connaissent bien : aucun d'eux ne donnera à l'apprenti un cours théorique sur son métier; on le laisse regarder ce que fait le maître, puis on lui donne dans les mains l'outil, dont il apprend à faire usage : c'est en forgeant qu'on devient forgeron.

Il ne s'agit plus de répéter machinalement une leçon apprise par cœur, il faut s'habituer peu à peu à l'action, au travail productif, à l'effort personnel.

Portée générale de l'œuvre de Coménius. — Combien d'autres idées neuves et judicieuses nous aurions à recueillir chez Coménius! Les méthodes que nous serions tentés de considérer comme toutes récentes, son imagination les lui avait déjà suggérées Par exemple, en tête de l'*Orbis pictus*, se trouve un alphabet, où à chaque lettre correspond un cri d'animal, ou bien un son familier à l'enfant. N'est-ce pas déjà tout l'essentiel des procédés phonomimiques, mis à la mode dans ces dernières années ? Mais ce qui vaut mieux encore chez Coménius que quelques heureuses trouvailles de pédagogie pratique, c'est l'inspiration générale de son œuvre. Il donne à l'éducation une base psychologique, en demandant que les facultés soient développées dans leur ordre naturel : d'abord les sens, la mémoire, l'imagination, enfin le jugement et la raison. Il est soucieux des exercices physiques, de l'instruction technique et pratique, sans

7

oublier que dans ces écoles primaires, qu'il appelle « les ateliers de l'humanité », il faut former, non seulement des artisans vigoureux et habiles, mais des hommes vertueux et religieux, pénétrés des principes d'ordre et de justice S'il est passé de la théologie à la pédagogie, et s'il se laisse entraîner parfois par ses élans naïfs de mysticisme, du moins il n'oublie pas les nécessités de la condition réelle et de la vie présente des hommes. « L'enfant, dit-il, n'apprendra que ce qui lui doit être utile dans cette vie ou dans l'autre. » Enfin, il ne se laisse pas absorber par le soin minutieux de la réglementation scolaire; il a de plus hautes vues, il travaille pour la régénération de l'humanité, et, comme Leibnitz, il dirait volontiers : Donnez-moi pendant quelques années la direction de l'éducation, et je me charge de transformer le monde!

LEÇON VII

LES CONGRÉGATIONS ENSEIGNANTES. JÉSUITES ET JANSÉNISTES

Les congrégations enseignantes. — Jésuites et jansénistes. — Fondation de la société de Jésus (1540). — Jugements divers sur les mérites pédagogiques des jésuites. — Sources à consulter. — L'instruction primaire négligée. — Études classiques, le latin et les humanités. — Dédain de l'histoire, de la philosophie, des sciences en général. — Discipline. — Émulation encouragée. — Correcteur attitré. — Esprit général de la pédagogie des jésuites. — Les oratoriens. — Les Petites-Écoles. — Étude de la langue française. — Nouveau système d'épellation. — Les maîtres et les livres de Port-Royal. — Exercice de la réflexion personnelle. — Esprit général de l'éducation intellectuelle à Port-Royal. — Principes pédagogiques de Nicole. — Pessimisme moral. — Conséquences disciplinaires. — Défauts de la discipline de Port-Royal. — Jugement général sur Port-Royal.

Les congrégations enseignantes. — Jusqu'à la Révolution française, jusqu'au jour où l'idée d'une instruction publique et nationale a pris corps dans les actes législatifs de nos assemblées souveraines, l'éducation est restée presque exclusivement la chose de l'Église. Les universités elles-mêmes dépendaient en partie de l'autorité religieuse. Mais surtout de grandes congrégations accaparaient l'enseignement, dont l'État ne songeait pas encore à revendiquer pour sa part la direction et le gouvernement.

L'instruction primaire, il est vrai, n'est guère entrée à l'origine dans les préoccupations des ordres religieux. Tout au plus pourrait-on mentionner à ce point de vue la congrégation de la *Doctrine chrétienne*, que fonda en 1592, à Avignon, un humble prêtre, César de Bus, et qui se proposait pour but l'éducation religieuse des nfants de la campagne (1). Mais, en revanche, l'enseignement secondaire a provoqué le plus grand événement pédagogique du seizième siècle, la constitution de la compagnie de Jésus, et ce mouvement s'est continué et propagé au dix-septième siècle, soit dans les collèges toujours plus nombreux des jésuites, soit dans d'autres congrégations rivales.

Jésuites et jansénistes. — Au premier rang, parmi les ordres religieux qui ont consacré leurs efforts à l'enseignement, il faut compter les jésuites et les jansénistes. Différentes par leurs statuts, par leur constitution, par leurs destinées, ces deux congrégations le sont encore plus dans leur esprit : elles représentent, en effet, deux tendances opposées et comme deux faces contraires de la nature humaine et de l'esprit chrétien. Pour les jésuites, l'éducation se réduit à une culture superficielle des facultés brillantes de l'intelligence : les jansénistes aspirent, au contraire, à développer les facultés solides, le jugement et la raison. Dans les collèges des jésuites, la rhétorique est en honneur : dans les Petites-Écoles de Port-Royal, c'est plutôt la logique et l'exercice de la pensée. Les habiles disciples de Loyola s'accommodent au siècle, et sont pleins de complaisance pour la faiblesse humaine : les solitaires de Port-Royal sont sévères aux autres et à eux-mêmes. Dans leur souplesse et leur riant optimisme, les jésuites sont presque les Épicuriens du christianisme : avec leur doctrine austère et un peu sombre, les jansénistes en seraient plutôt les stoïciens. Les jésuites et les jansénistes, ces grands rivaux du dix-septième siècle, sont encore en présence et en lutte à l'heure actuelle.

---

(1) La congrégation des *Doctrinaires* a fondé plus tard des établissements d'enseignement secondaire. Maine de Biran, Laromiguière, Lakanal ont été les élèves des *doctrinaires*.

Tandis que l'inspiration des jésuites essaye de maintenir les vieux exercices surannés, comme les vers latins, comme l'abus de la récitation, l'esprit des jansénistes anime et inspire les réformateurs, qui dans l'enseignement classique rompent avec les traditions et la routine, pour substituer aux exercices d'élégance et à l'instruction superficielle des études plus positives et une éducation plus complète.

Le mérite des institutions ne doit pas toujours être mesuré à leur succès apparent. Les collèges des jésuites, depuis trois siècles, ne comptent pas le nombre de leurs élèves : les Petites-Écoles de Port-Royal n'ont pas vécu vingt ans, et pendant leur courte existence elles ont réuni tout au plus quelques centaines d'écoliers. Et cependant les méthodes des jansénistes ont survécu a la ruine de leurs collèges, à la dispersion des maîtres qui les avaient appliquées. Quoique les jésuites n'aient pas cessé de régner en apparence, ce sont les jansénistes qui en réalité triomphent et qui gouvernent aujourd'hui l'enseignement secondaire.

Fondation de la Société de Jésus. — En organisant la société de Jésus, Ignace de Loyola, ce mystique doublé d'un homme d'action, prétendait constituer, non un ordre de contemplation monastique, mais une véritable milice de combat, une armée catholique, dont le double but devait être de conquérir de nouvelles provinces à la foi par les missions, et de lui conserver les anciennes par la direction de l'éducation. Consacrée solennellement par le pape Paul III en 1540, la congrégation se développa rapidement. Dès le milieu du seizième siècle, elle possédait en France plusieurs collèges, notamment ceux de Billom, de Mauriac, de Rodez, de Tournon, de Pamiers. En 1564, elle s'installait à Paris, malgré les résistances du Parlement, de l'Université et des évêques eux-mêmes. Cent ans plus tard, elle comptait près de quatorze mille élèves dans la seule province de Paris. Le collège de Clermont réunissait, en 1651, plus de deux mille jeunes gens. Les classes moyennes et les

classes élevées assuraient le recrutement toujours croissant des collèges de la société. A la fin du dix-septième
siècle les jésuites pouvaient inscrire, dans le tableau
d'honneur de leurs classes, cent noms illustres, entre
autres Condé et Luxembourg, Fléchier et Bossuet,
Lamoignon et Séguier, Descartes, Corneille et Molière.
En 1710, ils dirigeaient six cent douze collèges et
un grand nombre d'universités. Ils étaient les vrais
maîtres de l'éducation, et ils ont exercé cette souveraineté pédagogique jusqu'à la fin du dix-huitième
siècle.

**Jugements divers sur les mérites pédago-
giques des jésuites.** — Voltaire a dit de ses maîtres :
« Les pères ne m'ont appris que du latin et des sottises. »
Mais, dès le dix-septième siècle, les opinions sont
déjà partagées, et aux applaudissements de Bacon et
de Descartes il faut opposer le jugement sévère de
Leibnitz : « En fait d'éducation, dit ce grand philosophe,
les jésuites sont restés au-dessous du médiocre (1). »
Tout au contraire Bacon avait écrit : « Pour ce qui
regarde l'instruction de la jeunesse, il faut consulter les
classes des jésuites : car il ne se peut rien faire de
mieux (2). »

Sources à consulter. — Les jésuites n'ont jamais
rien écrit sur les principes et le but de l'éducation. Il ne
faut pas leur demander un exposé de vues générales,
une profession de foi pédagogique. Mais, en revanche, ils
ont rédigé avec minutie, avec un soin infini du détail,
le règlement de leurs études. Déjà, en 1559, les *Constitutions*, vraisemblablement écrites par Ignace de Loyola
lui-même, consacraient tout un livre à l'organisation des
collèges de la société (3). Mais surtout le *Ratio studiorum*, publié en 1599, renferme un programme scolaire
complet, qui est demeuré, depuis trois siècles, le code

(1) *Leibnitii opera.* Genovæ, 1768, t. VI, p. 65.
(2) Bacon, *de Augmentis scientiarum*, livre VI, ch. IV.
(3) Voyez le quatrième livre des *Constitutions*.

pédagogique invariable de la congrégation. Sans doute les jésuites, toujours prompts à faire des concessions apparentes à l'esprit du temps, sans rien sacrifier de leur propre esprit, sans renoncer à leur but inflexible, ont introduit des modifications dans leur règle primitive. Mais l'esprit de leur pédagogie est resté le même, et, en 1854, le P. Beckx, général actuel de l'ordre, pouvait encore déclarer que le *Ratio* est la règle immuable de l'éducation jésuitique.

L'instruction primaire négligée. — Un trait permanent et caractéristique de la pédagogie des jésuites, c'est que, durant tout le cours de leur histoire, ils ont de parti pris négligé et dédaigné l'instruction primaire. La terre est couverte de leurs collèges latins ; partout où ils l'ont pu, ils ont mis la main sur les universités d'enseignement supérieur. Mais, en aucun endroit, ils n'ont fondé d'école primaire. Même dans leurs établissements d'enseignement secondaire, ils confient les classes inférieures à des professeurs qui n'appartiennent pas à leur ordre, et se réservent à eux-mêmes la direction des classes supérieures. Faut-il croire, comme ils l'ont dit pour expliquer cette négligence, que la seule raison de leur abstention et de leur indifférence doive être cherchée dans l'insuffisance de leur personnel ? Non : la vérité, c'est que les jésuites ne désirent pas et n'aiment pas l'instruction du peuple. Il faut, pour la désirer et pour l'aimer, avoir foi dans la conscience et dans la raison : il faut croire à l'égalité. Or, les jésuites se défient de l'esprit humain et ne poursuivent que l'éducation aristocratique des classes dirigeantes, qu'ils espèrent d'ailleurs diriger eux-mêmes. Ils veulent former des gentilshommes aimables, des hommes du monde accomplis : ils n'ont pas l'idée de former des hommes. La culture intellectuelle n'est, à leurs yeux, qu'une convenance, imposée par leur rang, à certaines classes de la nation ; elle n'est pas bonne en elle-même ; elle devient même mauvaise, elle est une arme dange

reuse dans certaines mains. L'ignorance du peuple est
la meilleure sauvegarde de sa foi, et la foi est le but
suprême. Aussi ne nous étonnerons-nous pas de lire
dans les *Constitutions* :

> « Nul d'entre ceux qui sont employés à des services domesti-
> ques pour le compte de la Société ne devra savoir lire et écrire,
> en, s'il le sait, en apprendre davantage ; on ne l'instruira pas
> sans l'assentiment du général, car il lui suffit de servir en
> toute simplicité et humilité Jésus-Christ notre maître. »

Études classiques : le latin et les humanités. —
C'est dans l'enseignement secondaire seul que les
jésuites ont pris position avec un succès marqué. Le
fond de leur enseignement, c'est l'étude du latin et du
grec. Accaparer les lettres antiques pour les faire servir
à la propagation de la foi catholique, tel est leur but.
Écrire en latin, tel est l'idéal qu'ils proposent à leurs
élèves. De là d'abord la proscription de la langue maternelle. Le *Ratio* interdit l'usage du français, même
dans les conversations : il ne l'autorise que les jours de
fête. De là aussi l'importance accordée aux exercices de
composition latine et grecque, à l'explication des
auteurs, aux études de grammaire, de rhétorique et de
poétique. Remarquons en outre que les jésuites ne mettent
guère entre les mains de leurs élèves que des morceaux
choisis, des éditions expurgées. Ils veulent en quelque
sorte effacer dans les livres anciens tout ce qui est la
marque de l'époque et le caractère du temps. Ils en
détachent de belles tirades d'éloquence, de beaux morceaux de poésie : mais ils ont peur, semble-t-il, des
auteurs eux-mêmes; ils craignent que l'élève n'y
retrouve le vieil esprit humain, l'esprit de la nature.
De plus, dans l'explication des auteurs, ils s'attachent
aux mots plus qu'aux choses. Ils dirigent l'attention de l'élève non sur les idées, mais sur les élégances
du langage, sur les finesses de l'élocution, sur la forme
enfin, qui, elle au moins, n'est d'aucune religion, et ne
peut en rien porter ombrage à l'orthodoxie catholique.

Ils ont peur d'éveiller la réflexion, le jugement personnel. Comme l'a dit Macaulay, ils semblent avoir trouvé le point jusqu'où l'on peut pousser la culture intellectuelle sans arriver à l'émancipation intellectuelle.

Dédain de l'histoire, de la philosophie, des sciences en général. — Préoccupés avant tout des études de pure forme, et exclusivement amoureux des exercices qui forment au beau langage, les jésuites sacrifient entièrement les études réelles et concrètes. L'histoire est à peu près bannie de leur enseignement. C'est seulement à propos des textes latins et grecs que le professeur doit faire allusion aux connaissances historiques, qui sont nécessaires pour l'intelligence du morceau expliqué. Il n'est pas question de l'histoire moderne, ni de l'histoire de France. « L'histoire, dit un père jésuite, est la perte de celui qui l'étudie. » Cette omission systématique des études historiques suffirait à éclairer de son vrai jour la pédagogie factice et superficielle des jésuites, admirablement définie par le P. Beckx, qui s'exprime ainsi :

« Les gymnases resteront ce qu'ils sont de leur nature, une gymnastique de l'esprit, qui consiste beaucoup moins dans l'assimilation de matières réelles, dans l'acquisition de connaissances diverses, que dans une culture de pure forme. »

Les sciences et la philosophie sont enveloppées dans le même dédain que l'histoire. Les études scientifiques sont absolument proscrites des classes inférieures, et l'élève entre en philosophie, n'ayant étudié que les langues anciennes. La philosophie elle-même est réduite à une stérile étude de mots, à des discussions subtiles, au commentaire d'Aristote. La mémoire et le raisonnement syllogistique sont les seules facultés mises en jeu. Point de faits, point d'inductions réelles : aucun souci de l'observation de la nature. En toutes choses, les jésuites sont ennemis du progrès. Intolérants pour toute nouveauté, ils voudraient arrêter et immobiliser l'esprit humain.

7.

Discipline. — On a fait grand bruit des réformes introduites par les jésuites dans leurs maisons d'éducation au point de vue de la discipline. Le fait est qu'ils ont fait régner dans leurs collèges plus d'ordre, plus de tenue qu'il n'y en avait dans les établissements de l'Université. D'autre part, ils ont essayé de récréer les élèves, de leur dorer, pour ainsi dire, les barreaux de la prison où ils les enfermaient. Représentations théâtrales, excursions aux jours de fêtes, exercices de natation, d'équitation, d'escrime, rien n'était négligé de ce qui peut rendre l'internat supportable.

Mais, en revanche, les jésuites ont le tort grave de détacher l'enfant de la famille. Ils veulent le dominer tout entier. L'idéal du parfait écolier, c'est d'oublier ses parents. Voici ce qui est dit d'un élève des jésuites, devenu plus tard membre de l'ordre, J. B. de Schultaus :

> Sa mère lui rendit visite au collège de Trente. Il refusa de lui serrer la main et ne voulut même pas lever les yeux sur elle. Celle-ci, étonnée et affligée, demanda à son fils d'où venait la froideur d'un pareil accueil. « Je ne te regarde point, répondit l'écolier, non parce que tu es ma mère, mais parce que tu es une femme. » Et le biographe ajoute : « Ce n'était pas là un excès de précaution ; la femme conserve aujourd'hui les défauts qu'elle avait au temps de notre premier père : c'est elle qui toujours chasse l'homme du Paradis. » Quand la mère de Schultaus mourut, il ne montra pas la moindre émotion, « ayant depuis longtemps adopté la sainte Vierge comme sa vraie mère. »

Émulation encouragée. — Les jésuites ont toujours considéré l'émulation comme un des ressorts essentiels de la discipline. « Il faut favoriser, dit le *Ratio*, une honnête émulation : elle est un grand aiguillon pour l'étude. » Supérieurs sur ce point, c'est peut-être le seul, aux jansénistes, qui par défiance de la nature humaine craignaient d'exciter l'orgueil en encourageant l'émulation, les jésuites ont toujours compté sur l'amour propre de l'élève. Le *Ratio* multiplie les récompenses : distributions solennelles de prix, croix, rubans, insignes,

tîtres empruntés à la république romaine de *décurions*
et de *préteurs*; tous les moyens, même les plus puérils,
étaient imaginés pour entretenir chez les enfants l'ardeur
au travail et les exciter à se surpasser les uns les autres
Ajoutons que l'élève était récompensé, non seulement
pour sa bonne conduite, mais pour la mauvaise conduite
de ses camarades, s'il la dénonçait. Le *décurion* ou le
préteur était chargé de la police de la classe : en l'absence du correcteur officiel, il fouettait lui-même ses
camarades ; il devenait entre les mains du maître un
espion et un délateur. Ainsi l'élève puni pour avoir
parlé français hors de propos pourra être déchargé de
sa punition, s'il prouve par témoins qu'un de ses camarades a commis le même jour la même faute.

Correcteur attitré. — Le fouet fait pour ainsi dire
partie de l'ancien régime pédagogique. Il est en honneur, soit dans les collèges, soit dans les éducations
particulières. Louis XIV transmet officiellement au duc
de Montausier le droit de correction sur son fils.
Henri IV écrivait à la gouvernante de Louis XIII :

« Je me plains de ce que vous ne m'avez pas mandé que
vous aviez fouetté mon fils : car je veux et vous commande de
le fouetter toutes les fois qu'il fera l'opiniâtre ou quelque chose
de mal ; sachant bien qu'il n'y a rien au monde qui lui fasse
plus de profit que cela ; ce que je reconnais par expérience
m'avoir profité : car, étant de son âge, j'ai été fort fouetté (1).

Les jésuites, malgré leur tendance à adoucir la discipline, n'eurent garde de renoncer à un châtiment en
usage même à la cour. Seulement, tandis que les frères
des Écoles chrétiennes, d'après les règlements de La Salle
châtient eux-mêmes l'enfant coupable, les jésuites ne
croient pas conforme à la dignité du maître qu'il applique lui-même la correction. Ils réservent à un laïque le
soin de manier les verges. Un correcteur attitré, un domestique, un portier, était chargé dans chaque col-

(1) Lettre à madame de Montglat, le 14 nov. 1607.

lège des fonctions d'exécuteur des hautes œuvres. Et bien que le *Ratio studiorum* recommande la modération, certains témoignages prouvent que le correcteur spécial n'avait pas toujours la main discrète. Voici, par exemple, ce que raconte Saint-Simon :

« Le fils aîné du marquis de Boufflers avait quatorze ans : il était joli, bien fait ; il réussissait à merveille, il promettait toutes choses. Il était pensionnaire aux jésuites avec les deux fils d'Argenson. Je ne sais quelle jeunesse il y fit avec eux. Les Pères voulurent montrer qu'ils ne craignaient et ne considéraient personne, et fouettèrent le petit garçon, parce qu'en effet ils n'avaient rien à craindre du maréchal de Boufflers ; mais ils se gardèrent bien d'en faire autant aux deux autres, quoique également coupables, parce qu'ils avaient à compter tous les jours avec d'Argenson, lieutenant de police. Le petit Boufflers fut saisi d'un tel désespoir qu'il en tomba malade le jour même. En quatre jours cela fut fini... Pour les jésuites le cri universel fut prodigieux, mais il n'en fut autre chose (1). »

Esprit général de la pédagogie des jésuites. — Les principes généraux de la doctrine des jésuites sont en opposition complète avec nos idées modernes. L'obéissance aveugle, la suppression de toute liberté, de toute spontanéité, tel est le fond de leur éducation morale :

« Renoncer à ses volontés propres, disent-ils, est plus méritoire que de réveiller les morts. » — « Il faut nous attacher à l'Église romaine, au point de tenir pour noir un objet qu'elle nous dit noir, alors même qu'il serait blanc. » — « La confiance en Dieu doit être assez grande pour nous pousser, en l'absence d'un navire, à passer les mers sur une simple planche. » — « Quand même Dieu t'aurait proposé pour maître un animal privé de raison, tu n'hésiterais pas à lui prêter obéissance, ainsi qu'à un maître et à un guide, par cette seule raison que Dieu l'a ordonné ainsi. » — « Il faut se laisser gouverner par la divine Providence, agissant par l'intermédiaire des supérieurs de l'ordre, comme si l'on était un *cadavre* que l'on peut mettre dans n'importe quelle position et traiter suivant son bon plaisir ; ou encore comme si l'on était un *bâton* entre les mains d'un vieillard qui s'en sert comme il lui plaît. »

(1) Saint-Simon, *Mémoires*, t. IX. 83.

Quant à l'éducation intellectuelle, telle qu'ils la comprennent, elle est toute factice et toute superficielle. Trouver pour l'esprit des occupations qui l'absorbent, qui le bercent comme un rêve, sans l'éveiller tout à fait ; appeler l'attention sur les mots, sur les tournures, afin de réduire d'autant la place des pensées ; provoquer une certaine activité intellectuelle prudemment arrêtée à l'endroit où à une mémoire ornée succède une raison réfléchie ; en un mot, agiter l'esprit, assez pour qu'il sorte de son inertie et de son ignorance, trop peu pour qu'il agisse véritablement par lui-même, par un déploiement viril de toutes ses facultés, telle est la méthode des jésuites. « Pour l'instruction, dit M. Bersot, voici ce qu'on trouve chez eux l'histoire réduite aux faits et aux tableaux, sans la leçon qui en sort sur la connaissance du monde ; les faits mêmes supprimés ou changés, quand ils parlent trop ; la philosophie réduite à ce peu qu'on appelle la doctrine empirique, et que M. de Maistre appelait la philosophie du rien, sans danger qu'on s'éprenne de cela ; la science physique réduite aux récréations, sans l'esprit de recherche et de liberté ; la littérature réduite à l'explication admirative des auteurs anciens et aboutissant à des jeux d'esprit innocents... A l'égard des lettres, il y a deux amours qui n'ont de commun que le nom : l'un fait les hommes, l'autre de grands adolescents. C'est celui-ci qu'on trouve chez les jésuites : ils amusent l'âme. »

Les oratoriens. — Entre les jésuites, leurs adversaires, et les jansénistes, leurs amis, les oratoriens occupent une place intermédiaire. Ils rompent déjà avec l'éducation trop mécanique, avec l'instruction toute de surface, qu'Ignace de Loyola avait inaugurée ; ils se rapprochent, par quelques innovations heureuses, de la pédagogie plus élevée et plus profonde de Port-Royal. Fondé en 1614 par Bérulle, l'ordre de l'Oratoire compta de bonne heure un assez grand nombre de collèges d'enseignement secondaire, et notamment, dès 1638, le

fameux collège de Juilly. Tandis que chez les jésuites
il est rare de rencontrer des noms de professeurs célèbres, plusieurs maîtres renommés ont illustré l'Oratoire
du dix-septième siècle. Citons le P. Lamy, auteur des
Entretiens sur les sciences (1683); le P. Thomassin, que
les oratoriens appellent un « théologien incomparable »,
et qui publia, de 1681 à 1690, une série de *Méthodes* pour
étudier les langues, la philosophie, les lettres; Masca-
ron et Massillon, qui ont enseigné la rhétorique à l'Oratoire; le P. Lecointe et le P. Lelong, qui y ont professé
l'histoire. Tous ces hommes unissent en général quelque
amour de la liberté à l'ardeur du sentiment religieux;
ils veulent introduire plus d'air et plus de lumière dans
le cloître et dans l'école; ils ont le goût des faits historiques et des vérités de la science; enfin ils font effort
pour fonder une éducation à la fois libérale et chrétienne, religieuse sans abus de dévotion, élégante sans
raffinement, solide sans excès d'érudition, digne enfin
d'être comptée comme une des premières tentatives
pratiques de la pédagogie moderne.

Les limites de notre étude nous interdisent d'entrer
dans le détail : notons seulement quelques points essentiels. Ce qui distingue les oratoriens, c'est d'abord un
amour sincère et désintéressé de la vérité :

> « Nous aimons la vérité, dit le P. Lamy: les jours ne suffi-
> sent point pour la consulter autant de temps que nous le
> souhaiterions, ou, pour mieux dire, on ne s'ennuie jamais de la
> douceur qu'il y a de l'étudier. On a toujours eu cet amour pour
> les lettres en cette maison. Ceux qui l'ont gouvernée ont tâché
> de l'entretenir. Quand il se trouve parmi nous quelque esprit
> pénétrant et étendu, qui a un rare génie pour les sciences, on
> le décharge de toute autre affaire (1). »

Nulle part les lettres antiques n'ont été plus aimées
qu'à l'Oratoire. « Dans ses heures de loisir le P. Tho
massin ne lisait que des auteurs d'humanités. » Et cependant le français n'y était pas sacrifié au latin. L'usage

(1) *Entretiens sur les sciences*, p. 197.

de la langue latine n'était obligatoire qu'à partir de la quatrième, et encore pas pour les leçons d'histoire, qui devaient être, jusqu'à la fin des classes, données en français. L'histoire, si longtemps négligée, même dans les collèges de l'Université, l'histoire de France particulièrement était enseignée aux élèves de l'Oratoire. La géographie n'en était point séparée, et on disposait dans les classes de grandes cartes murales. D'autre part, les sciences obtenaient une place dans l'instruction. Ce n'est pas un père jésuite qui se fût exprimé comme fait le P. Lamy :

« C'est un plaisir d'entrer dans le laboratoire d'un chimiste. Dans les lieux où je me suis trouvé, je ne manquais point d'assister aux discours anatomiques qui se faisaient, de voir les dissections des principales parties du corps humain... Je ne conçois rien d'un plus grand usage que l'algèbre et l'arithmétique.

Enfin la philosophie elle-même, la philosophie cartésienne, si impitoyablement décriée par les jésuites, était en vogue à l'Oratoire. « Si le cartésianisme est une peste, écrivaient les régents du collège d'Angers, nous sommes plus de deux cents qui en sommes infectés. » — « On fait défendre aux Pères de l'Oratoire d'enseigner la philosophie de Descartes, et par conséquent au sang de circuler, » écrivait en 1673 madame de Sévigné.

Constatons d'un autre côté le progrès et l'adoucissement de la discipline à l'Oratoire :

« Il y a plusieurs autres voies que le fouet, dit le P. Lamy, et, pour ramener les enfants à leurs devoirs, une caresse, une menace, l'espérance d'une récompense ou la crainte d'une humiliation font plus d'effet que les verges. »

La férule, il est vrai, et les verges n'étaient pas défendues et faisaient partie des *legitima pœnarum genera*. Mais il ne paraît pas qu'on en usât souvent, soit par esprit de douceur, soit par prudence, et pour ne pas exaspérer l'enfant.

« Il faut, dit encore le P. Lamy, une espèce de politique pour gouverner ce petit peuple, pour le prendre par ses inclinations, pour prévoir l'effet des récompenses et des châtiments, et les employer selon leur usage. Il y a des temps d'opiniâtreté où un enfant se ferait plutôt tuer que de plier. »

Ce qui à l'Oratoire rendait plus facile le maintien de l'autorité du maître sans le secours de punitions violentes, c'est que le même professeur accompagnait les élèves durant toute la série de leurs classes. Le P. Thomassin, par exemple, fut tour à tour professeur de grammaire, de rhétorique, de philosophie, de mathématiques, d'histoire, d'italien et d'espagnol. Touchant exemple, il faut le reconnaître, d'un dévoûment absolu au travail scolaire ! Mais cette universalité un peu superficielle ne servait ni les vrais intérêts des maîtres, ni ceux de leurs élèves : la grande loi pédagogique c'est la division du travail.

Fondation des Petites-Écoles. — Les jansénistes, dès la constitution de leur société, témoignèrent d'une ardente sollicitude pour l'éducation de la jeunesse. Leur fondateur Saint-Cyran disait : « L'éducation est en un sens l'*unique nécessaire*... Je voudrais que vous pussiez lire dans mon cœur l'affection que je porte aux enfants... Vous ne sauriez plus mériter de Dieu qu'en travaillant pour bien élever des enfants. » Ce fut dans ce sentiment désintéressé de charité pour le bien de la jeunesse, dans cet élan de tendresse sincère pour les enfants, que les jansénistes créèrent en 1643 les Petites-Écoles, à Port-Royal des Champs, et aux alentours, puis à Paris, rue Saint-Dominique d'Enfer (1). Ils n'y reçurent qu'un tout petit nombre d'élèves, préoccupés qu'ils étaient, non de dominer le monde et d'étendre au loin leur action, mais de faire modestement, obscurément, le bien qu'ils pouvaient. La persécution ne leur laissa pas longtemps le loisir de continuer l'œuvre

(1) Voyez sur les Petites-Écoles de Port-Royal une récente étude de M. Carré (*Revue pédagogique*, 1883, nºˢ 2 et 3).

entreprise. Dès 1660 les ennemis de Port-Royal avaient triomphé ; les jésuites obtenaient du roi que les Petites-Écoles fussent fermées et les maîtres dispersés. Chassés, emprisonnés, expatriés, les solitaires de Port-Royal n'eurent plus que la faculté de recueillir dans des écrits mémorables les résultats de leur trop courte expérience pédagogique.

Les maîtres et les livres de Port-Royal. — Destinée singulière que celle de ces pédagogues auxquels la rigueur du sort n'a pas permis d'exercer pendant plus de quinze ans les fonctions de l'enseignement, et qui cependant, grâce à leurs ouvrages, sont restés les inspirateurs peut-être les plus autorisés de l'éducation française ! C'est d'abord Nicole, le moraliste et le logicien, l'un des auteurs de la *Logique* de Port-Royal, qui enseigna dans les Petites-Écoles la philosophie et les humanités, et qui publia, en 1670, sous ce titre, *l'Éducation d'un prince*, une série de réflexions pédagogiques, applicables, comme il le dit lui-même, aux enfants de toute condition. C'est ensuite Lancelot, le grammairien, l'auteur des *Méthodes* pour apprendre la langue latine, la langue grecque, la langue italienne et la langue espagnole. C'est encore Arnauld, le grand Arnauld, le théologien ardent qui collabora à la *Logique*, à la *Grammaire générale*, qui enfin composa le *Règlement des études dans les lettres humaines*. A côté de ces noms célèbres, il faut mentionner d'autres jansénistes plus obscurs, de Sacy, Guyot, auteurs l'un et l'autre d'un grand nombre de traductions ; Coustel, qui publia les *Règles de l'Éducation des enfants* (1687) ; Varet, l'auteur de l'*Éducation chrétienne* (1668). Ajoutons à cette liste encore incomplète le *Règlement pour les enfants* de Jacqueline Pascal (1657), et l'on aura une idée de l'activité pédagogique de Port-Royal.

Étude de la langue française. — Il faut avoir bonne opinion, en règle générale, des pédagogues qui recommandent l'étude de la langue maternelle. Sous ce rapport, les solitaires de Port-Royal sont en avance sur leur temps. « On fait lire d'abord en latin, disait l'abbé Fleury, parce que nous le prononçons plus comme il es écrit que le français (1). » Singulière raison, qui ne satis faisait pas Fleury lui-même : car il concluait à la conve nance de mettre le plus tôt possible entre les mains d l'enfant des livres français qu'il pût entendre. C'est ce qu'on faisait à Port-Royal. Avec leur amour de la netteté et de la clarté, avec leur tendance toute cartésienne à ne faire étudier aux enfants que les choses dont ils peuvent se rendre compte, les jansénistes comprirent vite tout ce qu'il y avait d'absurde à choisir des ouvrages latins comme premiers livres de lecture. « Apprendre le latin avant la langue maternelle, disait ingénieusement Coménius, c'est vouloir monter à cheval avant de savoir marcher. » C'est encore, comme dit Sainte-Beuve, for cer les malheureux enfants à avoir affaire à l'inintelli gible pour se diriger vers l'inconnu. A ces textes inin telligibles les jansénistes substituèrent, non, il est vrai, des ouvrages originaux français, mais du moins de bonnes traductions des auteurs latins. Pour la première fois, en France, on se préoccupa sérieusement de la langue française. Avant de les faire écrire en latin, on exerçait les écoliers à écrire en français, en leur donnant à com poser de petites narrations, de petites lettres, dont les sujets étaient empruntés à leurs souvenirs, en les invitant à raconter sur-le-champ ce qu'ils avaient retenu de leurs lectures.

Système nouveau d'épellation. — Dans leur pré occupation constante de rendre l'étude plus facile, les jansénistes réformèrent la méthode de lecture en usage. Ce qui rend la lecture plus difficile, dit Arnauld, au cha pitre VI de la *Grammaire générale*, c'est que, chaque lettre ayant son nom, on la prononce seule autrement qu'en l'assemblant avec d'autres lettres. Par exemple, si l'on fait lire la syllabe *fry* à un enfant, on lui fait prononcer *ef, er, y grec*, ce qui l'embrouille infailliblement Il

---

(1) *Du choix et de la méthode des études.*

convien!, par conséquent, de n'apprendre aux enfants à connaître les lettres que par le nom de leur prononciation réelle, à ne les nommer que par leur son naturel, Port-Royal propose donc « de ne faire prononcer aux enfants que les voyelles et les diphtongues seulement et non les consonnes, lesquelles il ne lui faut faire prononcer que dans les diverses combinaisons qu'elles ont avec les mêmes voyelles ou diphtongues, dans les syllabes et dans les mots..... » Cette méthode est restée célèbre sous le nom de méthode de Port-Royal, et il semble résulter d'une lettre de Jacqueline Pascal, que c'est Pascal lui-même qui en avait eu l'idée (1).

Exercice de la réflexion personnelle. — Ce qui distingue profondément la méthode des jansénistes de la méthode des jésuites, c'est qu'à Port-Royal on se préoccupe moins de faire de bons latinistes que de former des esprits droits. On tient à exciter le jugement, la réflexion personnelle. On veut que l'enfant pense et comprenne, aussitôt qu'il en est capable. On ne laisse passer aucun mot, dans les lectures de la classe, sans que l'enfant en ait entendu le sens. On ne lui propose que des exercices proportionnés à sa jeune intelligence. On ne l'occupe que de choses qui sont à sa portée.

Les grammaires de Port-Royal sont écrites en français, parce qu'il est ridicule, dit Nicole, de vouloir montrer les principes d'une langue dans la langue même que l'on veut apprendre et que l'on ignore. Lancelot, dans ses *Méthodes*, abrège et simplifie les études grammaticales ·

« J'ai éprouvé, après plusieurs autres, combien est utile cette maxime de Ramus: *Peu de préceptes et beaucoup d'usage;* e qu'aussi, aussitôt que les enfants commencent à savoir un peu ces règles, il serait bon de les leur faire remarquer dans la pratique. »

C'est par la lecture des auteurs que la grammaire de

(1) Voyez Cousin, *Jacqueline Pascal,* p. 250.

Port-Royal complète l'étude théorique des règles, réduites au strict minimum. Le professeur, à propos de tel ou tel passage d'auteur, fera de vive voix les remarques appropriées. De cette façon, l'exemple, non pas l'exemple sec et sans intérêt de la grammaire, mais l'exemple vivant, expressif, recueilli dans un écrivain qu'on lit avec goût, l'exemple précédera ou accompagnera la règle, et le cas particulier expliquera la loi générale. Méthode excellente, parce qu'elle se calque sur le mouvement réel de l'esprit, parce qu'elle proportionne la marche des études aux progrès de l'intelligence, parce que, selon le conseil de Descartes, on y passe du connu à l'inconnu, du simple au composé.

Esprit général de l'éducation intellectuelle à Port-Royal. — Sans doute, il ne faut pas s'attendre à trouver chez les solitaires de Port-Royal un culte désintéressé pour la science. L'instruction n'est à leurs yeux qu'un moyen de former le jugement. « On ne devrait se servir des sciences, dit Nicole, que comme d'un instrument pour perfectionner sa raison. » Les connaissances historiques, littéraires, scientifiques, n'ont pas de valeur intrinsèque. Il s'agit seulement de les employer à élever des hommes justes, équitables, judicieux. Nicole déclare qu'il vaudrait mieux ignorer absolument les sciences que de s'enfoncer dans ce qu'elles ont d'inutile. Parlant des recherches astronomiques et des travaux de ces mathématiciens qui croient que « c'est la plus belle chose du monde que de savoir s'il y a un pont et une voûte suspendue à l'entour de la planète de Saturne, » il conclut qu'il est préférable d'ignorer ces choses que d'ignorer qu'elles sont vaines.

Mais, en revanche, les jansénistes ont écarté de leur programme d'études tout ce qui n'est que verbiage stérile, exercice de mémoire ou d'imagination artificielle. On fait peu de vers latins à Port-Royal. La version y prend le pas sur le thème. Le thème oral remplace souvent le thème écrit. On veut apprendre à l'élève « à ne se pas

éblouir par un vain éclat de paroles vides de sens, à ne
pas se payer de mots ou de principes obscurs, à ne
se satisfaire jamais qu'il n'ait pénétré au fond des
choses. »

Principes pédagogiques de Nicole. — Dans le
traité de l'*Éducation d'un prince*, Nicole a résumé, sous
forme d'aphorismes, quelques-unes des idées essentielles de son système d'éducation.

Notons d'abord cette maxime, véritable axiome pédagogique : « L'instruction a pour but de porter les esprits
jusqu'au point où ils sont capables d'atteindre. » C'est
dire que tout enfant, qu'il soit de la noblesse ou du
peuple, a le droit d'être instruit selon ses aptitudes et
ses facultés.

Autre axiome : il faut proportionner les difficultés au
développement croissant des jeunes intelligences. « Les
plus grands esprits n'ont que des lumières bornées. Ils
ont toujours des endroits sombres et ténébreux ; mais
l'esprit des enfants est presque tout rempli de ténèbres,
et il n'entrevoit que de petits rayons de lumière. Aussi
tout consiste à ménager ces rayons, à les augmenter et
à y exposer ce que l'on veut leur faire comprendre. »

Un corollaire de l'axiome qui précède, c'est qu'il faut
s'adresser tout d'abord aux sens : « Les lumières des
enfants étant toujours très dépendantes des sens, il faut,
autant qu'il est possible, attacher aux sens les instructions qu'on leur donne, et les faire entrer, non seulement par l'ouïe, mais aussi par la vue. » Par suite, la
géographie est une étude très propre pour le premier
âge, à condition qu'on ait des livres où les plus grandes
villes soient peintes. Si on fait étudier aux enfants l'histoire d'un pays, il ne faut jamais négliger de leur en
marquer le lieu sur la carte. Nicole recommande aussi
qu'on leur fasse voir des images qui représentent les
machines, les armes, les habits des anciens, et aussi les
portraits des ro's, des hommes illustres.

Pessimisme moral. — L'homme est mauvais, la
nature humaine est corrompue : tel est le cri désespé-

rant qui retentit dans tous les écrits des jansénistes :

« Le diable, dit Saint-Cyran, prend l'âme du petit enfant dans le ventre de sa mère... » Et ailleurs : « Il faut toujours prier pour les âmes et toujours veiller, faisant garde comme en une ville de guerre. Le diable fait la ronde par dehors...»

« Aussitôt que les enfants commencent à avoir la raison, dit un autre janséniste, on ne remarque en eux que de l'aveuglement et de la faiblesse : ils ont l'esprit fermé aux choses spirituelles, et ne les peuvent comprendre. Mais, au contraire, ils ont les yeux ouverts pour le mal ; leurs sens sont susceptibles de toute sorte de corruption, et ils ont un poids naturel qui les y porte. »

« Vous devez, écrit Varet, considérer vos enfants comme tout enclins et portés au mal. Leurs inclinations sont toutes corrompues, et, n'étant pas gouvernées par la raison, elles ne leur feront trouver de plaisir et de divertissement que dans les choses qui portent aux vices. »

Conséquences disciplinaires. — La doctrine de la perversité originelle de l'homme peut produire des résultats inverses et diriger en deux sens opposés la conduite pratique de ceux qui l'acceptent. Ou bien, en effet, elle leur inspire d'être sévères pour des êtres foncièrement gâtés et vicieux, ou bien elle les excite à la pitié, à la tendresse, pour ces créatures déchues qui souffrent d'un mal incurable. C'est ce dernier parti qu'ont pris les solitaires de Port-Royal. Ils furent aussi doux, aussi bons pour les enfants confiés à leurs soins, qu'ils étaient en théorie durs et rigoureux pour la nature humaine. En présence de leurs élèves, ils se sont sentis touchés d'une tendresse infinie pour ces pauvres âmes malades qu'ils auraient voulu guérir de leurs maux et relever de leur chute au prix de tous les sacrifices.

L'idée de la méchanceté native de l'homme eut encore à Port-Royal un autre résultat. Elle accrut le zèle des maîtres : elle les décida à multiplier leurs soins, leur vigilance, afin de surveiller dans les jeunes âmes, l'y étouffer, quand la chose est possible, les semences de mal que le péché y a déposées. Quand on se charge de la difficile mission d'une éducation morale, il est peut-être dangereux d'avoir trop de confiance dans la nature humaine, de se faire de ses qualités et de ses dispositions une opinion trop favorable ; car alors on est tenté d'accorder à l'enfant une trop grande liberté, et de pratiquer la maxime : « Laissez faire, laissez passer. » Il vaut mieux pécher par l'excès contraire, l'excès de la défiance : dans ce cas, en effet, comprenant les dangers qui menacent l'enfant, on veille sur lui avec plus d'attention ; on l'abandonne moins à l'inspiration de ses caprices ; on attend davantage de l'éducation ; on demande à l'effort, au travail, ce qu'on juge la nature incapable de produire par elle-même.

La vigilance, la patience, la douceur, voilà les instruments de discipline des maisons de Port-Royal. Il n'y avait presque pas de punitions aux Petites-Écoles. « Parler peu, beaucoup tolérer, et prier encore davantage, » voilà les trois choses que Saint-Cyran recommandait. La menace de renvoyer les enfants à leurs parents suffisait à maintenir l'ordre dans un troupeau d'ailleurs peu nombreux. On renvoyait, en effet, tous ceux qui auraient pu donner de mauvais exemples : système d'élimination excellent quand il est praticable. Les pieux solitaires supportaient, sans se plaindre, les fautes où ils voyaient les conséquences nécessaires de la chute originelle. Pénétrés d'ailleurs comme ils l'étaient du prix des âmes humaines, leur tendresse pour les enfants était mêlée d'un certain respect : ils voyaient en eux des créatures de Dieu, des êtres appelés dans l'éternité à une destinée sublime ou à des peines terribles.

Défauts de la discipline de Port-Royal. — Les jansénistes n'ont pas évité jusqu'au bout les conséquences funestes que contenaient en germe leurs théories pessimistes sur la nature humaine. Ils sont tombés dans des excès de prudence ou de rigorisme ; ils ont poussé la gravité et la dignité jusqu'à une raideur un peu farouche. A Port-Royal, il était défendu aux élèves de se tutoyer. Les solitaires n'aimaient pas les familiarités.

fidèles en cela à l'*Imitation de Jésus-Christ*, où il est dit quelque part qu'il ne convient pas à un chrétien d'avoir de la familiarité avec qui que ce soit. Les jeunes gens étaient donc élevés dans des habitudes de respect mutuel, qui peuvent avoir leur bon côté, mais qui ont le tort grave d'être un peu ridicules chez des enfants, puisqu'elles les forçaient à vivre entre eux comme de *petits messieurs*, en même temps qu'elles sont contraires au développement de ces amitiés intimes, de ces attachements durables dont tous ceux qui ont vécu au collège connaissent la douceur et le charme.

L'esprit d'ascétisme est le caractère général de tous les jansénistes. Varet déclare que les bals sont des lieux infâmes. Pascal s'interdit toute pensée agréable, et ce qu'il appelait une pensée agréable, c'était de réfléchir à la géométrie. Lancelot refuse de conduire à la comédie les princes de Conti, dont il était le précepteur.

Ce qui était peut-être plus grave encore, c'est qu'à Port-Royal on supprimait de parti pris l'émulation, de crainte d'éveiller l'amour-propre. C'est Dieu seul, disait-on, qu'il faut louer des qualités et des talents que manifestent les hommes : « Si Dieu a mis quelque bien dans l'âme d'un enfant, il faut l'en louer et garder le silence. » Par ce silence calculé on se mettait en garde contre l'orgueil ; mais si l'orgueil est à craindre, la paresse l'est-elle moins ? Et, lorsqu'on évite à dessein d'aiguillonner l'amour-propre par l'appât des récompenses, par un mot louangeur placé à propos, on risque fort de ne pas surmonter la mollesse naturelle à l'enfant, de n'obtenir de lui aucun effort sérieux. Le plus grand des amis de Port-Royal, Pascal, disait : « Les enfants de Port-Royal, auxquels on ne donne point cet aiguillon d'envie et de gloire, tombent dans la nonchalance. »

Jugement général sur Port-Royal. — Admirons malgré tout les maîtres de Port-Royal, qui se sont trompés sur plus d'un point sans doute, mais qui étaient animés par un grand sentiment des devoirs de l'éducation et par une charité parfaite. L'ardeur et la sincérité de la foi religieuse ; un grand respect pour la personne humaine ; les pratiques pieuses en honneur, mais subordonnées à la réalité du sentiment intime ; la dévotion conseillée, non imposée ; une défiance marquée de la nature, corrigée par des élans de tendresse et tempérée par l'affection ; par-dessus tout, le dévoûment profond, infatigable, d'âmes chrétiennes qui se donnent toutes et sans réserve à d'autres âmes pour les élever et les sauver : voilà pour la discipline de Port-Royal. Mais c'est encore dans les méthodes d'enseignement, dans la direction des études classiques, qu'il faut chercher la supériorité incontestable des jansénistes. Les maîtres des Petites-Écoles ont été d'admirables humanistes, non les humanistes de la forme, comme les jésuites, mais les humanistes du jugement. Ils représentent, à nos yeux, dans toute sa beauté et dans toute sa force, cette éducation intellectuelle, déjà rêvée par Montaigne, qui apprête pour la vie des hommes au jugement sain et à la conscience droite. Ils ont fondé l'enseignement des lettres classiques. « Port-Royal, dit un historien de la pédagogie, M. Burnier, simplifie l'étude sans lui enlever pourtant ses salutaires difficultés ; il s'efforce de la rendre intéressante, bien qu'il ne la convertisse pas en un jeu puéril ; il n'entend confier à la mémoire que ce qui a d'abord été saisi par l'intelligence... Il a jeté dans le monde des idées qui n'en sont plus sorties, des principes féconds dont on n'a eu qu'à tirer des conséquences. »

LEÇON VIII

FÉNELON

L'éducation au dix-septième siècle. — En dehors des congrégations enseignantes, le dix-septième siècle compte un certain nombre de pédagogues indépendants, de penseurs isolés, qui nous ont transmis dans des écrits durables le résultat de leurs réflexions ou de leur expérience. La plupart appartiennent au clergé ; ce sont des précepteurs princiers : dans un état monarchique il n'y a pas de plus grande affaire que l'éducation des princes. Quelques autres sont des philosophes, que l'étude générale de la nature humaine a conduits à réfléchir sur les principes de l'éducation. Sans prétendre tout embrasser dans le cadre restreint de cette histoire élémentaire, nous voudrions faire connaître, soit les doctrines fondamentales, soit les méthodes essentielles, qui ont concouru à l'éducation du dix-septième siècle et en même temps préparé les réformes pédagogiques des siècles suivants.

Fénelon (1651-1715). — Fénelon tient une grande place dans notre littérature : mais il semble que de tous les aspects variés de son génie, son rôle pédagogique soit encore le plus important et le plus considérable. Fénelon a écrit le premier ouvrage classique de notre pédagogie française : et on peut dire, à voir le grand nombre d'auteurs qui se sont inspirés de sa pensée que, pour la pédagogie, il est chef d'école.

Comment Fénelon est devenu pédagogue. — On sait que le beau traité *de l'Éducation des filles* fut composé en 1680, à la prière du duc et de la duchesse de Beauvilliers. Les nobles amis de Fénelon, outre plusieurs garçons, avaient huit filles à élever. C'est pour aider par ses conseils à l'éducation de cette petite pension domestique que Fénelon écrivit son livre, qui n'était pas primitivement destiné au public et qui ne parut qu'en 1687. Le jeune abbé, qui en 1680 n'avait pas encore trente ans, s'était déjà exercé, en matière pédagogique, dans la direction du couvent des *Nouvelles Catholiques* (1678). C'était une institution destinée à retenir, ou même à appeler un peu de force, dans la foi catholique, les jeunes protestantes converties. Il eût mieux valu, nous l'avouons, pour la gloire de Fénelon, qu'il acquît son expérience ailleurs que dans cette mission de fanatisme où il fut l'auxiliaire du bras séculier, le complice des dragonnades, et où se prépara la révocation de l'Édit de Nantes. Nous aimerions mieux que l'*Éducation des filles* n'eût pas été méditée dans une maison où l'on enfermait violemment des filles arrachées à leurs mères, des femmes enlevées à leurs maris. Mais si la source première de l'inspiration pédagogique de Fénelon n'est pas aussi pure qu'il conviendrait, du moins rien, dans le livre, ne trahit l'esprit d'intolérance et de violence, auquel l'auteur s'était associé. *L'Éducation des filles* est au contraire une œuvre de douceur et de bonté, de grâce souriante et aimable, où respire un souffle de progrès.

Les idées que Fénelon avait exposées dans son traité, il eut peu de temps après l'occasion de les appliquer. Le 16 août 1689 il fut choisi comme précepteur du duc de Bourgogne, avec le duc de Beauvilliers pour gouverneur et l'abbé Fleury pour sous-précepteur. De 1689 à 1695, il dirigea, avec un succès merveilleux, l'éducation d'un prince « né terrible, » selon l'expression de Saint-Simon, et qui, sous l'influence pénétrante de son maître, devint un homme accompli, presque un saint. C'est pour son royal élève que Fénelon composa tour à tour un grand nombre d'ouvrages scolaires : le *Recueil des Fables*, les *Dialogues des Morts*, le traité de l'*Existence de Dieu*, sans oublier le *Télémaque*, un des livres les plus populaires de notre littérature.

Les événements servirent donc à souhait Fénelon, en fournissant à son activité pédagogique l'occasion de s'exercer. Mais il est permis de dire que sa nature le prédestinait au rôle d'éducateur. Avec son âme tendre, paternelle jusque dans le célibat ecclésiastique, avec son admirable souplesse d'esprit, avec son érudition variée, sa connaissance approfondie de l'antiquité, avec sa compétence dans les études de grammaire et d'histoire, dont témoignent divers passages de sa *Lettre à l'Académie*, enfin avec son humeur tempérée et ses velléités de libéralisme dans un siècle de monarchie absolue, il était fait pour devenir un des guides, un des maîtres de l'éducation dans notre pays.

Analyse du traité de l'Éducation des filles. — Il faut lire en entier le charmant chef-d'œuvre de Fénelon. Une rapide analyse ne saurait suffire, d'autant qu'il est malaisé de réduire à quelques points essentiels l'ondoyante pensée de notre auteur. Avec sa facilité un peu molle, avec son abondance un peu décousue, Fénelon se répète volontiers; il revient sur des idées qu'on aurait crues épuisées: il n'astreint pas à un plan rigoureux et méthodique sa verve nonchalante. On peut cependant, dans les treize chapitres dont se compose l'ouvrage, distinguer trois parties d'abord une partie critique (ch. I et II), ou sont relevés avec vivacité les défauts ordinaires de l'éducation des femmes ; puis du chapitre III au chapitre VIII, des observations générales, l'exposé des principes et des méthodes qu'il faut suivre et appliquer dans l'éducation des garçons, comme dans l'éducation des filles : enfin du chapitre IX jusqu'à la fin du livre, toutes les réflexions spéciales qui se rapportent exclusivement aux défauts et aux qualités, aux devoirs et aux études des femmes

Critique de l'éducation monastique. — Dans le début du traité, comme dans un autre petit écrit que les éditeurs joignent d'ordinaire au livre de l'*Éducation des filles* (1), Fénelon prend parti pour une éducation libérale et humaine, où pénètre la lumière du monde et qui n'est pas confinée dans l'ombre d'un monastère :

« Je conclus que mademoiselle votre fille est mieux auprès de vous que dans le meilleur couvent que vous pourriez choisir... Si un couvent n'est pas régulier, elle y verra la vanité en honneur : ce qui est le plus subtil de tous les poisons pour une jeune personne. Elle y entendra parler du monde comme d'une espèce d'enchantement, et rien ne fait une plus pernicieuse impression que cette image trompeuse du siècle, qu'on regarde de loin avec admiration et qui en exagère tous les plaisirs sans en montrer les mécomptes et les amertumes... Aussi je craindrais un couvent mondain plus encore que le monde même. Si, au contraire, un couvent est dans la ferveur et dans la régularité de son institut, une jeune fille de condition y croît dans une profonde ignorance du siècle... Elle sort du couvent comme une personne qu'on aurait enfermée dans les ténèbres d'une profonde caverne et qui paraît tout d'un coup au grand jour. Rien n'est plus éblouissant que ce passage imprévu et que cet éclat auquel on n'a jamais été accoutumé »

Réfutation des préjugés relatifs à l'éducation des femmes. — C'est donc pour les mères que Fénelon écrit son livre, plus encore que pour les couvents, qu'il

(1) Voyez l'*Avis* de M. de Fénelon, archevêque de Cambrai, à une dame de qualité sur l'éducation de mademoiselle sa fille.

n'aime pas. La femme est destinée à un grand rôle dans la vie domestique. « Les hommes peuvent-ils espérer pour eux-mêmes quelque douceur de vie, si leur plus étroite société, qui est celle du mariage, se tourne en amertume? » Qu'on cesse donc de négliger l'éducation des femmes. Qu'on renonce aux préjugés par lesquels on prétend justifier cette négligence. — La femme savante, dit-on, est vaine et précieuse! Mais il ne s'agit pas d'engager les femmes dans des études inutiles qui feraient d'elles des savantes ridicules : il est seulement question de leur apprendre ce qui convient à leur rôle domestique. — La femme, dit-on encore, est d'ordinaire plus faible d'esprit que l'homme! Mais c'est précisément pour cela qu'il est nécessaire de fortifier son intelligence. — Enfin la femme doit être élevée dans l'ignorance du monde! Mais, reprend Fénelon, le monde n'est pas un fantôme : « c'est l'assemblage de toutes les familles; » et les femmes ont des devoirs à y remplir qui ne sont guère moins considérables que ceux des hommes. « La vertu n'est pas moins pour les femmes que pour les hommes. »

Bonne opinion de la nature humaine. — Il y a deux catégories de chrétiens : les uns considèrent surtout la chute originelle; les autres s'attachent de préférence au dogme de la rédemption. Pour les premiers l'enfant est foncièrement gâté ; il n'a d'inclination que pour le mal ; c'est un être de colère qu'il faut durement châtier. Pour les autres, l'enfant, racheté par la grâce, « n'a encore de pente pour aucun objet : » ses instincts n'ont pas besoin d'être combattus; il s'agit seulement de les diriger. Fénelon suit ce dernier courant, qui est le bon. Il ne craint pas l'amour-propre, il n'interdit pas les éloges. Il compte sur la spontanéité de la nature. Il regrette l'éducation des anciens, qui laissaient aux enfants plus de liberté. Enfin il apporte dans son jugement sur la nature humaine un optimisme souriant et aimable, parfois un excès de complaisance et d'approbation.

Faiblesse de l'enfant. — Mais Fénelon, s'il croit à l'innocence de l'enfant, n'est pas moins convaincu de sa faiblesse. De là les ménagements qu'il conseille à ceux qui veulent l'élever :

« Ce qui est le plus utile dans les premières années de l'enfance, c'est de ménager la santé de l'enfant; de lui faire un sang doux par le choix des aliments et par un régime de vie simple... Ce qu'il y a encore de très important, c'est de laisser affermir les organes en ne pressant point l'instruction... »

La faiblesse intellectuelle de l'enfant provient surtout de l'impuissance de son attention. L'esprit de l'enfant est « comme une bougie allumée dans un lieu exposé au vent, et dont la lumière vacille toujours. » De là l'urgente nécessité de ne pas presser l'enfant, « de le former peu à peu, selon les occasions, » de servir et d'aider la nature sans se presser.

Curiosité instinctive : leçons de choses. — Si l'inattention de l'enfant est un grand obstacle, en revanche sa curiosité naturelle est un puissant secours. Fénelon sait le parti qu'on peut en tirer, et nous citerons en entier le passage remarquable où il indique les moyens de la solliciter par des instructions familières, qui sont déjà de véritables leçons de choses :

« La curiosité chez les enfants est un penchant de la nature qui va comme au-devant de l'instruction : ne manquez pas d'en profiter. Par exemple, à la campagne, ils voient un moulin, et ils veulent savoir ce que c'est ; il faut leur montrer comment se prépare l'aliment qui nourrit l'homme. Ils aperçoivent des moissonneurs, et il faut leur expliquer ce qu'ils font : comment est-ce qu'on sème le blé, et comment il se multiplie dans la terre. A la ville, ils voient des boutiques où s'exercent plusieurs arts, et où l'on vend diverses marchandises. Il ne faut jamais être importuné de leurs demandes : ce sont des ouvertures que la nature vous offre pour faciliter l'instruction ; témoignez y prendre plaisir ; par là, vous leur enseignerez insensiblement comment se font toutes les choses qui servent à l'homme et sur lesquelles roule le commerce... »

Instructions indirectes. — Même quand l'enfant

a grandi et qu'il est plus capable de supporter l'instruction, Fénelon ne se départ point de son système de ménagements et de précautions douces. Pas de leçons didactiques, mais le plus souvent possible des *instructions indirectes :* c'est là le grand procédé pédagogique de Fénelon, et nous verrons tout à l'heure comment il l'a appliqué à l'éducation du duc de Bourgogne. « Le moins qu'on peut faire de leçons en forme est le meilleur. » Qu'on soit d'ailleurs discret et prudent dans le choix des premières idées, des premières images que l'on imprime dans la tête de l'enfant. « On ne doit verser dans un réservoir si petit et si précieux que des choses exquises. » L'absence de pédantisme est un des caractères de Fénelon. « Pour la rhétorique, dit-il, je ne donnerai point de préceptes : il suffit de donner de bons modèles. » Pour la grammaire, « je ne lui donnerai aucun temps ou du moins je lui en donnerai fort peu. » Il faut insinuer l'instruction, et non l'imposer. Il faut avoir recours aux leçons imprévues et qui n'ont pas l'air d'être des leçons. Fénelon devance ici Rousseau et suggère le système des scènes arrangées d'avance, des artifices instructifs, analogues aux inventions de l'*Émile*.

Il faut que le plaisir fasse tout. — Une des meilleures qualités pédagogiques de Fénelon, c'est de vouloir que l'étude soit agréable : mais cette qualité devient un défaut chez lui, parce qu'il abuse de l'instruction attrayante. Nous ne pouvons que l'applaudir quand il critique la pédagogie dure et revêche du moyen âge ; quand il nous dépeint ces classes ennuyeuses et tristes, où l'on parle toujours aux enfants de mots et de choses qu'ils n'entendent point : « Nulle liberté, dit-il, nul enjouement ; toujours leçon, silence, posture gênée, correction et menaces. » De même rien de plus juste que cette réflexion : « Dans les éducations ordinaires, on met tout le plaisir d'un côté, et tout l'ennui de l'autre : tout l'ennui dans l'étude, tout le plaisir dans les divertissements. » Fénelon veut changer tout cela. Pour l'étude comme pour la discipline morale, « il faut, dit-il, que le plaisir fasse tout. »

Pour l'étude d'abord, cherchez les moyens de rendre agréables aux enfants les choses que vous exigez d'eux. « Il faut toujours leur montrer un but solide et agréable, qui les soutienne dans le travail. » — « Cachez-leur l'étude sous l'apparence de la liberté et du plaisir. » — « Laissez leur vue se promener un peu et leur esprit se mettre au large. » — « Mêlez l'instruction avec le jeu. » — « J'ai vu, dit-il encore, divers enfants qui ont appris à lire en se jouant. »

Pour diriger leur volonté, de même que pour exciter leur esprit, ne les assujettissez jamais à une autorité sèche et absolue. Ne les fatiguez point par une exactitude indiscrète. Ne leur montrez la sagesse que par intervalle et avec un visage riant. Menez-les par la raison le plus que vous pourrez. Ne prenez jamais, sans une extrême nécessité, un air austère, impérieux, qui les fait trembler :

« Vous leur fermeriez le cœur et leur ôteriez la confiance, sans lesquelles il n'y a nul fruit à espérer de l'éducation. Faites-vous aimer d'eux : qu'ils soient libres avec vous, qu'ils ne craignent point de vous laisser voir leurs défauts. »

Telle est, intellectuellement et moralement, l'aimable discipline rêvée par Fénelon. Il est évident que l'imagination de notre auteur le conduit un peu loin et l'égare. Fénelon voit toutes choses en beau. Dans l'éducation telle que la rêve ce trop facile pédagogue, nulle difficulté, rien de laborieux, aucune épine :

« Tous métaux y sont or ; toutes fleurs y sont roses. »

L'enfant est presque dispensé de faire effort : on ne lui fera pas répéter la leçon qu'il a entendue, « de peur de le gêner. » Il faut qu'il apprenne tout en se jouant. S'il a des défauts, il ne faut les lui dire qu'avec précaution, » de crainte de l'affliger. » Fénelon est décidément trop complaisant, trop câlin. A force d'écarter tout ce qui est rebutant, il en arrive à exclure tout ce qui est laborieux. Il tombe dans une mièvrerie naïve, quand il demande que les livres de son élève soient « bien reliés, dorés même sur les tranches, avec de belles images ».

Les fables et l'histoire. — Le goût très prononcé de Fénelon pour les études agréables le détermine à mettre au premier rang des occupations intellectuelles de l'enfant les fables et l'histoire, parce que les récits plaisent par-dessus tout à l'imagination enfantine. C'est de l'histoire sainte qu'il veut surtout qu'on s'occupe, en y choisissant toujours « ce qui donne les images les plus riantes et les plus magnifiques. » Il demande d'ailleurs avec raison que le maître « anime son récit de tons vifs et familiers, qu'il fasse parler tous ses personnages. » Par là, on retiendra l'attention des enfants sans la contraindre : « car, encore une fois, dit-il il faut bien se garder de leur faire jamais une loi d'écouter ni de retenir ces histoires... »

L'éducation morale et religieuse. — Contrairement à ce que pensera plus tard Rousseau, Fénelon demande que l'on présente de bonne heure aux enfants les vérités morales et religieuses, et cela sous des formes sensibles, par des images empruntées à l'expérience. Il ne faut pas craindre de leur parler de Dieu comme d'un vieillard vénérable, à barbe blanche, etc. Ce qu'il peut y avoir de superstitieux dans ces conceptions, appropriées à l'imagination enfantine, sera corrigé plus tard par la raison. Remarquons d'ailleurs que Fénelon ne veut pas d'une religion outrée. Il craint toutes les exagérations, même celle de la piété. Ce qu'il demande, c'est une dévotion mesurée, un christianisme raisonnable. Il se défie des faux miracles. « Accoutumez les filles, dit-il, à n'admettre pas légèrement certaines histoires sans autorité, et à ne s'attacher pas à de certaines dévotions qu'un zèle indiscret introduit. » Mais peut-être, sans le vouloir, Fénelon prépare-t-il lui-même les voies à la superstition qu'il combat, lorsque, pour faire entrer dans l'esprit de l'enfant les premiers principes religieux, il lui présente Dieu sous des formes sensibles et lui parle d'un paradis où tout est or et pierreries.

Études propres aux femmes. — Jusqu'ici nous n'avons relevé dans l'œuvre de Fénelon, que des préceptes généraux, qui sont à l'adresse des garçons comme des filles. Mais, dans la dernière partie de son livre, Fénelon traite spécialement des travaux particuliers aux femmes, des qualités qui leur conviennent en propre, de leurs devoirs et du genre d'instruction dont elles ont besoin pour les remplir.

Personne n'a mieux connu que Fénelon les défauts que l'ignorance engendre chez la femme : l'ennui, le désœuvrement, l'impuissance à s'appliquer aux choses solides et sérieuses, la frivolité, la mollesse, l'imagination errante, la curiosité indiscrète qui s'attache aux petites choses, la légèreté et le bavardage, la langueur romanesque, et, ce qui est remarquable chez un ami de madame Guyon, la manie théologique : « Les femmes se mêlent trop souvent de décider sur la religion. »

Que propose Fénelon pour conjurer ces fâcheuses tendances ? Il faut bien avouer que l'instruction dont il combine le plan est encore insuffisante, et qu'elle ne répond guère à l'idéal que nous concevons aujourd'hui.

« Retenez les jeunes filles, dit-il, dans les bornes communes, et apprenez-leur qu'il doit y avoir pour leur sexe une pudeur sur la science presque aussi délicate que celle qu'inspire l'horreur du vice. »

N'est-ce pas déclarer que la science n'est pas faite pour les femmes et qu'elle répugne à leur nature délicate ?

Quand Fénelon nous dit que la jeune fille doit apprendre à lire et à écrire correctement (et notez qu'il ne s'agit que des jeunes filles de la noblesse ou de la riche bourgeoisie) ; quand il ajoute : *qu'elle apprenne aussi la grammaire*, on peut juger, à la puérilité de ces pré criptions, que Fénelon n'exige pas grand chose de la femme en fait de science. Et cependant, tel qu'il est, ce programme d'études dépassait, au temps de Fénelon les usages reçus et constituait un véritable progrès. C'était poser un principe excellent, dont il eût fallu mieux analyser les conséquences, que demander aux femmes de connaître tout ce qu'il est nécessaire qu'elles sachent pour élever leurs enfants. Il faut aussi louer Fénelon pour avoir recommandé aux jeunes filles la lecture des auteurs profanes. Lui qui s'en était nourri, qui n'était pour ainsi dire qu'un Grec devenu chrétien, qui possédait assez Homère pour écrire le *Télémaque*, ne pouvait, sans se déjuger, déconseiller des études d'où il avait tiré tant de plaisir et de profit. De même il reconnaît l'utilité de l'histoire, ancienne ou moderne. Il aime la poésie et l'éloquence, à condition qu'on en écarte ce qui pourrait être dangereux pour la pureté des mœurs. Ce que l'on comprend moins, c'est qu'il condamne aussi sévèrement qu'il le fait la musique, qui donne lieu « à des divertissements empoisonnés. »

Mais ces défaut , cette défiance d'une trop haute culture intellectuelle ne doit pas nous empêcher d'admirer l'*Éducation des filles*. Sachons gré à Fénelon d'avoir résisté en partie aux préjugés d'un temps où la jeune fille était vouée par son sexe à une ignorance presque absolue ; d'avoir déclaré qu'il voulait suivre la voie contraire « à celle de la crainte et d'une culture superficielle des esprits : » d'avoir enfin écrit un livre, dont madame de Maintenon elle-même n'a pas recueilli toutes les inspirations libérales, et dont on peut dire enfin que presque tout ce qu'il contient est excellent. et qu'il n'est défectueux que par ce qui y manque.

Madame de Lambert (1647-1733). — Fénelon, comme éducateur des femmes, a fait école. De Rollin à madame de Genlis combien de pédagogues s'inspireront de lui ! Mais au premier rang de ses élèves il faut compter madame de Lambert. Dans ses *Avis à son fils* (1701) et surtout dans ses *Avis à sa fille.*(1728) elle a repris la tradition de Fénelon, avec plus de largeur et de liberté d'esprit. « Aussi discrète que lui à l'égard des œuvres d'imagination dont elle craint « que la lecture ne mette du faux dans l'esprit, » plus rigoureuse même que lui pour Racine dont elle semble éviter de prononcer le nom, disposée à interdire à sa fille « le spectacle, les représentations passionnées, la musique, la poésie, tout cela étant du train de la volupté, » sur le reste madame de Lambert se porte en avant et dépasse le maître. » (M. Gréard) Elle reproche à Molière d'avoir rejeté les femmes dans le désœuvrement, le jeu et le plaisir. Elle aime l'histoire, surtout l'histoire de France « qu'il n'est pas permis d'ignorer ». Enfin, sans entrer dans le détail de ses revendications, elle plaide avec force la cause de l'instruction des femmes : elle est déjà du dix-huitième siècle.

Éducation du duc de Bourgogne. — Fénelon, par une rencontre singulière, n'a appliqué ses idées pédagogiques qu'après les avoir exposées dans un traité théorique. L'éducation du duc de Bourgogne lui permit de mettre à l'épreuve les règles établies dans l'*Éducation des filles*. Rien de plus intéressant pour l'historien de la pédagogie que l'étude de cette éducation princière, où Fénelon mit tout son esprit et tout son cœur, et, qui par ses résultats à la fois brillants et insuffisants, dévoile les qualités et les défauts de sa pédagogie.

Résultats heureux. — Le duc de Bourgogne, avec son intelligence vive, et aussi avec son caractère fougueux, indocile, avec ses emportements de passion était bien l'élève qui convenait au pédagogue des *instructions indirectes*. Il eût été imprudent d'endoctriner par de lourdes leçons didactiques un esprit aussi impétueux. A force de souplesse et d'industrie, Fénelon réussit à captiver l'attention du prince, et à lui insinuer habilement des connaissances qu'il eût probablement rejetées, si elles lui avaient été présentées sous forme doctorale et pédantesque. « Je n'ai jamais vu d'enfant, dit Fénelon, entendre e si bonne heure les choses les plus fines de

9

la poésie et de l'éloquence. » Sans doute l'heureuse
nature du prince contribua pour une large part à ces résultats : mais l'art de Fénelon y fut aussi pour quelque
chose

Leçons morales : les Fables. — Comment enseigner la morale à un enfant violent et passionné ? Fénelon ne songea pas à lui adresser de beaux sermons :
il lui présenta sous forme de *Fables* les préceptes
moraux qu'il voulait lui inculquer. Les *Fables* de Fénelon
n'ont certes pas toutes une grande valeur littéraire :
mais, pour les apprécier justement, il faut considérer
que leur mérite était surtout dans l'à propos. Composées au jour le jour, elles s'adaptaient aux circonstances
de la vie du jeune prince, elles étaient remplies d'allusions à ses défauts et à ses qualités, et elles lui appor-
taient, au moment favorable, sous le voile d'une fiction
aimable, l'éloge ou la critique qu'il méritait : « On
pourrait, dit le cardinal de Bausset, suivre la chronologie
de la composition de ces pièces, en les comparant au
progrès que l'âge et l'instruction devaient amener dans
l'éducation du prince. » Les apologues, même avec leurs
moralités très générales, auront toujours leur prix et
leur portée dans l'éducation des enfants : que dire de
fables dont la moralité toute particulière s'adressait
exclusivement à l'élève qui les inspirait lui-même, soit
par un travers qu'il laissait entrevoir, soit par une vertu
naissante qui s'était manifestée dans sa conduite ? C'est
ainsi que la fable de *Fantasque* présentait au jeune duc
le tableau de ses emportements et lui apprenait à se
corriger ; celle de l'*Abeille et la Mouche* lui rappelait
que les qualités les plus éclatantes ne servent de rien
sans la modération. Un jour, dans un accès de colère, le
prince s'oublia jusqu'à dire à Fénelon qui le répri-
mandait : « *Non, non. Monsieur, je sais qui je suis, et
qui vous êtes !* » Le lendemain, sans doute pour répondre
à cette explosion de fatuité princière, Fénelon lui fit lire
la fable intitulée : *Bacchus et le Faune :* — « Comme
Bacchus ne pouvait souffrir un rieur malin toujours

prêt à se moquer de ses expressions, si elles n'étaient
pures et élégantes, il lui dit d'un ton fier et important :
« Comment oses-tu te moquer du fils de Jupiter? » Le
Faune répondit sans s'émouvoir : « Hé ! comment le fils
de Jupiter ose-t-il commettre quelque faute? »

Certaines fables, d'un ton plus élevé que les autres, ne
visent pas seulement à corriger les défauts de l'enfance :
elles préparent le prince à l'exercice du gouvernement.
Ainsi la fable des *Abeilles* lui découvrait les beautés d'un
État laborieux et où l'ordre règne; *le Nil et le Gange* lui
enseignait l'amour du peuple, « la compassion pour
l'humanité vexée et souffrante. » Enfin de chacune de
ces fables se dégageait, sous les dehors aimables d'un
jeu d'esprit, une leçon sérieuse, et plus d'une fois, en les
lisant, le prince éprouva, sans doute, un saisissement de
plaisir ou de honte, selon qu'il se reconnaissait lui-même
dans l'éloge ou dans le blâme adressé aux personnages
imaginaires des *Fables*.

Leçons d'histoire: les Dialogues des morts. —
Ce n'est pas seulement dans l'éducation morale, c'est
aussi dans l'éducation intellectuelle que Fénelon a
recours à l'artifice. L'ingénieux précepteur a employé
toutes les formes de la fiction pour mieux envelopper et
mieux dominer l'esprit de son élève : les fables pour
l'enseignement de la morale, les dialogues pour l'étude
de l'histoire, l'épopée enfin, dans le *Télémaque*, pour
l'éducation politique de l'héritier du trône de France.

Les *Dialogues des morts* mettent en scène des hommes de tous pays et de toutes conditions, Charles-Quint
et un moine de Saint-Just, Aristote et Descartes, Léonard de Vinci et Poussin, César et Alexandre. L'histoire proprement dite, la littérature, la philosophie, les
arts, étaient le sujet de ces conversations, composées,
comme les *Fables*, à divers intervalles, selon les progrès
et les besoins du duc de Bourgogne. C'étaient les tableaux attrayants qui venaient de temps en temps s'introduire dans les cadres de l'étude didactique de l'histoire universelle. Il ne faut les prendre que pour ce qu'ils

veulent être, pour le complément agréable d'un enseignement régulier et suivi. Fénelon savait mieux que personne que l'histoire est intéressante par elle-même, et qu'il suffit, pour en faire aimer l'étude, de la présenter avec clarté, avec vivacité, avec chaleur, aux imaginations enfantines.

Variété des moyens disciplinaires. — L'éducation du duc de Bourgogne est la mise en œuvre des principes de Fénelon sur la nécessité d'employer, non une autorité qui commande sèchement, mais une douceur qui s'insinue. Pas de sermons, pas de leçons, mais des moyens indirects d'instruction morale. Le duc de Bourgogne était irascible. Au lieu de lui lire le traité de Sénèque *Sur la colère*, voici ce qu'imaginait Fénelon : Un matin, il fait venir dans ses appartements un ouvrier menuisier, auquel il a fait la leçon. Le prince passe, s'arrête et considère les outils. « Passez votre chemin, Monseigneur, s'écrie l'ouvrier, qui se dresse de l'air le plus menaçant, car je ne réponds pas de moi : quand je suis en fureur, je casse bras et jambes à ceux que je rencontre ! » On devine la conclusion de l'histoire, et comment, par cette méthode expérimentale, Fénelon put essayer d'apprendre au prince à se défier de la colère et de ses effets.

Quand les moyens indirects ne suffisaient pas, Fénelon en employait d'autres. C'est ainsi qu'il faisait de fréquents appels à l'amour-propre de son élève : il lui remontrait ce qu'il devait à son nom, aux espérances de la France. Il lui faisait signer des engagements d'honneur de se bien conduire : « Je promets, foi de prince, à M. l'abbé de Fénelon, de lui obéir, et, si j'y manque, je me soumets à toute sorte de punitions et de déshonneur Fait à Versailles, ce 29 novembre 1689. Signé : Louis. » D'autres fois Fénelon s'adressait à son cœur, et le dominait par la tendresse et par la bonté. C'est dans ces moments d'effusion que le prince lui disait : « Je laisse derrière la porte le duc de Bourgogne et je ne suis plus avec vous que le petit Louis. » D'autres fois enfin, Fénelon avait recours aux punitions les plus dures : il le séquestrait, il lui retirait ses livres il lui interdisait toute conversation.

L'instruction diversifiée. — Tour à tour solennel et tendre, tour à tour doux et sévère dans sa discipline morale, Fénelon n'était pas moins varié dans ses procédés d'instruction. Sa préoccupation dominante était de *diversifier* les études : le mot est de lui. Si un sujet d'étude déplaisait à son élève, Fénelon passait à un autre. Quoique le succès de son préceptorat semble lui avoir donné raison, il est permis de penser que, comme règle générale, le précepte de Fénelon est contestable, et qu'il ne faudrait pas à son exemple, abuser de l'amusement, de la diversité agréable. Fénelon a trop souvent puérilisé les études, à force de vouloir les agrémenter.

Résultats de l'éducation du duc de Bourgogne. — Ce semble un paradoxe de dire que Fénelon réussit trop bien dans son apostolat pédagogique : et c'est cependant la vérité. Sous sa main, « la plus habile main qui fut jamais, » dit Saint-Simon, le prince devint en tout l'image de son maître, dévot au point de ne pas vouloir assister à un bal royal, parce que cette fête mondaine coïncidait avec la fête religieuse de l'Épiphanie, plutôt moine que roi, dépourvu de tout esprit d'initiative et de liberté, irrésolu, enfoui dans ses lectures pieuses et dans ses prières mystiques, un autre Télémaque enfin qui ne pouvait se passer de son Mentor. Fénelon avait accaparé, absorbé la volonté de son élève. Il avait oublié que le but de l'éducation est de former, non une pâle copie, une image du maître, mais un homme indépendant et libre, capable de se suffire à lui-même.

Le Télémaque. — Composé de 1694 à 1698, le *Télémaque* était destiné au duc de Bourgogne ; mais celui-ci ne devait le lire, et ne le lut, en effet, qu'après son mariage. Par cette épopée en prose, par ce roman imité d'Homère, Fénelon prétendait continuer l'éducation morale de son élève. Mais ici les sermons abondent :

« Je souhaiterais, disait Boileau, que M. de Cambrai
eût fait son Mentor un peu moins prédicateur, et que la
morale fût répandue dans son ouvrage un peu plus im-
perceptiblement et avec plus d'art. » Du moins, ce sont
de beaux et bons sermons, dirigés contre le luxe, contre
l'esprit de conquête, contre les conséquences du pouvoir absolu, contre l'ambition et la guerre. Louis XIV
avait probablement lu le *Télémaque*, il avait compris
les allusions cachées dans la description de la République de Salente, quand il disait de Fénelon qu'il était
« le plus chimérique esprit de son royaume. » Outre des
leçons morales à l'adresse des princes, le *Télémaque*
contient en effet des vues hardies de politique. Notons,
par exemple, l'idée d'une instruction publique, bien
nouvelle pour le temps :

> « Les enfants appartiennent moins à leurs parents qu'à la
> République, et doivent être élevés par l'État. Il faut établir des
> écoles publiques où l'on enseigne la crainte de Dieu, l'amour de
> la patrie, le respect des lois..... »

Bossuet et Fénelon. — Il s'en faut que Bossuet,
comme précepteur du Dauphin, ait eu le même succès
que Fénelon. Rien ne manqua pourtant à l'éducation
du fils de Louis XIV, et la *Lettre au pape Innocent XI*
(1679), où Bossuet expose son règlement d'études, témoigne de hautes aptitudes pédagogiques. Un travail
assidu, pas de congés, le jeu mêlé à l'étude : « Il faut
qu'un enfant joue, qu'il se réjouisse; » l'émulation excitée par la présence d'autres enfants qui venaient concourir avec le prince; une lecture approfondie des auteurs latins, expliqués, non par fragments, comme chez
les jésuites, mais dans l'intégrité de leur texte; une
certaine largeur d'esprit, puisque l'étude des comiques
latins, et de Térence en particulier, était expressément
recommandée; un commerce familier avec les Grecs et
les Latins, « avec le divin Homère surtout; » la grammaire apprise en français; l'histoire, « la maîtresse de
la vie humaine, » étudiée avec ardeur, et exposée d'abord

dans ses faits particuliers, dans des leçons que le Dauphin rédigeait, puis dans ses lois générales, dont le *Discours sur l'histoire universelle* nous a transmis l'esprit ; la géographie apprise « en jouant et comme en faisant voyage ; » la philosophie, les sciences enfin enseignées avec éclat : avec un tel programme, et sous un tel maître, il semble que le Dauphin aurait dû être un élève d'élite, il resta un élève médiocre, « absorbé, selon le mot de Saint-Simon, dans sa graisse et dans ses ténèbres. »

A coup sûr, il faut reconnaître que, malgré ses excellentes intentions, Bossuet fut en partie responsable de l'insuffisance, ou pour mieux dire, de la nullité de ces résultats. Il ne sut pas « condescendre, comme dit Montaigne, aux allures puériles de son élève. » Il le prit de trop haut avec lui. « L'austère génie de Bossuet, dit M. Henri Martin, ne savait pas se faire petit avec les petits. » Bossuet manquait de flexibilité et de souplesse, précisément des qualités qui caractérisent Fénelon. Bossuet, en pédagogie comme en toutes choses, c'est la grandeur, le ton noble et sublime: Fénélon précepteur, c'est l'adresse, c'est la grâce insinuante. Ce qui domine chez l'un, c'est l'autorité, la majesté un peu froide: ce qui fait le charme de l'autre, c'est l'habileté, c'est la douceur persuasive, la tendresse pénétrante.

Pour être juste, il faut cependant ajouter que Bossuet n'eut pas tous les torts. Dans cette éducation manquée le grand coupable fut l'élève, avec sa nature ingrate et rebelle. « Monseigneur a beaucoup d'esprit, disait un courtisan, mais il a *l'esprit caché.* » Pour qui n'est pas courtisan, avoir l'esprit caché ou n'en avoir pas du tout, cela ne revient-il pas au même ?

Portée et limites de l'éducation. — Il semble que, dans une page de l'*Éducation des filles*, Fénelon ait tracé d'avance et par une sorte de divination le parallèle des deux éducations du Dauphin et du duc de Bourgogne. Comment ne pas reconnaître le portrait anticipé du futur élève de Fénelon dans ce passage écrit dès 1680?

« Il faut avouer que, de toutes les peines de l'éducation, aucune n'est comparable à celle d'élever des enfants qui manquent de sensibilité. Les naturels vifs et sensibles sont capables de terribles égarements : les passions et la présomption les entraînent ! Mais, aussi, ils ont de grandes ressources, et reviennent souvent de loin : l'instruction est en eux un germe caché qui pousse et qui fructifie quelquefois, quand l'expérience vient au secours de la science et que les passions s'attiédissent ; au moins n sait par où on peut les rendre attentifs et réveiller leur curiosité ; on a de quoi les intéresser et les piquer d'honneur, au lieu qu'on n'a aucune prise sur les naturels indolents. »..

D'autre part, tout ce qui suit s'applique à merveille au Dauphin, à l'élève indocile de Bossuet :

« ...Toutes les pensées de ceux-ci sont des distractions ; ils ne sont jamais où ils doivent être ; on ne peut même les toucher jusqu'à vif par les corrections ; ils écoutent tout et ne sentent rien. Cette indolence rend l'enfant négligent, le dégoûte de tout ce qu'il fait. C'est alors que la meilleure éducation court risque d'échouer... Beaucoup de gens, qui n'approfondissent guère, concluent de ce mauvais succès que c'est la nature qui fait tout pour former des hommes de mérite et que l'éducation n'y peut rien : au lieu qu'il faudrait seulement conclure qu'il y a des naturels semblables aux terres ingrates sur lesquelles la culture fait peu (1). »

Il est impossible de mieux dire, et Fénelon a admirablement résumé la leçon qui doit être tirée des deux grandes éducations princières du dix-septième siècle. Si les piètres résultats des efforts de Bossuet doivent inspirer quelque modestie à l'éducateur et lui prouver que sur un sol ingrat le meilleur grain ne lève pas, en revanche, la brillante éducation du duc de Bourgogne, qui développa presque toutes les vertus dans une âme où la nature semblait avoir jeté les germes de tous les vices, n'est-elle pas de nature à relever la confiance des pédagogues et à leur montrer tout ce que peut l'art d'un maître insinuant et habile ?

---

(1) *Éducation des filles* ch. v

LEÇON IX

Descartes, Malebranche, Locke. — Un spiritualiste, Descartes, un idéaliste, Malebranche, un sensualiste, Locke, tels sont les philosophes du dix-septième siècle qui se rattachent à l'histoire de la pédagogie. Et encore les deux premiers ne lui appartiennent que de loin, pour avoir exposé quelques principes généraux. Locke est le seul qui ait abordé de front les questions d'éducation dans un traité spécial, devenu un livre classique de la pédagogie anglaise.

Descartes (1596-1650). — Descartes, le père de la philosophie moderne, ne figure généralement pas dans les tableaux dressés par les historiens de la pédagogie, et cependant, à notre sens, il n'est pas de penseur qui ait exercé une influence plus décisive sur les destinées de l'éducation. L'auteur du *Discours de la méthode* n'a pas, à proprement parler, de système pédagogique :

9

il n'a jamais directement traité des choses de l'éducation; mais par ses principes philosophiques il a changé la direction de l'esprit humain, il a introduit dans l'étude des vérités connues, comme dans la recherche des vérités nouvelles, une méthode, un goût de la clarté et de la précision dont l'enseignement a profité dans toutes ses parties.

« On trouve maintenant, dit Rollin, dans les discours de la chaire et du barreau, dans les traités de sciences, un ordre, une exactitude, une justesse, une solidité qui n'étaient pas autrefois si communs. Plusieurs croient, et ce n'est pas sans fondement, qu'on doit cette manière de penser et d'écrire au progrès extraordinaire qu'on a fait depuis un siècle dans l'étude de la philosophie (1). »

Le Discours de la méthode (1637). — Tout système de philosophie contient en germe une pédagogie spéciale. Par cela seul que les philosophes définissent chacun à sa manière la nature et la destinée de l'homme, ils entendent diversement les méthodes et le but de l'éducation. Quelques-uns seulement ont pris la peine de déduire de leurs principes les conséquences qui s'y trouvaient enveloppées. Mais tous, qu'ils le veuillent ou non, sont des pédagogues.

Tel est le cas de Descartes. En écrivant, dans la première partie du *Discours de la méthode*, ses *Considérations touchant les sciences*, Descartes a écrit un chapitre de pédagogie pratique, et par les règles générales de sa logique il a préparé l'établissement d'une nouvelle théorie de l'éducation.

Critique de l'éducation ordinaire. — Descartes a raconté longuement l'éducation qu'il avait reçue chez les jésuites, au collège de la Flèche, et ce récit lui a fourni l'occasion, soit de critiquer les méthodes en usage, soit d'indiquer ses vues personnelles et ses préférences pédagogiques.

(1) Rollin, *Traité des études*, t. IV, p. 335.

« J'ai été nourri aux lettres dès mon enfance... Mais sitôt que j'eus achevé tout ce cours d'études, au bout duquel on a coutume d'être reçu au rang des doctes, je me trouvai embarrassé de tant de doutes et d'erreurs, qu'il me semblait n'avoir fait autre profit en tâchant de m'instruire, sinon que j'avais découvert de plus en plus mon ignorance.

En d'autres termes, Descartes constatait que ses études, quoique poursuivies avec ardeur pendant huit ans dans une des plus célèbres écoles de l'Europe, ne lui avaient pas fait acquérir « une connaissance claire et assurée de tout ce qui est utile à la vie. » C'était condamner l'enseignement stérile et l'instruction formaliste des jésuites. Passant en revue les diverses parties de l'enseignement, Descartes remarque d'abord qu'on avait tort d'abuser de la lecture des livres anciens : car converser avec les hommes des autres siècles, « c'est quasi le même que de voyager : et lorsqu'on emploie trop de temps à voyager, on devient étranger en son pays. » Puis il se plaint qu'on ne lui ait pas fait connaître « le vrai usage des mathématiques, » dont on ne lui a montré l'application qu'aux arts mécaniques. Il condamne presque la rhétorique et la poétique, l'éloquence et la poésie étant « des dons de l'esprit plutôt que des fruits de l'étude. » Les langues anciennes, et en ceci il se trompe gravement, ne lui paraissent utiles que pour l'intelligence des auteurs ; il n'admet pas que l'étude du latin ou du grec puisse concourir au développement de l'esprit.

De ces réflexions se dégage, semble-t-il, l'idée d'une instruction plus solide, plus positive, plus directement utile à la vie, que celle qui avait été mise à la mode par les jésuites. Descartes n'en exclut d'ailleurs pas les études ordinaires : l'éloquence, « qui a des forces et des beautés incomparables ; » la poésie, « qui a des délicatesses et des douceurs très ravissantes ; » la lecture des livres anciens, qui est « une conversation étudiée avec les plus honnêtes gens des siècles passés » ; l'histoire « qui forme le jugement ; » les fables dont « la gentillesse réveille l'esprit : » mais il voudrait donner à tous ces exercices un tour plus pratique, un caractère plus utilitaire une application plus positive.

Grands principes de la pédagogie moderne — Sans le vouloir, sans songer à autre chose qu'à moi différ la fausse direction de l'esprit dans la recherch de la vérité scientifique, Descartes a posé quelques-uns des grands principes de la pédagogie moderne.

C'est d'abord l'égale aptitude des esprits à connaître et à comprendre : « Le bon sens, dit Descartes, est la chose du monde la mieux partagée... La puissance de bien juger, de distinguer le vrai d'avec le faux, est naturellement égale en tous les hommes. » Qu'est-ce à dire, sinon que tous les hommes ont droit à l'instruction ? Que sont en un sens les innombrables écoles primaires répandues sur la surface du monde civilisé, sinon l'application et le commentaire vivant des idées de Descartes sur la *répartition* égale du bon sens et de la raison parmi les hommes ?

Mais, ajoute Descartes, « ce n'est pas assez d'avoir l'esprit bon : le principal est de l'appliquer bien. » En d'autres termes, la nature ne se suffit pas à elle-même; elle a besoin d'être conduite et dirigée. La méthode est la chose essentielle : elle a une importance souveraine. Le succès dépendra moins des qualités naturelles, l'imagination, la mémoire, la promptitude de la pensée, que des règles de direction intellectuelle imposées à l'esprit. L'éducation a plus de part encore que la nature dans la formation et le développement des esprits justes et droits.

Un autre principe cartésien, c'est la substitution du libre examen, de la conviction réfléchie, aux croyances aveugles fondées sur l'autorité. En promulguant la fameuse règle de sa méthode : « Le premier précepte est de ne recevoir jamais aucune chose pour vraie, que je ne la connusse évidemment être telle... et de ne comprendre rien de plus en mes jugements que ce qui se présenterait si clairement et si distinctement à mon esprit, que je n'eusse aucune occasion de le mettre en doute; » Descartes n'a pas seulement réformé la science et révolutionné la philosophie : il a banni de l'école la vieille routine, les procédés mécaniques, les exercices de pure mémoire ; il a fait appel aux méthodes rationnelles qui excitent l'intelligence, qui éveillent des idées claires et distinctes, qui provoquent le jugement et la réflexion. Sans doute il n'est pas question de faire de tous les enfants autant de petits Descartes, se dépouillant des croyances reçues, pour se construire à nouveau des convictions personnelles : mais la règle de l'évidence, appliquée avec mesure et discrétion, n'en est pas moins un excellent précepte pédagogique, dont ne s'écarteront jamais ceux qui veulent faire de l'enfant autre chose qu'une machine.

Pédagogie objective et subjective. — C'est ici le lieu de faire ressortir deux tendances diverses, également légitimes, que nous retrouverons, avec des exagérations qui en compromettent les résultats, chez les pédagogues modernes. Les uns veulent surtout former l'esprit : les autres tiennent avant tout à munir l'intelligence d'une provision de connaissances positives. Les uns en quelque sorte rêvent l'instruction par le dedans, par le développement des qualités intérieures de précision et de justesse : les autres ne sont préoccupés que de l'instruction par le dehors, par une érudition étendue, par une accumulation de connaissances. Les uns en un mot font, si je puis dire, de la pédagogie subjective· les autres de la pédagogie objective. Bacon est de ces derniers. ce qui préoccupe avant tout le grand logicien anglais, c'est l'étendue des observations, des expériences : « Raisonner sans rien savoir de ce sur quoi l'on raisonne, c'est, dit-il, comme si on voulait peser ou mesurer le vent. » Descartes, qui n'a jamais négligé l'étude des faits, les estime cependant moins comme des matériaux à accumuler dans l'esprit, que comme des instruments pour former l'esprit lui-même. Il aurait répudié ces pédagogues de nos jours, qui semblent croire que tout est dit quand on a fait passer devant l'intelligence de l'enfant une interminable série de leçons de choses, sans avoir eu souci de développer cette intelligence elle-même.

Malebranche (1678-1715). — Il ne faut pas attendre une grande sagesse pédagogique du mystique rêveur, de l'idéaliste déterminé qui a imaginé la vision en Dieu. Malebranche n'a d'ailleurs touché qu'en passant aux choses de l'éducation. Membre d'un corps enseignant, l'Oratoire, il n'a pas enseigné ; et l'effort de son esprit s'est dépensé dans la recherche de la vérité métaphysique. Il est intéressant néanmoins d'arrêter un moment ce visionnaire qui traverse la terre les yeux fixés sur le ciel, et de lui demander ce qu'il pense de la question toute pratique de l'éducation.

L'instruction sensible condamnée. — Malebranche nous répondra, avec ses préjugés de métaphysicien idéaliste, que la première chose à faire est de nourrir l'enfant de vérités abstraites. Pour lui les âmes n'ont pas d'âge en quelque sorte, et l'enfant est déjà capable de contemplation idéale. Qu'on renonce donc à l'instruction sensible « qui est cause que les enfants laissent là les pensées métaphysiques pour s'appliquer aux sensations. » Objecterons-nous que l'enfant ne paraît pas fort propre à la méditation des vérités abstraites? C'est moins la faute de la nature, répliquera Malebranche, que des habitudes mauvaises qu'on lui donne. Il y a moyen de remédier à cette incapacité ordinaire de l'enfant :

> « Si on tenait les enfants sans crainte, sans désirs et sans espérance ; si on ne leur faisait point souffrir de douleur ; si on les éloignait autant qu'il se peut de leurs petits plaisirs, on pourrait leur apprendre, dès qu'ils sauraient parler, les choses les plus difficiles et les plus abstraites, ou tout au moins les mathématiques sensibles, la mécanique. »

Malebranche espère-t-il donc qu'on pourra supprimer dans la vie de l'enfant le plaisir et la douleur, et triompher des tendances que l'éducation ordinaire a développées ?

« Comme un homme ambitieux qui viendrait de perdre son bien et son honneur ne serait point en état de résoudre des questions de métaphysique ou des équations d'algèbre, ainsi les enfants, dans le cerveau desquels une pomme et des dragées font des impressions aussi profondes que les charges et les grandeurs en font dans celui d'un homme de quarante ans, ne sont pas en état d'écouter les vérités abstraites qu'on leur enseigne. »

Il faut en conséquence déclarer la guerre aux sens, et exclure, par exemple, toute espèce de récompense sensible. Seulement, par une contradiction singulière, Malebranche maintient les punitions matérielles dans l'éducation de l'enfant. Il ne conserve de sensible que le fouet!

Influence du milieu matériel. — Une autre contradiction plus digne de remarque, c'est que, malgré son idéalisme, Malebranche croit à l'influence des conditions physiques dans le développement de l'âme. Il ne va pas jusqu'à dire avec les matérialistes de notre temps : « L'homme est ce qu'il mange ; » mais il accorde une certaine part d'action à la nourriture. Il parle gaiement d vin et de « ces esprits libertins qui ne se soumettent pas volontiers aux ordres de la volonté. » Lui-même ne se mettait jamais au travail sans avoir bu du café. L'âme n'est pas à ses yeux une force absolument indépendante et isolée, qui se développe par un travail intérieur : « Nous tenons, dit-il, à toutes choses et avons des rapports à tout ce qui nous environne. »

Locke (1632-1704). — Locke est avant tout un psychologue, un maître accompli dans l'art d'analyser l'origine des idées et les éléments de l'esprit. Il est le chef de cette école de psychologie empirique qui rallie autour de son drapeau Condillac en France, Herbart en Allemagne, et, en Angleterre, Hume, les Écossais et la plupart des philosophes modernes. Mais de la psychologie à la pédagogie la transition est aisée, et Locke n'a pas eu grand effort à faire pour devenir un maître de l'éducation, après avoir été un philosophe **consommé**

Quelques Pensées sur l'éducation (1693). — Le livre qu'il publia vers la fin de sa vie sous ce titre modeste : *Quelques Pensées sur l'éducation*, était le résumé d'une longue expérience. Écolier studieux au collège de Westminster, il conçut dès son jeune âge, comme Descartes au collège de la Flèche, un vif sentiment de répugnance pour l'enseignement classique de pure forme, pour les études verbales où il s'était pourtant distingué. Étudiant modèle à l'université d'Oxford, il y devint un parfait humaniste, malgré les tendances de son esprit pratique et positif que sollicitaient déjà les sciences naturelles et les recherches de physique ou de médecine. Reçu bachelier ès arts en 1656, maître ès arts en 1658, il passa sans transition du banc de l'élève à la chaire du professeur; il fut successivement lecteur ou répétiteur de grec, ce qui ne devait pas l'empêcher plus tard d'éliminer presque complètement l'hellénisme de son plan d'éducation libérale; censeur de rhétorique, enfin censeur de philosophie morale. Lorsqu'en 1666 il rompit avec sa vie scolaire pour se mêler d'affaires politiques et diplomatiques, il emporta du moins de son studieux séjour à Oxford le germe de la plupart de ses idées pédagogiques. Il rechercha l'occasion de les appliquer dans des éducations particulières, dont il fut l'inspirateur et le conseiller, sinon le directeur officiel. Dans les familles amies et hospitalières qu'il fréquentait, par exemple celle des Shaftesbury, il observa de près les enfants; et c'est en les étudiant, en suivant d'un œil sagace les progrès de leur tempérament et de leur âme, qu'il acheva d'acquérir cette expérience pédagogique dont les *Pensées sur l'éducation* portent la trace à chaque page. C'est d'une de ces collaborations de Locke à l'éducation des enfants de ses amis qu'est sorti le livre des *Pensées*. Vers 1684 et 1685, il avait adressé à son ami Clarke une série de lettres qui, retouchées et légèrement modifiées, sont devenues un ouvrage classique, simple et familier de style, un peu décousu peut-être et où les redites

abondent. mais dont le fonds est excellent et les idées
aussi remarquables en général par leur originalité que
par leur justesse. Traduites en français dès 1695 par
P. Coste, réimprimées plusieurs fois du vivant de leur
auteur, les *Pensées sur l'éducation* ont eu un succès
universel ; elles ont exercé une influence incontestable
sur les écrits pédagogiques de Rousseau et d'Helvétius ;
lles ont mérité l'éloge enthousiaste de Leibnitz, qui les
mettait au-dessus de l'*Essai sur l'entendement.* « Je
suis persuadé, disait récemment M Marion, dans son
intéressante étude sur Locke, que si l'on donnait aujourd'hui chez nous une édition séparée du livre des
Pensées, le succès en serait considérable (1). »

Analyse des Pensées sur l'éducation. — Sans
prétendre donner ici une analyse détaillée du livre de
Locke, qui mérite d'être lu en entier, et qui tour à tour
approfondit ou aborde presque toutes les questions
pédagogiques. nous essayerons de faire saisir les principes essentiels qui s'en dégagent : 1° dans l'éducation
physique, le principe de l'*endurcissement ;* 2° dans
l'éducation intellectuelle, l'utilité pratique ; 3° dans
l'éducation morale, le principe de l'honneur, institué
comme règle du gouvernement libre de l'homme par
lui-même.

**Éducation physique : le principe de l'endur-
cissement.** — L'idéal de l'éducation, c'est, d'après
Locke, « une âme saine dans un corps sain. » Médecin,
comme Rabelais, l'auteur des *Pensées sur l'éducation*
avait une compétence spéciale dans les questions d'éducation physique. Mais l'esprit de paradoxe et une tendance excessive à l'endurcissement du corps ont gâté
sur ce point les réflexions du philosophe anglais. Il a
lui-même résumé ses prescriptions dans les lignes suivantes :

« Tout se réduit, dit-il, à un petit nombre de règles faciles à
observer : beaucoup d'air, d'exercice, de sommeil ; un régime

(1) *J. Locke, sa vie et son œuvre.* Paris, 1878

simple, pas de vin ni de liqueurs fortes ; peu ou même pas du tout de médecines; des vêtements qui ne soient ni trop étroits, ni trop chauds; enfin et surtout l'habitude de tenir la tête et les pieds froids, de baigner souvent les pieds dans l'eau froide et de les exposer à l'humidité (1).

Mais il faut entrer dans quelques détails et examiner de près quelques-unes de ces idées.

Locke est le premier pédagogue qui ait disserté avec suite et méthode sur la nourriture, sur les vêtements, sur le sommeil de l'enfant. C'est lui qui a posé ce principe repris par Rousseau : « Laissons à la nature le soin de former le corps comme elle croit devoir le faire. » Par suite, pas de vêtements étroits ; la vie en plein air, au soleil ; des enfants élevés comme des paysans, aguerris au chaud et au froid, jouant tête nue, pieds nus. Dans l'alimentation, Locke interdit le sucre, le vin, les épices, la viande, jusqu'à trois ou quatre ans. Quant aux fruits, que les enfants aiment souvent d'un goût désordonné, — ce qui ne doit pas surprendre, dit-il plaisamment, puisque « c'est pour un fruit que nos premiers parents ont perdu le paradis, » — il fait un choix singulier : il autorise les fraises, les groseilles, les pommes et les poires ; il interdit les pêches, les prunes, les raisins. Pour excuser ce préjugé de Locke contre le raisin, il faut se rappeler qu'il vivait en Angleterre, dans un pays où la vigne croît difficilement, et dont un Italien disait : « Le seul fruit mûr que j'aie vu en Angleterre, ce sont des pommes cuites au four. » Pour les repas, Locke estime qu'il n'importe pas de les fixer toujours à une même heure. Fénelon plus judicieusement exige au contraire qu'on règle absolument l'heure des repas. Mais ce n'est pas le seul point où la sagesse de Locke soit en défaut. Que dire de cette fantaisie hygiénique qui consiste à donner à l'enfant « des chaussures si minces qu'elles laissent passer l'eau quand les pieds seront en contact avec elle? »

(1) *Pensées*, etc., traduction G. Compayré, p. 57.

Il est certain que Locke traite les enfants avec une rigueur inouïe, d'autant plus surprenante chez lui qu'il avait un tempérament souffreteux, délicat, dont il ne triompha qu'à force de précaution et de ménagement. Je ne sais pas si les conséquences du régime qu'il propose, appliqué à la lettre, ne seraient pas désastreuses. Madame de Sévigné était plus dans le vrai quand elle écrivait : « Si votre fils est bien fort, l'éducation rustaude est la bonne, mais s'il est délicat, je pense qu'en voulant le faire robuste, on le fait mort. » Le corps dit Locke, s'habitue à tout. Il faut lui répondre par l'anecdote de Pierre le Grand qui s'avisa un jour, dit-on, qu'il conviendrait que tous les marins prissent l'habitude de boire de l'eau salée. Aussitôt il promulgua un édit qui ordonnait que tous les apprentis marins ne boiraient désormais que de l'eau de mer. Les enfants moururent tous et l'expérience en resta là.

Toutefois, et sans souscrire aux paradoxes de Locke qui n'ont trouvé d'autre approbateur que Rousseau il faut reconnaître que dans l'ensemble de ses prescriptions sur l'éducation physique, l'auteur des *Pensées* mérite nos éloges, pour avoir recommandé un traitement viril, un régime sobre, pour avoir éliminé les conventions à la mode et s'être rapproché de la nature, pour avoir condamné les raffinements de la mollesse et s'être inspiré des mœurs simples et viriles de l'Angleterre

Éducation morale. — Dans la pensée de Locke, l'éducation morale a le pas sur l'instruction proprement dite :

« Ce qu'un gentleman doit souhaiter à son fils, outre la fortune qu'il lui laisse, c'est : 1° la vertu; 2° la prudence; 3° les bonnes manières; 4° l'instruction. »

La vertu et la prudence, c'est-à-dire les qualités morales et les qualités pratiques sont donc au premier rang. « L'instruction, dit encore Locke, n'est que la moindre partie de l'éducation. » Dans le livre des *Pensées*, où les répétitions abondent, il n'y a rien qui soit plus fréquemment répété que l'éloge de la vertu.

Sans doute on peut penser que Locke, comme de notre temps M. Herbert Spencer, nourrit des préjugés à l'égard de l'instruction, qu'il ne se rend pas assez compte de l'influence moralisatrice exercée sur le cœur et sur la volonté par les lumières de l'esprit; mais, cela dit, il faut savoir gré à Locke d'avoir protesté contre les pédagogues qui croient avoir tout fait quand ils ont orné la mémoire et développé l'intelligence.

La grande affaire de l'éducation, c'est à coup sûr de constituer les bonnes habitudes morales, de cultiver les sentiments nobles, de former enfin des caractères vertueux.

L'honneur, principe de discipline morale. — Mais après avoir mis en son rang, qui est le premier, l'éducation morale, il reste à se demander quels seront les principes et les moyens de cette éducation. Sera-ce la maxime de l'intérêt, comme le veut Rousseau ? Faudra-t-il que l'enfant, avant d'agir, se demande « à quoi cela est-il bon? *Cui bonum ?* » Non : utilitaire dans l'instruction et dans l'éducation intellectuelle, comme nous le verrons tout à l'heure, Locke ne l'est pas dans l'éducation morale. Sera-ce la crainte, sera-ce l'autorité du maître et des parents, fondée sur les punitions, sur le sentiment servile de la terreur? Encore moins. Locke réprouve la discipline répressive et n'est point porté aux châtiments. Sera-ce l'affection, l'amour des parents, l'ensemble des sentiments tendres? Locke n'en parle guère. Trop peu sensible lui-même, il ne semble pas songer à tout ce qu'on peut obtenir de la sensibilité de l'enfant.

Locke, qui peut-être a tort de traiter trop tôt l'enfant en homme, qui ne se rend pas compte suffisamment de tout ce qu'il y a de faiblesse dans la nature enfantine, Locke fait appel dès le début au sentiment de l'honneur et à la crainte de la honte, c'est-à-dire à des émotions qui, je le crains, par leur noblesse même, sont un peu au-dessus des facultés de l'enfant. L'honneur, qui n'est, à vrai dire, qu'un autre mot pour dire le devoir, et comme la traduction mondaine de la vertu, l'honneur peut être assurément le guide d'une conscience adulte et déjà formée. Mais n'est-il pas chimérique d'espérer que l'enfant, dès ses premières années, sera sensible à l'estime et au mépris de ceux qui l'entourent? S'il était possible d'inspirer à l'enfant le souci de sa réputation, je reconnais avec Locke que l'on pourrait désormais « faire de lui tout ce qu'on voudrait et lui apprendre à aimer toutes les formes de la vertu. » Mais la question est de savoir si l'on peut y réussir ; et j'en doute, malgré les assurances de Locke.

Kant a dit très justement :

C'est peine perdue que de parler devoir aux enfants. Ils ne le voient en définitive que comme une chose dont la transgression est suivie de la férule... Aussi ne doit-on pas chercher à mettre en jeu chez les enfants le sentiment de la honte, mais attendre pour cela le temps de la jeunesse. Il ne peut en effet trouver place en eux que quand l'idée de l'honneur a déjà pris racine. »

Locke est dupe d'une même illusion, et quand il attend de l'enfant assez d'énergie morale pour que le sentiment de l'honneur suffise à le gouverner, et quand il compte sur ses forces intellectuelles au point de vouloir raisonner avec lui dès qu'il sait parler.

Pour former de bonnes habitudes chez l'enfant et le préparer à la vertu, ce n'est pas trop de toutes les ressources que la nature et l'art mettent à la disposition de l'éducateur : la sensibilité, sous ses diverses formes, les calculs de l'intérêt, les lumières de l'intelligence. C'est peu à peu seulement, et avec le progrès de l'âge, qu'un principe élevé comme le sentiment de l'honneur ou le sentiment du devoir pourra émerger du milieu des volontés mobiles de l'enfant et s'imposer à ses actions comme la loi souveraine. La pédagogie morale de Locke est certainement fautive en ce qu'elle ne s'adresse pas assez au cœur, à la puissance d'aimer, qui est déjà si grande

chez l'enfant. J'ajoute que, dans sa hâte d'émanciper l'enfant, de le traiter en créature raisonnable, de
developper en lui les principes du *self-government*,
Locke a eu tort de proscrire presque absolument la
peur du châtiment. Il est bon de respecter la liberté et
la dignité de l'homme dans l'enfant, mais il ne faut pas
que ce respect dégénère en superstition ; et il n'est pas
sûr que, pour préparer des volontés fermes et robustes,
il soit nécessaire de les avoir affranchies de bonne
heure de toute crainte et de toute contrainte.

Condamnation des châtiments corporels. —
Locke n'a pas assez élargi, cela est incontestable, les
bases de sa théorie de discipline morale ; mais s'il est
resté incomplet dans la partie positive de sa tâche, s'il
n'a pas conseillé tout ce qu'il faut faire, il a mieux
réussi dans la partie négative, celle qui consiste à éliminer tout ce qu'il faut ne pas faire. Les chapitres
consacrés aux châtiments en général, et en particulier aux châtiments corporels, comptent parmi les
meilleurs des *Pensées*. Rollin, Rousseau, les ont souvent copiés. Il est vrai que Locke lui-même en a emprunté l'initiative à Montaigne : la « douceur sévère »,
qui est la règle pédagogique de l'auteur des *Essais*, est
aussi la règle de Locke. C'est d'après elle que Locke a
porté sur le fouet le jugement définitif du bon sens :

« Le fouet est une discipline servile qui rend le caractère
servile. »

Il n'a sacrifié aux idées de son temps que sur
un point : lorsqu'il admet une exception à l'interdiction absolue des verges et tolère l'usage du fouet
dans les cas extrêmes, pour dompter la résistance opiniâtre et rebelle de l'enfant. C'était encore trop sans
aucun doute ; mais, pour rendre justice à la hardiesse
des vues de Locke, il faut considérer combien la coutume était puissante alors, combien elle l'est encore
aujourd'hui en Angleterre, dans un pays où les chefs

d'institution se croient obligés d'avertir le public, dans
les réclames publiées par les journaux, que l'interdiction des châtiments corporels compte parmi les avantages de leurs maisons. « On a peine à concevoir la
persévérance avec laquelle les instituteurs anglais conservent le vieil et dégradant usage de la correction par
le fouet... Une chose plus étonnante, c'est que les
écoliers paraissent y tenir autant que les maîtres.
« En 1818, » — raconte un des anciens élèves du collège de
la Chartreuse, — « notre principal, le docteur Russell,
« qui avait des idées à lui, voulut abolir le châtiment
« corporel et y substituer une amende. Tout le monde
« regimba contre cette innovation. Le fouet nous semblait
« très conciliable avec la dignité d'un gentleman ; mais
« l'amende, fi donc ! L'école se souleva au cri de : « A bas
« l'amende ! vive le fouet ! » La révolte triompha et le
« fouet fut solennellement restauré. Alors nous en eûmes
« à cœur-joie. Le lendemain du jour où l'amende fut
« abolie, nous trouvâmes, en entrant en classe, une
« superbe forêt de verges, et les deux heures de la
« leçon furent consciencieusement employées à en faire
« usage (1). »

Éducation intellectuelle. — En ce qui touche l'é-
ducation intellectuelle, Locke appartient manifestement
à la famille, rare de son temps, mais de plus en plus
nombreuse aujourd'hui, des pédagogues utilitaires. Il
veut former, non des hommes de lettres ou de sciences,
mais des hommes pratiques, armés pour le combat de
la vie, pourvus de toutes les connaissances dont ils auront besoin pour régler leurs comptes, pour diriger leur
fortune, pour satisfaire aux exigences de leur profession, enfin pour remplir leurs devoirs d'hommes et de
citoyens. Il écrit enfin pour un peuple de commerçants
et d'industriels.

Études utilitaires. — Un mérite incontestable de

(1) Demogeot et Montucci, *de l'Enseignement secondaire en Angleterre*, p. 41.

Locke, c'est d'avoir réagi contre l'instruction de pure forme, qui substitue à l'acquisition d'un savoir positif et réel une culture de luxe, pour ainsi dire, l'apprentissage d'une rhétorique superficielle et d'un verbiage élégant. Locke dédaigne et condamne les études qui ne tendent pas directement à la préparation de la vie. Sans doute il est allé un peu loin dans sa réaction contre le formalisme alors à la mode et dans sa prédilection pour le réalisme. Il oublie trop que les vieilles études classiques, si elles ne sont pas utiles, au sens positif du mot, si elles ne satisfont pas aux besoins ordinaires de l'existence, ont cependant une utilité plus haute, en ce sens qu'elles peuvent devenir, entre des mains habiles et discrètes, un excellent instrument de discipline intellectuelle et les éducatrices de l'esprit. Mais Locke parlait à des fanatiques et à des pédants, pour qui le latin et le grec étaient le tout de l'instruction, et qui, détournant les lettres de leur vraie destination, faisaient à tort de la connaissance des langues mortes le but unique, et non, comme il convient, un des moyens de l'instruction. Ce n'est pas que Locke soit un utilitaire aveugle, un positiviste brutal, qui songe à éliminer absolument les études désintéressées. Seulement, il veut qu'on les mette à leur rang, qu'on ne leur sacrifie pas, en les investissant d'une sorte de privilège exclusif, d'autres enseignements, plus essentiels, plus immédiatement utiles.

Programme d'études. — Dès que l'enfant sait lire et écrire, il faut lui apprendre à dessiner. Très dédaigneux de la peinture et des arts en général, dont son esprit un peu froid n'a pas assez compris la douce et profonde influence sur l'âme des enfants, Locke, en revanche, recommande le dessin, parce que le dessin peut être pratiquement utile, et il le met presque sur le même rang que la lecture et l'écriture.

Une fois ces éléments acquis, l'enfant doit être exercé dans sa langue maternelle, d'abord par des lectures, plus tard par des exercices de composition, petits récits, lettres familières, etc. L'étude d'une langue vivante (c'est le français que Locke propose à ses compatriotes) suivra immédiatement; et c'est seulement quand l'enfant l'a possédera, qu'on le mettra au latin. Sauf l'omission des sciences, le plan de Locke se rapproche singulièrement de celui qui depuis deux ans a été adopté pour nos lycées.

Quant au latin, qui succède à la langue vivante, Locke veut qu'on l'apprenne surtout par l'usage, par la conversation, si l'on peut trouver un maître qui le parle couramment, sinon par la lecture des auteurs. Le moins de grammaire possible, pas de récitations, pas de compositions latines, ni en vers ni en prose, mais, le plus tôt que l'on pourra, des lectures dans des textes latins faciles, voilà les recommandations trop peu écoutées de Locke. Il ne s'agit plus d'apprendre le latin pour l'écrire en perfection : le seul but vraiment désirable est de comprendre les auteurs qui ont écrit dans cette langue. Les partisans obstinés des vers et des discours latins ne liront pas sans chagrin les vives protestations de Locke contre des exercices dont on a trop abusé, et qui imposent à l'enfant le supplice d'écrire, dans une langue qu'il manie difficilement, sur des sujets qu'il connaît à peine. Quant au grec, Locke le proscrit absolument : non qu'il méconnaisse la beauté d'une langue dont les chefs-d'œuvre sont, dit-il, la source originelle de notre littérature et de notre science; mais il en réserve la connaissance aux érudits, aux lettrés, aux savants de profession, et il l'exclut de l'enseignement secondaire, qui ne doit être que l'école de la vie. Ainsi allégée, l'instruction classique pourra plus aisément accueillir les études vraiment utiles et d'une portée pratique : la géographie, que Locke met au premier rang, parce qu'elle est un « exercice de la mémoire et des yeux; » l'arithmétique, « qui est d'un usage si général dans toutes les affaires de la vie qu'il n'y a presque rien que l'on puisse faire sans son concours; » puis ce qu'il appelle un peu ambitieusement l'astronomie, et qui n'est au fond que la cosmographie élémentaire; les parties de la géométrie qui sont nécessaires pour « un homme d'affaires; » la chronologie et l'histoire, « la plus agréable et la plus instructive des études; » la morale, le droit, et la législation usuelle, qui ne figure pas encore dans nos programmes français; enfin la philosophie naturelle, c'est-à-dire les sciences physiques; et, pour couronner le tout, un métier manuel et la tenue des livres.

Études attrayantes. — Un autre caractère de la discipline intellectuelle de Locke, c'est que, utilitaire dans son but, l'instruction qu'il organise sera attrayante dans ses moyens. Après la haine du pédantisme, qui dépense inutilement la force de l'enfant dans des études stériles, l'antipathie la plus vive de Locke est celle que lui inspire le rigorisme d'un enseignement trop didactique, où les méthodes sont rebutantes, les procédés laborieux, où le professeur n'apparaît aux élèves que comme un épouvantail et un trouble-fête.

Quoiqu'il aille peut-être un peu loin dans cette voie, il a raison en partie de vouloir mettre en honneur les procédés engageants et les méthodes attrayantes. Sans espérer comme lui, sans désirer même que l'enfant en vienne à ne pas mettre de différence entre l'étude et les autres divertissements, nous sommes disposé à croire qu'il y a quelque chose à faire pour lui adoucir les premières difficultés de la science, pour le séduire et le captiver sans le contraindre, pour lui éviter enfin le dégoût que ne peuvent manquer d'inspirer des études trop sévèrement imposées, dont on fait un sujet de tourment et de gronderie.

C'est particulièrement pour la lecture et les premiers travaux de l'enfant que Locke recommande l'emploi des jeux instructifs. « Il faut lui apprendre à lire sans qu'il y voie autre chose qu'un divertissement. »

A tout âge, l'enfant est jaloux de son indépendance et avide de plaisir. Personne avant Locke n'avait aussi nettement reconnu le besoin d'activité et de

liberté qui est naturel à l'enfant, ni aussi fortement
insisté sur la nécessité de respecter son humeur indépendante et ses goûts personnels. Ici encore le pédagogue anglais du dix-septième siècle se rencontre avec
son illustre successeur du dix-neuvième. M. Herbert
Spencer l'a démontré avec force: l'esprit ne s'approprie
bien que les connaissances qui lui procurent du plaisir
et une excitation agréable. Or, il y a plaisir et excitation agréable partout où il y a développement d'une activité normale, correspondant à un goût instinctif et
proportionnée aux forces naturelles ; et il n'y a d'instruction véritable qu'au prix d'un déploiement réel
d'activité.

Faut-il apprendre par cœur ? — A cette question :
Faut-il apprendre par cœur ? Locke répond résolument
par la négative. La conclusion est absolue et fausse ;
mais les prémisses qu'il invoque pour la justifier sont,
s'il est possible, plus fausses encore. Locke part de cette
idée psychologique que la mémoire n'est pas susceptible de progrès. Il apporte dans la question ses préjugés sensualistes, sa conception particulière de l'âme,
qui ne serait qu'une table rase, une capacité vide et
inerte, et non un ensemble d'énergies, de forces vivantes
que l'exercice fortifie. Il ne croit pas que les facultés,
quelles qu'elles soient, puissent grandir et se développer : pour une bonne raison, d'après lui, c'est que
les facultés n'existent pas.

Mais laissons-lui la parole à lui-même :

« Je sais bien qu'on prétend qu'il faut obliger les enfants à
apprendre des leçons par cœur, afin d'exercer et de développer leur mémoire ; mais je voudrais que cela fût dit avec au
tant d'autorité et de raison qu'on met d'assurance à l'affirmer
et que cette pratique fût justifiée par des observations exactes
plutôt que par un vieil usage. Il est évident en effet que la
force de la mémoire est due à une constitution heureuse et non
à des progrès obtenus par l'habitude et l'exercice. Il est vrai
que l'esprit est apte à retenir les choses auxquelles il applique son attention, et que, pour ne pas les laisser échapper, il
doit les imprimer souvent à nouveau dans son souvenir par de

fréquentes réflexions; mais c'est toujours à proportion de la force naturelle de sa mémoire. Une empreinte ne persiste pas aussi longtemps sur la cire et sur le plomb que sur le cuivre ou sur l'acier. Sans doute une impression durera plus longtemps que toute autre, si elle est fréquemment renouvelée, mais chaque nouvel acte de réflexion qui se porte sur cette impression est ui-même une nouvelle impression, et c'est le nombre de ces impressions qu'il faut considérer, si l'on veut savoir combien de temps l'esprit pourra la retenir. Mais, en faisant apprendre par cœur des pages de latin, on ne dispose pas plus la mémoire à retenir autre chose que, en gravant une pensée sur une lame de plomb, on ne rendrait ce métal plus capable de retenir solidement d'autres empreintes (1). »

Si Locke avait raison, c'est l'éducation tout entière qui deviendrait impossible : car pour toutes les facultés l'éducation suppose l'existence d'un germe naturel que l'exercice féconde et développe.

Il faut apprendre un métier. — Locke, comme Rousseau, mais pour d'autres raisons que lui, veut que son élève apprenne un métier :

« Je n'hésite pas à le dire, je voudrais que mon gentilhomme apprît un métier, oui, un métier manuel; je voudrais même qu'il en sût deux ou trois, mais un particulièrement. »

Rousseau dira de même :

« Souvenez-vous que ce n'est point un talent que je vous demande ; c'est un métier, un vrai métier, un art purement mécanique, où les mains travaillent plus que la tête. »

Mais Locke, en faisant apprendre à son gentleman la menuiserie ou l'agriculture, voulait surtout que ce travail physique offrît à l'esprit un divertissement, une occasion de relâche et de repos, et procurât au corps un exercice utile. Rousseau est dirigé par de tout autres idées. Ce qu'il veut d'abord, c'est que, par l'apprentissage d'un métier, Émile se mette à l'abri du besoin le jour où une crise révolutionnaire lui ôterait la richesse. En second lieu, Rousseau obéit à des préoccupations

(1) *Pensées sur l'éducation*, p. 280, 281.

sociales, on pourrait même dire socialistes. Le travail est à ses yeux un devoir strict auquel personne ne peut se soustraire : « Riche ou pauvre, tout citoyen oisif est un fripon. »

Maisons de travail. — Quoique Locke se soit presque exclusivement préoccupé des études classiques et de l'éducation du gentleman, il n'est pourtant pas resté complètement étranger aux questions d'instruction primaire. En 1697 il adressait au gouvernement anglais un remarquable rapport sur la nécessité d'organiser des « maisons de travail » (*working schools*), pour les enfants pauvres. Tous les enfants âgés de plus de trois ans et de moins de quatorze ans devaient être réunis dans des asiles, où ils auraient trouvé travail et nourriture. Par là Locke songeait surtout à combattre l'immoralité et le paupérisme. Il voulait remédier à la paresse et au vagabondage de l'enfant, alléger la surveillance de la mère, absorbée par son travail ; il voulait aussi former, par des habitudes d'ordre et de discipline, des hommes sobres et des ouvriers laborieux. En d'autres termes, il tentait une œuvre de régénération sociale, et le pédagogue des *gentlemen* devenait l'éducateur des pauvres.

Locke et Rousseau. — Nous retrouverons dans l'*Émile* l'inspiration fréquente de celui que Rousseau appelait le « sage Locke. » Peut-être même admirerons-nous plus encore les qualités pratiques, le bon sens judicieux du pédagogue anglais, quand nous aurons fait connaissance avec les chimères de son imitateur français. Avec Locke, nous avons affaire, non à un auteur qui veut briller, mais à un homme de sens et de jugement qui raconte ses opinions, qui n'a d'autre prétention que de s'entendre avec lui-même et d'être compris par les autres. Pour apprécier les *Pensées* à leur juste valeur, il ne faudrait les lire qu'après avoir relu l'*Émile* qui leur doit tant. Oui, au sortir d'une lecture de Rousseau, après le brillant éblouissement et presque le vertige que procure à son lecteur un écrivain de

génie dont l'imagination se monte sans cesse, dont la
passion s'emporte, et qui mêle à tant de hautes vérités
des paradoxes impatientants et des déclamations bruyan
tes, c'est pour l'esprit comme un repos et une douce dé-
tente de se mettre à l'étude de Locke, et de trouver une
pensée toujours égale, un style simple et calme, un auteur toujours maître de lui-même, toujours correct,
malgré quelques erreurs, un livre enfin, rempli non d'é-
clairs et de fumée, mais d'une lumière agréable et
pure

LEÇON X

L'éducation des femmes au dix-septième siècle. — L'*Éducation des filles* de Fénelon nous a montré jusqu'où pouvait aller, dans ses théories même les plus libérales, l'esprit du dix-septième siècle, en ce qui concerne l'instruction des femmes. Mais dans la pratique, sauf des exceptions brillantes, on était loin d'atteindre même à l'idéal si modeste et si imparfait de Fénelon.

Chrysale n'était pas seul de son avis, quand il disait dans les *Femmes savantes* :

« Il n'est pas bien honnête, et pour beaucoup de causes,
Qu'une femme étudie et sache tant de choses.
Former aux bonnes mœurs l'esprit de ses enfants,
Faire aller son ménage, avoir l'œil sur ses gens,
Et régler la dépense avec économie,
Doit être son étude et sa philosophie. »

Il est vrai que Molière n'adhérait pas lui-même aux préjugés dont il a placé l'expression dans la bouche de son personnage comique, et qu'il concluait à ce que la femme « eût les clartés de tout. » Mais dans la réalité des faits et dans la pratique, c'est l'opinion de Chrysale qui triomphait. Même dans les rangs élevés, la femme se tenait à l'écart de l'instruction et des choses de l'esprit. Madame Racine n'avait jamais vu jouer et probablement n'avait jamais lu les tragédies de son mari.

Madame de Sévigné. — Il ne manquait pourtant pas au dix-septième siècle nombre de femmes de talent ou de génie qui auraient pu plaider éloquemment la cause de leur sexe. Elles se contentèrent de donner par elles-mêmes de bons exemples, sans s'inquiéter d'être imitées. Madame de Lafayette traduisait le latin à ravir; madame Dacier était une humaniste de premier ordre; madame de Sévigné savait les langues modernes aussi bien que les langues anciennes. Personne n'a mieux parlé qu'elle de l'intérêt de la lecture. Voici en quels termes elle recommande les romans eux-mêmes :

« Je trouvais qu'un jeune homme devenait généreux et brave en voyant mes héros, et qu'une fille devenait honnête et sage en lisant *Cléopâtre*. Quelquefois il y en a qui prennent un peu les choses de travers, *mais elles ne feraient peut-être guère mieux quand elles ne sauraient pas lire.* »

Madame de Sévigné faisait lire Descartes à sa fille, les tragédies de Corneille à sa petite-fille Pauline :

« Pour moi, disait-elle, si j'élevais ma petite-fille, je lui ferais lire de bonnes choses, mais point trop simples : je raisonnerais avec elle (2). »

L'abbé Fleury. — Mais madame de Sévigné, madame de Grignan, n'étaient que des exceptions brillantes. Si l'on doutait de l'ignorance des femmes de ce temps-là, il suffirait de relire ce piquant passage de

(1) Lettre du 16 nov. 1689
(2) Lettre du 1er juin 1680

l'abbé Fleury, le collaborateur de Fénelon dans l'éducation du duc de Bourgogne :

« Ce sera, sans doute, un grand paradoxe que les femmes doivent apprendre autre chose que leur catéchisme, la couture et divers petits ouvrages, chanter, danser et s'habiller à la mode, faire bien la révérence; car voilà pour l'ordinaire toute leur éducation (1). »

Fleury rêve autre chose pour la femme : il demande qu'elle apprenne à écrire correctement en français, qu'elle étudie la logique, l'arithmétique. Mais ne craignons pas que le libéralisme d'un penseur du dix-septième siècle puisse l'entraîner trop loin. Fleury admet, par exemple, que l'histoire est absolument inutile aux femmes.

L'éducation des couvents. — C'est presque exclusivement dans des couvents que les jeunes filles recevaient alors un semblant d'instruction. Les congrégations religieuses qui se consacraient à l'éducation féminine étaient nombreuses : citons, par exemple, parmi les plus célèbres, les Ursulines, fondées en 1537; l'association des Angéliques, établie en Italie en 1536; l'ordre de Sainte-Élisabeth. Mais, malgré la diversité des noms, tous ces couvents de filles se ressemblaient. Partout on n'élevait la femme que pour le ciel, ou pour la vie dévote : les exercices de spiritualité faisaient la seule occupation des élèves, et il n'était guère question d'études.

Port-Royal et le Règlement de Jacqueline Pascal. — Le meilleur moyen de pénétrer dans la vie intime de ces couvents du dix-septième siècle, c'est de lire le *Règlement pour les enfants*, écrit vers 1657 par Jacqueline Pascal, sœur Sainte-Euphémie. L'éducation des filles a préoccupé les jansénistes non moins que l'éducation des hommes; mais, il s'en faut que sous ce rapport Port-Royal mérite les mêmes éloges.

(1) *Traité du choix et de la méthode des études*, ch. XXXVIII.

Impression générale. — Rien de sombre et de triste comme l'intérieur de leur maison de filles; rien d'austère comme les règles de Jacqueline Pascal

« L'étrange émotion que cause, même à des siècles de distance, le spectacle de ces enfants observant le silence ou parlant bas, du lever au coucher, ne marchant jamais qu'entre deux religieuses, l'une devant, l'autre derrière, pour empêcher que, « ralentissant le pas sous le prétexte d'une incommodité, elles aient entre elles quelque communication »; travaillant de façon à n'être jamais réunies deux ou trois ensemble; passant d'une méditation à une oraison, d'une oraison à une instruction; n'apprenant, en dehors du catéchisme, que la lecture, l'écriture, et, le dimanche, « un peu d'arithmétique, les grandes d'une heure jusqu'à deux, les petites de deux heures à deux heures et demie; » les mains toujours occupées pour empêcher l'esprit de s'égarer, mais sans pouvoir s'attacher à leur ouvrage, « qui devait plaire d'autant plus à Dieu qu'elles s'y plaisaient moins elles-mêmes; » combattant toutes leurs inclinations naturelles, méprisant les soins d'un corps « destiné à servir aux vers de pâture; » ne faisant rien, en un mot, que dans un esprit de mortification. Qu'on se représente ces journées de quatorze et de seize heures, se succédant et s'appesantissant sur la tête des pauvres petites sœurs, pendant six ou huit ans, dans cette solitude morne, sans que rien y apportât le mouvement de la vie, rien que le son de la cloche annonçant le changement d'exercice ou de pénitence : et l'on comprendra le sentiment de tristesse de Fénelon, lorsqu'il parle des ténèbres de la caverne profonde où l'on tenait enfermée et comme ensevelie la jeunesse des filles (1). »

Rigueur et amour. — La sévérité du *Règlement* est telle que l'éditeur, un janséniste aussi, M. de Pontchartrain, reconnaît lui-même qu'il sera impossible d'obtenir de toutes les enfants « un si grand silence et une vie si tendue; » il demande que les maîtresses s'attachent aussi à gagner leur affection et leur cœur. A la rigueur, dit-il, il faut joindre l'amour. Jacqueline Pascal ne semble pas être tout à fait de cet avis, puisqu'elle déclare qu'il ne faut aimer que Dieu. Cependant, malgré sa rigueur habituelle, la tendresse humaine reprend parfois ses droits dans les règles qu'elle établit. On sent

(1) M. Gréard, *Mémoire* sur l'enseignement secondaire des filles p. 55.

qu'elle les aime plus qu'elle ne le dit, ces jeunes filles
qu'elle appelle de « petites colombes. »

D'une part, le *Règlement* invite les élèves à manger
de tout indifféremment, et à commencer par ce qu'elles
aiment le moins, par esprit de pénitence; mais, d'autre
part, Jacqueline écrit : « Il faut les exhorter à se nourrir suffisamment pour ne pas se laisser affaiblir: c'est
pourquoi on prend bien garde si elles ont assez mangé. »
De même, il y a une sollicitude touchante, presque
maternelle, dans un trait comme celui-ci : « Aussitôt
qu'elles sont couchées, il faut les visiter dans chaque lit
en particulier, pour voir si elles sont couchées avec la
modestie requise, et aussi pour voir si elles sont bien cou-
vertes en hiver. » La mystique sœur de l'ascétique Pascal s'attendrit par moments : « On ne laisse pas néanmoins d'en avoir pitié et de s'accommoder à elles le plus
qu'on peut, mais sans qu'elles aient connaissance qu'on
a cette condescendance. » Néanmoins, ce qui domine,
ce qui revient sans cesse, c'est l'idée que la nature humaine est mauvaise, qu'on a affaire à une rebelle qu'il
faut dompter et qui ne mérite pas de complaisance.

Il est bien question de rendre l'étude agréable ! Jacqueline recommande à ses élèves de travailler surtout
aux choses qui rebutent le plus, parce que le travail
plaira d'autant plus à Dieu qu'il leur plaira moins. Les
manifestations extérieures de l'amitié sont interdites,
et peut-être l'amitié elle-même : « Nos élèves évite-
ront toute sorte de familiarité les unes envers les
autres. »

L'instruction est réduite au catéchisme, à l'application des vertus chrétiennes, à la lecture et à l'écriture.
On n'enseigne l'arithmétique que les jours de fête. Il
semble que la mémoire soit la seule faculté dont Jacqueline désire le développement: « Cela leur ouvre l'esprit,
les occupe et les empêche de penser à mal. »

N'avions-nous pas raison de dire que les femmes à
Port-Royal valaient moins que les hommes ! Quelle
distance entre l'instruction solide des élèves de Lance-

lot et de Nicole, et l'ignorance des élèves de Jacqueline
Pascal ! Même quand ils parlent de l'éducation des
femmes, les hommes de Port-Royal ont des idées plus
larges que celles qui furent appliquées à côté d'eux.
Nicole déclare que les livres sont nécessaires jusque
dans les couvents de filles, parce qu'il faut « soutenir la
prière par la lecture. »

Caractère général de Saint-Cyr. — En quittant
Port-Royal pour Saint-Cyr, il semble qu'au sortir de la
nuit profonde on aperçoive un rayon de lumière. Sans
doute madame de Maintenon n'a pas encore comme
institutrice toute la largeur de vues qui conviendrait.
Son œuvre est loin d'être irréprochable : mais la fondation de Saint-Cyr (1686) n'en fut pas moins une innovation considérable. « Saint-Cyr, a-t-on dit, n'est pas un
couvent : c'est un grand établissement consacré à l'éducation laïque des demoiselles nobles : c'est une sécularisation hardie et intelligente de l'éducation des femmes. »
Il y a quelque excès de louange dans ces paroles, et le
caractère laïque de Saint-Cyr est très contestable.
M. Lavallée, un admirateur, a pu écrire : « Les instructions de madame de Maintenon sont sans doute
trop religieuses, trop monacales. » Convenons pourtant
que madame de Maintenon qui, après avoir fondé
Saint-Cyr, en a été la directrice *extra muros*, qui même
y a professé à ses heures, est personnellement la première institutrice laïque de notre pays. Convenons aussi
que, à l'origine au moins et jusqu'en 1692, les dames
chargées de la direction des études n'étaient pas des
religieuses dans le sens absolu du mot : elles ne s'engageaient point par des vœux solennels et absolus.

Mais ce caractère relativement laïque, cette rupture
avec les traditions monastiques, ne s'est pas maintenu
à Saint-Cyr pendant toute la durée de l'institution.

**Deux périodes dans l'institution de Saint-
Cyr.** — Saint-Cyr, en effet, est passé, en peu d'années,
par deux périodes très diverses, et madame de Maintenon
a obéi successivement à deux courants presque opposés

Dans les premières années de 1686 à 1692, l'esprit de la maison est large, libéral ; l'éducation est brillante, peut-être trop ; les exercices littéraires, les représentations dramatiques sont en honneur. Saint-Cyr est une maison un peu mondaine, plus propre à former des femmes d'esprit que de bonnes ménagères et des femmes de famille. Madame de Maintenon s'aperçut vite qu'elle faisait fausse route, et, dès 1692, elle réagit, non sans excès, contre les tendances auxquelles elle avait d'abord sacrifié. Elle conçut une défiance excessive des lettres, elle retrancha tout ce qu'elle put de l'instruction, pour se préoccuper avant tout des qualités morales et pratiques. Saint-Cyr devint un couvent, avec un peu plus de liberté sans doute qu'il n'y en avait dans les autres monastères de ce temps-là, mais enfin un couvent.

Representations dramatiques. — C'est le succès trop bruyant des représentations d'*Andromaque* et d'*Esther* qui causa cette déroute des intentions primitives de madame de Maintenon. *Esther* surtout fut le grand événement des premières années de Saint-Cyr: Racine distribuait les rôles; Boileau était professeur de déclamation ; la cour entière, le roi en tête, venait applaudir et fêter les gentilles actrices, qui n'épargnaient rien pour plaire à leurs spectateurs. Tout cela tourna un peu les têtes. La dissipation se glissa dans l'école. Les élèves ne voulaient plus chanter à l'église, de peur de se gâter la voix. On marchait évidemment sur une pente dangereuse. L'institution était détournée de son but. On était en train de refaire sous une autre forme un autre hôtel de Rambouillet.

Réforme de 1692. — A l'origine, nous l'avons vu, les dames de Saint-Louis, chargées de la direction de Saint-Cyr, ne constituaient pas un ordre monastique proprement dit. Mais lorsque madame de Maintenon voulut réformer l'esprit général de la maison, elle crut nécessaire de transformer Saint-Cyr en monastère, et elle fonda l'ordre de Saint-Augustin.

Mais surtout ce qui changea, ce fut la discipline morale, ce furent les programmes d'études.

Madame de Maintenon a exposé elle-même, dans une
lettre mémorable (1), les raisons de cette réforme qui
modifia si profondément le caractère de Saint-Cyr ·

« La peine que j'ai sur les filles de Saint-Cyr, disait-elle, ne se
peut réparer que par le temps et par un *changement entier* dans l'é-
ducation que nous leur avons donnée jusqu'à cette heure ; il est
bien juste que j'en souffre, puisque j'y ai contribué plus que
personne..... Mon orgueil s'est répandu sur toute la maison, et le
fond en est si grand qu'il l'emporte même par-dessus mes bonnes intentions. Dieu sait que j'ai voulu établir la vertu à Saint-
Cyr, et j'ai bâti sur le sable. N'ayant point ce qui seul peut faire
un fondement solide, j'ai voulu que les filles eussent de l'esprit,
qu'on élevât leur cœur, qu'on formât leur raison ; j'ai réussi à
ce dessein : elles ont de l'esprit et elles s'en servent contre nous ;
elles ont le cœur élevé et sont plus fières et plus hautaines qu'il
ne conviendrait de l'être aux plus grandes princesses ; à parler
même selon le monde, nous avons formé leur raison, et fait des
discoureuses, présomptueuses, curieuses, hardies..., de beaux
esprits, que nous-mêmes, qui les avons formés, ne pouvons
souffrir... Venons au remède, car il ne faut pas se décourager...
Comme plusieurs petites choses fomentent l'orgueil, plusieurs petites choses le détruiront. Nos filles ont été trop considérées,
trop caressées, trop ménagées ; il faut les oublier dans leur
classe, leur faire garder le règlement de la journée, et leur peu
parler d'autre chose... Priez Dieu et faites prier pour qu'il change
leur cœur ; et qu'il leur donne à toutes l'humilité, il ne faut pas
beaucoup en discourir avec elles. Tout à Saint-Cyr se tourne
en discours : on y parle souvent de la simplicité, on cherche
à la bien définir... et puis dans la pratique on se divertit
à dire : par simplicité je prends la meilleure place, par simplicité je vais m louer...Il faut défaire nos filles de ce tour d'esprit
railleur que je leur ai donné... Nous avons voulu éviter
es petitesses de certains couvents, et Dieu nous punit de cette
hauteur ; il n'y a point de maison au monde qui ait plus besoin
d'humilité intérieure et extérieure que la nôtre ; sa situation
près de la cour, l'air de faveur qu'on y respire, les caresses d'un
grand roi, les soins d'une personne en crédit.., tous ces pièges
si dangereux nous doivent faire prendre des mesures toutes contraires à celles que nous avons prises... »

1) Voyez la lettre à madame de Fontaine, maîtresse géné
rale des classes (20 sept. 1691).

Rôle personnel de madame de Maintenon. — Quelque jugement que l'on porte sur l'esprit de la direction pédagogique de Saint-Cyr, ce qu'il faut mettre hors du débat, c'est le zèle admirable de madame de Maintenon, c'est son infatigable dévoûment au succès de son œuvre favorite. Elle avait manifestement la vocation d'institutrice. Pendant plus de trente ans, de 1686 à 1717, elle n'a cessé de visiter Saint-Cyr tous les jours, parfois six heures du matin ; elle a écrit pour les directrices et pour les élèves des avis et des règlements qui remplissent plusieurs volumes. Rien de ce qui touche à « ses enfants » ne la laisse indifférente. Elle se préoccupe de leurs repas, de leur sommeil, de leur toilette, comme de leur caractère et de leur instruction :

« Les affaires que nous traitons à la cour sont des bagatelles : celles de Saint-Cyr sont les plus importantes...» — « Puisse cet établissement durer autant que la France, et la France autant que le monde ! Rien ne m'est plus cher que mes enfants de Saint-Cyr. »

Ce n'est pas la tendresse, on le sait, qui fait le fond de l'âme de madame de Maintenon. Mais à Saint-Cyr, de sèche et froide qu'elle est d'ordinaire, elle devient aimante et caressante :

N'oubliez rien pour sauver les âmes de nos jeunes filles, pour fortifier leur santé et pour conserver leur taille. »

Un jour que, selon son habitude, elle était venue dans les cours pour s'entretenir avec les religieuses, une bande d'élèves passa en soulevant un nuage de poussière. Les religieuses, craignant que madame de Maintenon n'en fût incommodée, l'engageaient à s'éloigner : « Laissez-donc, reprit madame de Maintenon, laissez ces chères enfants ; j'aime jusqu'à leur poussière. » Par une sorte de réciproque, les élèves de Pestalozzi, consultés sur la question de savoir s'ils voulaient toujours être battus et giflés par leur vieux maître, répondaient affirmativement : ils aimaient jusqu'à ses gifles !

Ses écrits pédagogiques. — C'est de nos jours

seulement que les œuvres de madame de Maintenon ont
été publiées dans l'intégrité de leur texte, grâce aux soins
de M. Lavallée. Pour la plus grande partie, ces longs et
intéressants écrits sont consacrés à l'éducation et à
Saint-Cyr. Ce sont d'abord les *Lettres et entretiens sur
l'éducation des filles* (1). Les lettres ont été écrites au
jour le jour : elles sont adressées, tantôt aux dames de
Saint-Cyr, tantôt aux élèves elles-mêmes. « On y trouve,
dit M. Lavallée, pour toutes les conditions et pour tous
les temps, les enseignements les plus solides, des
chefs-d'œuvre de bon sens, de naturel et de vérité, enfin des instructions d'éducation qui approchent de la
perfection. » Les *Entretiens* ont pour origine les conversations que madame de Maintenon avait pendant les
récréations ou pendant les classes, soit avec les dames,
soit avec les demoiselles, qui recueillaient elles-mêmes
et rédigeaient les paroles de leur directrice

Après les *Lettres et entretiens* viennent les *Conseils
aux demoiselles qui entrent dans le monde* (2), lesquels
contiennent des avis généraux, des conversations ou dialogues, enfin des proverbes, c'est-à-dire de petites compositions dramatiques, destinées à la fois à instruire et
à amuser les demoiselles de Saint-Cyr. Tout n'est pas à
admirer dans ces essais, qui le plus souvent manquent
d'imagination, et où madame de Maintenon, par imitation
de Fénelon, abuse de l'instruction indirecte, de l'artifice
et de l'amusement, pour insinuer quelques lieux communs de morale. Voici quelques titres de ces proverbes :
*L'occasion fait le larron. — Les femmes font et défont
les maisons. — Il vaut mieux laisser son enfant morveux
que de lui arracher le nez. — Il n'y a pas de plus embarrassé que celui qui tient la queue de la poêle. — Trop
gratter cuit, trop parler nuit*, etc.

Citons enfin un troisième recueil, les *Lettres historiques et édifiantes adressées aux dames de Saint-Cyr* (3).

(1) Deux volumes, 2e édition, 1861.
(2) Deux volumes, 1857.
(3) Deux volumes, 1860.

De ces nombreux volumes, où les redites abondent, il est dommage qu'on n'ait pas encore extrait, dans un ordre méthodique, quelques centaines de pages qui contiendraient la substance de l'esprit pédagogique de madame de Maintenon.

Organisation intérieure. — Le but de la fondation de Saint-Cyr était d'assurer à deux cent cinquante filles de la noblesse pauvre, aux enfants d'officiers morts ou ruinés, un asile d'éducation, où on les élèverait convenablement, pour les préparer à être, soit des religieuses, si elles avaient la vocation, soit, le plus souvent, de bonnes mères de famille. Comme l'a remarqué justement M. Gréard, « la conception seule d'un établissement de cette nature. l'idée de faire payer par la France la dette de la France, en élevant les enfants de ceux qui lui avaient donné leur sang, procède d'un sentiment inconnu jusque-là (1)! »

C'était donc dès la plus tendre enfance, dès six ou sept ans, qu'on recevait les élèves à Saint-Cyr, pour les garder jusqu'à l'âge du mariage, jusqu'à dix-huit et vingt ans.

Les jeunes filles étaient divisées en quatre classes, les rouges, les vertes, les jaunes, les bleues. Les bleues étaient les plus grandes : elles portaient la couleur du roi. Chaque classe était partagée en cinq ou six *bandes* ou *familles*, de huit ou dix élèves chacune.

Les dames de Saint-Cyr étaient prises d'ordinaire parmi les élèves de la maison. Elles étaient au nombre de quarante, la supérieure, l'assistan'e qui suppléait la supérieure, la maîtresse des novices, la maîtresse générale des classes, les maîtresses des classes, etc.

Le défaut capital de Saint-Cyr, c'est que, comme dans les collèges des jésuites, l'internat y est absolu, la claustration complète. De cinq à vingt ans la jeune fille appartient entièrement à Saint-Cyr. Elle ne connaît guère

(1) M. Gréard, *Mémoire sur l'enseignement secondaire des filles*, 1882, p. 59.

plus ses parents. On dira peut-être que souvent elle les avait perdus, que parfois elle ne pouvait attendre d'eux que de mauvais exemples. N'importe : la règle générale, qui espaçait, jusqu'à les supprimer presque, les rapports avec la famille, ne saurait obtenir notre approbation. Il n'était permis de voir ses parents que quatre fois l'an, et encore ces entrevues ne devaient durer qu'une demi-heure chaque fois, en présence d'une maîtresse. On avait l'autorisation d'écrire de temps en temps des lettres de famille ; mais, comme si elle s'était défiée des mouvements naturels du cœur et de la liberté des épanchements filiaux, madame de Maintenon avait pris soin de composer elle-même quelques modèles de lettres. Plus raisonnable que sensible, madame de Maintenon n'est pas exempte d'une certaine sécheresse de cœur. Il semble qu'elle ait voulu imposer à ses élèves les habitudes extraordinaires de sa propre famille : elle ne se rappelait avoir été embrassée par sa mère que deux fois, et au front, et encore après une longue séparation.

Défiance de la lecture. — Après les réformes de 1692, l'instruction devint à Saint-Cyr une chose secondaire. On apprenait à lire, à écrire, à compter : presque rien au delà. La lecture en général était vue avec défiance : « Apprenez à une jeune fille à être extrêmement sobre sur la lecture, et à lui préférer toujours le travail des mains. » Les livres profanes étaient interdits : on ne mettait aux mains des élèves que des ouvrages de piété, l'*Introduction à la vie dévote*, de saint François de Sales, les *Confessions* de saint Augustin. « Renoncer à l'esprit, » c'est le mot perpétuel de madame de Maintenon.

« Il faut élever nos bourgeoises en bourgeoises. Il n'est pas question de leur orner l'esprit : il faut leur prêcher les devoirs de la famille, l'obéissance pour le mari, le soin des enfants... La lecture fait plus de mal que de bien aux jeunes filles... Les livres font de beaux esprits et excitent une curiosité insatiable. »

Étude de l'histoire négligée. — Ce qui suffirait

à juger l'esprit de Saint-Cyr, au point de vue de l'éducation intellectuelle, c'est le peu de cas qu'on y faisait de l'histoire. On alla jusqu'à se demander s'il ne convenait pas d'interdire absolument l'histoire de France. Madame de Maintenon consent à la laisser enseigner, mais tout juste assez pour que « les élèves ne brouillent pas la suite de nos rois avec les princes des autres pays, pour qu'elles ne prennent point un empereur romain pour un empereur de Chine ou du Japon, un roi d'Espagne ou d'Angleterre pour un roi de Perse ou de Siam. » Quant à l'histoire de l'antiquité, il faut la tenir en défiance, précisément, qui le croirait ? à cause des beaux exemples de vertu qu'elle contient. « Je craindrais que ces grands traits de générosité et d'héroïsme n'élevassent trop l'esprit à nos jeunes filles et ne les rendissent vaines et précieuses. » N'a-t-on pas quelque droit d'être surpris que madame de Maintenon s'effraye à la pensée d'*élever* l'esprit de la femme ? Il est vrai qu'elle pensait sans doute aux exagérations romanesques produites par la lecture du *Grand Cyrus* et des autres écrits de mademoiselle de Scudéry. Ajoutons en outre, pour excuser l'insuffisance du programme de Saint-Cyr au chapitre de l'histoire, que pour les garçons eux-mêmes, dans les collèges de l'Université, l'édit qui introduisit dans les classes l'enseignement de l'histoire ne date que de 1695.

Instruction insuffisante. — « Notre temps, dit M. Lavallée, ne s'accommoderait pas de cette éducation où l'instruction proprement dite n'était que secondaire et entièrement sacrifiée à la manière de former le cœur, la raison, le caractère, et où cette éducation dans son ensemble et ses détails était toute religieuse. » L'erreur de madame de Maintenon est en effet de vouloir développer les vertus morales dans des âmes à peine instruites, à peine éclairées. On faisait beaucoup de discours de morale à Saint-Cyr. S'ils n'ont pas toujours fructifié, c'est que ce bon grain tombait dans des intelligences peu cultivées.

« Nos demoiselles n'ont pas à faire les savantes. Les femmes ne savent jamais qu'à demi, et le peu qu'elles savent les rend communément fières, dédaigneuses, causeuses, et dégoûtées des choses solides. »

Travail manuel. — Si l'éducation de l'esprit était négligée à Saint-Cyr, en revanche on s'y préoccupait beaucoup de l'éducation manuelle. On y apprenait à coudre, à broder, à tricoter, à faire de la tapisserie ; on y faisait tout le linge de la maison, de l'infirmerie, de la chapelle, les robes et les vêtements des dames et des élèves :

« Mais point d'ouvrages exquis, dit madame de Maintenon, et d'un trop grand dessin : point de ces colifichets à broderie ou au petit métier, qui sont inutiles. »

Avec quelle bonne grâce madame de Maintenon prêche sans cesse le travail, dont elle donnait elle-même l'exemple ! Dans les carrosses du roi elle avait toujours un ouvrage à la main. À Saint-Cyr, les demoiselles balayaient le dortoir, desservaient le réfectoire, nettoyaient les classes :

« Il faut les mettre à tout et les faire travailler aux ouvrages pénibles, pour les rendre robustes, saines et intelligentes. »

Le travail manuel est une garantie morale, une protection contre le péché.

« Le travail calme les passions, occupe l'esprit et ne lui laisse pas le temps de penser à mal... »

Éducation morale. — « L'institut, disait madame de Maintenon, est fait non pour la prière, mais pour l'action. » Ce qu'elle voulait surtout, c'était préparer ses jeunes filles à la vie de ménage, à la vie de famille : elle songeait à former des épouses et des mères. « Ce qui me manque le plus, disait-elle, ce sont des gendres ! »

De là une préoccupation incessante des qualités morales. On ferait un beau et bon livre du recueil de toutes les maximes pratiques de madame de Maintenon, de ses réflexions sur le bavardage : « Il y a toujours du péché dans la multitude des paroles; » sur l'indolence : « Que faire dans la famille d'une femme indolente et délicate?» sur la politesse, « qui consiste surtout à s'occuper des autres » ; sur la mollesse, trop générale alors chez les femmes du monde : « On ne pense qu'à manger et à se mettre à l'aise. Les femmes passent la journée en robe de chambre, couchées dans une grande chaise, sans aucune occupation, sans conversation ; tout est bien, pourvu qu'on soit en repos. »

Dévotion discrète. — Ne nous imaginons pas que Saint-Cyr ait été une maison de prières, un lieu de dévotion outrée. Madame de Maintenon tient pour le christianisme raisonnable. La piété, telle qu'on la recommande à Saint-Cyr, est une piété *solide*, *droite* et *simple*, c'est-à-dire conforme à l'état où l'on doit vivre et exempte de raffinements:

« Les demoiselles sont trop à l'église pour des enfants, écrivait-elle à madame de Brinon, la première directrice de l'institution... Songez, je vous en conjure, qu'il n'y a pas un cloître ici (1). »

Et plus tard, une fois la réforme de Saint-Cyr opérée, voici ce qu'elle écrit :

« Que la piété qu'on inspirera à nos jeunes filles soit gaie, douce et libre; qu'elle consiste plutôt dans l'innocence de leur vie, dans la simplicité de leurs occupations, que dans les austérités, les retraites, les délicatesses de la dévotion... Quand une fille sort d'un couvent, disant que rien ne doit faire perdre vêpres, on se moque d'elle; quand une fille instruite dira et pratiquera de perdre vêpres pour tenir compagnie à son mari malade, tout le monde l'approuvera... Quand une fille dira qu'une femme fait mieux d'élever ses enfants et d'instruire ses domestiques que de passer la matinée à l'église, on s'accommodera très bien de cette religion et elle se fera aimer et respecter (2). »

(1) *Lettres historiques*, t. I, p. 48.
(2) *Lettres historiques*, t. I, p. 89

Conseils excellents, trop peu suivis peut-être! Madame de Maintenon parle ici le langage du bon sens, et l'on est tout surpris de l'entendre dans la bouche de la femme politique qui non sans raison, et pour sa participation à la révocation de l'Édit de Nantes, passe pour une fanatique intolérante.

Simplicité en toutes choses. — La simplicité qu'elle recommandait pour la religion, madame de Maintenon la réclamait en toutes choses, dans le costume, dans le langage .

« Il faut ôter aux jeunes filles, dit-elle, le plus de rubans que l'on pourra. »

Une maîtresse de classe avait fait un beau discours où elle exhortait ses élèves à faire avec le péché « un divorce éternel : »

« C'est bien dit, sans doute, observa madame de Maintenon, mais qui donc sait parmi nos demoiselles ce que c'est que le divorce ? »

Fénelon et Saint-Cyr. — Michelet, parlant de Saint-Cyr qu'il n'aime pas, disait : « Sa sèche directrice était bien plus homme que Fénelon. » Le fait est que l'auteur de l'*Éducation des filles* fait une plus large part à la sensibilité et à l'intelligence. Ce n'est pas madame de Maintenon qui a dit : « Il faut autant que possible excuser chez les jeunes filles la tendresse du cœur. » Ce n'est pas à Saint-Cyr qu'on a pratiqué ces maximes: « Donnez-leur donc les histoires grecques et romaines : elles y verront des prodiges de courage et de désintéressement. Ne leur laissez pas ignorer l'histoire de France, qui a aussi sa beauté... Tout cela sert à agrandir l'esprit et à élever l'âme à de grands sentiments... » Néanmoins l'ouvrage de Fénelon était en grand crédit à Saint-Cyr. Il parut en 1687, et Saint-Cyr fut fondé en 1686. Un grand nombre de ses préceptes y furent suivis; ceux-ci par exemple : « Les fréquentes sorties doivent être évitées. » — « Il ne faut pas accoutumer les jeunes filles à parler beaucoup. »

Jugement général. — En résumé, si l'idéal proposé aux demoiselles de Saint-Cyr par madame de Maintenon ne peut satisfaire ceux qui de nos jours conçoivent « une éducation plus large dans ses programmes et plus libre dans son esprit, » du moins il faut rendre justice à un institut qui fut, comme le disait sa fondatrice elle-même, « une manière de collège, » un premier essai d'affranchissement pour l'éducation de la femme. Sans demander à madame de Maintenon ce qui n'était pas de son temps, inspirons-nous d'elle, en ce qui concerne l'éducation éternelle des vertus morales, des qualités de discrétion, de réserve, de bonté, de soumission. « Quelque sévère que cette éducation puisse paraître, dit M. Lavallée, je crois qu'à ceux qui observent la manière dont les femmes sont aujourd'hui élevées, les résultats de cette éducation de luxe et de plaisirs, non seulement pour le foyer domestique, mais encore pour la société et pour la vie politique, l'avenir et les hommes qu'elle prépare à la France, elle inspirera d'amères réflexions ; qu'elle leur fera préférer cette éducation pour ainsi dire virile qui purifiait les mœurs privées et enfantait les vertus publiques ; qu'elle leur fera estimer et regretter cette œuvre de madame de Maintenon, qui a empêché pendant un siècle la corruption de la cour de gagner les provinces, qui a maintenu dans les vieux châteaux, d'où sortait la plus grande partie de la noblesse, de solides vertus, des mœurs simples et antiques. »

LEÇON XI

ROLLIN

L'université de Paris. — L'université de Paris, depuis le treizième siècle, avait été un foyer de lumière et un rendez-vous d'études. Ramus pouvait dire : « Cette université n'est pas l'université d'une ville seulement, mais de tout le monde universel. » Mais au temps même de Ramus, à la suite des discordes civiles, à raison aussi des progrès des collèges organisés par la compagnie de Jésus, l'université de Paris déclina ; elle vit diminuer le nombre de ses élèves. Elle s'obstinait d'ailleurs, en pleine Renaissance, à suivre les règlements surannés que le cardinal d'Estouteville lui avait imposés en 1452 ; elle s'attardait dans la routine et les méthodes scolastiques. Une réforme était nécessaire : Henri IV la réalisa en 1600.

Statuts de 1600. — Les statuts de l'Université nouvelle furent promulgués « par l'ordre et la volonté du très chrétien et très invincible roi de France et de Navarre, Henri IV. » C'était la première fois que l'État intervenait directement dans les lois de l'éducation, et qu'il oppogait son pouvoir laïque à l'autorité absolue de l'Église.

Au treizième et au quatorzième siècle, l'Université avait été réformée par les papes Innocent III et Urbain V. Le réformateur de 1452, le cardinal d'Estouteville, agissait aussi comme légat du pouvoir pontifical. Au contraire, les statuts de 1600 furent l'œuvre d'une commission nommée par le roi, et où siégaient, à côté de quelques ecclésiastiques, des magistrats et même de professeurs.

Organisation des diverses facultés. — L'université de Paris comprenait quatre facultés : les facultés de théologie, de droit et de médecine, qui correspondaient à ce que nous appelons aujourd'hui l'enseignement supérieur ; la faculté des arts, qui était à peu près l'équivalent de notre enseignement secondaire.

Il serait trop long d'énumérer ici les diverses innovations introduites par les statuts de 1600. Disons seulement un mot de la faculté des arts.

Dans la faculté des arts, on ouvrait enfin la porte aux auteurs classiques ; on obéissait dans une certaine mesure aux tendances de la Renaissance. Néanmoins, les méthodes et l'esprit général n'étaient guère changés. Le catholicisme était obligatoire. La langue française restait interdite. On maintenait des exercices fréquents de récitation et de déclamation. Les arts libéraux étaient toujours considérés comme « le fondement de toutes les sciences. » L'enseignement de la philosophie se réduisait toujours à l'interprétation des textes d'Aristote. Quant à l'histoire et aux sciences en général, il n'en était pas question.

Décadence de l'Université au dix-septième siècle. — La réforme était donc insuffisante, et les résultats furent mauvais. Tandis que les collèges des jésuites attiraient en foule les élèves, tandis que les oratoriens et les jansénistes réformaient l'enseignement secondaire, les collèges de l'Université restaient médiocres et obscurs. Pas de professeurs distingués, sauf de rares exceptions ; une éducation formaliste, humblement imitée de celle de la compagnie de Jésus ; l'abus des règles abstraites, des exercices grammaticaux, des devoirs écrits et des compositions latines ; aucune tendance à marcher en avant ; une résistance opiniâtre à l'esprit nouveau, qui se marquait, soit par l'interdiction de la philosophie de Descartes, soit par le refus d'enseigner en langue française ; en un mot, l'isolement dans la routine immobile, et par suite la décadence : tel est le résumé de l'histoire de l'université de Paris, jusque vers le dernier quart du dix-septième siècle.

Le relèvement des études et Rollin (1661-1744). — Il faut arriver jusqu'au temps où Rollin enseigna, pour constater une renaissance dans les études de l'Université. Quelques professeurs distingués, son maître Hersan, Pourchot, d'autres encore lui avaient frayé la voie. Il y eut alors, de 1680 à 1700, un véritable rajeunissement des études, dont Rollin a été en partie l'initiateur.

Le latin perdait un peu de terrain : on commençait à reconnaître les droits de la langue française et de la littérature nationale, que venaient d'illustrer tant de chefs-d'œuvre. L'esprit des méthodes jansénistes pénétrait dans les collèges universitaires. La philosophie cartésienne y était enseignée. On donnait un peu plus de place à l'explication des auteurs, et un peu moins à la récitation des leçons. Des idées nouvelles s'infiltraient dans la vieille citadelle de la scolastique. On en venait à se demander si le célibat était bien une condition indispensable pour l'enseignement. On commençait à comprendre que le mariage n'était pas tout au moins un motif d'exclusion. Enfin de véritables progrès s'accomplissaient dans la discipline comme dans les méthodes, et le *Traité des études* de Rollin en est le témoignage irrécusable.

Le Traité des études. — Rollin a résumé son expérience pédagogique, une expérience de cinquante années, dans un livre qui est devenu célèbre sous le titre de *Traité des études*, et dont l'intitulé complet était : *De la manière d'enseigner et d'étudier les belles-lettres par rapport à l'esprit et au cœur.* Les deux premiers volumes parurent en 1726 : les deux autres en 1728.

Le *Traité des Études* n'est pas comme l'*Émile*, qui fut publié trente ans plus tard, une œuvre de recherche hardie et de nouveautés originales. C'est l'exposé fidèle et le commentaire discret des méthodes en usage. Bien que ce traité appartienne par sa date au dix-huitième siècle, c'est la pédagogie du dix-septième siècle, ce sont les traditions de l'Université sous le règne de Louis XIV, que Rollin a recueillies, et dont il a voulu être simplement le rapporteur. Dans la dédicace latine qu'il adresse au Recteur de l'Université de Paris, il définit nettement ses intentions et son but :

« Ma première vue a été de mettre par écrit et de fixer la méthode d'enseigner usitée depuis longtemps parmi vous, et qui, jusqu'ici, ne s'est transmise que de vive voix et par une espèce de tradition, d'ériger, autant que j'en suis capable, un monument durable des règles et de la pratique que vous suivez dans l'instruction de la jeunesse, afin de conserver dans toute son intégrité le goût des belles-lettres, et de le mettre à l'abri, s'il est possible, des injures et des altérations du temps. »

Jugements divers. — Rollin a eu de tout temps de chauds admirateurs. Voltaire appelait le *Traité* un livre « à jamais utile », et, quelles que soient nos réserves sur les lacunes, sur les vues courtes et étroites de certaines parties de la pédagogie de Rollin, il faut souscrire à ce jugement. Mais nous n'irons pas jusqu'à accepter les déclarations enthousiastes de Villemain, qui se plaint qu'on néglige de nos jours l'étude du *Traité*, « comme si l'on avait découvert des méthodes nouvelles pour former l'intelligence et le cœur; » et qui ajoute : « Depuis le *Traité des études*, on n'a pas fait un pas. » C'est faire trop bon marché de tous les efforts heureux tentés, depuis deux siècles, par des pédagogues autrement profonds que ne l'était le trop timide et trop circonspect Rollin. Quand on compare les préceptes du *Traité* avec les réformes que l'esprit de progrès a accomplies, surtout avec celles qu'il accomplira, on est confondu d'entendre dire à M. Nisard : « Dans les choses d'éducation, le *Traité des études*, c'est le livre unique, ou mieux encore, c'est le livre. »

C'est compromettre Rollin que l'accabler sous des éloges aussi pompeux, et, sans cesser de rendre justice à son esprit sage et judicieux, nous demandons à l'admirer avec plus de discrétion.

Division du Traité des études. — Avant d'appeler l'attention sur les parties les plus intéressantes du *Traité des études*, disons en quelques mots quel est l'objet des huit livres dont il se compose.

Le Traité s'ouvre par un *Discours préliminaire* qui expose les avantages de l'instruction.

Le premier livre a pour titre : *Des exercices qui conviennent aux enfants dans l'âge le plus tendre ; de l'éducation des filles.* Rollin avoue lui-même qu'il ne traite que très superficiellement « ce double sujet », qui est étranger à son premier plan. En effet, la première édition du *Traité des études* ne comptait que sept livres, et c'est seulement en 1734 que Rollin écrivit, « sur les remontrances et les prières de plusieurs personnes, » ce petit traité d'éducation puérile et féminine qui parut d'abord sous forme de supplément, et qui n'est devenu le premier livre de l'ouvrage que dans les éditions postérieures.

« Les différents exercices propres à former la jeunesse dans les études publiques, » c'est-à-dire dans les collèges, tel est l'objet des six livres qui suivent : livre II : *De l'intelligence des langues*, c'est-à-dire l'étude du latin et du grec ; livre III : *De la poésie* ; livre IV : *De la rhétorique* ; livre V : *Des trois genres d'éloquence* ; livre VI : *De l'histoire* ; livre VII : *De la philosophie*.

Le livre VIII et dernier, qui a pour titre : *Du gouvernement intérieur des classes et des collèges*, a un caractère particulier. Il ne s'agit plus des études, des exercices intellectuels ; il s'agit de la discipline, de l'éducation morale. C'est de beaucoup la partie la plus originale et la plus intéressante de l'œuvre de Rollin, qui,

nous ouvre ici les trésors de son expérience. C'est
avec raison qu'on a appelé ce huitième livre les « Mémoires de Rollin ». Ce qui en fait le mérite et le charme,
c'est que l'auteur s'y décide enfin à être lui-même. Il ne
cite plus autant les anciens : il parle en son nom, il
raconte ce qu'il a fait ou a vu faire.

Réflexions générales sur l'éducation. — Il y a
peu à retenir du *Discours préliminaire* de Rollin. Les
réflexions générales ne lui réussissent guère : quand il
veut se risquer à philosopher, Rollin tombe aisément
dans le lieu commun. Il disserte pour établir que « l'é-
tude donne à l'esprit plus d'étendue et d'élévation ;
que l'étude donne de la capacité pour les affaires. »

Sur le but de l'éducation, Rollin, qui copie les modernes quand il ne traduit pas les anciens, se contente
de reproduire le préambule du règlement de Henri IV,
qui assignait aux études trois résultats : la science, les
mœurs, la religion.

« La félicité des royaumes et des peuples, et partant d'un État
chrétien, dépend de la bonne éducation de la jeunesse, où l'on
a pour but de cultiver, de polir par l'étude des sciences, l'esprit
encore brut des jeunes gens, de les disposer ainsi à remplir
dignement les différentes places qui leur sont destinées, sans
quoi ils seraient inutiles à la république ; enfin de leur apprendre le culte religieux et sincère que Dieu exige d'eux, l'attache-
ment inviolable qu'ils doivent à leurs pères et mères et à leur
patrie, le respect et l'obéissance qu'ils sont obligés de rendre aux
princes et aux magistrats. »

Études du premier âge. — Rollin est original
quand il nous introduit dans les classes des grands
collèges, où il a vécu : il l'est beaucoup moins quand il
nous parle des petits enfants qu'il n'a jamais vus de
près. Il n'a pas connu la vie de famille, il n'a guère
fréquenté les écoles populaires ; et c'est à travers ses
souvenirs de Quintilien qu'il nous parle de l'enfance.

Il y a donc peu de choses à noter dans les quelques
pages qu'il a consacrées aux études du premier âge,
de trois à six ou sept ans.

Ce qu'on y trouve de plus intéressant peut-être, c'est le méthode qu'il recommande pour apprendre à lire, « le *bureau typographique* de M. du Mas. » C'est une nouveauté, dit le sage Rollin, « et à ce mot de nouveauté il est assez ordinaire et assez naturel qu'on entre en défiance. » Mais après examen il se prononce pour le système en question, qui consistait à faire de l'apprentissage de la lecture quelque chose d'analogue au travail de l'ouvrier qui imprime. L'enfant avait devant lui une table, et sur cette table étaient placés des casiers, des « logettes », qui contenaient inscrites sur des cartes les lettres de l'alphabet. L'enfant devait ranger sur la table les différentes lettres, pour former les mots qu'on lui demandait. Les raisons que donne Rollin pour recommander cette méthode, dont il avait vu faire d'heureuses épreuves, prouvent qu'il se rendait compte du besoin d'activité et du caractère de l'enfant :

« Cette manière d'apprendre à lire, outre plusieurs autres avantages, en a un qui me paraît fort considérable; c'est d'être amusante et agréable, et de n'avoir point l'air d'étude. Rien n'est plus fatigant ni plus ennuyeux dans l'enfance que la contention de l'esprit et le repos du corps. Ici l'enfant n'a point l'esprit fatigué; il ne cherche point avec peine dans sa mémoire, parce que la distinction et le titre des loges le frappent sensiblement. Il n'est point contraint à un repos qui l'attriste, en le tenant toujours collé à l'endroit où l'on veut le faire lire. Les yeux, les mains, les pieds, tout est en action. L'enfant cherche ses lettres, il les tire, il les arrange, il les renverse, il les sépare, il les remet dans leurs loges. Ce mouvement est fort de son goût, et convient extrêmement au caractère vif et remuant de cet âge. »

Rollin en est encore à croire qu'il « n'y a aucun danger à commencer par la lecture du latin. » Cependant « pour les écoles des pauvres et celles de la campagne il vaut mieux, dit-il, entrer dans le sentiment de ceux qui croient qu'il est nécessaire de commencer par la lecture du français. »

On peut trouver que Rollin charge un peu trop les premières années d'études de l'enfant : avant six ou sept ans il doit avoir appris à lire, à écrire, s'être nourri du *Catéchisme historique* de Fleury, savoir par cœur quelques fables de La Fontaine, avoir étudié la grammaire française, la géographie. Du moins Rollin exige qu'on ne laisse passer « aucune pensée, aucune expression, qui soit au-dessus de sa portée. » Il veut que le maître parle peu et fasse beaucoup parler l'enfant, « ce qui est un des devoirs les plus essentiels et les moins pratiqués. » Il demande avant tout la clarté du discours : il loue l'usage des figures, des images dans les livres de lecture. « Elles sont très propres, dit-il, à frapper l'imagination des enfants et à fixer leur mémoire ; c'est proprement l'écriture des ignorants (1). »

Éducation des filles. — Les mêmes raisons expliquent l'insuffisance des vues de Rollin sur l'éducation des femmes et la médiocrité relative de sa pédagogie de l'enfant. Enfermé dans sa solitude et son célibat, Rollin n'a pas dans ces sujets de clartés personnelles.

(1) Rollin n'a guère fait allusion qu'une seule fois à l'enseignement primaire proprement dit. Nous citons ce passage à titre de curiosité : « On a introduit à Paris depuis plusieurs années, dans la plupart des écoles des pauvres, une méthode qui est fort utile aux écoliers, et qui épargne beaucoup de peine aux maîtres. L'école est divisée en plusieurs classes. J'en prends ici une seulement, savoir celle des enfants qui joignent déjà les syllabes ; il faut juger des autres à proportion. Je suppose que le sujet de la lecture est *Dixit Dominus Domino meo : Sede a dextris meis.* Chaque enfant prononce une syllabe, comme *Di* : son émule qui est vis-à-vis de lui, continue la suivante, *xit*; et ainsi du reste. Toute la classe est attentive : car le maître, sans avertir, passe tout d'un coup du commencement d'un banc au milieu, ou à la fin, et il faut continuer sans interruption. Si un écolier manque dans quelque syllabe, le maître donne sur la table un coup de baguette sans parler, et l'émule est obligé de répéter comme il faut la syllabe qui a été mal prononcée. Si celui-ci manque aussi, le suivant, sur un second coup de baguette, recommence la même syllabe, jusqu'à ce qu'elle ait été prononcée correctement. J'ai vu avec un singulier plaisir, il y a plus de trente ans, cette méthode pratiquée heureusement à Orléans, où elle a pris naissance par les soins et l'industrie de M. Garot, ui présidait aux écoles de cette ville. »

Il s'en rapporte à Fénelon pour les femmes, comme à Quintilien pour les enfants.

L'étude du latin convient-elle à une fille ? Telle est la première question qu'il se pose ; mais il a la sagesse de la résoudre négativement, sauf pour « les religieuses, et aussi pour les vierges et les veuves chrétiennes. » Le sexe, dit très nettement Rollin, ne met pas de différence dans les esprits. Mais il ne pousse pas bien loin les conséquences de ce principe excellent. Il se contente de demander aux femmes les quatre règles de l'arithmétique, l'orthographe, mais pas trop rigoureusement : « On ne doit pas leur faire un crime de cette ignorance de l'orthographe, qui est presque générale dans leur sexe ; » l'histoire ancienne, et l'histoire de France, « qu'il est honteux à tout bon Français d'ignorer (1). » Quant à la lecture, Rollin est aussi sévère que madame de Maintenon : « La lecture des comédies et des tragédies peut être fort dangereuse pour des jeunes filles. » Il n'autorise qu'Esther et Athalie. La musique et la danse sont admises, mais sans enthousiasme et avec des précautions infinies :

« Une expérience presque universelle montre que l'étude de la musique dissipe extraordinairement. »

« Je ne sais pas comment la coutume de faire apprendre à grands frais aux jeunes filles à chanter et à jouer des instruments est devenue si commune... J'entends dire que, dès qu'elles sont établies dans le monde, elles n'en font plus aucun usage. »

Étude du français. — C'est surtout l'étude des langues anciennes qui préoccupe Rollin : mais il a le mérite, malgré sa prédilection pour les exercices latins, d'avoir suivi l'inspiration janséniste, en ce qui concerne l'importance accordée à la langue française :

« Il est honteux, dit-il, que nous ignorions notre propre langue, et si nous voulons parler vrai, nous avouerons presque tous que nous ne l'avons jamais étudiée. »

_____

(1). Rollin ne l'impose pourtant pas aux jeunes gens.

Rollin avouait qu'il avait lui-même « beaucoup plus d'usage de la langue latine que de la langue française. » Au début de son *Traité*, qu'il n'a écrit en français que pour se mettre à la portée de ses jeunes lecteurs et de leurs parents, il s'excuse de s'essayer *dans un genre d'écrire qui est presque nouveau pour lui*. Et d'Aguesseau lui écrivait en le félicitant : « Vous parlez le français comme si c'était votre langue naturelle. » Le recteur de l'Université en était encore là, en France, au commencement du dix-huitième siècle.

Sachons lui gré par conséquent d'avoir surmonté ses propres habitudes d'esprit, pour recommander l'étude du français. Il veut qu'on l'apprenne non seulement par l'usage, mais aussi « par principes », « qu'on en approfondisse le génie et qu'on en étudie toutes les délicatesses. »

Rollin estime fort la grammaire, mais non jusqu'à en admettre l'abus :

« Des leçons suivies et longues sur une matière si sèche pourraient leur devenir fort ennuyeuses. De courtes questions, proposées régulièrement chaque jour comme par forme de conversation, où on les consulterait eux-mêmes, et où l'on aurait l'art de leur faire dire ce qu'on veut leur faire apprendre, les instruiraient en les amusant, et, par un progrès insensible, continuées pendant plusieurs années, leur donneraient une profonde connaissance de la langue. »

C'est dans le *Traité des Études* que l'on trouve pour la première fois dressée une liste d'auteurs classiques français. Quelques-uns sont aujourd'hui obscurs et oubliés, par exemple, les Vies particulières écrites par M. Marsolier, l'*Histoire de l'Académie des inscriptions et belles-lettres* de M. de Boze : mais la plupart ont été maintenus dans nos programmes, et les indications de Rollin ont été observées pendant deux siècles, pour le *Discours sur l'histoire* universelle de Bossuet, pour les œuvres de Boileau, de Racine, pour la *Logique* de Port-Royal.

Ce sont surtout les compositions latines que Rollin

comme tous ses contemporains, propose à ses élèves.
Il a cependant dit un mot de la composition française,
qui porterait, d'abord, sur des fables et des récits
historiques, puis sur des exercices de style épistolaire,
enfin sur des lieux communs, des descriptions, de courtes
harangues.

Le grec et le latin. — C'est dans l'enseignement des
langues anciennes que Rollin a surtout exercé les ressources de son art pédagogique. Pendant deux siècles,
dans les collèges universitaires, on a obéi à ses conseils.
Pour le grec, il blâme l'étude des thèmes et réduit
l'étude de cette langue à l'intelligence des auteurs. Plus
latiniste qu'helléniste, de tous les arguments qu'il donne
pour justifier l'étude du grec, le meilleur est que, depuis
la Renaissance, on l'a toujours enseigné; sans grand
succès d'ailleurs, il l'avoue :

« Les parents, dit-il, sont peu disposés en faveur du grec. Ils
ont, prétendent-ils, appris le grec, eux aussi, dans leur jeunesse,
et ils n'en ont rien retenu : c'est le langage ordinaire qui marque
qu'on n'en a pas beaucoup oublié. »

Mais le latin, qu'il ne suffit pas d'apprendre à lire,
qu'il faut écrire et même parler, est l'objet de tous les
soins de Rollin, qui témoigne sur ce point d'une expérience consommée. Comme Port-Royal, il demande
qu'on n'abuse point des thèmes dans les classes inférieures, et conseille l'usage des thèmes oraux. Mais il
tient surtout pour la version, pour l'explication des
auteurs :

« Les auteurs sont comme un dictionnaire vivant et une
grammaire parlante, où l'on apprend par l'expérience même la
force et le véritable usage des mots, des phrases et des règles
de la syntaxe. »

Ce n'est pas le lieu d'analyser ici les parties du *Traité
des études* relatives à la poétique et à la rhétorique, et
qui sont le code un peu vieilli aujourd'hui du vers et
de discours latins. Rollin y apporte une grande sagacité

professionnelle, mais aussi un esprit étroit; il condamne
la mythologie des anciens, il exclut comme dangereux
les poètes français (sauf quelques rares exceptions); il
prétend que « le véritable usage de la poésie appartient à la religion. » Il n'a aucune idée de la salutaire
et bienfaisante influence que peuvent exercer sur l'esprit
les beautés de la poésie et de l'éloquence.

Rollin historien. — Rollin, comme historien, s'est
fait une réputation. Frédéric II le comparait à Thucydide;
Chateaubriand l'a appelé emphatiquement le « Fénelon
de l'histoire. » Montesquieu lui-même a écrit avec complaisance : « Un honnête homme a par ses ouvrages
d'histoire enchanté le public : c'est le cœur qui parle au
cœur : on sent une secrète satisfaction d'entendre parler
la vertu : c'est l'abeille de la France. »

La critique moderne a fait justice de ces exagérations.
On ne relit plus guère aujourd'hui les treize volumes de
l'*Histoire ancienne*, que Rollin publia de 1730 à 1738. Le
grand défaut de Rollin, comme historien, c'est qu'il
manque d'érudition et d'esprit critique; il accepte avec
crédulité toutes les fables, toutes les légendes.

Reconnaissons pourtant que, comme professeur d'histoire — et, à vrai dire, il ne voulait être que cela, —
Rollin vaut mieux que comme historien. Il savait
mettre dans l'exposition des faits beaucoup de simplicité et d'aisance. Surtout il s'attachait à faire ressortir
des événements la leçon morale : « On ne doit pas
oublier, dit un Allemand de notre temps, que Rollin n'a
jamais eu de prétentions personnelles au titre de cher-
cheur en matière historique, et qu'il avait plutôt en vue
un but pédagogique. Comme il a été le premier à introduire l'enseignement de l'histoire dans les collèges
français (cela n'est exact que s'il s'agit des collèges de
l'Université), il a cherché à remédier à l'absence complète de lectures historiques appropriées à la jeunesse.
C'est là un grand fait pédagogique : car il est incontestable que ses ouvrages sont de nature à donner à la
jeunesse de toutes les nations un goût réel pour l'étude

de l'histoire, en même temps qu'une vive intuition des différentes époques et de la vie des peuples (1). »

Enseignement de l'histoire. — Il s'en faut cependant que, considéré simplement comme professeur d'histoire, Rollin soit irréprochable. Sans doute, il est bon de moraliser l'histoire, d'en faire, comme il le dit, « une école de solide gloire et de véritable grandeur. » Mais ne compromet-on pas nécessairement l'exactitude historique, n'est-on pas exposé à la puériliser, quand on est exclusivement guidé par l'idée de l'édification morale ?

Un autre défaut plus grave de Rollin, c'est qu'il omet systématiquement l'histoire de France et avec elle toute l'histoire moderne. En ceci, il est en retard sur l'Oratoire, sur Port-Royal, sur Bossuet, sur Fénelon, sur madame de Maintenon. Il est intéressant d'ailleurs de constater que Rollin reconnaît l'utilité des études d'histoire nationale, mais il s'autorise, pour les écarter, de l'insuffisance de temps :

« Je ne parle pas de l'histoire de France... Je ne crois pas qu'il soit possible de trouver du temps, pendant le cours des classes, pour s'appliquer à cette étude ; mais je suis bien éloigné de la considérer comme indifférente, et je vois avec douleur qu'elle est négligée par beaucoup de personnes à qui pourtant elle serait fort utile, pour ne pas dire nécessaire. Quand je parle ainsi, c'est à moi-même, le premier, que je fais le procès, car j'avoue que je ne m'y suis point assez appliqué, et j'ai honte d'être en quelque sorte étranger dans ma propre patrie, après avoir parcouru tant d'autres pays. »

La philosophie. — C'est l'édification morale que Rollin cherche dans les études philosophiques, comme dans les études historiques. Peu compétent en ces matières, il avoue lui-même qu'il ne s'est appliqué que très superficiellement à l'étude de la philosophie. Il sait cependant le prix de la morale et de la logique, qui règlent les mœurs et perfectionnent l'esprit ; de la phy-

(1) Le Dr Wolker, cité par M. Cadet, dans son édition de Rollin. Paris. 1882.

sique, qui nous fournit une foule de connaissances curieuses; de la métaphysique enfin, qui fortifie le sentiment religieux. La morale de l'antiquité lui paraît
digne d'attention : elle est à ses yeux la préface de la
morale chrétienne.

Enseignement scientifique. — Rollin a donné
lui-même un abrégé de l'astronomie, de la physique, de
l'histoire naturelle. Sans doute ses essais n'ont qu'une
médiocre valeur. Les connaissances de Rollin sont souvent inexactes; ses idées générales sont mesquines.
Il en est encore à croire que « la nature entière est faite
pour l'homme. » Mais il mérite pourtant quelques
éloges pour avoir compris le rôle que l'observation de
l'univers sensible doit jouer dans l'éducation:

« J'appelle *physique des enfants* une étude de la nature, qui
ne demande presque que des yeux, et qui, par cette raison, est
à la portée de toute sorte de personnes, et même des enfants.
Elle consiste à se rendre attentif aux objets que la nature nous
présente, à les considérer avec soin, à en admirer les différentes
beautés; mais sans en approfondir les causes secrètes, ce qui est
du ressort de la physique des savants.

« Je dis que les enfants mêmes en sont capables : car ils ont
des yeux, et ils ne manquent pa de curiosité. Ils veulent savoir, ils interrogent. Il ne faut que réveiller et entretenir en
eux le désir d'apprendre et de connaître, qui est naturel à tous
les hommes. Cette étude, d'ailleurs, si l'on doit l'appeler ainsi,
loin d'être pénible et ennuyeuse, n'offre que du plaisir et de
l'agrément ; elle peut tenir lieu de récréation, et ne doit ordinairement se faire qu'en jouant. Il est inconcevable combien
les enfants pourraient apprendre de choses, si l'on savait profiter de toutes les occasions qu'eux-mêmes nous en fournissent. »

Caractère éducatif de la pédagogie de Rollin.
— Il ne faudrait pas s'imaginer que Rollin ait eu exclu
sivement pour but de faire des latinistes et des littéra-
teurs. Je sais bien qu'il a dit lui-même que « former le
goût était sa principale vue. » Néanmoins, il a songé à
autre chose : aux qualités morales non moins qu'aux
talents de l'intelligence. Il a voulu former à la fois « le
cœur et l'esprit. » L'enseignement tout entier prend

avec lui un tour éducatif. Il n'estime la science que parce qu'elle conduit à la vertu. Dans l'explication des auteurs on doit s'attacher à la moralité de leurs pensées, au moins autant qu'à leurs beautés littéraires : on doit mettre habilement en relief les maximes, les exemples que contiennent leurs écrits, afin que ces lectures deviennent des leçons de morale, non moins que des études de beau langage. Pour tout dire en un mot, Rollin appartient à la tradition des jansénistes et non à celle de la compagnie de Jésus.

Christianisme de Rollin. — Rollin, bien qu'il ait été persécuté pour ses tendances jansénistes, était un fervent chrétien : « Une probité romaine » ne lui suffit pas : il veut une vertu chrétienne. Il demande en conséquence que l'enseignement religieux se mêle à toutes les leçons. Un règlement qui date de son rectorat exigeait que l'écolier, dans chaque classe, apprît et récitât chaque jour une ou plusieurs maximes tirées de l'Écriture sainte. Cet usage s'est maintenu jusqu'à nos jours. Rollin savait d'ailleurs que le meilleur moyen d'inspirer la piété, c'est de prêcher d'exemple et d'être pieux soi-même :

« Faire de véritables chrétiens, voilà ce qui est la fin et le but de l'éducation des enfants : tout le reste ne tient lieu que de moyens... Quand un maître a reçu cet esprit, il n'y a plus rien à lui dire... »

L'esprit religieux de Rollin éclate à chaque page de son livre :

« Il me reste, dit-il en concluant son avant-propos, de prier Dieu, dans la main de qui nous sommes, nous et nos discours, de vouloir bénir mes bonnes intentions. »

Discipline intérieure des collèges. — La partie du *Traité des études* qui a gardé le plus de saveur, et qui sera étudiée avec le plus de profit, est assurément celle qui traite *du gouvernement intérieur des classes et des collèges*. Ici, quoiqu'il ne se déshabitue point complètement de sa méthode d'emprunts et d'appels à l'autorité des autres, quoiqu'il s'inspire particulièrement de Locke, dont il reproduit presque textuellement les sages avis sur les punitions et les récompenses, Rollin dispose d'une longue expérience personnelle. Nous lui avons reproché de ne pas connaître le petit enfant : en revanche, il sait à merveille ce que sont les écoliers un peu plus grands, les enfants de dix à seize ans. Et non seulement il les connaît, mais il les aime tendrement. Il leur rend ce témoignage, que l'affection seule peut expliquer, qu'il les a toujours trouvés raisonnables.

Énumération des questions traitées par Rollin. — Pour donner une idée de cette partie du *Traité*, le mieux est de reproduire les titres des treize articles dont se compose le chapitre intitulé : *Avis généraux sur l'éducation de la jeunesse.*

I. — Quel but on doit se proposer dans l'éducation. — II. Étudier le caractère des enfants pour se mettre en état de les bien instruire. — III. Prendre d'abord de l'autorité sur les enfants. — IV. Se faire aimer et craindre. — V. Des châtiments : 1° Inconvénients et dangers des châtiments ; 2° Règles à observer dans les châtiments. — VI. Des réprimandes : 1° Sujet de réprimander ; 2° Temps où il faut placer la réprimande ; 3° Manière de faire les réprimandes. — VII. Parler raison aux enfants. Les piquer d'honneur. Faire usage des louanges, des récompenses, des caresses. — VIII. Accoutumer les enfants à être vrais. — IX. Accoutumer les jeunes gens à la politesse, à la propreté, à l'exactitude. — X. Rendre l'étude aimable. — XI. Accorder du repos et de la récréation aux enfants. — XII. Former les jeunes gens au bien par ses discours et par ses exemples. — XIII. Piété, religion, zèle pour le salut des enfants.

Éducation publique. — Rollin ne se prononce pas catégoriquement sur la supériorité de l'éducation publique : il n'ose pas donner un avis formel aux parents. Mais il fait ressortir avec tant de force les avantages de la vie commune des collèges, qu'il est bien évident qu'il la préfère à l'éducation privée. Notons, en outre, qu'il accepte pour son compte « la maxime capitale des anciens, que les enfants appartiennent plus à la république qu'à leurs parents. »

Le fouet. — Rollin, en fait de discipline, penche plutôt du côté de la douceur. Il n'ose pourtant pas se prononcer absolument contre l'usage du fouet. Ce qui l'arrête surtout, ce qui lui donne des scrupules, ce qui l'empêche d'exprimer un blâme qui est au fond de son cœur, mais qui n'arrive pas jusqu'à ses lèvres, c'est qu'il y a des textes de la Bible dont l'interprétation est favorable à l'emploi des verges. Il est intéressant de voir comment, partagé entre ses sentiments de chrétien docile et ses instincts de douceur, le bon et timide Rollin essaye de trouver un sens moins rigoureux au texte sacré, et de se convaincre lui-même que la Bible ne dit pas ce qu'elle semble dire. Après bien des hésitations, il arrive enfin à conclure que les châtiments corporels sont permis, mais qu'il ne faut en user que dans les cas extrêmes et désespérés : ce qui est aussi la conclusion de Locke.

Les punitions en général. — Que de sages conseils, d'ailleurs, sur les punitions, sur les précautions qu'il faut prendre lorsqu'on punit ou qu'on réprimande! Qu'on se garde de châtier l'enfant au moment où il commet sa faute, parce qu'on pourrait alors l'exaspérer et l'exciter à de nouveaux manquements. Que le maître punisse froidement et qu'il évite la colère qui discrédite son autorité. Il faudrait tout citer dans ce code excellent de discipline scolaire. C'est la raison, c'est le bon sens même que Rollin, quand il guide et éclaire le maître dans ses rapports avec l'élève. Sans doute, la plupart de ces préceptes ne sont pas nouveaux : mais, quand ils passent par la bouche de Rollin, il s'y ajoute ce je ne sais quoi, que donne à l'avis le plus rebattu l'autorité de l'expérience personnelle.

Conclusion. — Nous n'insisterons pas sur les autres prescriptions de Rollin. Il faut lire dans le texte ses réflexions sur les jeux, sur les récréations, sur les

moyens de rendre l'étude aimable, sur la nécessité de
parler raison de bonne heure à l'enfant, de lui expliquer pourquoi on fait ceci et cela. Il y a, dans cette
dernière partie du *Traité des études*, toute une psychologie de l'enfant qui ne manque ni de finesse ni de
pénétration. Il y a surtout un code de discipline morale
qu'on ne saurait trop recommander aux éducateurs,
à tous ceux qui veulent, selon l'expression de Rollin,
« former à la fois l'esprit et le cœur » des jeunes gens.
Rollin a travaillé pour la vertu plus encore que pour
la science. Ses livres sont moins des productions littéraires que des œuvres morales, et l'auteur lui-même
est l'expression parfaite de ce que peut faire pour
élever la jeunesse, l'esprit chrétien associé à l'esprit
universitaire.

LEÇON XII

État de l'instruction primaire au dix-septième siècle. — Il n'entre pas dans notre plan de suivre au jour le jour les petits progrès, les lents développements des écoles primaires en France : nous devons nous en tenir aux faits essentiels et aux dates capitales.

L'Église catholique, au seizième et au dix-septième siècle, ne s'est pas désintéressée absolument de l'instruction populaire. Elle s'est employée, sans doute, à évangéliser le pauvre peuple, parfois « *même à lui apprendre à lire et à écrire.* » Néanmoins, jusqu'à l'organisation des écoles chrétiennes par La Salle, nul effort sérieux n'est tenté. Quelques fondations pieuses établissent en maint endroit des écoles gratuites, des *écoles de charité*, mais aucune vue d'ensemble ne dirige ces établissements. Des conflits d'attributions, entre certaines confréries indépendantes, comme celle des maîtres écrivains, et les maîtres des petites écoles placées sous l'autorité directe du grand chantre, entre les curés et les écolâtres, c'est-à-dire les auxiliaires de l'évêque chargés de la surveillance des écoles, viennent encore enrayer les bonnes volontés individuelles, et gêner le faible mouvement qui se produit en faveur de l'enseignement populaire. Par exemple, vers 1680, les maîtres-écrivains prétendent empêcher les maîtres des petites écoles de donner des leçons d'écriture, du moins de *bailler à leurs écoliers aucuns exemples que de monosyllabes* : et un arrêt du Parlement est nécessaire pour rétablir la liberté, et encore sous certaines réserves, de l'enseignement de l'écriture.

« L'instruction chrétienne était négligée, pour ne pas dire avilie, » disent des contemporains. Les enfants qui fréquentaient les école des pauvres étaient voués au mépris public : ils étaient contraints de porter sur leur chapeau un signe particulier. Bref, loin de progresser l'instruction primaire était plutôt en décadence.

Démia et les petites écoles de Lyon. — Parmi les hommes d'initiative qui luttèrent contre ce triste état de choses, et qui essayèrent de développer les écoles catholiques, il faut citer, avant La Salle, le prêtre lyonnais Démia qui, en 1666, fonda la congrégation des frères Saint-Charles pour l'instruction des enfants pauvres. L'institut de La Salle ne fut organisé que dix-huit ans plus tard, en 1684. En 1668, ayant adressé aux prévôts des marchands de la ville de Lyon un appel chaleureux, ses *Remontrances pour l'établissement d'écoles chrétiennes pour l'instruction des pauvres*, Démia obtint une somme annuelle de deux cents livres. En 1675, il fut chargé, par « mandement exprès » de l'archevêque de Lyon, « de la conduite et direction des écoles de cette ville et diocèse », et rédigea un règlement scolaire, qui fut cité comme un modèle (1). Pour la méthode « d'enseigner à lire, de faire le catéchisme, de corriger les enfants, et choses semblables, » Démia se conformait d'ailleurs au livre de l'*École paroissiale*, dont nous dirons un mot tout à l'heure. Il se chargeait lui-même de procéder « à l'examen de la religion, capacité et bonnes mœurs, des personnes qui prétendaient de tenir école. » Mais ce qui vaut mieux, il institua, pour les préparer et les former, une sorte de séminaire.

Quelques citations donneront une idée du zèle de Démia pour l'établissement des écoles chrétiennes.

> « Cet établissement est de telle importance et d'une si grande utilité qu'il n'est rien dans la police qui soit plus digne du soin et de la vigilance des magistrats, puisque de là dépendent la paix et la tranquillité publique. Les pauvres n'ayant pas le moyen d'élever leurs enfants, ils les laissent dans l'ignorance de leurs obligations... Aussi l'on voit avec un sensible déplaisir que cette éducation des enfants du pauvre peuple est totalement négligée, quoiqu'elle soit la plus importante de l'État, dont ils font le plus grand nombre, et qu'il soit autant et même plus nécessaire d'entretenir pour eux des écoles publiques que des collèges pour les enfants de bonnes familles... »

Claude Joly. — En 1675, Claude Joly, chantre de Notre-Dame, « collateur, directeur et juge des petites écoles de la ville, faubourg et banlieue de Paris, » publia ses *Avis chrétiens et moraux pour l'instruction des enfants.* Il y a peu à recueillir dans cet ouvrage, où l'auteur oublie trop l'instruction élémentaire pour ne parler que de l'enseignement secondaire et de l'éducation des princes. Ce qui préoccupe le plus Cl. Joly, c'est de remettre en vigueur les règlements qui interdisent de réunir les garçons et les filles dans les écoles. La séparation des sexes a été longtemps en France un principe absolu. Démia, dans l'article 9 de son règlement, rappelle l'ordonnance de l'archevêque de Lyon « qui défend aux maîtres d'écoles d'y admettre des filles, et aux

---

(1) Voyez les *Lectures pédagogiques.* Hachette, 1883, p. 436.

maîtresses d'écoles d'y admettre des garçons. » Rollin
était du même avis. Cl. Joly, en qualité de grand
chantre, revendiquait d'ailleurs avec âpreté ses droits
souverains en matière d'instruction primaire :

« Nous combattons le pouvoir que s'attribuent MM. les curés
de Paris de tenir des écoles, sous le nom et prétexte de charité,
sans la permission du grand chantre, à qui seul appartient ce
pouvoir : à lui appartient aussi le droit de nommer aux écoles
des communautés religieuses et séculières. Nous faisons voir en
outre les entreprises des écrivains qui s'ingèrent de montrer
l'orthographe, laquelle n'appartient qu'aux bons grammairiens
c'est-à-dire aux maîtres des petites écoles ... »

On voit à quelles mesquines questions de préroga-
tives était sacrifiée au dix-septième siècle la grande
cause de l'instruction du peuple.

Le livre de l'École paroissiale. — Sous ce titre,
l'*École paroissiale ou la manière de bien instruire les
enfants dans les petites écoles*, un prêtre du diocèse de
Paris avait écrit, en 1655, un manuel scolaire souvent
réimprimé (1), qui devint le règlement général des
classes pendant les années qui suivirent, et qui donne
une idée exacte de ce qu'il y avait d'étroit, de mal
défini dans l'instruction primaire de ce temps-là.

L'auteur de l'*École paroissiale* ne fait pas grand cas
de la profession d'instituteur, qu'il considère comme
un emploi *sans éclat, sans plaisir et sans goût*. Il n'attend pas de grands résultats de l'enseignement, dont il
se contente de dire qu'il *n'est pas complètement inutile*.
Il est vrai que cet enseignement se réduit à peu de
choses : lire, écrire, compter. L'auteur y ajoute la religion et la civilité.

Remarquons surtout que le programme de l'école
paroissiale comprend aussi les *principes de la langue
latine*. L'école primaire de ce temps-là se confondait
encore avec le collège secondaire : on y enseignait les
langues anciennes, la rhétorique. Dans le catalogue

(1) Nous avons sous les yeux l'édition de 1722.

des livres du maître, dressé par l'auteur de l'*École paroissiale*, nous trouvons une grammaire grecque. Dans les classes la lecture en latin précède la lecture en français.

Il y aurait quelques bons conseils de pédagogie pratique à extraire de la première partie de l'ouvrage, notamment sur les devoirs du maître d'école, sur l'efficacité de l'exemple, sur la nécessité de connaître le naturel des élèves. Mais que d'affirmations naïves ou de préceptes fâcheux, dans ce code des écoles de la ville de Paris, contemporain du grand siècle ! L'*École paroissiale* se plaint que les écoliers mangent rop de pain :

« Les enfants de Paris mangent ordinairement beaucoup de pain : cette nourriture leur abêtit l'esprit et les rend bien souvent, à l'âge de neuf à dix ans, ineptes à apprendre. *Omnis repletio mala, panis vero pessima.* »

Ce qui est grave, c'est que la délation est non seulement autorisée, mais encouragée et organisée :

« Le maître choisira deux des plus fidèles et avisés pour prendre garde au désordre et aux immodesties de l'école et de l'église. Ils écriront les délinquants et les immodestes sur un morceau de papier ou une tablette pour les donner au maître : ces officiers seront nommés *observateurs.* »

La Salle (1651-1719) et les Écoles chrétiennes. — La lecture de l'*École paroissiale* prépare à mieux comprendre l'œuvre de La Salle. Si l'on avait quelque tentation de déprécier l'institut des frères des Écoles chrétiennes, il suffirait, pour réagir contre cette disposition, de confronter les réformes de La Salle, quelque insuffisantes qu'elles soient, avec l'état réel des écoles de ce temps-là. Pour être jugées équitablement, les institutions humaines doivent être replacées dans leur cadre et dans leur milieu. Il est facile de faire aujourd'hui son procès à la pédagogie des frères des Écoles chrétiennes. Mais, considérées à leur heure, et comparées

avec ce qui existait ou plutôt avec ce qui n'existait pas
alors, les fondations de La Salle ont droit à l'estime et
à la reconnaissance des amis de l'instruction. Elles
représentent le premier effort suivi de l'église catholique pour organiser l'enseignement du peuple. Ce que
les jésuites ont fait en matière d'enseignement secondaire, avec des ressources immenses, et pour des élèves
qui les rétribuaient de leur peine, La Salle l'a tenté
dans l'enseignement primaire, à travers mille obstacles
et pour des élèves qui ne payaient pas.

Vie et caractère de La Salle. — Nous aurons à
critiquer, dans la plupart de ses principes et dans
maint détail de sa pratique, l'institut pédagogique de La
Salle. Mais, ce qui mérite une admiration sans réserve,
c'est le zèle professionnel du fondateur de l'ordre, c'est
l'initiative hardie qu'il déploya dans l'organisation
de ses écoles, dans le recrutement de ses maîtres; c'est
son ardeur tenace, que ne découragèrent ni les résistances jalouses des corporations, des maîtres écrivains,
par exemple, ni l'inexplicable opposition du clergé lui-
même; c'est enfin le dévoûment infatigable d'une belle
vie consacrée à la cause de l'instruction, et qui ne fut
qu'une longue série d'efforts et de sacrifices.

De bonne heure, La Salle avait donné des preuves de
l'énergie de son caractère. Débile et maladif, il lui fallait lutter contre les défaillances de son tempérament.
Pour vaincre le sommeil et prolonger sa veillée d'études, tantôt il se mettait à genoux sur des cailloux aigus,
tantôt il plaçait en face de lui, sur son bureau de travail, une planchette garnie de pointes de fer, où sa tête
allait se heurter, dès que la fatigue l'assoupissait et
l'inclinait en avant. Chanoine du chapitre de Reims dès
1667, ordonné prêtre en 1678, il se démit de sa pré-
bende en 1683, et, se faisant volontairement pauvre,
afin de se rapprocher de ceux dont il voulait sauver les
âmes, il renonça à tous ses biens patrimoniaux, au
grand scandale de ses amis qui le traitaient de fou

Tendances ascétiques. — Ce n'est pas d'ailleurs

l'amour désintéressé du peuple, ce n'est pas la pensée de sa régénération morale, de son progrès intellectuel, qui anima et soutint les efforts de La Salle. Son but était avant tout religieux. Il poussait la dévotion jusqu'à l'ascétisme. Dans son enfance, alors qu'il vivait encore de la vie de famille, il lui arrivait de s'ennuyer dans les salons de sa mère, et ses biographes racontent qu'un soir, pendant qu'autour de lui on faisait de la musique, qu'on devisait de choses mondaines, il se jeta dans les bras d'une de ses tantes, en lui disant : « Madame, racontez-moi donc une vie des saints. » Lui-même fut un saint, quoique l'Église ne l'ait jugé digne que du titre de vénérable. Dès sa jeunesse, il passait les nuits en prières ; il se couchait sur des planches. Toute sa vie, il fut sévère à lui-même, sévère aux autres aussi, considérant l'abstinence et les privations comme la règle du chrétien. Ses adversaires, à différentes reprises, lui en firent un crime. On le représenta comme un homme dur, poussant jusqu'à la cruauté ses exigences d'ascète. Pour apaiser ces colères, il retrancha de son institut les pénitences et les macérations ; mais il les maintint pour sa personne, et il continua sa vie de souffrance volontaire. Héroïques vertus, si l'on veut : mais qu'il soit permis d'ajouter aussi, mauvaises dispositions pour un instituteur de l'enfance ! Nous nous défions d'avance d'une pédagogie dont le berceau est aussi sombre, dont le fondateur a enfermé sa vie dans un horizon aussi étroit, et qui dans ses origines n'est éclairée par aucun rayon de gaieté et de bonne humeur.

Fondation de l'institut. — L'institut des Frères fut fondé en 1684 ; mais il n'a été approuvé par l'autorité pontificale et par le pouvoir royal que quarante ans plus tard, en 1724.

Nous ne raconterons pas tout au long les vicissitudes des premières années de l'institut. Disons seulement que La Salle inaugura son œuvre en offrant l'hospitalité, dans sa maison, à plusieurs instituteurs pauvres. Dès 1679, il ouvrait à Reims une école de garçons. En

1684, il imposa à ses disciples des vœux de *stabilité*
et d'*obéissance* : il régla leur costume. En 1688, il se
rendit à Paris pour y fonder des écoles, et c'est là surtout que, comme il le dit lui-même, « il se vit persécuté
par les hommes dont il espérait du secours. » En dépit
de toutes les contradictions, son entreprise prospéra,
et quand il mourut, en 1720, l'institut des frères comptait déjà un très grand nombre d'établissements d'instruction primaire.

Idée des écoles normales. — On sait comment se
recrutaient alors les instituteurs. A Paris, si l'on en
croit Pourchot, le grand chantre Cl. Joly était obligé
d'employer, *pour la direction des écoles*, des fripiers, des
gargotiers, des cabaretiers, des maçons, des perru-
quiers, des joueurs de marionnettes... Nous n'épuisons
pas l'énumération. En 1682, une institutrice, Marie
Moreau, était envoyée par Bossuet pour tenir l'école
de la Ferté-Gaucher. Le curé de l'endroit, en sa qualité
d'écolâtre, voulant se rendre compte de sa capacité, lui
fit passer un examen, dont voici le détail :

« 1° Il lui demanda si elle savait lire, et elle lui répondit
qu'elle lisait passablement, mais pas assez bien pour enseigner.
« 2° Il lui présenta une plume pour la tailler, elle déclara ne
pouvoir le faire.
« 3° Il lui présenta un livre latin en la priant de lire, mais elle
en fut détournée par la sœur Remy qui déjà l'avait détournée de
faire voir son écriture (1). »

L'ignorance, souvent l'incapacité morale, était donc
le caractère général des maîtres de cette époque. C'est
sans la moindre préparation qu'ils entraient le plus
souvent dans leurs fonctions. La Salle avait un trop
grand souci de la bonne tenue de ses écoles pour accepter des maîtres improvisés. Aussi, dès 1685, il su-
vrit à Reims, sous le nom de *Séminaire de maîtres d'école*,
une véritable école normale, où devaient être formés
les instituteurs des communes rurales. Démia seul l'avait

(1) *Histoire d'une école gratuite*, par V. Plasselier, p. 18.

précédé dans cette voie. Plus tard, il fonda un établissement du même genre à Paris, et, chose notable, il annexa à cette école normale une école primaire, où la classe était faite par les normaliens eux-mêmes, sous la direction d'un maître expérimenté.

Dans la troisième partie de la *Conduite*, La Salle a d'ailleurs rédigé avec soin les règles de ce qu'il appelle la *formation des nouveaux maîtres*. Voici les défauts qu'il reprend chez les jeunes instituteurs :

1° La démangeaison de parler ; 2° la trop grande activité qui dégénère en pétulance ; 3° la légèreté ; 4° la préoccupation et l'embarras ; 5° la dureté ; 6° le dépit ; 7° les acceptions de personnes ; 8° la lenteur et la négligence ; 9° la pusillanimité et la mollesse ; 10° l'abattement et le chagrin ; 11° la familiarité et la badinerie ; 12° les distractions et pertes de temps ; 13° les variations de l'inconstance ; 14° l'air évaporé ; 15° une trop grande concentration en soi-même ; 16° le manque d'égard pour la différence des caractères et des dispositions des enfants.

Idée de l'enseignement gratuit et obligatoire. — « L'institut des frères des Écoles chrétiennes, disent textuellement les statuts de l'ordre, est une société dans laquelle on fait profession de tenir les écoles *gratuitement*. » La Salle ne pensait qu'aux enfants des artisans et des pauvres, qui, disait-il, étant occupés pendant tout le jour pour gagner leur vie et celle de leurs enfants, ne peuvent pas leur donner eux-mêmes les instructions qui leur sont nécessaires et une éducation honnête et chrétienne. » En 1694 le fondateur de l'institut et ses douze premiers disciples allaient s'agenouiller au pied des autels, et s'engageaient à « tenir ensemble et par association des écoles gratuites, quand même ils seraient obligés, pour le faire, de demander l'aumône et de vivre de pain seulement. »

Mais ce qui est plus remarquable encore que d'avoir popularisé l'instruction gratuite, déjà réalisée en maints endroits par les écoles de charité, c'est d'avoir conçu l'obligation de l'instruction. La Salle, qui ne croyait pas en cela attenter à la liberté des pères de famille, propose dans la *Conduite* un moyen pour peser sur leur volonté

« Si parmi les pauvres quelques-uns ne veulent point profiter de l'avantage de l'instruction, on doit les faire connaître à messieurs les curés : ceux-ci pourront les corriger de leur indifférence, en les menaçant de ne plus les secourir jusqu'à ce qu'ils envoient leurs enfants à l'école. »

Enseignement professionnel. — Outre les écoles primaires proprement dites, La Salle, qui est véritablement un initiateur, a inauguré l'organisation d'un enseignement technique et professionnel. A Saint-Yon, près de Rouen, il organisa une sorte de collège où l'on enseignait « tout ce qu'un jeune homme peut apprendre à l'exception du latin, » et dont le but était de préparer aux professions commerciales, industrielles, administratives.

Conduite des écoles chrétiennes : éditions successives. — La Salle a eu le soin de rédiger pour son institut un règlement très détaillé, sous ce titre : *Conduite des écoles*. La première édition date de 1720; elle parut à Avignon, un an après la mort de l'auteur (1). Deux autres éditions ont été données depuis, en 1811 et en 1870, avec quelques modifications importantes. Le fond n'a pas changé : mais certains passages relatifs à la discipline, à l'emploi du fouet ont été supprimés :

« Dans la vue de conformer notre éducation à la douceur de mœurs actuelles, dit l'avant-propos de 1811, nous avons supprimé ou modifié tout ce qui renferme correction afflictive, et remplace avantageusement (*sic*), d'une part, par de bons points, des engagements et des récompenses; de l'autre, par de mauvais points, des privations et des pensums. »

D'un autre côté, quelques additions ont été faites.

_____

(1) Nous avons sous les yeux un exemplaire de cette édition à Avignon, chez J. Charles Chastanier, imprimeur et libraire proche le collège des RR. PP. Jésuites.

L'institut des Frères a dû se plier en partie aux exigences des temps et retrancher quelque chose de l'inflexibilité de sa règle.

« Les frères, est-il dit dans la préface de l'édition de 1870, écrite par le frère Philippe, les frères ont augmenté peu à peu la *Conduite* primitive, à mesure qu'ils ont perfectionné leur méthode... On comprend qu'un livre de cette nature ne puisse recevoir une forme dernière; de nouvelles expériences, les progrès de la méthodologie, les prescriptions législatives, de nouveaux besoins, etc., exigent que de temps à autre il subisse diverses modifications. »

Abus de la réglementation.— Un trait commun à la pédagogie des jésuites et à celle des frères des Écoles chrétiennes, c'est que tout est réglé d'avance avec une extraordinaire minutie. Aucune initiative n'est laissée aux maîtres. L'enseignement n'est plus qu'un règlement en action. Toute nouveauté est interdite.

« Il a été nécessaire, dit la *Préface* de La Salle, de dresser cette *Conduite* des écoles chrétiennes, afin que tout fût conforme dans toutes les écoles et dans tous les lieux où il y a des frères de cet institut, et pour que les pratiques y fussent toujours les mêmes. L'homme est si sujet au relâchement et même au changement qu'il lui faut des règles par écrit, pour le retenir dans les bornes de son devoir, et pour l'empêcher d'introduire quelque chose de nouveau, ou de détruire ce qui a été sagement établi. »

Comment s'étonner après cela que l'enseignement des frères soit devenu trop souvent une routine sans valeur ?

Division de la Conduite.— La *Conduite des écoles chrétiennes* se divise en trois parties. La première traite de tous les exercices de l'école et de ce qui s'y pratique depuis l'entrée des élèves jusqu'à leur sortie. La seconde expose les moyens d'établir et de maintenir l'ordre, en un mot, la discipline. La troisième traite des devoirs de l'inspecteur des écoles, des qualités des maîtres, des règles à suivre pour l'éducation des instituteurs eux-mêmes. C'est, pour ainsi dire, le manuel des écoles normales de l'institut.

Organisation intérieure des écoles. — Ce qui frappe tout d'abord quand on pénètre dans les écoles chrétiennes, telles que La Salle les organisa, c'est le grand silence qui y règne : le silence des élèves, rien de mieux si on l'obtient ; mais c'est aux maîtres aussi que La Salle recommande le silence. Le frère est un professeur qui ne parle pas :

« Il veillera particulièrement sur lui-même, pour ne parler que très rarement et fort bas. » — « Il serait peu utile que le maître s'appliquât à faire garder le silence aux écoliers, s'il ne le gardait lui-même. » — « Quand la nécessité l'obligera à parler, et il doit prendre garde que cette nécessité soit rare, il parlera toujours sur un ton médiocre. »

On dirait que La Salle a peur d'une voix forte et sonore. Comment donc le maître communiquera-t-il avec ses élèves, puisque la parole lui est presque interdite ? La Salle a imaginé, pour remplacer le langage, tout un système de signes, une sorte de télégraphie scolaire, dont on trouvera le long détail dans plusieurs chapitres de la *Conduite*. Pour faire répéter les prières, le maître joindra les mains ; pour faire répéter le catéchisme, il fera le signe de la croix. Dans d'autres cas, il se frappera la poitrine, il regardera fixement l'écolier, etc. En outre, il aura à sa disposition un instrument de fer nommé *signal*, qu'il lèvera, qu'il baissera, qu'il maniera de cent façons pour indiquer sa volonté, pour annoncer le commencement ou la fin de tel ou tel exercice.

Que signifie cette défiance de la parole ? Et que penser de ces classes de muets où maîtres et élèves ne procèdent que par signes ? « Quand un écolier demandera la permission de parler, il se tiendra debout à sa place, les bras croisés et les yeux modestement baissés. » Sans doute, pour essayer d'excuser ces pratiques, on peut faire valoir les inconvénients d'une classe bruyante, les avantages d'une école silencieuse où tout se fait discrètement et sans bruit. N'y a-t-il pas cependant dans ces bizarres prescriptions autre chose que la recherche de l'ordre et de la bonne tenue : la révélation de tout un système pédagogique, qui a peur de la vie et de la liberté, qui, sous prétexte de faire des classes tranquilles, fait des classes mortes, qui réduit enfin maîtres et élèves à n'être que des machines ?

Enseignement simultané. — A côté du mal, il faut signaler le bien. Jusqu'à La Salle, le mode individuel avait été presque seul en usage dans l'enseignement élémentaire ; il lui substitua le mode simultané, c'est-à-dire l'enseignement donné à tous les élèves en même temps. A cet effet, La Salle divisait chaque classe en trois divisions : « la division des plus faibles, celle des médiocres et celle des plus intelligents ou des plus capables. »

« Tous les écoliers d'un même ordre recevront ensemble la même leçon. L'instituteur veillera à ce que tous soient attentifs, et à ce que, dans la lecture par exemple, tous lisent à basse voix ce que le lecteur lira à haute voix. »

Pour aider l'instituteur, La Salle lui adjoint un ou deux des meilleurs élèves de chaque division, qui deviennent ses répétiteurs, et qu'il appelle des *inspecteurs*. « Les enfants, disait La Salle, apprendront eux-mêmes d'autant mieux qu'ils auront plus enseigné. »

Pour être juste, il faut cependant reconnaître, dans certaines recommandations de La Salle, quelques velléités d'appel au jugement et à la raison de l'enfant :

« Le maître ne parlera pas aux écoliers pendant le catéchisme comme en prêchant : mais il les interrogera presque continuellement par plusieurs demandes et sous-demandes, afin de leur faire comprendre ce qu'il leur enseignera. »

Le frère Luccard, dans sa *Vie du vénérable J.-B. de La Salle* (1), cite ce passage plus expressif encore, emprunté à des *Avis* manuscrits :

(1) Deux volumes. Paris, 1876.

« Que le maître se garde d'aider trop facilement les élèves à résoudre les questions qui leur sont proposées : il doit, au contraire, les engager à ne point se rebuter et à chercher avec ardeur ce qu'il sait qu'ils pourront trouver d'eux-mêmes. Il les persuadera qu'ils retiendront mieux les connaissances qu'ils auront acquises par un effort personnel et persévérant. »

Ce qu'on apprenait dans les écoles chrétiennes.

— La lecture, l'écriture, l'orthographe, l'arithmétique et le catéchisme : tel est le programme de La Salle.

Pour la lecture, la Salle, d'accord en cela avec Port-Royal, exige que l'on commence par des livres français.

« Le livre dans lequel on apprendra à lire le latin est le psautier : mais on ne mettra dans cette leçon que ceux qui sauront parfaitement lire dans le français. »

Pour l'écriture, La Salle demande que l'écolier n'y soit exercé que quand « il sait parfaitement lire. » Il attache d'ailleurs une extrême importance à la calligraphie, et l'on sait que les frères sont restés maîtres en cette matière. La Salle ne tarit pas en conseils sur ce sujet : les plumes, le canif pour les tailler, l'encre, le papier, le transparent et les brouillards, les lettres rondes et les lettres italiennes (l'écriture bâtarde), tout est passé en revue (1). La *Conduite* insiste encore « sur la manière d'apprendre à bien tenir le corps, » « sur la manière d'apprendre à bien tenir la plume et le papier. »

« Il sera utile et à propos pour le commençant de lui donner un bâton de la grosseur d'une plume, sur lequel il y ait trois crans, deux à droite et un à gauche, qui marquent les endroits où doivent être posés les trois doigts. »

Les leçons d'écriture doivent être suivies d'exercices d'orthographe et de rédaction :

« Le maître obligera les élèves à composer et à écrire eux-mêmes

(1) L'usage de l'écriture ronde dominait. La Salle fit prévaloir l'usage de la bâtarde.

des promesses, des quittances, des marchés d'ouvriers, etc.
Il les obligera aussi d'écrire ce qu'ils auront retenu du catéchisme, des cours qu'on leur aura faits (1). »

Quant à l'arithmétique, réduite aux quatre règles, il
faut louer la tendance de La Salle à la faire apprendre
par raison et non par routine. Ainsi il demande que le
maître interroge l'élève, pour lui faire mieux concevoir
et retenir la règle, ou pour s'assurer qu'il est attentif. Il
« lui donnera une entière intelligence » de ce qu'il enseigne; enfin, il exigera qu'« il apporte un certain nombre de règles qu'il aura inventées de lui-même. »

Les prières et les exercices religieux tiennent naturellement une grande place dans les classes organisées
par La Salle :

« Il y aura toujours deux ou trois écoliers à genoux, un de
chaque classe, qui réciteront le chapelet, tous les uns après les
autres.

« On fera en sorte partout que les écoliers entendent tous
les jours la sainte messe.

« On fera tous les jours le catéchisme pendant une demi-
heure. »

Méthode d'enseignement. — On a souvent reproché à l'institut des Frères le caractère machinal de son
enseignement. Le frère Philippe, dans l'édition de la
Conduite publiée en 1870, avoue implicitement la justesse de ce reproche, quand il écrit : « L'enseignement
élémentaire a pris dans ces derniers temps un caractère particulier *dont nous devons tenir compte*: se proposant pour but principal de former le jugement de
l'élève, il donne moins d'importance qu'autrefois à la
culture de la mémoire ; il se sert surtout de méthodes
qui exercent l'intelligence et portent l'enfant à réfléchir, à se rendre compte des faits, à sortir du domaine des mots pour entrer dans celui des idées. » Ces
sages avertissements ne trahissent-ils pas précisément

_____

(1) Voyez le chapitre II de la seconde partie.

l'ex.stence d'une tradition mauvaise que l'on veut corriger et qui tend à se maintenir ? Il n'est pas douteux, en effet, pour qui a lu la *Conduite*, que le caractère général de la pédagogie des Écoles chrétiennes, à leur début, était l'exercice mécanique et routinier de la mémoire, l'absence de vie.

La civilité chrétienne. — Sous ce titre : *Les Règles de la bienséance et de la civilité chrétiennes*, La Salle avait composé lui-même un livre de lecture, destiné aux élèves déjà un peu avancés, et imprimé en caractères gothiques (1). Ce n'était pas seulement un manuel de politesse, c'était, prétend la *Conduite*, un traité de morale, « contenant tous les devoirs des enfants, tant envers Dieu qu'envers leurs parents. » Mais on chercherait vainement dans l'ouvrage même la justification de cette assertion. Il n'y est question que de détails puérils de tenue extérieure, et de convenance mondaine. Il serait d'ailleurs de mauvais goût de critiquer aujourd'hui ce livre d'un autre âge, dont la naïveté fait sourire. Le but de La Salle était louable assurément, quoique un peu excessif. Il est dit dans la *Préface* qu' « il n'y a pas une seule de nos actions qui ne doive être faite par des motifs purement chrétiens. » De là une infinité de prescriptions minutieuses sur les actes les plus simples de la vie quotidienne (2).

Voici du reste quelques échantillons de cette prétendue morale élémentaire :

« Il n'est pas honnête de parler quand on est couché, le lit n'étant fait que pour se reposer. »

(1) Nous avons sous les yeux la sixieme édition de cet ouvrage: Rouen, 1729. La Salle l'avait composé vers l'année 1703.
(2) Voyez par exemple les chapitres suivants: « sur le nez et sur la manière de se moucher et d'éternuer (ch. vii); sur le dos, les épaules, les bras et le coude (ch. viii); sur la manière dont on doit se comporter a l'égard des os, de la sauce et du fruit (ch. vi de la seconde partie); sur la manière de se comporter en marchant dans les rues, et dans les voyages, en carrosse et à cheval (ch. x). »

« On doit faire en sorte de ne faire aucun bruit et de ne pas ronfler en dormant : il ne faut pas non plus dans le lit se tourner souvent de côté et d'autre, comme si on y était inquiet, et comme si on ne savait de quel côté se mettre. »

« Il n'est pas séant, lorsqu'on est en compagnie, de quitter ses souliers. »

« Il est très incivil de badiner avec une baguette ou une canne, et de s'en servir pour frapper la terre ou des cailloux, etc., etc. »

Que de fautes nous commettrions tous les jours contre la politesse, si les règles de La Salle étaient infaillibles !

Châtiments corporels. — Les frères, depuis deux siècles, ont singulièrement adouci leur système de correction. « Des *circonstances impérieuses*, disait le frère Philippe en 1870, ne permettent plus que nous tolérions dans nos classes les peines afflictives. » Déjà, en 1811, on parlait sinon de supprimer entièrement, au moins de modérer l'usage des punitions corporelles. On perfectionnait les instruments de torture. « Nous réduisons la grosse férule, dont on n'a que trop éprouvé les inconvénients, à un simple morceau de cuir, long d'environ un pied, large d'un pouce, et fendu par un bout en deux parties égales ; encore nous espérons de la protection divine et de la douceur de nos très chers et très aimés confrères qu'ils n'en feront usage que dans une nécessité indispensable, et seulement pour en donner un coup dans la main, sans qu'il soit jamais permis d'en faire un autre usage. »

Mais à l'origine, et dans la *Conduite* primitive (1), la correction corporelle est largement admise et réglementée avec précision. La Salle distinguait cinq sortes de corrections: la réprimande, les pénitences, la férule, les verges, l'expulsion de l'école.

Les réprimandes. — Le silence est, nous l'avons vu, la règle fondamentale des écoles de La Salle : « Il faut parler le moins possible. Par conséquent l'usage de la correction par paroles doit être très rare. » Il

(1) Voyez, dans l'édition de 1720, de la page 140 à la page 180.

semble même, ajoute la *Conduite*, qu' « il est beaucoup mieux de ne point s'en servir du tout ! »

Singulier système, en vérité, que celui d'une discipline où il est presque interdit de recourir aux exhortations persuasives, aux réprimandes sévères, de faire appel par la parole à la raison et au sentiment de l'enfant ; où par conséquent il n'y a point de place pour l'autorité morale du maître, où l'on invoque tout de suite l'*ultima ratio* de la contrainte et de la violence, de la férule et du fouet !

Les pénitences. — La Salle en même temps que les corrections corporelles recommande les pénitences. Il entend par là des châtiments comme ceux-ci: se tenir à genoux dans la classe; apprendre par cœur quelques pages du catéchisme ; « tenir son livre devant les yeux l'espace d'une demi-heure, sans jeter sa vue dehors; » rester immobile, les mains jointes, les yeux baissés, etc.

La férule. — Nous n'avons pas à discuter ici l'emploi des moyens matériels de correction. Les frères les ont reniés eux-mêmes : il est seulement fâcheux qu'ils s'inclinent devant ce qu'ils appellent « des circonstances impérieuses, » non devant des raisons de principes. Mais il est intéressant, ne serait-ce qu'au point de vue historique, de rappeler les minutieuses prescriptions du fondateur de l'ordre.

La *Conduite* décrit d'abord la férule, « un instrument de deux morceaux de cuir cousus ensemble; elle sera longue de dix à douze pouces, y compris le manche pour la tenir ; la paume sera en ovale et aura deux pouces de diamètre; le dedans de la paume sera garni, afin qu'elle ne soit pas tout à fait plate, mais en bosse par dehors. » Rien n'est oublié, on le voit, et la forme des férules est officiellement définie. Mais ce qui choque plus encore, c'est la nature des fautes qui provoquent l'application de la férule: « 1° n'avoir pas suivi dans la leçon ou avoir badiné ; 2° être venu tard à l'école ; 3° n'avoir pas obéi au premier signe. » Il est vrai que, toujours préoccupé de l'écriture, La Salle ordonne de n'appliquer la férule qu'à la main gauche, la main droite sera toujours épargnée. L'enfant d'ailleurs ne doit point crier pendant qu'il reçoit la férule s'il crie, il doit être puni et corrigé de nouveau.

Les verges. — Dans le code pénal de La Salle, les catégories des délits à châtier sont nettement déterminées. Les verges seront employées pour les fautes suivantes : 1° refus d'obéissance ; 2° quand l'élève se sera fait une habitude de ne pas suivre la leçon ; 3° quand il aura fait des brouilleries sur son papier au lieu d'écrire ; 4° quand il se sera battu avec ses camarades ; 5° quand il aura négligé ses prières dans l'église ; 6° quand il aura manqué de « modestie » à la messe ou au catéchisme ; 7° quand il se sera absenté de l'école, de la messe ou du catéchisme.

A supposer même que le principe du fouet fût acceptable, il faudrait encore blâmer l'emploi abusif qu'en fait La Salle, pour des fautes manifestement disproportionnées à un pareil châtiment.

Je sais bien que l'auteur de la *Conduite* demande que les corrections soient rares. Mais pouvait-il être écouté, alors qu'il ne mettait guère entre les mains de ses instituteurs d'autres moyens de discipline ?

Pour comprendre d'ailleurs jusqu'à quel point La Salle oubliait ce qui est dû à la dignité de l'enfant et le considérait comme une machine, sans aucun égard pour la délicatesse de ses sentiments, sans aucun respect pour sa personne, il faut lire jusqu'au bout les étranges prescriptions de ce manuel du fouet. Les précautions qu'exige La Salle font encore mieux ressortir l'inconvenance de pareils châtiments :

« Lorsque le maître voudra donner la correction à un écolier avec les verges, il fera le signe ordinaire pour faire regarder les écoliers ; ensuite il montrera avec le bout du signal la sentence contre laquelle l'écolier a fait faute, et puis lui montrera le lieu où on a coutume de recevoir la correction ; et il s'y rendra aussitôt e se disposera à la recevoir, se tenant de manière qu'il ne puisse être vu indécemment de personne. Cette pratique que l'écolier se dispose de lui-même pour recevoir la correction, sans que le maître ait aucunement besoin de mettre la main sur lui, sera très exactement observée.

« Pendant que l'écolier se mettra en état de recevoir la correction, le maître se disposera intérieurement à la faire dans un esprit de charité et dans une pure vue de Dieu. Ensuite il partira de sa place posément et gravement.

« Et lorsqu'il sera arrivé à l'endroit où est l'écolier (il est dit ailleurs que cet endroit doit être un lieu des plus écartés et des plus obscurs de la classe, où la nudité de la victime ne puisse être aperçue), il pourra lui dire quelques mots pour le disposer à recevoir la correction avec humilité, soumission et dessein de se corriger ; ensuite il frappera trois coups à l'ordinaire (pour aller au delà de cinq coups, il faudra un ordre particulier du frère directeur).

« Il aura égard de ne pas mettre la main sur l'écolier. Si l'écolier n'est pas disposé, il retournera à sa place sans rien dire, et, quand il reviendra, il le corrigera de la plus forte correction ordinaire, c'est-à-dire de cinq coups...

« Quand le maître aura été ainsi obligé de contraindre un écolier à recevoir la correction, il fera en sorte quelque temps après de lui faire connaître et avouer sa faute, le fera rentrer en lui-même, et le mettra dans une forte et sincère résolution de ne se laisser jamais aller à une semblable révolte. »

Le moment est peut-être mal choisi pour faire un sermon, et pour violer la règle qui interdit aux frères l'usage de la réprimande.

« Après que l'écolier aura été corrigé, il ira se mettre à genoux modestement au milieu de la classe, devant le maître, les bras croisés, pour le remercier de l'avoir corrigé, et se tournera ensuite du côté du crucifix, pour en remercier Dieu, et lui promettre en même temps de ne plus tomber dans la faute pour laquelle il vient d'être corrigé : ce qu'il fera sans parler haut ; après quoi le maître lui fera signe d'aller à sa place. »

Est-il possible de méconnaître à un plus haut point la nature humaine, de jouer plus ingénument avec l'amour-propre de l'enfant, avec ses sentiments les plus légitimes, et de mêler d'une façon plus répugnante à des pratiques indiscrètes et indignes les manifestations du sentiment religieux ?

« Il est absurde, dit Kant, d'exiger des enfants que l'on punit qu'ils nous remercient, qu'ils nous baisent les mains, etc. : c'est vouloir en faire des êtres serviles. »

Pour justifier La Salle, on a invoqué quelques citations de ses ouvrages.

« N'usez pas de coups de main, dit-il, pour l'amour de Dieu. Gardez-vous bien de donner aucun coup aux enfants. »

Mais il faut bien entendre la pensée de l'auteur de la *Conduite* : c'est ce qu'explique le passage suivant :

« On ne doit se servir d'aucune correction que de celles qui sont en usage dans les écoles, et ainsi on ne doit jamais frapper les écoliers ni de la main ni du pied. »

En d'autres termes, le maître ne doit frapper qu'avec les instruments consacrés et d'après les formes officielles.

Espionnage mutuel. — Il est permis de dire, sans rien exagérer, que la *Conduite* recommande l'espionnage mutuel :

« L'inspecteur des écoles aura soin de commettre un écolier des plus sages pour remarquer ceux qui font du bruit pendant qu'ils s'assemblent, et cet écolier dira ensuite au maître ce qui se sera passé, sans que les autres s'en puissent apercevoir. »

Les récompenses. — Tandis que La Salle consacre aux corrections plus de quarante pages de la *Conduite*, le chapitre des récompenses tient dans deux petites pages.

Les récompenses seront données « de temps en temps. » Il y en aura de trois sortes : récompenses de piété, de capacité et d'assiduité. Elles consisteront en livres, images, figures de plâtre, crucifix et vierges, chapelets, sentences gravées, etc.

Conclusion. — Nous en avons assez dit pour donner une idée exacte de l'institut des Écoles chrétiennes dans sa forme primitive. Les défauts en étaient grands assurément, et nous ne saurions approuver l'esprit général de ces maisons d'éducation, où il est interdit aux élèves « de badiner pendant qu'ils déjeunent, » de se donner quoi que ce soit l'un à l'autre ; où les enfants doivent entrer en classe « si posément et si légèrement qu'on n'entende pas le bruit de leurs pas; » où il est défendu aux maîtres « de se familiariser » avec les élèves, « de se laisser aller à rien de bas, comme serait de rire »... Mais, quelle que soit la différence qui sépare ces tristes maisons d'école de notre idéal moderne, de l'école gaie, active, animée, telle que nous la rêvons aujourd'hui, il n'en faut pas moins rendre justice aux efforts de La Salle, lui pardonner des tendances qui étaient celles de son temps, et l'admirer pour des qualités qui étaient bien à lui. La critique vraiment féconde est celle qui s'attache surtout au bien, sans chicaner sur le mal.

LEÇON XIII

ROUSSEAU ET L'*ÉMILE*

La pédagogie du dix-huitième siècle. — Les précurseurs de Rousseau. — L'abbé de Saint-Pierre. — Autres inspirateurs de Rousseau. — Publication de l'*Émile* (1762). — Rousseau pédagogue — Principes généraux de l'*Émile*. — Son caractère romanesque et utopique. — Division de l'ouvrage. — Les deux premiers livres : éducation des corps et des sens. — Laissez faire la nature. — L'allaitement maternel. — Éducation négative. — L'enfant a droit au bonheur. — Le troisième livre de l'*Émile*. — Choix dans les choses à enseigner. — L'abbé de Saint-Pierre et Rousseau. — Émile à quinze ans. — Éducation de la sensibilité. — Le quatrième livre de l'*Émile*. — Genèse des sentiments affectueux. — Éducation morale. — Éducation religieuse. — La *Profession de foi du vicaire savoyard* — Sophie et l'éducation des femmes. — Jugement général. — Influence de Rousseau.

La pédagogie du dix-huitième siècle. — Ce qui frappe tout d'abord dans les caractères généraux de la pédagogie du dix-huitième siècle en France, c'est que l'esprit laïque y bat fortement en brèche l'esprit ecclésiastique. Quel contraste entre les évêques précepteurs du dix-septième siècle et les philosophes pédagogues du dix-huitième ! Les jésuites, tout-puissants sous Louis XIV, vont être décriés, condamnés et enfin expulsés en 1762. Le premier rôle dans la théorie et dans la pratique appartiendra à des laïques. Rousseau va écrire l'*Émile*. D'Alembert, Diderot seront les conseillers pédagogiques de l'impératrice de Russie. Les parlementaires, La Chalotais, Roland, s'efforceront de substituer à l'action des jésuites l'action de l'État, ou du moins d'un des pouvoirs de l'État. Enfin avec la Révolution l'esprit laïque achèvera de triompher.

D'autre part, la pédagogie du dix-huitième siècle se distingue par ses tendances critiques et réformatrices. Le siècle de Louis XIV est en général un siècle de satisfaits : le siècle de Voltaire, un siècle de mécontents.

De plus l'esprit philosophique, qui rattache la théorie de l'éducation aux lois de l'esprit humain, qui ne se contente pas de modifier la routine par quelques améliorations de détail, qui établit les principes généraux et rêve la perfection idéale, l'esprit philosophique, avec ses qualités et avec ses défauts, se fera jour dans l'*Emile* et dans quelques autres écrits du même temps.

Enfin, et ce dernier caractère n'est que la conséquence des autres, l'éducation tend à devenir nationale en même temps qu'humaine. La préparation à la vie remplace la préparation à la mort. Pendant tout le dix-huitième siècle une idée s'élaborera, que les hommes de la Révolution mettront dans tout son jour, celle d'une éducation publique, nationale, qui fait des citoyens, qui travaille pour la patrie et pour la vie réelle.

Précurseurs de Rousseau. — Le plus grand événement pédagogique du dix-huitième siècle, avant l'expulsion des jésuites et les œuvres de la Révolution française, est la publication de l'*Emile*. Rousseau a incontestablement le premier rang parmi les initiateurs de la pédagogie française, et son influence s'étendra au dehors, en Allemagne surtout. Mais, quelle que soit l'originalité de l'auteur de l'*Emile*, son système n'est pas un coup de génie que rien n'eût préparé. Il a eu ses précurseurs et il a profité de leurs travaux. Un bénédictin qui aurait pu mieux employer sa peine a écrit un livre sur les *Plagiats de J.-J. Rousseau* (1). Nous ne songeons pas à traiter Rousseau de plagiaire : il a

(1) Dom Joseph Cajet. *les Plagiats de J.-J. R. de Genève sur l'éducation.* 1768.

certes son inspiration propre, sa hardiesse inventive
mais, quelque novateur qu'il soit, il s'est inspiré de Montaigne, de Locke, et, sans parler de ces grands maîtres
qu'il a souvent imités, il a eu des devanciers immédiats,
dont les idées sont sur certains points conformes aux
siennes.

L'abbé de Saint-Pierre (1658-1743). — Parmi les
précurseurs de Rousseau, il faut compter au premier
rang l'abbé de Saint-Pierre, esprit rêveur, fantasque,
plutôt fait pour exciter la curiosité que pour mériter
l'admiration, et que Rousseau lui-même appelait « un
homme à grands projets et à petites vues. » Ses projets
en effet étaient grands, au moins par le nombre : entre
« un *projet* pour rendre les sermons plus utiles » et
« un *projet* pour rendre les chemins plus praticables, »
se placent, dans son œuvre incohérente et variée, plusieurs *projets* pour perfectionner l'éducation en général
et en particulier l'éducation des filles.

L'idée dominante de l'abbé de Saint-Pierre, c'est le
souci de l'éducation morale. A mesure que nous avan-
çons vers l'ère de la liberté, nous devons noter chez les
pédagogues une préoccupation croissante du développement des vertus morales.

L'abbé de Saint-Pierre demande à l'homme quatre
qualités essentielles : la justice, la bienfaisance, le discernement de la vertu ou le jugement, et enfin l'instruction, qui ne vient qu'au dernier rang. Mieux vaut la
vertu que la science du latin :

« On ne peut pas dire que ce ne soit une bonne habitude
qu'une grande connaissance de la langue latine, mais, pour
avoir cette grande connaissance, il est nécessaire d'y employer
un temps qui serait incomparablement mieux employé à acquérir
une grande habitude à l'observation de la prudence. Ceux qui
président à l'éducation font un très mauvais choix d'employer
dix fois trop de temps à nous rendre savants dans la langue
latine, et d'en employer dix fois trop peu à nous donner une
grande habitude à la prudence (1). »

(1) *Œuvres diverses*, t. I, p 12.

Quels sont d'ailleurs les moyens proposés par l'abbé de Saint-Pierre ? Tout ce qu'il a imaginé pour organiser l'enseignement des vertus sociales se réduit à faire lire des histoires édifiantes, à faire jouer des scènes vertueuses, et à exercer les jeunes gens à accomplir en pleine classe des actes de vertu. Quand les leçons auront été récitées et les devoirs corrigés, le maître dira à l'élève : « Faites-moi un acte de prudence, ou de justice, ou de bienfaisance. » Cela est plus facile à dire qu'à réaliser. La vie de collège ne fournit guère d'occasions pour l'application des vertus sociales.

Mais il faut tenir compte à l'abbé de Saint-Pierre de ses bonnes intentions. Il faut signaler aussi ses vues utilitaires et pratiques. Il est le premier dans notre pays qui se soit préoccupé sur ce point de l'enseignement professionnel. Les arts mécaniques, les sciences positives, l'apprentissage des métiers, voilà ce qu'il met au-dessus de l'étude des langues. Autour de son collège et dans son collège même, il y aura des moulins, des imprimeries, des instruments d'agriculture et de jardinage, etc.

N'était-ce pas aussi une idée à la fois bien nouvelle et bien juste, que l'établissement d'un *bureau perpétuel* de l'instruction publique, sorte de conseil permanent, chargé de réformer les méthodes et d'établir autant que possible l'uniformité dans tous les collèges du royaume ?

Enfin nous louerons l'abbé de Saint-Pierre d'avoir fait ressortir avec insistance la nécessité de l'éducation des femmes. De Fénelon à l'abbé de Saint-Pierre, de 1680 à 1730, la question a fait un grand pas. On croirait déjà entendre Condorcet, lorsqu'on lit le passage suivant :

« Il faut avoir pour but d'instruire les filles des éléments de toutes les sciences et de tous les arts qui peuvent entrer dans la conversation ordinaire, et même de plusieurs choses qui regardent les diverses professions des hommes, histoire de leur pays, géographie, lois de police, principales lois civiles, *afin qu'elles puissent entendre avec plaisir ce que leur diront les hommes*, leur faire des questions à propos, et entretenir p us facilement conversation avec leurs maris des événements journaliers de leurs emplois. »

Afin d'atteindre plus vite son but, l'abbé de Saint-Pierre, devançant les siècles, demandait pour les femmes des établissements nationaux, des collèges d'enseignement secondaire. Il n'hésitait pas à cloîtrer les jeunes filles dans des internats, et dans des internats sans vacances; et il suppliait l'État d'organiser des cours publics pour celles qui, disait-il, « sont dans la société la moitié des familles. »

Autres inspirateurs de Rousseau. — Avec le dix-huitième siècle commence pour la pensée moderne, en pédagogie comme en toute chose, une ère de rapports internationaux, d'imitation réciproque, d'action et de réaction de peuple à peuple. Le dix-septième siècle français avait ignoré presque absolument Coménius. Rousseau connaît Locke et aussi le Suisse Crousaz (1), qu'il traite assez mal d'ailleurs, « le pédant de Crousaz, » dit-il.

Crousaz avait eu cependant quelques bonnes idées : il critiquait les vieilles méthodes qui font « de la connaissance du latin et du grec, le capital de l'éducation; » il prônait l'enseignement scientifique et l'éducation morale.

Dans le *Spectacle de la nature*, qui eut tant de vogue en son temps, l'abbé Pluche demandait lui aussi qu'on abrégeât l'étude des langues mortes (2) :

« L'expérience de la pitoyable latinité qui règne dans les collèges d'Allemagne, de Flandre, de Hollande, et partout où l'on est dans la pratique de toujours parler latin, suffit pour nous faire renoncer à cette coutume qui empêche un jeune homme de bien parler sa propre langue. »

L'abbé Pluche demandait qu'on employât aux langues

(1) *De l'éducation des enfants*, la Haye, 1722; *Pensées libres sur les instructions publiques des bas collèges*, Amsterdam, 1727.

(2) *Spectacle de la nature*, Paris, 1732, vol. VI. Entretien sur l'éducation.

vivantes le temps gagné sur le latin. D'autre part, il insistait sur l'éducation du premier âge, et complétait sur ce point son maître Rollin qui, disait-il, a écrit plutôt « pour la *perfection* que pour le début des études. »

D'autres écrivains encore ont pu suggérer à Rousseau quelques-unes des idées qu'il a développées dans l'*Émile*. Avant lui La Condamine jugeait que les *Fables* de La Fontaine sont au-dessus de la portée des enfants (1). Avant lui, Bonneval, très préoccupé de l'éducation physique, critiquait violemment l'usage du maillot et réclamait pour l'enfant l'éducation des sens. Il demandait en outre que, dans les premières années, on se bornât à écarter de l'imagination enfantine les impressions mauvaises, et qu'on retardât l'initiation aux vérités religieuses.

Nous allons retrouver dans l'*Émile* toutes ces esquisses d'idées, reprises et développées avec la puissance et l'éclat du génie, transformées parfois en paradoxes bruyants, mais parfois aussi devenues des vérités solides et définitives.

Publication de l'Émile (1762). — Rousseau a posé avec éclat presque tous les problèmes de l'éducation, et il les a résolus parfois avec sagesse, toujours avec originalité.

Paru en 1762, au moment où le Parlement excluait les jésuites de France, l'*Émile* venait à point dans ce grand désarroi de la routine et de la tradition, pour ouvrir à l'humanité des espérances nouvelles, et pour annoncer l'avènement de la raison philosophique dans l'art d'élever les hommes. Mais Rousseau, en écrivant son livre, ne songeait pas aux jésuites, dont il ne parle guère ; il travaillait, non pour l'homme présent, mais pour l'avenir de l'humanité ; il composait un livre éternellement vivant, moitié roman, moitié traité, le plus grand monument de la pensée humaine en matière d'éducation. L'*Émile* n'est pas, en effet, une œuvre

(1) *Lettre critique sur l'éducation.* Paris. 17**

de polémique éphémère, ni un simple manuel pratique de pédagogie, c'est un système d'éducation générale, un traité de psychologie et de morale pédagogique, une analyse approfondie de la nature humaine.

**Rousseau était-il préparé à devenir péda-
gogue?** — Avant d'aborder l'étude de l'*Émile*, il est
bon de se demander comment l'auteur avait été préparé par son caractère et par son existence à devenir
pédagogue. L'histoire des lettres françaises n'offre rien
de plus extraordinaire que la vie de Jean-Jacques Rousseau. Tout est étrange dans la destinée de ce malheu
reux grand homme. Rousseau a commis de grandes
fautes, surtout dans sa jeunesse; mais, à d'autres moments de sa vie, il est presque un sage, un héros de
vertus privées et de courage civique. Il a traversé toutes
les aventures, tous les métiers. Tour à tour ouvrier,
laquais, charlatan, précepteur, il a logé dans des gre-
niers à un sou; il a connu des jours où il se plaignait
que le pain fût trop cher. A travers toutes ces misères
et ces humiliations, une âme se forma, faite avant
tout de sensibilité et d'imagination.

La sensibilité de Rousseau était extrême. L'enfant
qui, maltraité injustement, éprouvait une de ces rages
violentes qu'il a si bien décrites dans les *Confessions*, et
se tordait toute une nuit sur son lit en criant : *Carnifex!
carnifex!* n'était pas à coup sûr un enfant ordinaire.
« Je n'avais aucune idée des choses, que tous les sentiments
m'étaient déjà connus. Je n'avais rien conçu, j'avais
tout senti. » Une représentation même médiocre d'*Alzire*
le mettait hors de lui, et il renonçait à voir jouer des
tragédies de peur de tomber malade.

Le sentiment de la nature lui inspira de bonne heure
ne passion qui ne devait pas s'éteindre. Son optimisme philosophique, sa foi à la Providence ne se
démentit jamais. D'autres sentiments généreux et purs
remplissaient son âme. L'étude de Plutarque lui avait
inspiré le goût des vertus républicaines et l'enthousiasme de la liberté. Le mensonge lui causait une véri-

table horreur. Il avait à un haut degré le sentiment de l'équité. Plus tard, à la haine de l'injustice se joignit dans son cœur un implacable ressentiment contre les oppresseurs du peuple. Il avait sans doute recueilli le premier germe de cette haine, alors que, faisant à pied le voyage de Paris à Lyon, il était entré dans la cabane d'un pauvre paysan, et y avait trouvé, comme en un tableau, l'abrégé émouvant des misères populaires.

En même temps, il lisait avec passion ; il se nourrissait des poètes, des historiens, des philosophes de l'antiquité ; il étudiait les mathématiques et l'astronomie. Comme on l'a dit : « Cette vie de lecture et de travail, coupée par tant d'incidents romanesques et de courses aventureuses, avivait bien autrement l'imagination qu'un cours régulier d'études au collège du Plessis. »

C'est ainsi que se forma son génie littéraire et, par suite, son génie pédagogique. De préparation directe à la composition de l'*Emile*, il ne faut pas en chercher dans la vie de Rousseau. Il est vrai qu'il avait été quelque temps précepteur, en 1739, dans la famille de Mably, mais il résigna vite des fonctions où il ne réussissait pas. Un petit écrit, qu'il composa en 1740, *Projet pour l'éducation de M. de Ste-Marie*, ne témoigne pas encore d'une grande originalité. D'un autre côté Rousseau, s'il aimait à observer les enfants, n'a observé, hélas ! que les enfants des autres. Rien de triste comme cette page des *Confessions*, où il raconte qu'il se mettait souvent à la fenêtre pour assister à la sortie de l'école, pour écouter les conversations des enfants, observateur furtif et inaperçu.

L'*Émile* est donc moins le résultat d'une patiente induction et d'une véritable expérience, qu'une œuvre d'inspiration, une brillante improvisation du génie.

Principes généraux de l'Émile. — Un certain nombre de principes généraux dominent l'ouvrage entier et lui donnent un tour systématique, un caractère absolu.

C'est d'abord l'idée de l'innocence, de la bonté parfaite de l'enfant. L'*Émile* s'ouvre par cette déclaration solennelle :

« Tout est bien, sortant des mains de l'auteur des choses: tout dégénère entre les mains des hommes. » Et ailleurs: « Posons pour maxime incontestable que les premiers mouvements de la nature sont toujours droits : il n'y a point de perversité originelle dans le cœur humain. »

Sans doute, Rousseau avait raison de combattre le pessimisme de ceux qui voient dans l'enfant un être foncièrement mauvais et dégradé avant de naître. Mais à son tour il se trompe, quand il affirme qu'il n'y a dans la nature humaine aucun germe de mal.

La société est mauvaise, corrompue, dit-il; c'est d'elle que vient tout le mal ; c'est de son influence pernicieuse qu'il faut garantir l'âme de l'enfant! Mais, dirons-nous à notre tour, la société elle-même, comment s'est-elle gâtée et viciée? Elle n'est pas autre chose que la collection des hommes, et si les individus sont innocents, comment l'ensemble des individus peut-il être mauvais et pervers? Mais laissons là les contradictions de Rousseau: ce qu'il importe de noter, c'est que de son optimisme dérivent les caractères essentiels de l'éducation qu'il rêve pour Émile. Cette éducation sera à la fois naturelle et négative :

« Émile, dit M. Gréard, est un enfant de la nature, élevé par la nature, d'après les règles de la nature, pour la satisfaction des besoins de la nature. Ce sophisme n'est pas seulement inscrit comme par hasard au frontispice du livre ; il en est l'âme, et c'est ce qui fait que, séparé du corps des réflexions et des maximes qui lui donnent un intérêt si puissant, le plan d'éducation de Rousseau n'est qu'une dangereuse chimère. »

Tout ce que la société a institué, Rousseau le condamne en bloc, comme factice et artificiel. Les conventions en usage, il les dédaigne ; il met Émile à l'école de la nature et l'élève presque comme un sauvage.

D'autre part, l'éducation d'Émile est négative, au moins jusqu'à douze ans; c'est-à-dire que Rousseau laisse faire encore la nature. Pour ceux qui jugent la nature mauvaise, l'éducation doit être une œuvre de compression et de répression. Mais la nature est bonne : l'éducation consiste donc simplement à lui laisser son libre cours. Garantir l'enfant du choc des opinions, former de bonne heure une enceinte autour de son âme, assurer contre toute influence extérieure le libre développement de ses facultés, tel est le but qu'il faut se proposer.

Un autre principe général de l'*Émile*, une autre vérité que l'esprit paradoxal de Rousseau transforme vite en erreur, c'est l'idée de la distinction des âges :

« Chaque âge, chaque état de la vie a sa perfection convenable et une sorte de maturité qui lui est propre. Nous avons souvent ouï parler d'un homme fait : mais considérons un enfant fait. Ce spectacle sera plus nouveau pour nous, et ne sera peut-être pas moins agréable. »

« On ne connaît point l'enfance : sur les fausses idées qu'on en a, plus on va, plus on s'égare. Les plus sages s'attachent à ce qu'il importe aux hommes de savoir, sans considérer ce que les enfants sont en état d'apprendre. Ils cherchent toujours l'homme dans l'enfant, sans penser à ce qu'il est avant que d'être homme.

Tout est bien jusque-là, et de ces observations découle une éducation progressive, se conformant exactement dans ses exigences successives au progrès des facultés. Mais Rousseau ne s'arrête pas en chemin, et il dépasse l'éducation progressive pour recommander une éducation fragmentée, en quelque sorte, qui isole les facultés pour les développer l'une après l'autre, qui établit une ligne de démarcation absolue entre les différents âges, qui enfin distingue dans l'âme divers étages. Le tort de Rousseau sur ce point est d'oublier que l'éducation de l'enfant doit préparer l'éducation du jeune homme. Au lieu de considérer les différents âges comme les anneaux distincts d'une même chaîne, il les sépare radicalement l'un de l'autre. « Il n'admet pas cette merveilleuse unité de l'âme humaine qui n'apparaît si forte dans l'homme que parce que Dieu en a, dans l'enfant, tissé, pour ainsi dire, et serré le lien. » (M. Gréard.)

Caractère romanesque de l'Émile. — Une dernière observation est nécessaire, avant d'entrer dans l'analyse de l'*Émile* : c'est que Rousseau, ici comme dans ses autres ouvrages, n'est pas fâché de se singulariser, de rompre de parti pris en visière avec les idées reçues. Sans doute nous n'irons pas jusqu'à dire avec certains critiques que l'*Émile* est plutôt un jeu d'esprit que l'expression sérieuse d'une pensée grave et sincère : mais ce qu'il est impossible de ne pas accorder, c'est ce que Rousseau avoue lui-même dans sa *Préface :* « On croira moins lire un traité d'éducation que les rêveries d'un visionnaire. » Émile est en effet un être imaginaire que Rousseau place dans des conditions étranges : il ne lui donne pas de parents, il le fait élever par un précepteur à la campagne, loin de toute société. Émile est un personnage de roman, plus qu'un homme réel.

Division de l'ouvrage. — Il y a sans doute dans l'*Émile* des longueurs et des digressions qui en rendent la lecture plus agréable et l'analyse plus difficile. Mais l'auteur s'est astreint tout de même à un plan méthodique, à un ordre chronologique tout au moins. Ce sont les différents âges d'Émile qui servent de principe à la division de l'ouvrage. Les deux premiers livres traitent spécialement de l'enfant et du premier âge de la vie jusqu'à douze ans. Il n'y est question que de l'éducation du corps et de l'exercice des sens. Le troisième livre correspond à la période de l'éducation intellectuelle, de douze à quinze ans. Dans le quatrième livre, Rousseau étudie l'éducation morale, de la quinzième à la vingtième année.

Enfin le cinquième livre, où l'esprit romanesque s'accentue encore, est consacré à l'éducation de la femme.

Les deux premiers livres de l'Émile. — Il serait inutile de chercher dans cette première partie de l'*Émile* des préceptes relatifs à l'éducation de l'esprit et du cœur. Rousseau a éliminé de parti pris des douze premières années de l'enfant, tout ce qui concerne l'instruction et la discipline morale. Émile à douze ans saura courir, sauter, apprécier les distances; mais il sera un parfait ignorant. L'idéal serait qu'il n'eût rien étudié du tout, et « qu'il ne sût pas distinguer sa main droite de sa main gauche. »

Le caractère exclusif de l'éducation d'Émile, pendant cette première période, c'est donc la préoccupation du développement physique, de l'exercice des sens.

Au milieu de beaucoup d'erreurs nous allons voir briller d'admirables éclairs de bon sens, de grandes vérités inspirées par le principe de la nature.

Laisser faire la nature. — Que veut la nature? Elle veut que l'enfant se meuve en liberté, que rien ne gêne l'activité naissante de ses membres. Que fait-on, au contraire? on l'emmaillotte, on l'emprisonne; ses langes trop serrés le déforment : premières chaînes imposées à un être qui en aura tant d'autres à porter. Sur ce sujet, la mauvaise humeur de Rousseau ne tarit pas. Il prodigue les boutades souvent spirituelles, quelquefois ridicules :

« Il semble, dit-il, qu'on a peur que l'enfant n'ait l'air d'être en vie. » — « L'homme naît, vit et meurt dans l'esclavage; à sa naissance, on le coud dans un maillot; à sa mort on le cloue dans une bière; tant qu'il garde la figure humaine, il est enchaîné par nos institutions ! »

Ne nous arrêtons pas à ces singularités d'un langage qui transforme en institutions la bière et le maillot. Les protestations de Rousseau ont contribué à réformer l'usage. Mais, sur ce point même, avec son grand principe qu'il faut s'en rapporter à la nature, parce que la nature fait bien tout ce qu'elle fait, l'auteur de l'*Émile* est près de s'égarer. Pas plus pour le corps que pour l'âme, la nature ne peut se suffire à elle-même : il lui faut des secours et une assistance vigilante. Il faut des attaches solides pour empêcher les mouvements trop vifs, les écarts dangereux du corps; de même que plus

tard il faudra une forte autorité morale pour modérer
et refréner les passions de l'âme.

Allaitement maternel. — Mais il est un autre
point où il est devenu banal de louer Rousseau, et où
ses leçons doivent être acceptées sans réserve. C'est
quand il s'élève avec force contre l'usage des nourrices
mercenaires, et quand il rappelle éloquemment les
mères aux devoirs de l'allaitement. Point de mère,
point d'enfant, dit Rousseau, et il ajoute: point de mère,
point de famille! « Voulez-vous rendre chacun à ses
premiers devoirs? Commencez par les mères : vous serez
étonné des changements que vous produirez!... » Ce
serait tomber dans des redites que d'exposer, après Rousseau, après tant d'autres, les raisons qui recommandent
l'allaitement maternel. Remarquons seulement que
Rousseau y tient surtout pour des motifs moraux; ce
n'est pas uniquement la santé de l'enfant, c'est la vertu,
c'est la moralité de la famille, c'est la dignité du foyer
domestique qu'il veut défendre et assurer. Et, en effet,
combien d'autres devoirs prépare et facilite un premier
devoir accompli!

Endurcissement du corps. — Jusqu'ici, les leçons
de la nature ont profité à Rousseau. Il a raison encore
quand il veut qu'Émile s'aguerrisse, s'endurcisse aux
privations; qu'il s'habitue de bonne heure à la douleur,
qu'il sache souffrir. Mais du stoïcisme Rousseau tombe
bientôt dans le cynisme. Le mépris de la douleur fait
place au mépris des convenances. Émile sera un va-nu
pieds, comme Diogène. Locke donne à son élève des
souliers minces. Rousseau, renchérissant encore, supprime complètement les chaussures. Il supprimerait
volontiers de même toutes les inventions de la civilisation. Ainsi Émile, habitué à marcher dans l'obscurité,
se passera de bougies : « J'aime mieux Émile avec des
yeux au bout de ses doigts que dans la boutique d'un
chandelier. » Tout cela donne envie de rire; mais voici
des erreurs plus graves. Rousseau ne veut pas de l'ino-
culation du vaccin; il proscrit la médecine. Émile est

prévenu : il doit se bien porter ! Le médecin ne sera
appelé que s'il est en danger de mort. Rousseau défend
encore qu'on lave le nouveau-né avec du vin, parce
que le vin est une liqueur fermentée et que la nature ne
produit rien de fermenté. De même point de hochets
fabriqués de la main des hommes : une branche d'arbre,
une tête de pavot suffira. Rousseau, on le voit, à force
de vouloir faire de son élève l'homme de la nature, le
rapproche singulièrement de l'homme sauvage et l'assimile presque à la bête.

Éducation négative. — Il est évident que le premier âge de la vie est celui où l'application de l'éducation négative est encore le moins dangereux et le plus
acceptable. Le précepteur d'Émile ne sera d'ordinaire
que le témoin inactif, le spectateur inerte de l'œuvre
de la nature. Si Rousseau était allé jusqu'au bout de son
système, il aurait dû supprimer le précepteur lui-
même, pour laisser l'enfant se débrouiller tout seul.
Mais, si le précepteur subsiste, ce n'est pas pour agir
directement sur Émile, ce n'est pas pour faire office de
professeur, en lui enseignant ce qu'il importe à un
enfant de savoir ; c'est uniquement pour le mettre sur
la voie des découvertes qu'il doit faire lui-même dans
l'ample sein de la nature ; c'est pour disposer, pour
combiner artificiellement et laborieusement ces scènes
compliquées qui sont destinées à remplacer les leçons
de l'éducation ordinaire. Telle est, par exemple, la
scène du bateleur : Émile doit y recueillir à la fois des
notions de physique et de morale. Telle encore la conversation avec le jardinier Robert, qui lui révèle l'idée
de propriété. Le précepteur n'est plus un maître, c'est
un machiniste. La véritable éducatrice, c'est la nature,
mais la nature préparée, habilement arrangée pour
servir aux fins que l'on se propose d'atteindre. Rousseau n'admet que l'enseignement des choses :

« Ne donnez à votre élève aucune espèce de leçon verbale : il
n'en doit recevoir que de l'expérience. »

14.

« La plus importante, la plus utile règle de toute éducation, ce n'est pas de gagner du temps, c'est d'en perdre. »

Le précepteur interviendra tout au plus par quelques paroles timides et réservées, pour aider l'enfant à interpréter les leçons de la nature :

« Mettez les questions à sa portée, et laissez-les-lui résoudre. Qu'il ne sache rien parce que vous le lui aurez dit, mais parce qu'il l'aura compris lui-même.

« Pour le corps comme pour l'esprit il faut laisser l'enfant à lui-même.

« Qu'il coure, qu'il s'ébatte, qu'il tombe cent fois le jour : tant mieux, il en apprendra plus tôt à se relever. Le bien-être de la liberté rachète beaucoup de blessures. »

Dans son horreur pour ce qu'il appelle « la manie enseignante et pédantesque, » Rousseau va jusqu'à proscrire l'éducation des habitudes :

« La seule habitude qu'on doit laisser prendre à l'enfant est de n'en contracter aucune. »

L'enfant a droit au bonheur. — Rousseau n'a cessé de demander qu'on respectât l'enfance dans l'enfant, que l'on tînt compte de ses goûts et de ses aptitudes. Avec quelle éloquence il réclame pour lui le droit d'être heureux !

« Aimez l'enfance : favorisez ses jeux, ses plaisirs, son aimable instinct. Qui de vous n'a pas regretté quelquefois cet âge où le rire est toujours sur les lèvres, et où l'âme est toujours en paix ? Pourquoi voulez-vous ôter à ces petits innocents la jouissance d'un temps si court qui leur échappe, et d'un bien si précieux dont ils ne sauraient abuser ? Pourquoi voulez-vous remplir d'amertume et de douleurs ces premiers ans si rapides, qui ne reviendront pas plus pour eux qu'ils ne peuvent revenir pour vous ? Pères, savez-vous le moment où la mort attend vos enfants ? Ne vous préparez pas des regrets en leur ôtant le peu d'instants que la nature leur donne : aussitôt qu'ils peuvent sentir le plaisir d'être, faites qu'ils en jouissent, faites qu'à quelque heure que Dieu les appelle, ils ne meurent point sans avoir goûté la vie. »

Proscription des exercices intellectuels. — Tous les exercices intellectuels ordinairement employés, Rousseau les écarte de l'éducation d'Émile. L'histoire, il la proscrit, sous prétexte qu'Émile ne peut comprendre les relations des événements. Il prend comme exemple la méprise d'un enfant à qui on avait raconté l'anecdote d'Alexandre et de son médecin :

« Je trouvais qu'il admirait plus que personne le courage si vanté d'Alexandre : mais savez-vous où il voyait ce courage ? Uniquement dans le fait d'avaler un breuvage de mauvais goût. »

Et Rousseau conclut de là que l'enfant n'a pas l'esprit assez ouvert pour comprendre l'histoire, et qu'on ne doit pas la lui enseigner. Le paradoxe est évident. Faut-il, parce que Émile est exposé à se tromper parfois en jugeant, lui interdire tout jugement ? Rousseau n'admet pas non plus l'étude des langues ; jusqu'à douze ans, Émile ne saura qu'une langue, parce que, jusqu'alors incapable de juger et de comprendre, il ne peut faire la comparaison entre les autres langues et sa langue maternelle. Plus tard, de douze à quinze ans, Rousseau trouvera d'autres raisons pour exclure encore l'étude des langues anciennes. Et ce n'est pas seulement l'histoire et les langues, c'est la littérature entière que Rousseau interdit à Émile. Aucun livre ne sera mis entre ses mains, pas même les *Fables* de La Fontaine. On sait avec quel parti pris Rousseau critique « *le Corbeau et le Renard.* »

Éducation des sens. — La grande préoccupation de Rousseau, c'est d'exercer et de développer les sens de son élève. Toute la théorie des leçons de choses, et même toutes les exagérations de ce qu'on appelle aujourd'hui la méthode intuitive, sont en germe dans l'*Émile :*

« Les premières facultés qui se forment et se perfectionnent en nous sont les sens. Ce sont donc les premières qu'il faudrait cultiver : ce sont les seules qu'on oublie ou celles qu'on néglige le plus. »

Rousseau ne considère pas les sens comme tout
formés par la nature : il cherche précisément les moyens
de les former, de les perfectionner par l'éducation :

« Exercer les sens, c'est apprendre, pour ainsi dire, à sentir,
car nous ne savons ni toucher, ni voir, ni entendre que comme
nous avons appris. »

Seulement Rousseau a le tort de tout sacrifier à cette
éducation sensible. Il critique avec vivacité la maxime
favorite de Locke : « Il faut raisonner avec les enfants. »
Rousseau retarde l'éducation du jugement et du raisonnement, et déclare « qu'il aimerait autant exiger
qu'un enfant eût cinq pieds de hauteur que du jugement à huit ans. »

Le troisième livre de l'Émile. — De douze à
quinze ans s'étend la période que Rousseau a consacrée
à l'étude et au développement intellectuel proprement
dit. Il faut que le robuste animal, « le chevreuil » qui
s'appelle Émile, après douze années d'éducation négative et temporisante, devienne en trois ans une intelligence éclairée. D'abord l'espace est court, et Rousseau
ménage à l'instruction le temps d'une main avare. De
plus Émile est bien mal préparé aux études rapides qui
vont lui être imposées. N'ayant pas pris dans ses premières années l'habitude de penser, ayant vécu d'une
vie toute physique, il aura bien de la peine à dégourdir
en quelques mois ses facultés intellectuelles.

Mais, sans insister sur les conditions fâcheuses de
l'éducation intellectuelle d'Émile, voyons en quoi elle
consistera.

Choix dans les choses à enseigner. — Le principe qui guide Rousseau dans le choix des études
d'Émile n'est autre que le principe de l'utilité :

« Il y a un choix dans les choses qu'on doit enseigner, ainsi
que dans le temps propre à les apprendre. Des connaissances
qui sont à notre portée, les unes sont fausses, les autres sont
inutiles, les autres servent à nourrir l'orgueil de celui qui les a.
Le petit nombre de celles qui contribuent réellement à notre

bien-être est seul digne des recherches d'un homme sage, et par conséquent d'un enfant qu'on veut rendre tel. Il ne s'agit point de savoir ce qui est, mais seulement ce qui est utile. »

Rousseau et l'abbé de Saint-Pierre.

— Parmi les pédagogues, les uns veulent tout enseigner ; les autres demandent à choisir, à ne retenir que le nécessaire. A la première tendance appartient l'abbé de Saint-Pierre, qui veut que l'écolier apprenne tout au collège : un peu de médecine vers sept ou huit ans ; et dans les autres classes, l'arithmétique et le blason, la jurisprudence, l'allemand, l'italien, la danse, la déclamation, la politique, la morale, l'astronomie, l'anatomie, la chimie, sans compter le dessin et le violon, et vingt autres choses encore. Rousseau est plus sage : il s'effraye d'une telle accumulation, d'un tel encombrement d'études, mais c'est pour céder avec excès à la tendance opposée et restreindre outre mesure la liste des études nécessaires.

Études d'Émile.

— Voici en effet à quoi se bornent les études d'Émile : d'abord les sciences physiques, et, au premier rang, l'astronomie, puis la géographie, la géographie sans cartes et par voyages :

« Vous allez chercher des globes, des sphères, des cartes : que de machines ! Pourquoi toutes ces représentations ? Que ne commencez-vous à lui montrer l'objet lui-même ! »

Ici comme ailleurs Rousseau préfère ce qui vaudrai mieux, mais qui est impossible, à ce qui vaut moins sans doute, mais qui seul est praticable.

Rousseau ne veut pas d'ailleurs que son élève, comme l'élève de Rabelais, devienne un « abîme de science ».

« Quand je vois un homme, épris de l'amour des connaissances, se laisser séduire à leur charme et courir de l'une à autre sans savoir s'arrêter, je crois voir un enfant sur le rivage amassant des coquilles, commençant par s'en charger, puis, tenté par celles qu'il voit encore, en rejeter, en reprendre, jusqu'à ce que, accablé de leur multitude et ne sachant plus que choisir, il finisse par tout rejeter et retourne à vide. »

De la grammaire, des langues anciennes, il n'est pas question dans le plan d'études d'Émile. Ce qui est plus grave encore, c'est que l'histoire est proscrite. Cette interdiction des études historiques est d'ailleurs conforme au système : Rousseau a placé Émile à la campagne; il l'a fait orphelin pour le mieux isoler. Lui apprendre l'histoire, ce serait le replonger dans une société maudite.

Pas de livres, sauf Robinson Crusoé. — Une des conséquences de l'éducation naturelle et négative, c'est la suppression des livres. Toujours en dehors de la mesure, Rousseau ne se contente pas de critiquer l'abus des livres : il veut que jusqu'à quinze ans Émile ne sache pas ce que c'est qu'un livre :

« Je hais les livres, s'écrie-t-il; ils n'apprennent qu'à parler de ce qu'on ne sait pas. »

Outre que cet emportement est passablement ridicule chez un écrivain de profession, il est évident que Rousseau divague quand il condamne l'emploi des livres dans l'instruction.

Un livre cependant, un seul livre, a trouvé grâce devant lui. *Robinson Crusoé* composera pendant longtemps à lui seul toute la bibliothèque d'Émile. On comprend sans peine la complaisance de Rousseau pour un ouvrage qui, sous forme de roman, est, comme l'*Émile*, un traité d'éducation naturelle. Émile et Robinson ont l'un avec l'autre de grandes ressemblances, puisqu'ils se suffisent à eux-mêmes et se passent de la société.

Excellents préceptes de méthode. — Du moins, dans la méthode générale qu'il recommande, Rousseau prend sa revanche des erreurs de son plan d'étude.

« Ne tenez point à l'enfant des discours qu'il ne peut entendre. Point de descriptions, point d'éloquence, point de figures... Contentez-vous de lui présenter à propos les objets... Transformons nos sensations en idées, mais ne sautons pas tout d'un coup des objets sensibles aux objets intellectuels... Procédons toujours lentement d'idée sensible en idée sensible. En général, ne substituons jamais le signe à la chose que quand il nous est impossible de la montrer. »

« Je n'aime point les explications et discours. Les choses! les choses! je ne répéterai jamais assez que nous donnons trop de pouvoir aux mots : avec notre éducation babillarde nous ne faisons que des babillards. »

Mais il faudrait tout citer : presque tous les conseils de Rousseau, en fait de méthode, contiennent une part de vérité, et n'ont besoin que d'être atténués pour devenir excellents.

Mobiles d'action exclusifs. — Une grosse question, c'est de savoir à quel mobile l'éducation s'adressera chez l'enfant. Ici encore Rousseau est exclusif et absolu. Jusqu'à douze ans, Émile aura été dirigé par la nécessité. Il aura été mis dans la dépendance des choses, non dans celle des hommes. C'est par le possible et l'impossible qu'on l'aura conduit, en le traitant, non comme un être sensible et intelligent, mais comme une force de la nature à laquelle on oppose d'autres forces. A douze ans seulement, il faut changer de système. Émile a acquis quelque jugement. C'est sur un motif intellectuel qu'on devra maintenant compter pour régler sa conduite. Ce motif, c'est l'utile. Il ne peut être question de l'émulation dans une éducation solitaire. A quinze ans enfin, il sera possible de s'adresser au cœur, au sentiment, et de recommander au jeune homme les actes qu'on lui propose, non plus comme nécessaires ou utiles, mais comme nobles, bons et généreux. L'erreur de Rousseau est de découper la vie de l'homme jusqu'à vingt ans en trois parties bien tranchées, en trois moments subordonnés chacun à une seule règle d'action. La vérité est qu'à tout âge il faut faire appel à tous les motifs qui agissent sur notre volonté, qu'à tout âge la nécessité, l'intérêt, le sentiment et enfin l'idée du devoir, idée trop oubliée par Rousseau, comme tout ce qui dérive de la raison, peuvent efficacement intervenir, à des degrés divers, dans l'éducation de l'homme.

Émile apprend un métier. — Émile à quinze ans ne connaîtra rien de l'histoire, rien de l'humanité, rien de l'art et de la littérature, rien de Dieu : mais il saura un métier, un métier manuel. Par là, il se mettra d'avance à l'abri du besoin, au cas où une révolution lui enlèverait sa fortune :

« Nous approchons, dit Rousseau avec une étonnante perspicacité, du siècle des révolutions. Qui peut vous répondre de ce que vous deviendrez alors? Je tiens pour impossible que les grandes monarchies de l'Europe aient encore longtemps à durer : toutes ont brillé, et tout État qui brille est sur son déclin. »

Nous avons vu ailleurs, en étudiant des idées analogues chez Locke, pour quels autres motifs Rousseau faisait d'Émile un apprenti menuisier ou charpentier.

Émile à quinze ans. — Rousseau se complaît dans la contemplation de son œuvre, et de temps en temps il s'arrête dans ses analyses et ses déductions pour tracer le portrait de son élève. Voici comment il se le représente à quinze ans :

« Émile a peu de connaissances, mais celles qu'il a sont véritablement siennes ; il ne sait rien à demi. Dans le petit nombre des choses qu'il sait, et qu'il sait bien, la plus importante est qu'il y en a beaucoup qu'il ignore et qu'il peut savoir un jour, beaucoup plus que d'autres hommes savent et qu'il ne saura de sa vie, et une infinité d'autres qu'aucun homme ne saura jamais. Il a un esprit universel, non par les lumières, mais par la faculté d'en acquérir ; un esprit ouvert, intelligent, prêt à tout, et, comme dit Montaigne, sinon instruit, du moins instruisable. Il me suffit qu'il sache trouver l'*à quoi bon* sur tout ce qu'il fait, et le *pourquoi* sur tout ce qu'il croit. Encore une fois, mon objet n'est point de lui donner la science, mais de lui apprendre à l'acquérir au besoin, de la lui faire estimer exactement ce qu'elle vaut, et de lui faire aimer la vérité par-dessus tout. Avec cette méthode on avance peu, mais on ne fait jamais un pas inutile, et l'on n'est point forcé de rétrograder. »

Tout cela est bien: mais il faut ajouter qu'Émile a des défauts aussi, de grands défauts. Pour n'en citer qu'un, celui qui domine tous les autres, il ne voit les cnosès qu'au point de vue de l'utilité, et il n'hésiterait point, par exemple, « à donner l'Académie des sciences pour la moindre pâtisserie. »

Éducation de la sensibilité. — Il est vrai que Rousseau va se décider enfin à faire d'Émile un être aimant et raisonnable. « Nous avons, dit-il, formé son corps, ses sens, son jugement : reste à faire le cœur. » Rousseau, qui procède comme un magicien, par coups de baguette et opérations merveilleuses, se flatte que du jour au lendemain Émile va devenir le plus tendre, le plus moral et le plus religieux des hommes.

Le quatrième livre de l'Émile. — Le développement des sentiments affectueux, la culture du sentiment moral et celle du sentiment religieux, tel est le triple sujet du quatrième livre : questions vastes et élevées qui se prêtent à l'éloquence, de sorte que le quatrième livre de l'*Émile* est peut-être le plus brillant de tout l'ouvrage.

Genèse des sentiments affectueux. — Ici Rousseau est tout à fait dans la chimère. Émile, qui vit dans l'isolement, qui n'a ni famille, ni amis, ni camarades, est condamné nécessairement à l'égoïsme, et tout ce que fera Rousseau pour réchauffer son cœur sera bien inutile. Voulons-nous former les sentiments tendres, affectueux? Commençons par placer l'enfant dans le milieu familial ou social, qui seul peut donner à ses affections l'occasion de se développer. Rousseau laisse pendant quinze ans le vide se faire dans le cœur d'Émile. Quelle illusion de croire qu'il pourra le remplir tout d'un coup! Quand on supprime la mère dans l'éducation d'un enfant, tous les moyens qu'on peut imaginer pour susciter dans son âme les sentiments doux et tendres ne sont que des palliatifs. Rousseau a eu le tort de croire qu'on pouvait enseigner à aimer, comme on enseigne à lire ou à écrire, et qu'on donnerait à Émile des leçons de sentiment, comme on lui donne des leçons de géométrie.

Éducation morale. — Rousseau mériterait davan

tage d'être suivi, quand il demande que les notions
morales du bien et du mal aient leurs premiers germes
dans les sentiments de sympathie, de bienveillance
sociale, à supposer qu'il pût dans son système inspirer de tels sentiments à Émile.

« Nous entrons, enfin, dans l'ordre moral, dit-il. Si c'en était
ici le lieu, je montrerais comment des premiers mouvements
du cœur s'élèvent les premières voix de la conscience, et comment des sentiments d'amour et de haine naissent les premières
notions de bien et de mal. Je ferais voir que *justice et bonté* ne
sont pas seulement des mots abstraits, conçus par l'entendement, mais de véritables affections de l'âme éclairée par la
raison. »

Oui, qu'on achemine peu à peu l'enfant vers la sévère
morale rationnelle, en le faisant passer par les douces
émotions du cœur, rien de mieux : mais à une condition,
c'est qu'on ne s'arrêtera pas en route, et qu'aux vagues
inspirations de la sensibilité on fera succéder les prescriptions précises de la raison. Or, Rousseau, on le sait,
n'a jamais voulu admettre que la vertu fût autre chose
que l'affaire du cœur : sa morale est une morale toute
sentimentale.

Éducation religieuse. — On sait les raisons qui
ont déterminé Rousseau à retarder jusqu'à la seizième
ou dix-huitième année la révélation de la religion. C'est
que l'enfant, avec son imagination sensible, est nécessairement idolâtre. Si on lui parle de Dieu, il ne peut
en avoir qu'une idée superstitieuse. « Or, dit énergiquement Rousseau, quand une fois l'imagination a vu
Dieu, il est bien rare que l'entendement le conçoive. »
En d'autres termes, une fois plongé dans la superstition,
l'esprit de l'enfant ne peut s'en dégager. Il faut donc
attendre, dans l'intérêt même de la religion, qu'il ait la
raison assez mûre, la pensée assez forte, pour saisir
dans sa vérité, débarrassée de tout voile sensible, l'idée
de Dieu dont on lui annonce pour la première fois
l'existence.

Il est difficile de donner raison à Rousseau. D'abord

n'est-il pas à craindre que l'enfant, s'il s'est passé de
Dieu jusqu'à dix-huit ans, ne trouve tout naturel de s'en
passer encore, qu'il ne raisonne et ne discute à perte
de vue avec son maître, qu'il ne doute au lieu de croire?
Et s'il se laisse gagner, du moins n'est-il pas évident
que l'idée religieuse, tardivement inculquée, n'aura pas
dans son esprit de profondes racines? D'autre part, l'enfant, avec sa curiosité instinctive, attendra-t-il la dix-
huitième année, pour se demander quelle est la cause
de l'univers? Ne se fera-t-il pas un Dieu à sa manière?

« On a pu lire, il y a quelques années, dit Villemain, le récit
ou plutôt la confession psychologique d'un écrivain (M. Sentenis),
d'un philosophe allemand, que son père avait soumis à l'épreuve
conseillée par l'auteur d'*Émile*. Resté seul par la perte d'une
femme tendrement aimée, ce père, homme savant et con-
templatif, avait conduit dans une campagne écartée son fils
en bas âge ; et là, ne lui laissant de communication avec personne, il avait cultivé l'intelligence de enfant par le spectacle
des objets naturels placés près de lui, et par l'étude des langues,
presque sans livres, et en l' séquestrant avec soin de toute
idée de Dieu. L'enfant avait atteint sa dixième année sans avoir
lu ni entendu prononcer ce grand nom. Mais alors son esprit
trouva ce qu'on lui refusait. Le soleil qu'il voyait se lever
chaque matin lui parut le bienfaiteur tout-puissant, dont il
sentait le besoin. Bientôt il prit l'habitude d'aller dès l'aurore
au jardin rendre hommage à ce dieu qu'il s'était fait. Son père
le surprit un jour, et lui montra son erreur en lui apprenant
que toutes les étoiles fixes sont autant de soleils répandus dans
l'espace. Mais tel fut alors le mécompte et la tristesse de l'enfant privé de son culte, que le père vaincu finit par lui avouer
qu'il existait un Dieu, créateur du ciel e de la terre (1). »

La Profession de foi du vicaire savoyard. —
Rousseau a du moins fait effort pour réparer, par un
magnifique langage et par une chaleureuse démonstration de l'existence de Dieu, le retard qu'il a spontanément imposé à son élève.

La *Profession de foi du vicaire savoyard* est un
éloquent catéchisme de religion naturelle, l'expression convaincue d'un déisme sincère et profond. La

(1) Rapport de Villemain sur l'ouvrage du P. Girard (1844).

religion de la nature est la seule évidemment qui, dans le système de Rousseau, puisse et doive être enseignée à l'enfant, puisque l'enfant est précisément l'élève de la nature. Si Émile veut aller au delà, s'il lui faut une religion positive, ce sera à lui de la choisir.

Sophie et l'éducation des femmes. — La partie la plus faible de l'*Émile* est celle qui traite de l'éducation de la femme. Ce n'est pas seulement parceque Rousseau, chavirant décidément dans le roman, promène Émile et sa compagne dans des aventures bizarres et extraordinaires : c'est surtout parce qu'il méconnaît la dignité propre de la femme. Sophie, la femme parfaite, n'est élevée que pour faire le bonheur d'Émile. Son éducation est toute relative à sa destinée d'épouse :

« Toute l'éducation des femmes doit être relative aux hommes. Leur plaire, leur être utiles, se faire aimer et honorer d'eux, les élever jeunes, les soigner grands, les conseiller, les consoler, leur rendre la vie agréable et douce, voilà les devoirs des femmes dans tous les temps. »

« Sophie, dit M. Gréard, n'a que des vertus de second ordre, des vertus d'éducation conjugale. On a dit que le mariage était une seconde naissance pour l'homme, qu'il relève ou abaisse, selon le choix qu'il fait. Pour la femme, dans la théorie de Rousseau, c'est le véritable avènement à la vie. Suivant la formule expressive de Michelet, qui, d'un mot, résume merveilleusement la doctrine, mais en y attachant un sens qui la poétise, « le mari crée la femme. » Sophie jusqu'à son mariage n'a pas existé. Elle n'a rien appris, rien lu « qu'un *Barême* et un *Télémaque*, qui lui sont tombés par hasard dans les mains. » Elle a été d'ailleurs bien prévenue : « Toute fille lettrée restera fille, lorsque les hommes seront sensés. » C'est Émile seul qui doit l'instruire, et qui l'instruira, qui la façonnera à son image, conformément à son propre intérêt. Tandis qu'il n'a reçu lui-même que dans son adolescence les premiers principes du sentiment religieux, Sophie a dû en être pénétrée dès l'enfance pour prendre de bonne heure le pli de la soumission. Il commande, et elle obéit : la première vertu de la femme est la douceur. Si pendant sa jeunesse elle a librement fréquenté les festins, les jeux, les bals, le théâtre, ce n'est pas tant pour être initiée aux vains plaisirs du monde, sous la tutelle d'une mère vigilante, que pour appartenir davantage, une fois mariée, à son foyer et à son époux. Elle n'est rien qu'à côté de lui, au-dessous de lui, par lui. Étrange et brutal paradoxe, que Rousseau, il est vrai, corrige et répare, à tout instant, dans le détail, par les plus heureuses et les plus charmantes inconséquences. »

Sophie en définitive est une personne incomplète, que Rousseau ne songe pas assez à élever pour elle-même.

Dans son existence subordonnée et inférieure, les soins du ménage tiennent la plus grande place. Elle taille, elle coud elle-même ses robes :

« Ce que Sophie sait le mieux, ce qu'on lui fait apprendre avec le plus de soin, ce sont les travaux de son sexe. Il n'y a pas d'ouvrage à l'aiguille qu'elle ne sache faire. »

Mais il ne lui est pas défendu, il lui est même recommandé, de mettre une certaine coquetterie dans ses travaux :

« L'ouvrage qu'elle aime le mieux est la dentelle, parce qu'il n'y en a pas un qui donne une attitude plus agréable, et où les doigts s'exercent avec plus de grâce et de légèreté. »

Elle pousse un peu loin la délicatesse :

« Elle n'aime pas la cuisine : le détail en a quelque chose qui la dégoûte. Elle laisserait plutôt aller tout le dîner par le feu que de tacher sa manchette

La bonne ménagère que voilà ! On sent qu'il s'agit ici d'un personnage de roman, qui n'a pas besoin de dîner. Sophie n'eût pas été bien reçue à Saint-Cyr, où madame de Maintenon gourmandait si fort les filles trop delicates, qui « craignent la fumée, la poussière, les puanteurs, jusqu'à en faire des plaintes et des grimaces, comme si tout était perdu. »

Jugement général. — Il faut, pour juger équitablement l'*Émile*, écarter les impressions que laisse la lecture des dernières pages. Il faut considérer dans son ensemble, et sans tenir compte des détails, cette œuvre malgré tout admirable et profonde. L'analyse lui est nuisible : il faut lire l'*Émile* tout entier pour l'estimer son prix. En le lisant, en effet, on s'échauffe au contact de la passion que Rousseau apporte dans tout ce qu'il écrit ; on pardonne aux erreurs et aux chimères, à raison des grands sentiments et des grandes vérités que l'on rencontre à chaque pas. Il faut aussi tenir compte du temps où vivait Rousseau, et des conditions dans lesquelles il écrivait. Nous n'en doutons pas, écrit trente ans plus tard, à l'aurore de la Révolution, pour un peuple libre ou qui aspirait à l'être, l'*Émile* eût été tout différent de ce qu'il est. Travaillant pour une société républicaine ou qui voulait le devenir, Rousseau ne se serait plus jeté, en haine de la réalité, dans les chimères d'une éducation particulariste et d'exception. On peut juger de ce qu'il eût fait comme législateur de l'instruction publique au temps de la Révolution, d'après ce qu'il a écrit dans ses *Considérations sur le gouvernement de la Pologne* :

« L'éducation nationale n'appartient qu'aux peuples libres... C'est l'éducation qui doit donner aux âmes la forme nationale et diriger tellement leurs opinions et leurs goûts, qu'elles soient patriotes par inclination, par passion, par nécessité, » — nous voudrions seulement ajouter, par devoir. — « Un enfant, en ouvrant les yeux, doit voir la patrie et ne plus voir qu'elle. Tout vrai républicain suça avec le lait de sa mère l'amour de sa patrie, c'est-à-dire des lois et de la liberté. Cet amour fait toute son existence : il ne voit que la patrie, il ne vit que pour elle ; sitôt qu'il est seul, il est nul ; sitôt qu'il n'a plus de patrie, il n'est plus... Je veux qu'en apprenant à lire, un Polonais lise des choses de son pays ; qu'à dix ans il en connaisse toutes les productions, à douze toutes les provinces, tous les chemins, toutes les villes ; qu'à quinze il en sache toute l'hisloire, à seize toutes les lois; qu'il n'y ait pas eu dans toute la Pologne une belle action, ni un homme illustre, dont il n'ait la mémoire et le cœur pleins. »

Influence de l'Émile. — Ce qui prouve mieux que tout commentaire la haute portée de l'*Émile*, c'est le succès qu'il obtint; c'est l'influence qu'il a exercée, en France et aussi à l'étranger, c'est le retentissement durable dont témoignent tant d'ouvrages destinés soit à le contredire, soit à le corriger, soit à l'approuver et à en répandre les doctrines. Pendant les vingt-cinq années qui suivirent la publication de l'*Émile*, il parut en langue française deux fois plus d'ouvrages sur l'éducation que durant les soixante premières années du siècle. Rousseau, outre tout ce qu'il a dit par lui-même de juste et de neuf, eut le mérite de remuer les esprits et de préparer par son impulsion la riche production pédagogique de ces cent dernières années.

Il suffit, pour s'en convaincre, de lire ce jugement de Kant :

« La première impression qu'un lecteur qui ne lit point par vanité et pour perdre le temps emporte des écrits de J.-J. Rousseau, c'est que cet écrivain réunit à une admirable pénétration de génie une inspiration noble et une âme pleine de sensibilité, comme cela ne s'est jamais rencontré chez un autre écrivain, en aucun temps, en aucun pays. L'impression qui suit immédiatement celle-là, c'est celle de l'étonnement causé par les pensées extraordinaires et paradoxales qu'il développe.... Je dois lire et relire Rousseau, jusqu'à ce que la beauté de l'expression ne me trouble plus : c'est alors seulement que je puis disposer de ma raison pour le juger. »

LEÇON XIV

LES PHILOSOPHES DU DIX-HUITIÈME SIÈCLE. CONDILLAC DIDEROT, HELVÉTIUS ET KANT

Les philosophes du dix-huitième siècle. — Si la pédagogie a fait des progrès considérables au dix-huitième siècle, elle le doit en grande partie aux efforts des philosophes de ce temps-là. Ce ne sont plus seulement les hommes d'école, qui se préoccupent de l'éducation. Presque tous les penseurs illustres du dix-huitième siècle ont abordé ou approfondi ces grandes questions. Il s'en faut qu'on ait épuisé le sujet, quand on a étudié Rousseau. En dehors du courant pédagogique dont l'*Émile* a été le principe, il reste à suivre, dans les voies originales où ils marchent isolés et indépendants, les autres philosophes de cette époque. Quelques aperçus nouveaux et quelques vérités définitives émergent au milieu de leurs erreurs et de leurs conceptions systématiques.

Condillac (1715-1780). — Psychologue subtil et ingénieux, émule et rival de Locke en philosophie, Condillac n'a pas, il s'en faut, la même autorité en pédagogie. Il y a néanmoins quelque profit à retirer de la lecture de son *Cours d'Études*, qui ne compte pas moins de treize volumes. Cet ouvrage considérable est le recueil des leçons qu'il avait composées pour l'éducation de l'infant Ferdinand, petit-fils de Louis XV et héritier du duché de Parme, de qui il devint le précepteur en 1757.

Abus de l'esprit philosophique. — Il faut certainement se féliciter que l'esprit philosophique pénètre de plus en plus les théories pédagogiques, et nous n'aurions que des éloges pour Condillac, s'il s'était borné à cette excellente affirmation que la pédagogie n'est rien, si elle n'est pas une déduction de la psychologie. Mais il ne s'en tient pas là, et avec une indiscrétion regrettable il transporte arbitrairement dans l'éducation certains principes philosophiques, qu'il ne convient pas d'appliquer à l'art d'élever les hommes, quelle que puisse être leur vérité théorique. C'est ainsi que Condillac, ayant établi l'ordre naturel du développement des sciences et des arts dans l'histoire de l'humanité prétend imposer la même marche à l'enfant.

« La méthode que j'ai suivie ne ressemble pas à la manière dont on enseigne; mais elle est la manière même dont les hommes se sont conduits pour créer les arts et les sciences (1).

En d'autres termes, il faut que chaque enfant refasse pour son compte « ce que les peuples ont fait. » Il faut qu'il s'astreigne à suivre pas à pas dans ses lenteurs et dans ses longs tâtonnements le progrès de l'humanité.

(1) *Discours préliminaire sur la grammaire*, dans les *Œuvres complètes* de Condillac, t. VI, p. 264.

Sans doute il y a une part de vérité dans l'erreur de Condillac. Les sciences et les arts ont commencé par des observations particulières, pour s'élever insensiblement à des principes généraux. Et ce n'est pas aujourd'hui que l'on songerait à contester la nécessité de procéder de la même manière dans l'éducation, autant que cela est possible. Il est bon de présenter d'abord des faits à l'enfant, et de le conduire pas à pas, d'observation en observation, à la loi qui les domine et les résume. Mais de l'emploi discret de la méthode inductive et expérimentale aux exagérations de Condillac, il y a loin. Il ne saurait être question de supprimer d'une façon absolue la méthode synthétique d'exposition, celle qui, profitant de l'œuvre accomplie par les siècles, enseigne d'emblée les vérités acquises. Il serait absurde de soumettre l'enfant à recommencer péniblement le travail des peuples.

Ce qui est plus grave encore, c'est que Condillac, égaré par ses préoccupations philosophiques, prétend initier l'enfant, dès le début de ses études, à l'analyse psychologique :

« Il faut d'abord faire connaître à l'enfant les facultés de son âme et lui faire sentir le besoin de s'en servir. »

En d'autres termes, l'analyse de l'âme sera le premier objet proposé à la réflexion de l'enfant. Il ne s'agit pas de le rendre attentif ; il s'agit de lui apprendre ce que c'est que l'attention.

Comment songer sérieusement a faire de l'enfant un petit psychologue et à choisir, comme premier élément de l'éducation, précisément la science la plus délicate de toutes, celle qui ne peut être que le couronnement des études ?

Faut-il raisonner avec les enfants ? — Rousseau avait vivement critiqué la fameuse maxime de Locke : « Il faut raisonner avec les enfants. » Condillac essaye de la remettre en crédit, et pour cela il invoque les

prétendues démonstrations de sa psychologie superfi
cielle et inexacte :

« Il est démontré, dit-il, que la faculté de raisonner com
mence aussitôt que nos sens commencent à se developper, e
nous n'avons de bonne heure l'usage de nos sens que parce
que nous avons raisonné de bonne heure. »

Étranges affirmations, que dément l'observation la
plus élémentaire. Condillac se laisse abuser par son
sensualisme psychologique, dont la tendance est d'effacer
le caractère propre des diverses facultés intellectuelles,
de les faire toutes sortir des sens, et, par conséquent, de
supprimer la distance qui sépare une simple sensation
de l'opération délicate, réfléchie et abstraite, qui s'appelle le raisonnement. On ne saurait admettre un seul
instant que les facultés de l'entendement « soient,
comme il le dit, les mêmes chez l'enfant et chez l'homme
fait. » Il y a, sans doute, chez l'enfant un commencement de raisonnement, une sorte de logique instinctive.
Mais ce raisonnement enfantin ne peut être appliqué
qu'à des objets familiers, sensibles et concrets ; il serait
absurde de vouloir le diriger sur des idees abstraites
et générales.

Leçons préliminaires. — Nous citerons sans com-
mentaires les premières instructions que, sous le titre
de *Leçons préliminaires*, Condillac propose à son élève :
1° la nature des idées ; 2° les opérations de l'âme ;
3° les habitudes ; 4° la distinction de l'âme et du
corps ; 5° la connaissance de Dieu.

Comment concevoir que Condillac ait eu la prétention de mettre ces hautes spéculations philosophiques
à la portée d'un enfant de sept ans, qui n'a pas encore
étudié la grammaire de sa langue maternelle ! Quelques
fables ou quelques récits d'histoire feraient bien mieux
son affaire !

Mais Condillac ne s'en tient pas là. Quand son élève
connaît le système des opérations de l'âme, quand il a
compris la génération des idées ; en un mot, quand il

est, vers huit ou dix ans, aussi avancé en philosophie
que son maître, et presque capable d'écrire le *Traité des
sensations*, savez-vous ce qu'il est appelé à étudier ?
Quelque chose qui ressemble fort à la philosophi
de l'histoire.

« Après l'avoir fait réfléchir sur son enfance, je jugeai que
l'enfance du monde serait pour lui l'objet le plus curieux et le
plus facile à étudier. »

Art de penser. — C'est seulement quand il juge
l'esprit de ses élèves suffisamment préparé par l'analyse psychologique et par des réflexions générales sur
les progrès de l'humanité, que Condillac se décide à le
faire entrer dans le cours ordinaire des études. Ici l'esprit de système disparaît, pour faire place à des idées
plus judicieuses et plus acceptables. Ainsi Condillac
estime que « l'étude de la grammaire serait plus fati-
gante qu'utile si elle arrivait trop tôt. » Il aurait bien
dû appliquer ce principe à la psychologie ! Avant donc
d'étudier la grammaire, l'élève de Condillac lit les
poètes, les poètes français, bien entendu, et de préférence les auteurs dramatiques, Racine surtout, dont il
recommence la lecture jusqu'à douze fois. La connaissance réelle de la langue précède l'étude abstraite
des règles.

Condillac a composé lui-même une grammaire, sous
le titre d'*Art de parler*. Il s'y inspire des auteurs de
Port-Royal, « qui, dit-il, ont porté les premiers la
lumière dans les livres élémentaires. » Après l'*Art de
parler*, il propose tour à tour à l'attention de son élève
trois autres traités : l'*Art d'écrire* ou rhétorique, l'*Art
de raisonner* ou logique, enfin l'*Art de penser*. Nous
n'essayerons pas l'analyse de ces ouvrages, qui ont
vieilli, malgré quelques parties excellentes. Le caractère général de ces traités d'éducation intellectuelle,
c'est que l'auteur se préoccupe de la liaison des idées
plus que de l'élégance extérieure du style, du développement de la pensée plus que des beautés du langage ;

« Surtout il faut nourrir l'intelligence, comme on nourrit le corps : il faut lui présenter des connaissances, qui sont les aliments sains de l'esprit, les opinions et les erreurs étant des aliments empoisonnés. Il faut aussi que l'intelligence agisse, car la pensée reste imbécile, toutes les fois que, passive plutôt qu'active, elle se meut au hasard. »

Autres parties du Cours d'études. — Condillac ne poursuit qu'un but, semble-t-il : faire de son élève un être pensant. L'étude du latin est reculée jusqu'au jour où l'intelligence, étant toute formée, elle ne doit trouver dans l'étude de cette langue que « la difficulté d'apprendre les mots. » Condillac a peu de goût pour les langues anciennes : il relègue le latin au second plan, et il omet complètement le grec. Mais il accorde une grande importance aux études historiques.

« Après avoir appris à penser, le prince fit de l'histoire son principal objet pendant six ans. »

Douze volumes du *Cours d'études* nous ont transmis les leçons d'histoire de Condillac. Il ne s'y complaît pas, comme Rollin, dans les longues narrations : il analyse, il multiplie les réflexions, il abrège les faits ; il philosophe plus qu'il ne raconte.

La réflexion personnelle. — Ce que nous avons dit du *Cours d'études* de Condillac suffit à justifier le jugement que portait sur sa pédagogie un de ses disciples, Gérando, quand il écrivait : « Celui qui avait tant étudié la manière dont les idées se forment dans l'esprit humain, sut mal les faire naître dans l'intelligence de son élève. »

Mais nous ferions mal juger notre auteur, si, après les critiques que nous lui avons adressées, nous ne lui décernions pas les éloges qu'il mérite, notamment pour avoir compris, comme il l'a fait, le prix de la réflexion personnelle, la supériorité du jugement sur la mémoire. Quelques citations réhabiliteront la pédagogie de Condillac dans l'esprit de nos lecteurs.

Il faut avant tout exercer la réflexion personnelle

... « Je conviens que l'éducation qui ne cultive que la mémoire peut faire des prodiges, et qu'elle en fait; mais ces prodiges ne durent que le temps de l'enfance... Celui qui ne sait que par cœur ne sait rien... Celui qui n'a pas appris à réfléchir n'est pas instruit, ou il l'est mal, ce qui est pire encore. »

... « Les vraies connaissances sont dans la réflexion, qui les acquiert, beaucoup plus que dans la mémoire, qui s'en charge ; et on sait mieux les choses qu'on est capable de retrouver que celles dont on peut se ressouvenir. Il ne suffit donc pas de donner des connaissances à un enfant: il faut qu'il s'instruise en cherchant lui-même, et le grand point est de le bien guider. S'il est conduit avec ordre, il se fera des idées exactes ; il en saisira la suite et la liaison : alors, maître de les parcourir, il pourra les rapprocher des plus éloignées, et s'arrêter à son choix sur celles qu'il voudra considérer. La réflexion peut toujours retrouver les choses qu'elle a sues, parce qu'elle sait comment elle les a trouvées: la mémoire ne retrouve pas de même celles qu'elle a apprises, parce qu'elle ne sait pas comment elle apprend. »

Voilà pourquoi Condillac met fort au-dessus de l'éducation que l'on reçoit celle que l'on se donne à soi-même :

« C'est à vous, Monseigneur, à vous instruire désormais tout seul... Vous vous imaginez peut-être avoir fini, mais c'est moi qui ai fini, et vous, vous avez à recommencer ! »

Critique de l'excès de la dévotion. — Quelles belles leçons Condillac adresse aussi à son élève, pour l'engager à s'affranchir de la tutelle ecclésiastique! Écrite par un abbé, la page éloquente que l'on va lire, prouve combien l'esprit laïque tendait à se faire jour au dix-huitième siècle.

« Vous ne sauriez être trop pieux, Monseigneur, mais si votre piété n'est pas éclairée, vous oublierez vos devoirs pour ne vous occuper que de petites pratiques. Parce que la prière est nécessaire, vous croirez devoir toujours prier, et, ne considérant pas que la vraie dévotion consiste à remplir d'abord votre état, il ne tiendra pas à vous que vous ne viviez dans votre cour comme dans un cloître. Les hypocrites se multiplieront autour de vous. Les moines sortiront de leurs cellules. Les prêtres quitteront le service de l'autel pour venir s'édifier à la vue de vos saintes œuvres. Prince aveugle, vous ne sentirez pas combien leur conduite est en contradiction avec leur langage ; vous ne remarquerez pas seulement que les hommes qui vous louent d'être toujours au pied des autels, oublient eux-mêmes que leur devoir est d'y être. Vous prendrez insensiblement leur place pour leur céder la vôtre; vous prierez continuellement, et vous croirez faire votre salut: ils cesseront de prier, et vous croirez qu'ils font le leur. Étrange contradiction qui pervertit les ministres de l'Église, pour donner de mauvais ministres à l'État (1). »

Diderot (1715-1771). — Pour qui connaît seulement de Diderot ses œuvres d'imagination souvent si licencieuses, ce sera sans doute une surprise de voir le nom de ce fantaisiste inscrit au catalogue des éducateurs. Mais cet étonnement disparaîtra si l'on veut bien se rappeler avec quelle souplesse ce puissant esprit savait varier le sujet de ses réflexions et passer du plaisant au sévère, avec quelle ardeur surtout, en collaboration avec d'Alembert, il fut le principal initiateur et l'infatigable ouvrier de l'*Encyclopédie*.

Ses œuvres pédagogiques. — D'ailleurs le doute n'est pas permis. Diderot a écrit au moins deux traités qui appartiennent à l'histoire de l'éducation : d'abord, vers 1773, *la Réfutation suivie du livre d'Helvétius sur l'homme*, critique incisive et éloquente des paradoxes et des erreurs d'Helvétius; en second lieu, vers 1776, un plan complet d'instruction, composé à la prière de Catherine II, sous ce titre *Plan d'une université* (2).

Ses qualités pédagogiques. — Diderot n'avait sans doute pas assez de gravité dans le caractère, assez de fixité dans les idées, pour être un parfait pédagogue. Mais en revanche les qualités naturelles et acquises de son esprit le rendaient digne de la confiance que lui témoigna Catherine II en le chargeant d'organiser au moins en théorie l'instruction du peuple russe. Il avait d'abord ce mérite d'être un penseur universel,

(1) *Cours d'études*, t. X. Introduction.
(2) Voyez *Œuvres complètes* de Diderot. Édit. Tourneux, 1876-77. t. II et III.

« assez versé dans toutes les sciences, pour en connaître le prix, pas assez profond dans aucune pour se livrer à une préférence marquée de métier. » Mêlé au mouvement scientifique dont l'*Encyclopédie* était le centre, il nourrissait en même temps pour les lettres une passion enthousiaste. Il idolâtrait Shakspeare et la poésie moderne, mais il n'était pas moins amoureux de l'antiquité classique, et pendant plusieurs années, dit-il, il avait été aussi « religieux à lire un chant d'Homère que l'est un bon prêtre à réciter son bréviaire. »

Nécessité de l'instruction. — Diderot, et cela est à sa gloire, se distingue de la plupart de ses contemporains, et de Rousseau lui-même, par sa foi ardente dans l'efficacité morale de l'instruction :

« Loin de corrompre, s'écrie-t-il, l'instruction adoucit les caractères, éclaire sur les devoirs, subtilise les vices, les étouffe ou les voile... J'oserai assurer que la pureté de la morale a suivi les progrès des vêtements, depuis la peau de la bête jusqu'à l'étoffe de soie. »

Il en conclut à la nécessité de l'instruction pour tous :

« Depuis le premier ministre jusqu'au dernier paysan, il est bon que chacun sache lire, écrire et compter. »

Et il propose à tous les peuples l'exemple de l'Allemagne, avec son instruction primaire fortement organisée. Il demande des écoles ouvertes à tous les enfants, « écoles de lecture, d'écriture, d'arithmétique et de religion, » où l'on étudiera aussi un catéchisme moral et un catéchisme politique. La fréquentation de ces écoles sera obligatoire; et, pour rendre possible l'obligation, Diderot réclame la gratuité. Il va même plus loin, il veut que l'enfant soit nourri à l'école, qu'avec des livres il y trouve du pain.

Idée d'une instruction publique. — Comme tous ceux qui désirent sincèrement une forte organisation de l'instruction, Diderot en attribue la direction à l'État. Son idéale université russe a de grandes ressem-

blances avec l'université française de 1808. Il lui donnait pour chef un homme politique, un homme d'État,
auquel devaient être soumises toutes les affaires de
l'instruction publique. Il allait même jusqu'à confier à
ce grand maître de l'Université le soin de présider aux
examens, de nommer les principaux de collèges, d'exclure les mauvais élèves, de déposer les professeurs et
es maîtres d'études.

Critique des collèges français. — L'enseignement secondaire, ce qu'on appelait alors la *Faculté des
arts*, est le principal objet des réflexions de Diderot. Il
critique avec une vivacité extrême le système traditionnel, et son réquisitoire, quoique parfois injuste, mérite d'être cité :

« C'est dans la faculté des arts qu'on étudie encore aujour-
d'hui, sous le nom de belles-lettres, deux langues mortes qui ne
sont utiles qu'à un petit nombre de citoyens ; c'est là qu'on les
étudie pendant six à sept ans sans les apprendre ; que, sous le
nom de rhétorique, on enseigne l'art de parler avant l'art de
penser, et celui de bien dire avant d'avoir des idées ; que, sous
le nom de logique, on se remplit la tête des subtilités d'Aristote et de sa très sublime et très inutile théorie du syllogisme,
et qu'on délaye en cent pages obscures ce qu'on pourrait
exposer clairement en quatre ; que, sous le nom de morale, je
ne sais ce qu'on dit, mais je sais qu'on ne dit pas un mot ni des
qualités de l'esprit, ni de celles du cœur ; que, sous le nom de
métaphysique, on agite des thèses aussi frivoles qu'épineuses,
les premiers éléments du scepticisme et du fanatisme, le germe
de la malheureuse facilité de répondre à tout ; que, sous le nom
de physique, on s'épuise en disputes sur les éléments de la
matière et les systèmes du monde ; pas un mot d'histoire naturelle, pas un mot de bonne chimie, très peu de chose sur le
mouvement et la chute des corps ; très peu d'expériences, moins
encore d'anatomie, rien de géographie (1). »

Réformes proposées. — Après une aussi fougueuse critique, Diderot avait le devoir de proposer de
sérieuses et de profondes réformes, mais toutes celles
qu'il suggère ne sont pas également louables.

_____

(1) *Œuvres*, etc., t. III, p. 459.

Notons d'abord l'idée, qui sera reprise de notre temps par Auguste Comte et l'école positiviste, d'une liaison et subordination des sciences, classées dans un certain ordre, selon qu'elles supposent la science qui a précédé, ou qu'elles facilitent l'étude de la science qui suit, et aussi d'après le degré de leur utilité. C'est surtout d'après ce dernier principe que Diderot distribue les études scolaires, après avoir fait remarquer que l'ordre pédagogique des sciences n'est pas le même que leur ordre logique :

« L'enchaînement naturel d'une science avec les autres lui désigne une place, et la raison d'utilité plus ou moins générale lui en fixe une autre. »

Seulement Diderot oublie qu'il ne faut pas tenir compte seulement du principe d'utilité dans la distribution des études, et que l'essentiel est surtout d'en approprier l'ordre au progrès de l'âge et des aptitudes de l'enfance.

Préférence pour les sciences. — Quoique également épris des lettres et des sciences, Diderot n'a pas su tenir la balance égale entre l'éducation littéraire et l'éducation scientifique. Avant Condorcet, avant Auguste Comte, il déplace le centre de l'instruction, et accorde la prépondérance aux sciences. Des huit classes que comprend sa Faculté des arts, les cinq premières sont consacrées aux mathématiques, à la mécanique, à l'astronomie, à la physique, à la chimie. La grammaire et les langues anciennes sont reléguées dans les trois dernières, qui correspondent à peu près à ce qu'on appelle dans nos collèges la seconde et la rhétorique.

Ce qu'il faut ici reprocher à Diderot, ce n'est pas seulement de réduire outre mesure la part des lettres : c'est aussi de mal distribuer les études scientifiques, en plaçant les mathématiques avant la physique. Il a beau s'écrier qu' « il est plus facile d'apprendre la géométrie que d'apprendre à lire : » il ne nous convainc pas. C'est un tort grave de retenir d'abord l'attention enfantine sur les abstractions numériques, de laisser les sens inoccupés, de différer autant l'étude de l'histoire naturelle et de la physique expérimentale, de ces sciences vraiment faites pour les enfants, parce que, selon l'expression de Diderot lui-même, « elles sont un exercice continu des yeux, de l'odorat, du goût et de la mémoire. »

Il ne suffit pas, pour excuser 'erreur de Diderot, de constater que son élève n'entre à la Faculté des arts qu'à douze ans ; jusque-là il n'apprendra que la lecture, l'écriture et l'orthographe. Outre qu'il est permis de penser que ses premières années auront été assez mal employées, il est évident que, même à douze ans, l'esprit n'est pas assez mûr pour être plongé dans les froides déductions des mathématiques.

Vues incomplètes sur la portée des lettres. — L'attitude de Diderot vis-à-vis des lettres classiques est faite pour surprendre. D'une part, il en retarde l'étude jusqu'à dix-neuf ou vingt ans, et ne leur consacre qu'une seule année. D'autre part, avec quel enthousiasme ce lettré éloquent ne parlait-il pas des anciens et particulièrement d'Homère !

> « Homère, c'est le maître à qui je dois ce que je vaux, si je vaux quelque chose. Il est difficile d'atteindre à l'excellence du goût, sans la connaissance des langues grecque et latine. J'ai sucé de bonne heure le lait d'Homère, de Virgile, d'Horace, de Térence, d'Anacréon, de Platon, d'Euripide, coupé avec celui de Moïse et des prophètes. »

Comment s'expliquer cette contradiction d'un humaniste inconséquent et ingrat, qui porte jusqu'aux nues les humanités, et qui en amoindrit l'enseignement jusqu'à l'annihiler presque ? C'est qu'à ses yeux les belles-lettres ne sont bonnes qu'à former les orateurs et les poètes : elles ne servent pas au développement général de l'esprit. Études de luxe, par conséquent, elles ne conviennent qu'à une petite minorité d'élèves ; elles n'ont plus droit à la première place dans une éducation

commune, destinée à tous les hommes. Diderot ne sait
point voir ce qui est en pédagogie leur vrai titre de noblesse : c'est qu'elles sont un admirable instrument de
gymnastique intellectuelle, le moyen le plus sûr et aussi
le plus commode d'acquérir ces qualités de justesse, de
précision, de netteté, qui sont nécessaires à tous les
états, et applicables à tous les emplois spéciaux de la
vie.

Opinion de Marmontel. — Diderot semble réduire le rôle des lettres à une étude de mots et à un
exercice de mémoire. Il aurait pu apprendre d'un de ses
contemporains, Marmontel, dont l'esprit moins brillant
était quelquefois plus juste, ce que l'intelligence gagne
à être exercée de bonne heure à l'étude des langues :

« Le choix des mots et leur emploi, en traduisant de l'une en
l'autre langue, même déjà quelque élégance dans la construction
des phrases, commencèrent à m'occuper ; et ce travail, qui ne
va point sans l'analyse des idées, me fortifia la mémoire. Je
m'aperçus que c'était l'idée attachée au mot qui lui faisait
prendre racine, et la réflexion me fit bientôt sentir que l'étude
des langues était aussi l'étude de l'art de démêler les nuances
de la pensée, de la décomposer, d'en former le tissu, d'en saisir
avec précision les caractères et les rapports ; qu'avec les mots,
autant de nouvelles idées s'introduisaient et se développaient
dans la tête des jeunes gens, et qu'ainsi les premières classes
étaient un cours de philosophie élémentaire, bien plus riche,
plus étendu et plus réellement utile qu'on ne pense, lorsqu'on
se plaint que, dans les collèges, on n'apprenne que du
latin (1). »

Autres nouveautés du plan de Diderot. — Sans
entrer dans le détail de l'organisation très minutieuse
de l'*Université russe* de Diderot, nous signalerons encore quelques autres nouveautés de son système : 1° la
division des classes en plusieurs séries de cours parallèles; d'abord, la série des cours scientifiques et littéraires, puis la série des leçons consacrées à la religion, à

(1) Marmontel, *Mémoires d'un père pour servir à l'instruction de
ses enfants*, t. I, p. 19.

la morale et à l'histoire, enfin des cours de dessin, de musique, etc. ; 2° l'idée bizarre d'enseigner l'histoire au rebours, si je puis dire, en commençant par les événements les plus récents pour remonter peu à peu jusqu'à l'antiquité; 3° la préoccupation de l'art de la lecture :

> « Qu'un maître de lecture soit associé au professeur de dessin ; il y a si peu d'hommes, même parmi les plus éclairés, qui sachent bien lire : talent toujours si agréable, souvent si nécessaire... »

4° Le souci de l'étude des arts et de l'éducation esthétique, à laquelle ne pouvait être indifférent le grand critique d'art qui écrivit les *Salons;* 5° la réforme de l'institution des maîtres d'étude. Diderot voulait avoir pour surveillants, dans les collèges, des hommes instruits, capables de suppléer au besoin les professeurs eux-mêmes. Pour les attacher à leur tâche, il demande qu'on relève leurs fonctions modestes et utiles, et que le maître d'étude soit une sorte de surnuméraire, de « professeur en survivance », qui aspire et qui puisse parvenir à remplacer, dans sa chaire, le maître qu'il est de temps en temps appelé à suppléer.

Helvétius (1715-1771). — En abordant l'étude des idées pédagogiques d'Helvétius et l'analyse rapide de son *Traité de l'Homme*, nous ne disons pas adieu à Diderot, car l'ouvrage d'Helvétius a eu la bonne ou la mauvaise fortune d'être commenté et critiqué par son illustre contemporain. Grâce à la *Réfutation suivie du livre d'Helvétius sur l'homme*, qui fait un séduisant cortège de réflexions piquantes ou fortes à un livre froid et languissant, la lecture du monotone traité d'Helvétius devient facile et presque agréable.

Le Traité de l'homme. — Sous ce titre un peu long, *De l'homme, de ses facultés intellectuelles et de son éducation*, Helvétius a composé un gros ouvrage qu'il médita pendant une quinzaine d'années, et qui ne parut qu'après sa mort, en 1772. L'éducation, à vrai dire, n'occupe directement l'auteur que dans le premier et le dernier chapitre (sections I et X). Tout l'entre deux est consacré à de longs développements des maximes favorites de sa philosophie : l'égalité intellectuelle de tous les hommes, la réduction de toutes les passions à la recherche du plaisir ; ou à des lieux communs tels que l'influence des lois sur le bonheur des peuples, les maux qui résultent de l'ignorance.

Puissance de l'éducation. — Quand il ne tombe pas dans les lieux communs, Helvétius s'égare dans le paradoxe, et dans le paradoxe arrogant, méthodique. Son caractère habituel est le pédantisme dans le faux. D'après lui, par exemple, l'éducation est toute puissante ; elle est l'unique cause de la différence des esprits. L'esprit de l'enfant n'est qu'une capacité vide, quelque chose d'indéterminé, sans prédisposition. Les impressions sensibles sont les seuls éléments de l'intelligence ; de sorte que les acquisitions des cinq sens sont la seule chose qui importe ; « les sens sont le tout de l'homme. » Il n'est pas possible de pousser plus loin le sensualisme.

Les impressions sensibles seraient donc le fond de la nature humaine, et comme ces impressions varient avec les circonstances, Helvétius arrive à cette conclusion que le hasard est le grand maître dans la formation des esprits et des caractères. Il se fait fort en conséquence de produire à volonté des hommes de génie ou pour le moins des hommes de talent. Pour cela, il suffirait de s'assurer par des observations répétées des moyens que le hasard emploie pour faire les grands hommes : ces moyens connus, il ne resterait qu'à les mettre en œuvre artificiellement et à les combiner pour produire les mêmes effets.

Le génie est un produit du hasard ; Rousseau, ainsi qu'une infinité d'hommes illustres, peut être regardé comme un des chefs-d'œuvre du hasard. »

Helvétius réfuté par Diderot. — Il est aisé de

répondre à de pareilles extravagances. Si Helvétius eût consulté les instituteurs et les parents, s'il se fût observé lui-même, s'il eût seulement réfléchi à ses deux filles si inégalement douées quoique identiquement élevées, il se fût sans doute décidé à avouer les limites de l'éducation ; il aurait compris qu'elle ne peut donner de l'imagination aux esprits froids, de l'enthousiasme et de la sensibilité aux âmes sèches, et que les circonstances les plus merveilleusement ajoutées ne feront pas d'un Helvétius un Montesquieu ou un Voltaire.

Mais s'il est facile de réfuter Helvétius, il est impossible de le critiquer avec plus d'éclat et d'éloquence que ne l'a fait Diderot. Avec quelle hauteur de raison il restitue à la nature, aux penchants innés et irrésistibles, l'influence que Helvétius leur dénie dans la formation du caractère !

« Il en est, dit-il, des hasards d'Helvétius comme de l'étincelle qui enflamme un tonneau d'esprit-de-vin, et qui s'éteint dans un baquet d'eau. »

« Il y a des milliers de siècles que la rosée du ciel tombe sur des rochers sans les rendre féconds. Les terres ensemencées l'attendent pour produire, mais ce n'est pas elle qui les ensemence. Les accidents par eux-mêmes ne produisent rien, pas plus que la pioche du manœuvre qui fouille les mines de Golconde ne produit le diamant qu'elle en fait sortir. »

L'éducation sans doute a une action plus profonde que celle qui lui était attribuée par La Bruyère, quand il disait « qu'elle ne touche qu'aux superficies de l'âme. » Mais si elle peut beaucoup, elle ne peut pas tout. Elle perfectionne, si elle est bonne; elle étouffe, elle égare, si elle est mauvaise : mais, nulle part, elle ne peut suppléer à l'aptitude absente et remplacer la nature.

Instruction sécularisée. — Dans d'autres parties de son système, Helvétius est d'accord avec Diderot. Comme lui, il considère que la condition nécessaire du progrès de l'éducation est qu'elle soit sécularisée et confiée au pouvoir civil. Les vices de l'éducation proviennent de l'opposition des deux puissances,

spirituelle et temporelle, qui prétendent la diriger. Il y
a entre l'Église et l'État opposition d'intérêts et de vues.
L'État veut que la nation soit brave, industrieuse, éclairée. L'Église demande une soumission aveugle, une
crédulité sans bornes. De là, contradiction dans les
préceptes pédagogiques, diversité dans les moyens
employés, et par suite une éducation hésitante, tiraillée
en sens opposés, une éducation qui ne sait pas nettement où elle va, qui s'égare, tâtonne et perd son
temps.

Mais la conclusion d'Helvétius n'est pas, comme on
pourrait croire, la séparation de l'Église et de l'État en
matière d'instruction et d'éducation, telle que des lois
récentes l'ont établie en France. Non, Helvétius veut
que l'État absorbe l'Église, que le pouvoir religieux et
le pouvoir civil soient remis aux mêmes mains et appartiennent l'un et l'autre aux chefs de l'État : confusion
fâcheuse, qui aurait pour résultat l'oppression des
consciences.

Helvétius, quoi qu'il en soit, ne mérite pas de retenir
longtemps l'attention, et l'on ne saurait prendre au
sérieux un pédagogue qui pour l'éducation intellectuelle
comme pour l'éducation morale ramène tout à un
principe unique, le développement et la satisfaction de
la sensibilité physique (1).

Les Encyclopédistes. — Le vaste recueil qui, sous
le nom d'*Encyclopédie*, résume la science et la philosophie du dix-huitième siècle, n'a touché qu'en passant
aux questions d'éducation. Il n'y a pas à proprement
parler de pédagogie de l'*Encyclopédie*. Le morceau
capital est l'article *Éducation* écrit par le grammairien
et le latiniste Dumarsais.

Mais ce travail est peu digne de son auteur, peu

(1) On s'étonne que dans une *Bibliothèque pédagogiqu*
d'Allemagne, le premier ouvrage français publié soit précisé
ment le traité de *l'Homme* d'Helvétius. C'est attribuer la place
d'honneur à ce que notre littérature pédagogique contient peut
être de plus médiocre.

ligne surtout de l'*Encyclopédie*. Il ne contient guère que des généralités vagues et banales, et rentre dans la catégorie de ces articles de remplissage qui faisaient dire à Voltaire : « Vous recevez des articles dignes du journal de Trévoux. » Nous y noterons cependant l'importance accordée à l'étude de la physique, à la pratique des arts, même des arts les plus communs, la préoccupation marquée de « subordonner » les connaissances et les études, de les distribuer dans un ordre logique ou plutôt psychologique, par exemple de faire toujours passer le concret avant l'abstrait. Mais, après s'être perdu dans des considérations peu intéressantes sur le développement des idées et des sentiments dans l'âme humaine, l'auteur, qui décidément reste bien au-dessous de sa tâche, conclut en recommandant ux eunes gens la lecture des gazettes. »

Les autres articles pédagogiques de l'*Encyclopédie* ne contiennent pas non plus de grandes nouveautés. Si la grande œuvre de d'Alembert et de Diderot a été pour quelque chose dans les progrès de l'éducation, c'est moins par les efforts insuffisants qu'elle a directement tentés dans ce sens, que par l'influence générale qu'elle a exercée sur l'esprit français, en préconisant les sciences, dans leur étude théorique comme dans leurs applications pratiques, en vulgarisant les connaissances techniques, en glorifiant les arts industriels, et en préparant ainsi l'avènement d'une éducation scientifique et positive, à la place d'une éducation exclusivement littéraire et de pure forme.

Kant (1724-1804). — On sait l'influence considérable que depuis un siècle Kant a exercé sur le développement de la philosophie. Depuis Descartes, aucun penseur n'avait à ce point remué les grands problèmes philosophiques, ni plus vigoureusement obligé la raison humaine à rendre ses comptes. C'est donc une bonne fortune pour la science de l'éducation qu'un philosophe de cet ordre ait abordé les questions pédagogiques et les ait éclairées de sa critique pénétrante. L'admiration que lui inspirait Rousseau, la lecture attentive et passionnée de l'*Émile*, ses propres réflexions sur l'éducation monacale qu'il avait reçue au collège de Frédéric, sorte de petit séminaire dirigé par les piétistes, l'expérience qu'il avait faite du préceptorat dans plusieurs familles qui lui confièrent leurs enfants enfin par-dessus tout ses études profondes sur la nature humaine et sa haute philosophie morale, l'avaient préparé à merveille à traiter des choses de l'éducation. Professeur à l'université de Kœnigsberg, il revint plusieurs fois avec une prédilection marquée sur les sujets pédagogiques, et ce sont les notes de ses leçons qui, recueillies par un de ses collègues, ont formé le petit *Traité de Pédagogie* que nous avons à analyser. (1)

Haute idée de l'éducation. — Aux yeux de Kant, l'art d'élever les hommes, avec celui de les gouverner, est le plus important et le plus difficile de tous. C'est par l'éducation seule qu'on peut perfectionner et régénérer l'humanité :

« ... Il est doux de penser que la nature humaine sera toujours de mieux en mieux développée par l'éducation, et qu'on arrivera ainsi à lui donner la forme qui lui convient par excellence.

« ... Pour savoir jusqu'où peut aller la toute-puissance de l'éducation, il faudrait qu'un être d'une nature supérieure se chargeât d'élever les hommes. »

Mais, pour qu'elle atteigne ce but élevé, l'éducation doit s'affranchir de la routine et des méthodes traditionnelles. Il faut qu'elle élève ses enfants, non en vue de leur succès dans l'état présent de la société humaine, mais « en vue d'un état meilleur, possible dans l'avenir, et d'après une conception idéale de l'humanité et de sa destination complète. »

Optimisme psychologique. — Kant est bien près

(1) Voyez la traduction française de cet opuscule à la fin du volume publié par M. Barni sous ce titre : *Éléments métaphysiques de la doctrine de la vertu*. Paris, 1855. C'est en 1803 que parut en allemand l'ouvrage de Kant.

d'accepter l'opinion de Rousseau sur l'innocence originelle de l'homme et la parfaite bonté de ses dispositions
naturelles :

« On dit dans la médecine que le médecin n'est que le serviteur de la nature : il en est de même du moraliste. Écartez les
mauvaises influences du dehors; la nature saura bien trouver
d'elle-même la voie la meilleure (1). »

Aussi Kant ne se lassait-il pas d'exalter le service que
Rousseau avait rendu à la pédagogie, en rappelant les
éducateurs à la confiance et au respect vis-à-vis de la
nature humaine calomniée. Ajoutons pourtant que le
philosophe allemand ne se contente pas de répéter
Rousseau : il le corrige, en affirmant que l'homme, à sa
naissance, n'est ni bon ni mauvais, parce qu'il n'est pas
naturellement un être moral : il ne le devient que quand
il élève sa raison jusqu'aux idées du devoir et de la loi.
En d'autres termes, chez l'enfant tout est en germe.
L'enfant est un être en préparation; l'avenir seul, le
développement qu'il recevra de son éducation le rendra
bon ou mauvais. A l'origine, il n'a que des dispositions
indéterminées, et le mal proviendra, non d'une inclination précise de la nature, mais seulement de ce qu'on
n'aura pas su la diriger, de ce que, selon l'expression
même de Kant, on n'aura pas « soumis la nature à des
règles. »

Respect de la liberté de l'enfant. — L'optimisme
psychologique de Kant lui inspire comme à Rousseau
l'idée d'une éducation négative, respectueuse de la
liberté de l'enfant.

« En général, il faut remarquer que la première éducation
doit être négative, c'est-à-dire qu'on doit ne rien ajouter aux
précautions qu'a prises la nature, et se borner à ne pas détruire
son œuvre... Il est bon d'employer d'abord peu d'instruments,
et de laisser les enfants apprendre par eux-mêmes. Beaucoup
de faiblesses de l'homme ne viennent pas de ce qu'on ne lui

_____

(1) Extrait des *Fragments posthumes* de Kant.

apprend rien, mais de ce qu'on lui communique des impressions fausses. »

Sans aller jusqu'à dire avec Rousseau que toute dépendance vis-à-vis des hommes est contraire à l'ordre, Kant tenait beaucoup à respecter la liberté d l'élève. Il se plaint des parents qui parlent sans cesse de « briser la volonté de leurs fils. » Il prétend, non sans raison, qu'il n'est pas nécessaire de résister beaucoup aux enfants, si l'on n'a pas commencé par céder avec trop de complaisance à leurs caprices et par tout accorder à leurs cris. Rien ne leur est plus funeste qu'une discipline qui les taquine et qui les avilit. Mais, dans son zèle pour la liberté humaine, le théoricien de l'autonomie des volontés va un peu loin : il redoute, par exemple, la tyrannie des habitudes; il demande qu'on les empêche de naître, et que les enfants ne soient accoutumés à rien. Autant vaudrait demander la suppression de toute éducation : puisque l'éducation ne saurait être que l'acquisition d'un ensemble de bonnes habitudes.

Les contes interdits. — Dans l'éducation des facultés intellectuelles ou des talents, qu'il appelle la *culture physique* de l'âme, par opposition à la *culture morale*, qui est l'éducation de la volonté, Kant se rapproche aussi de Rousseau. Il interdit les romans et les contes : « Les enfants ont une imagination extrêmement puissante qui n'a pas besoin d'être étendue par les contes. » Il est permis de répondre que les fables, les fictions, en même temps qu'elles étendent l'imagination, la dirigent et l'embellissent de leur gentillesse propre, qu'elles peuvent même la moraliser. Rousseau, malgré la vivacité de ses critiques contre les *Fables* de la Fontaine, admettait lui-même l'utilité morale de l'apologue.

Culture des facultés. — Ce qui distingue Kant comme pédagogue, c'est qu'il se préoccupe de la culture des facultés plus encore que de l'acquisition des connaissances. Il passe en revue les diverses forces intellectuelles, et ses réflexions sur chacune d'elles peuvent être recueillies comme les éléments d'une excellente psychologie pédagogique. Il critiquera, par exemple, l'abus de la mémoire :

« Les hommes qui n'ont que de la mémoire, dit-il, ne sont que des lexiques vivants et comme les bêtes de somme du Parnasse. »

Pour la culture de l'entendement, Kant propose « de le former d'abord passivement en quelque sorte, » en demandant à l'enfant des exemples qui s'appliquent à la règle, ou au contraire la règle qui s'applique à des exemples particuliers.

Pour l'exercice de la raison, il recommande la méthode socratique, et en général, pour le développement de toutes les facultés de l'esprit, il pense que la meilleure manière de procéder est de faire agir l'élève :

« Le meilleur moyen de comprendre, c'est de faire. Ce que l'on apprend le plus solidement, c'est ce que l'on apprend en quelque sorte par soi-même. »

Diverses espèces de punitions. — Kant a analysé avec finesse les divers caractères que peut revêtir la punition. Il distingue de la *punition physique*, la *punition morale*, qui est la meilleure : elle consiste à humilier l'élève, à l'accueillir avec froideur, « à favoriser le penchant de l'enfant à être honoré et aimé, cet auxiliaire de la moralité ». Les punitions physiques doivent être appliquées avec précaution, « afin qu'il n'en résulte pas des dispositions serviles ».

Une autre distinction est celle des punitions *naturelles* et des punitions *artificielles* : les premières préférables aux secondes, parce qu'elles sont les conséquences mêmes des fautes commises : « l'indigestion, par exemple, que se donne l'enfant lorsqu'il mange trop. » Un autre avantage de la punition naturelle, Kant le remarque avec raison, « c'est que l'homme la subit toute sa vie ».

Enfin Kant divise les punitions en *négatives* ou *posi-*

tives : les unes, qu'il faut employer contre les fautes les moins graves, les autres qu'il faut réserver au châtiment de la méchanceté.

Quelle que soit d'ailleurs la punition appliquée, Kant recommande au maître d'éviter de témoigner qu'il garde rancune à l'enfant :

« Les punitions que l'on inflige avec des signes de colère portent à faux. »

Éducation religieuse. — Au premier abord, on serait tenté de croire que Kant a adopté les conclusions de Rousseau, qu'il se refuse comme lui à inculquer de bonne heure dans l'esprit de l'enfant la notion de la Divinité :

« Les idées religieuses supposent toujours quelque théologie. Or comment enseigner une théologie à la jeunesse, qui, loin de connaître le monde, ne se connaît pas encore elle-même ? Comment la jeunesse, qui ne sait pas encore ce que c'est que le devoir, serait-elle en état de comprendre un devoir immédiat envers Dieu ? »

Pour parler de religion au jeune homme, il serait donc logique d'attendre qu'il fût en état de concevoir clairement et fermement la nature de Dieu. Mais il est impossible de le faire, dit Kant, parce que le jeune homme vit dans une société où il entend prononcer à chaque instant le nom de la Divinité, où il assiste à des démonstrations perpétuelles de piété. Il vaut donc mieux lui enseigner de bonne heure les vraies notions religieuses, de peur qu'il n'emprunte aux autres hommes des notions superstitieuses et fausses. Au fond, Kant ne se sépare de l'avis de Rousseau que parce que, rétablissant les conditions de la vie réelle, il rend Émile à la société et ne le maintient plus dans un isolement chimérique. Quelle large et noble manière d'ailleurs d'entendre l'éducation religieuse ! Le meilleur moyen de rendre l'idée de Dieu claire à l'esprit des enfants, c'est, selon Kant, de chercher une analogie dans l'idée d'un

père de famille. Il faut, de plus, que la conception du
devoir précède la conception de Dieu, que la moralité
précède, que la théologie suive. Sans morale, la religion
n'est que superstition ; sans morale, l'homme prétendu
religieux n'est qu'un courtisan, un solliciteur de la
faveur divine.

Catéchisme moral. — Ceux qui savent à quelle
hauteur Kant a su élever la théorie de la moralité ne
seront pas surpris de l'importance qu'il accorde à l'enseignement de la morale :

> « Nos écoles, dit-il, manquent presque entièrement d'une
> chose qui serait cependant fort utile pour former les enfants à
> la loyauté, je veux dire un catéchisme de droit. Il devrait con-
> tenir, sous une forme populaire, des cas concernant la conduite
> à tenir dans la vie ordinaire, et qui amèneraient toujours
> naturellement cette question : cela est-il juste ou non ? »

Il avait commencé à composer lui-même un livre
de ce genre, sous le titre de *Catéchisme moral* (1). Et il
aurait voulu que dans les classes on consacrât une
heure par jour à l'étudier, « afin d'apprendre aux
élèves à connaître et à prendre à cœur le droit des
hommes, cette puissance de Dieu sur la terre ». L'enfant, dit-il encore, y aurait appris à substituer la crainte
de sa propre conscience à celle des hommes et des châtiments divins, la dignité intérieure à l'opinion d'autrui, la valeur intrinsèque des actions à la valeur ap-
parente des mots, enfin une piété sereine et de bonne
humeur à une dévotion chagrine et sombre.

(1) Helvétius, peu qualifié pourtant pour traiter des questions
de morale avait eu l'idée d'un *Catéchisme de probité.* Saint-
Lambert publiera en 1798 un *Catéchisme universel.*

LEÇON XV

LES ORIGINES DE L'ENSEIGNEMENT LAÏQUE ET NATIONAL
LA CHALOTAIS ET ROLLAND

Jésuites et parlementaires. — Expulsion des jésuites (1764). — Plaintes générales contre l'éducation des jésuites. — Efforts tentés pour les remplacer. — La Chalotais (1701-1785). — Son *Essai d'éducation nationale* (1763). — Sécularisation de l'éducation. — But pratique de l'instruction. — Esprit nouveau de l'éducation. — Instruction sensible et naturelle. — Études de premier âge. — Critique de l'éducation négative. — L'histoire vengée des dédains de Rousseau. — La géographie. — L'histoire naturelle. — Récréations physiques. — Récréations mathématiques. — Études du second âge. — Les langues vivantes. — Autres études. — La question des livres. — Préjugés aristocratiques. — Rolland (1734-1794). — L'instruction à la portée de tous. — Écoles normales. — Esprit de centralisation. — Turgot (1727-1781).

Jésuites et parlementaires. — Des pédagogues du dix-huitième siècle dont nous avons parlé jusqu'à présent, aucun n'a été appelé à exercer une action immédiate et directe sur les destinées de l'éducation publique ; aucun n'a eu le pouvoir d'appliquer dans les collèges les doctrines qui lui étaient chères : de sorte que nous n'avons étudié encore que la théorie et n la réalité de l'éducation au dix-huitième siècle.

Au contraire, les membres des parlements français qui, après avoir sollicité et obtenu du roi l'expulsion des jésuites, ont fait depuis 1762 jusqu'à la veille de la Révolution de mémorables efforts pour remplacer les maîtres qu'ils avaient chassés, pour corriger les défauts de l'ancienne éducation, pour donner un corps à l'idée caressée par la plupart des grands esprits de ce temps, d'une éducation nationale, appropriée aux besoins de la société civile, les membres des parlements ont été des organisateurs pratiques de l'instruction; ils ont préparé la fondation de l'université française du dix-neuvième siècle; ils ont repris, non sans éclat, la lutte trop tôt interrompue, que les jansénistes avaient soutenue contre les jésuites.

Expulsion des jésuites (1764). — Les causes de l'expulsion des jésuites furent sans doute complexes et avant tout politiques. En attaquant la compagnie de Jésus, les parlements voulaient surtout défendre les intérêts de l'État, compromis par une société puissante qui tendait à dominer toutes les nations chrétiennes. Mais les raisons pédagogiques furent aussi pour quelque chose dans la condamnation prononcée contre les jésuites par tous les parlements de France. De toutes parts, dans les rapports qui furent rédigés par les officiers municipaux ou royaux de toutes les villes où les jésuites possédaient des collèges, on se plaint des méthodes et des pratiques scolaires de la compagnie : on demande des réformes qu'elle était incapable de réaliser.

Et ce n'est pas seulement en France qu'on indiquait avec vivacité les défauts de la pédagogie des jésuites. Dans l'édit de 1759, par lequel le roi de Portugal expulsait les jésuites de son royaume, il était dit : « Les études des humanités sont déchues dans le royaume, et les jésuites sont évidemment la cause de la décadence où les langues grecque et latine sont tombées. » Quelques années plus tard, en 1768, le roi de Portugal se félicitait d'avoir banni « la morale corrompue, la superstition, le fanatisme et l'ignorance que la société de Jésus y avait introduits ».

Plaintes générales contre l'éducation des jésuites. — En plein dix-huitième siècle, les jésuites en étaient encore à leur vieille routine, et même leurs défauts s'étaient aggravés avec le temps.

A Auxerre, on se plaint que les écoliers n'étudient dans leurs classes que quelques auteurs latins, et qu'ils en sortent sans que jamais on ait mis dans leurs mains un seul auteur français.

A Moulins, on demande qu'il y ait au moins une heure par semaine consacrée à l'histoire de France, ce qui prouve bien que la société de Jésus, toujours esclave de son formalisme immobile, ne faisait pas même cette petite part à l'enseignement de l'histoire.

A Orléans, on insiste sur la nécessité de faire apprendre aux enfants la langue française.

A Montbrison, on voudrait que l'on donnât aux élèves une teinture de géographie, surtout de celle de leur pays.

A Auxerre, on constate que pour l'enseignement de la philosophie le temps se passe « à copier et à apprendre des cahiers remplis de distinctions vaines et de questions frivoles. »

A Montbrison, on exprime le vœu « que les règles du raisonnement s'expliquent en français, et que l'on bannisse les arguments qui ne font que des disputeurs et non des philosophes. »

Il serait intéressant de poursuivre cette étude, et de recueillir dans ces comptes rendus de 1762, véritables cahiers d'une révolution scolaire, tous les griefs de l'opinion publique contre les jésuites. Pour la religion même, on reprochait à la compagnie de Jésus de substituer aux textes sacrés les livres de dévotion composés par les Pères. A Poitiers, on réclamait en faveur de l'Ancien et du Nouveau Testament, dont l'étude était totalement négligée. En même temps les jésuites étaient accusés de mêler sans cesse les questions religieuses aux études classiques et de catéchiser à tout propos : « Les régents de cinquième et de sixième du collège d'Auxerre dogmatisent dans les thèmes qu'ils dictent aux enfants. » Enfin la compagnie de Jésus maintenait dans les écoles l'enseignement de la casuistique morale ; elle favorisait le fanatisme et la superstition ; elle ne retranchait rien de la sévérité de sa discipline et provoquait des récriminations violentes chez quelqu..s-uns de ses anciens élèves qui avaient gardé le souvenir cuisant des corrections subies dans ses collèges (1).

Efforts tentés pour remplacer les jésuites. — Les parlements ne firent donc en quelque sorte qu'enregistrer le verdict de l'opinion publique partout soulevée contre les jésuites. Mais en même temps qu'ils s'associaient avec entrain à la réprobation générale, ils faisaient effort pour déterminer les lois de l'éducation nouvelle. « C'est peu de détruire, disaient-ils, si on ne songe à édifier. Le bien public, l'honneur de la nation demande qu'on établisse une éducation civile qui prépare chaque génération naissante à remplir avec succès les différentes professions de l'État. » Il n'est pas juste de dire avec M. Bréal : « Une fois délivrée des jésuites, l'Université s'installa dans leurs maisons et continua leur enseignement. » Il y eut de sérieuses tentatives pour réformer les programmes et les méthodes. La Chalotais, Guyton de Morveau, Rolland, d'autres encore, essayèrent par leurs écrits et, quand ils le purent, par leurs actes, d'instituer un système d'éducation qui, tout en s'inspirant de Rollin et des jansénistes, prétendait faire mieux encore.

La Chalotais (1701-1785). — De tous les parlementaires qui se sont signalés dans la campagne entreprise vers le milieu du dix-huitième siècle contre la pédagogie des jésuites, le plus célèbre et le plus digne de l'être est incontestablement le procureur général du parlement de Bretagne, René de la Chalotais. Homme de cœur et de caractère, il se fit arrêter et enfermer dans la citadelle de Saint-Malo, pour avoir soutenu les franchises de la province de Bretagne; et c'est dans sa prison, en 1765, qu'il rédigea pour sa défense un mémoire éloquent et passionné, dont Voltaire disait:

(1) Voyez le pamphlet publié en 1764 sous ce titre : *Mémoires historiques sur l'orbilianisme et les correcteurs des jésuites.*

« Malheur à toute âme sensible qui ne sent pas le fré-
missement de la fièvre en le lisant! »

Son Essai d'éducation nationale. — L'*Essai* de la
Chalotais parut en 1763, un an après l'*Émile* : après les
théories ambitieuses du philosophe qui, dédaigneux de
la polémique et des luttes contemporaines, n'avait écrit
que pour l'humanité et pour l'avenir, c'était une œuvre
modeste et de circonstance, le travail d'un homme
pratique qui s'efforçait de répondre aux aspirations et
aux besoins de son temps. Traduit en plusieurs langues,
l'*Essai d'éducation nationale* obtint des suffrages enthousiastes de Diderot, de Voltaire, qui disait : « C'est
un terrible livre contre les jésuites, d'autant plus qu'il
est écrit avec modération. » Grimm poussait l'admiration jusqu'à écrire : « Il serait difficile de présenter
en cent cinquante pages plus de vues sages, profondes,
utiles et vraiment dignes d'un magistrat, d'un philosophe, d'un homme d'État. »

Trop oublié aujourd'hui, le petit écrit de la Chalotais mérite d'être remis en lumière : malgré quelques
préjugés qui le déparent, il est déjà tout pénétré de
l'esprit de la Révolution.

Sécularisation de l'éducation. — A vrai dire, ce
qui domine toute la pédagogie du dix-huitième siècle,
c'est l'idée de la sécularisation nécessaire de l'instruction. Gallicans résolus, comme la Chalotais ou Rolland, libres-penseurs intrépides comme Diderot ou
Helvétius, tous croient et proclament que l'instruction
publique est une affaire civile, une « œuvre de gouvernement », selon l'expression de Voltaire ; tous veulent
substituer des maîtres laïques aux maîtres religieux,
et ouvrir des écoles civiles sur les ruines des écoles
monacales.

« A qui persuadera-t-on, disait Rolland dans son compte
rendu de 1768, que des pères de famille qui éprouvent un sentiment que n'a jamais dû connaître un ecclésiastique seraient
moins capables que lui d'élever des enfants ? »

Ces maîtres citoyens, La Chalotais les réclame aussi : il repousse ces instituteurs qui, par intérêt comme par principes, donnent le pas dans leurs affections à la patrie surnaturelle sur la patrie humaine.

« Je ne prétends pas exclure les ecclésiastiques, disait-il, mais je réclame contre l'exclusion des séculiers. Je prétends revendiquer pour la nation une éducation qui ne dépende que de l'État, parce qu'elle lui appartient essentiellement; parce que toute nation a un droit inaliénable et imprescriptible d'instruire ses membres, parce qu'enfin les enfants de l'État doivent être élevés par des membres de l'État. »

Ce n'est pas que La Chalotais soit irréligieux : mais il veut une religion nationale, qui ne subordonne pas les intérêts du pays à un pouvoir étranger. Il veut surtout que l'Église, se réservant « l'enseignement des vérités divines, » abandonne à l'État l'enseignement de la morale et la direction des études purement humaines. Il est du même avis que son ami Duclos qui disait :

« Il est constant que, dans l'éducation qui se donnait à Sparte, on s'attachait d'abord à former des Spartiates. C'est ainsi qu'on devrait, dans tous les États, inspirer les sentiments du citoyen, former des Français parmi nous, et, pour en faire des Français, travailler à en faire des hommes (1). »

But pratique de l'instruction. — Ce que La Chalotais reproche surtout à l'éducation de son temps, à celle de l'Université, comme à celle des jésuites, c'est de ne pas préparer les enfants à la vie réelle, à la vie civile. « Un étranger qui visiterait nos collèges pourrait croire qu'en France on ne songe qu'à peupler les séminaires, les cloîtres et les colonies latines. » Comment imaginer que l'étude d'une langue morte et une discipline monastique soient des moyens destinés à former des militaires, des magistrats, des chefs de famille?

« Le plus grand vice de l'éducation et le plus inévitable peut-

_____

(1) Duclos, *Considérations sur les mœurs de ce siècle*, ch. 11, *Sur l'éducation et les préjugés.*

être, tant qu'elle sera confiée à des personnes qui ont renoncé au monde, c'est le défaut absolu d'instruction sur les vertus morales et politiques. Notre éducation ne tient pas à nos mœurs comme celle des anciens. Après avoir essuyé toutes les fatigues et l'ennui du collège, la jeunesse se trouve dans la nécessité d'apprendre en quoi consistent les devoirs communs à tous les hommes ; elle n'a reçu aucun principe pour juger des actions, des maux, des opinions, des coutumes ; elle a tout à apprendre sur des articles si importants. On lui inspire une dévotion qui n'est qu'une imitation de la religion ; des pratiques pour tenir lieu de vertu et qui n'en sont que l'ombre.

Instruction sensible et naturelle. — Élève de l'école sensualiste, disciple de Locke et de Condillac, La Chalotais est trop enclin à méconnaître dans le développement de l'individu la part des énergies naturelles et des dispositions innées. Mais, en revanche, l'inspiration sensualiste le conduit à d'excellentes réflexions sur la nécessité de commencer par les objets sensibles avant d'arriver aux études intellectuelles, et de faire d'abord l'éducation des sens.

« Je ne veux rien apprendre à l'enfant que des faits dont les yeux déposent, à sept ans comme à trente.

« Les principes pour instruire les enfants doivent être ceux par lesquels la nature les instruit elle-même. La nature est le meilleur des maîtres.

« Toute méthode qui commence par des idées abstraites n'est pas faite pour les enfants.

« Que les enfants voient beaucoup d'objets, qu'on les varie, qu'on les montre sous plusieurs faces et à diverses reprises : on ne peut trop remplir leur mémoire et leur imagination de faits et d'idées utiles, dont ils peuvent faire usage dans le cours de leur vie. »

Tels sont les principes d'après lesquels La Chalotais organise son plan d'études.

Esprit nouveau de l'éducation. — Il s'agit donc de remplacer cette éducation monacale, ultramontaine, La Chalotais emploie le mot, et aussi cette éducation étroite, cette discipline rebutante et austère, « qui ne semble faite que pour abaisser les cœurs, » cet enseignement stérile et sec, « dont l'effet le plus ordinaire est de faire haïr l'étude pour la vie, » ces études scolastiques, où les jeunes gens « contractent l'habitude de disputer et de chicaner », ces règles ascétiques, « qui mettent à l'écart le soin de la santé » Il s'agit d'initier les enfants à nos affaires les plus communes et les plus ordinaires, à ce qui fait l'entretien de la vie, le fondement de la société civile.

> « La plupart des jeunes gens ne connaissent ni le monde qu'ils habitent, ni la terre qui les nourrit, ni les hommes qui fournissent à leurs besoins, ni les animaux qui les servent, ni les ouvriers et les artisans qu'ils emploient : ils n'ont même là-dessus aucun principe de connaissance. On ne profite point de leur curiosité naturelle, pour l'augmenter. Ils ne savent admirer ni les merveilles de la nature, ni les prodiges des arts…. »

C'était dire qu'ils devaient désormais connaître tout ce qu'on leur avait laissé ignorer jusque-là.

Études du premier âge. — L'éducation, d'après La Chalotais, doit être divisée en deux périodes : la première de cinq à dix ans, la seconde de dix à dix-sept ans.

Pendant la première période, on a affaire à des enfants qui n'ont point d'expérience, parce qu'ils n'ont rien vu, point d'attention, parce qu'ils ne sont pas capables d'un effort soutenu, point de jugement, parce qu'ils n'ont pas encore d'idées générales; mais qui en revanche ont des sens, de la mémoire et quelque puissance de réflexion. Il faut donc choisir avec soin les objets d'étude que l'on proposera à ces intelligences naissantes. Et La Chalotais se prononce pour l'histoire, la géographie, l'histoire naturelle, les *récréations* physiques et mathématiques.

> « Telles sont, en résumé, dit-il, les opérations proposées pour le premier âge : apprendre à lire, à écrire et à dessiner ; de la danse, de la musique, qui doivent entrer dans l'éducation des personnes au dessus du commun; des histoires, des vies d'hommes illustres de tout pays, de tout siècle et de toute profession; la géographie; des récréations physiques et mathématiques : »

fables de La Fontaine, qui, quoi qu'on en dise, ne doivent pas
être retirées des mains des enfants, mais qu'on doit leur faire
toutes apprendre par cœur. Du reste, des promenades, des courses, de la gaieté, des exercices : et je ne propose même les
études que comme des amusements.

Critique de l'éducation négative. — La Chalotais
a souvent raison contre Rousseau. Il a, par exemple,
réfuté avec force l'utopie d'une éducation négative, où
on laisse faire la nature, et qui considère comme non
avenu le travail des siècles. C'est le bon sens même, qui
parle dans des réflexions comme celles-ci :

« Si l'on n'enseigne pas le bien à l'homme, il se préoccupera
nécessairement du mal. L'esprit et le cœur ne peuvent rester
vides. » — « Sous prétexte de procurer aux enfants une expérience qui leur soit propre, on les prive des secours de l'expérience d'autrui. »

L'histoire vengée du dédain de Rousseau. —
Les sophismes de Rousseau sur l'histoire sont vivement
réfutés. L'histoire est à la portée du premier âge. L'enfant qui entendra le Petit Poucet, Barbe Bleue, peut
entendre l'histoire de Romulus et de Clovis. C'est d'ailleurs à l'histoire des temps les plus récents que La
Chalotais tient avant tout, et par là il dépasse son
maître Rollin :

« Je voudrais que l'on composât pour l'usage de l'enfant des
histoires de toute nation, de tout siècle, et surtout des siècles
derniers; que celles-ci fussent plus détaillées; que même on
les leur fît lire avant celle des siècles plus reculés; qu'on écrivit des vies d'hommes illustres dans tous les genres, dans toutes
les conditions et dans toutes les professions, de héros, de savants,
de femmes et d'enfants célèbres. »

La géographie. — La Chalotais ne sépare pas
l'étude de la géographie de celle de l'histoire, et il
demande que, sans entrer dans un détail sec et ennuyeux
on fasse voyager l'élève agréablement dans les différentes contrées; qu'on insiste « sur ce qu'il y a de
principal et de curieux dans chaque pays, les faits les

plus frappants, la patrie des grands hommes, les batailles célèbres, tout ce qu'il y a de plus notable, soit pour les mœurs et les coutumes, soit pour les productions naturelles, soit pour les arts ou pour le commerce. »

L'histoire naturelle. — Une autre étude spécialement propre aux enfants, dit avec raison La Chalotais, c'est l'histoire naturelle :

« Le principal est de montrer d'abord les différents objets tels qu'ils paraissent aux yeux : la figure, avec une description précise et exacte, suffit. »

Il faut éviter le trop grand détail, et s'attacher aux objets qui ont le plus de rapport avec nous, qui sont les plus nécessaires et les plus utiles.

On donnera la préférence aux animaux domestiques sur les sauvages, aux animaux du pays sur les étrangers. Dans les plantes, on préférera celles qui servent pour les aliments et pour les remèdes. »

Le plus possible, il faudra montrer l'objet lui-même, afin que l'image soit plus nette et plus vive, l'impression plus durable.

Récréations physiques. — La Chalotais explique qu'il entend par là les observations, les expériences, les faits de la nature les plus simples. Il faut familiariser de bonne heure les enfants avec des thermomètres, des baromètres, avec le microscope, etc.

Récréations mathématiques. — Tout cela est excellent, et La Chalotais entre résolument dans la voie des méthodes modernes. Ce qui est plus contestable, c'est l'idée de placer la géométrie et les mathématiques dans le programme des études enfantines, sous ce prétexte erroné, que « la géométrie ne présente rien que de sensible et de palpable. » Accordons pourtant qu'il est plus facile de concevoir « les idées claires des corps, de la ligne, des angles, qui frappent les yeux, que les idées abstraites du verbe, des déclinaisons et des conjugaisons, d'un accusatif, d'un ablatif, d'un subjonctif, d'un infinitif, du *que retranché.* »

Études du second âge. — C'est au second âge, à la dixième année, que La Chalotais remet l'étude des langues classiques. Le cours d'études de cette deuxième période comprendra : 1° la littérature française et latine, ou les humanités ; 2° la continuation de l'histoire, de la géographie, des mathématiques, de l'histoire naturelle ; 3° la critique, la logique et la métaphysique 4° l'art de l'invention ; 5° la morale.

La Chalotais se plaint que ses contemporains négligent la littérature française, comme si nous n'avions pas d'admirables modèles dans notre langue nationale. Sur cent étudiants, il n'y en a pas cinq à qui il puisse être utile d'écrire en latin, il n'y en a aucun qui ait besoin de parler ou d'écrire en grec, et de faire des vers latins : tous, au contraire, doivent connaître leur langue maternelle. En conséquence, notre auteur suggère l'idée de consacrer la classe du matin au français, celle du soir au latin, de sorte que les enfants qui n'ont pas besoin des langues anciennes suivraient seulement les cours de français.

Les langues vivantes. — La Chalotais juge nécessaire la connaissance de deux langues vivantes, « l'anglais pour la science, l'allemand pour la guerre. » La littérature allemande n'avait pas encore produit ses chefs-d'œuvre, et l'on comprend qu'à cette époque l'utilité de l'allemand apparût surtout au point de vue des intérêts militaires. Quoi qu'il en soit, sachons-lui gré d'avoir apprécié comme il l'a fait les langues vivantes : « On a le tort, dit-il, de les traiter à peu près comme on fait ses contemporains, avec une sorte d'indifférence. Sans la langue grecque et la langue latine il n'y point de vraie et solide érudition : il n'y en a point de complète sans les autres. »

Autres études. — Que de judicieuses ou justes réflexions nous aurions encore à recueillir dans l'*Essai d'éducation nationale*, sur l'enseignement des langues

anciennes, que La Chalotais a pourtant le tort de réduire à un trop petit nombre d'années ; sur la nécessité
de présenter aux élèves comme sujets de composition,
non des amplifications puériles, des dissertations en
l'air sur des faits ou des matières qu'ils ignorent, mais
les choses qu'ils connaissent, ce qui leur est arrivé à
eux-mêmes, « leurs occupations, leurs divertissements,
leurs peines ; » sur la logique ou critique, dont on ne
devrait pas différer l'étude jusqu'à la fin des classes,
comme on le fait encore de nos jours ; sur la philosophie, qui est, dit-il, « le caractère du dix-huitième siècle,
de même que le seizième siècle fut celui de l'érudition,
et le dix-septième siècle celui des talents. » La Chalotais réserve une place d'honneur à la morale, « qui
est de toutes les sciences la plus importante, et qui est
autant qu'aucune autre susceptible de démonstration. »

La question des livres. — En traçant son programme d'études, si nouveau par tant de parties, La
Chalotais se rendait compte des difficultés que l'on
trouverait à en assurer et pour ainsi dire à en impro-
viser l'exécution, alors qu'il n'existait ni maîtres capables, ni livres bien faits. Les maîtres surtout, disait-il,
seront difficiles à former. Mais, en attendant qu'on les ait
recrutés, La Chalotais compte beaucoup sur les livres
élémentaires, qui pourraient, pensait-il, être composés
en deux ans, si le roi voulait en favoriser la publication et si les Académies les mettaient au concours :

« Ces livres seraient la meilleure instruction que les maîtres
pussent donner, et tiendraient lieu de toute autre méthode. On
ne peut se passer de livres nouveaux, quelque parti que l'on
prenne. Ces livres, étant bien faits, dispenseraient de maîtres
formés ; il ne serait plus question alors de disputer sur leur
qualité, s'ils seraient prêtres, ou mariés, ou célibataires. Tous
seraient bons, pourvu qu'ils eussent de la religion, des mœurs,
et qu'ils sussent bien lire ; ils se formeraient bientôt eux-mêmes
en formant les enfants. »

Il y a beaucoup d'exagération dans ces paroles : le
livre en effet ne saurait suppléer aux maîtres. Mais le

langage de La Chalotais est un langage de circonstance. S'il parlait ainsi, c'est que, dans son impatience d'aboutir, il voulait essayer de remédier au dénuement pédagogique de son temps, et suppléer au manque de bons professeurs par des expédients provisoires, par les moyens qu'il trouvait à sa portée.

Préjugés aristocratiques. — Ce que nous voudrions effacer du livre de La Chalotais, c'est son opinion sur l'enseignement primaire. Aveuglé par je ne sais quelle défiance du peuple, et dominé par des préjugés aristocratiques, il se plaint de l'extension de l'instruction. Il demande que les connaissances des pauvres ne s'étendent pas plus loin que leurs occupations. Il critique avec amertume la fièvre de savoir qui commençait à gagner les classes inférieures de la nation :

« Le peuple même peut étudier : des laboureurs, des artisans envoient leurs enfants dans les collèges des petites villes... Ces enfants, quand ils ont fait de sommaires études qui ne leur ont appris qu'à dédaigner la profession de leur père, se jettent dans les cloîtres, dans l'état ecclésiastique; ils prennent des offices de justice, et deviennent souvent des sujets nuisibles à la société. Les frères de la Doctrine chrétienne (*sic*), qu'on appelle *ignorantins*, sont survenus pour achever de tout perdre: ils apprennent à lire et à écrire à des gens qui n'eussent dû apprendre qu'à dessiner et à manier le rabot et la lime, mais qui ne le veulent plus faire. Ce sont les rivaux ou les successeurs des jésuites. »

Il fallait une singulière force de préjugé pour penser que les frères des Écoles chrétiennes instruisaient trop le peuple !

Disons cependant, à la décharge de La Chalotais, qu'il attaque peut-être moins l'instruction en elle-même que la mauvaise manière de la donner. Ce qu'il blâme, c'est une instruction mal entendue, celle qui fait des déclassés. Dans quelques autres passages de son livre, on voit qu'il serait disposé à répandre dans les rangs du peuple la nouvelle éducation :

« C'est l'État, c'est la majeure partie de la nation qu'il faut principalement avoir en vue dans l'éducation : car vingt millions d'hommes doivent être plus considérés qu'un million, et les *paysans, qui ne sont pas encore un ordre en France, comme ils le sont en Suède, ne doivent pas être négligés dans une institution* (c'est-à-dire dans un système d'éducation) ; elle a également pour but que les lettres soient cultivées et que les terres soient labourées ; que toutes les sciences et les arts utiles soient perfectionnés ; que la justice soit rendue et que la religion soit enseignée ; qu'il y ait des généraux, des magistrats, des ecclésiastiques instruits et capables, des artistes, des artisans habiles, le tout dans une proportion convenable. C'est au gouvernement à rendre chaque citoyen assez heureux dans son état pour qu'il ne soit pas forcé d'en sortir. »

Citons encore une phrase qui est presque la formule devenue chère aujourd'hui aux amis de l'instruction :

« On ne craint point d'établir, en général, que dans l'état où est l'Europe, le peuple qui sera le plus éclairé aura toujours de l'avantage sur ceux qui le seront moins. »

Jugement général. — Malgré les défauts qui la déparent, l'œuvre de La Chalotais n'en est pas moins un des essais les plus remarquables de l'ancienne pédagogie française. « La Chalotais, dit M. Gréard, appartient à l'école de Rousseau ; mais sur plus d'un point il s'écarte des voies tracées par le maître. Il échappe aux entraînements du paradoxe. Il a relativement l'esprit de mesure. C'est un classique sans préjugés, un novateur sans témérité. »

Surtout son livre est un livre de combat, écrit avec l'ardeur que l'on met à engager une bataille, et tout plein d'une généreuse passion. Ce sont de belles paroles que celles-ci :

« Que le jeune homme apprenne quel pain mange un laboureur, un journalier, un artisan. Il verra dans la suite comment on leur ôte ce pain qu'ils gagnent avec tant de peine, et comment une portion des hommes vit aux dépens de l'autre. »

Dans ces lignes où respire un sentiment de pitié profonde pour les déshérités d'ici-bas, on entend déjà comme un signal avant-coureur des revendications sociales de la Révolution française.

Rolland (1734-1794). — La Chalotais, après avoir critiqué les anciennes méthodes, en proposait de nouvelles : Rolland a essayé de les mettre en pratique. La Chalotais est un polémiste et un théoricien : Rolland est un administrateur. Président au parlement de Paris, il présenta, en 1768, à ses collègues, un *Compte rendu* qui est un véritable plan d'éducation (1). Mais surtout il a collaboré personnellement à l'administration du collège Louis-le-Grand. Adversaire ardent et passionné des jésuites, il a tout fait pour mettre l'instruction publique en état de se passer d'eux. « Grand et sage esprit, patiente et forte raison, qui pendant vingt années, même durant l'exil et après la dissolution de sa compagnie, n'a pas délaissé un seul moment l'œuvre entreprise et l'a conduite presque achevée jusqu'aux confins de la Révolution ; cœur désintéressé de toute ambition, qui, désigné par le vœu général, par le conseil du roi, comme directeur de l'instruction publique, se retranchait obstinément dans la paix de sa studieuse retraite : » ainsi le jugeait un universitaire du dix-neuvième siècle, Dubois, directeur de l'École normale.

Rolland sans doute n'est pas un pédagogue original. « C'est dans le *Traité des études* de Rollin que tout instituteur, dit-il, trouvera les véritables règles de l'éducation. » En outre il s'est inspiré des idées de La Chalotais et aussi des *Mémoires* que l'université de Paris rédigea en 1763 et 1765, à la demande du Parlement : de sorte que l'intérêt de son œuvre est moins peut-être dans ses vues personnelles que dans les indications qu'elle fournit sur la situation de l'Université et sur sa tendance à se réformer elle-même.

L'instruction à la portée de tous. — Rolland est supérieur à La Chalotais sur un point au moins : il se prononce avec énergie pour la nécessité de l'instruction

(1) Voyez le *Recueil* des ouvrages de M. le Président Rolland, imprimé en 1783 par ordre du bureau d'administration du collège Louis-le-Grand.

primaire, pour le progrès et la diffusion des connaissances humaines.

« L'éducation ne peut être trop répandue, afin qu'il n'y ait
aucune classe de citoyens qui ne soit à portée d'en éprouver le
bienfait. Il est utile que *chaque citoyen reçoive l'éducation qui
lui est propre* (1). »

Il est vrai que Rolland s'associe au vœu de l'Université, qui demandait la réduction du nombre des
collèges. Mais il ne s'agissait que des collèges de
hautes études, et Rolland songeait moins à restreindre
l'instruction qu'à la proportionner et à l'approprier aux
besoins des diverses classes de la société.

« *Chacun doit être à portée de recevoir l'éducation qui lui est
propre*... Or, chaque terre, ajoute Rolland, n'est pas susceptible
du même soin et du même produit ; chaque esprit ne demande
pas le même degré de culture ; tous les hommes n'ont ni les
mêmes besoins ni les mêmes talents, et c'est en proportion de
ces talents et de ces besoins que doit être réglée l'éducation publique. »

Rolland partageait les préventions de La Chalotais
contre « le nouvel ordre fondé par le sieur de La Salle : »
mais il n'en réclamait pas moins l'instruction pour tous.

« La science de lire et d'écrire, qui est la clef de toutes les
autres sciences, doit être universellement répandue. Sans elle
les instructions des pasteurs sont inutiles, la mémoire est rarement assez fidèle ; et la lecture peut seule imprimer d'une façon durable ce qu'il est important de ne jamais oublier. »

Tout le monde accorderait-il aujourd'hui, sous la
pression de préjugés qui renaissent sans cesse, que
« le laboureur qui a reçu une sorte d'instruction n'en
est que plus attentif et plus habile ? »

École normale. — Nous n'insisterons pas sur les
méthodes et les programmes d'études que proposait
Rolland. Sauf des recommandations très pressantes à

(1) *Recueil*, etc., p. 25.

l'égard de l'étude de l'histoire nationale et de la langue française, nous n'y trouverions rien de bien nouveau. Ce qui mérite d'être signalé, en revanche, ce sont les innovations importantes qu'il voulait introduire dans l'organisation générale de l'instruction publique.

C'est d'abord l'idée d'une école normale supérieure, d'un séminaire de professeurs. L'Université avait déjà exprimé le vœu que l'on fondât cette « maison d'institution. » Pour se convaincre combien ce séminaire pédagogique, rêvé dès 1763, ressemblait à l'École normale actuelle, il suffit de noter les détails suivants. La maison devait être gouvernée par des professeurs tirés des différentes facultés, suivant les différents objets de l'enseignement. Les jeunes gens reçus au concours auraient été séparés en trois classes, correspondant aux trois ordres d'agrégation. Dans l'intérieur de la maison, ils auraient suivi des conférences, subi les épreuves de l'agrégation après un temps déterminé, puis ils auraient été placés dans les collèges. N'est-il pas vrai qu'on n'a pas eu grand'chose à ajouter à ce programme? Rolland demandait aussi que la pédagogie figurât parmi les études de ces futurs professeurs, et qu'on leur donnât des leçons expresses et suivies de cet art si nécessaire aux maîtres de la jeunesse.

Rolland ne s'en tient pas là. Il institue des inspecteurs, des *visiteurs*, qui doivent chaque année examiner tous les collèges. Enfin il soumet tous les établissements scolaires à une autorité unique, à un conseil de gouvernement qu'il appelle d'un nom assez bizarre, le *bureau de correspondance*.

Esprit de centralisation. — Quelque jugement que l'on doive porter sur la centralisation absolue, qui est devenue dans notre siècle la loi de l'instruction publique et qui a fait disparaître les libertés provinciales, il est certain que les parlementaires du dix-huitième siècle ont été les premiers à l'imaginer et à la souhaiter, sinon à la réaliser. Paris, dans le projet de Rolland, devient le chef-lieu de l'enseignement public, les universités disséminées dans les provinces sont reliées les unes aux autres et dépendent de celle de Paris :

« N'est-il pas à désirer, disait Rolland, que le bon goût que tout concourt à faire naître dans la capitale se répande jusqu'aux extrémités du royaume ; que tous les Français participent aux trésors de science qui s'y accumulent de jour en jour ; que des jeunes gens qui ont la même patrie, et qui sont destinés à servir le même prince et à remplir les mêmes emplois, reçoivent les mêmes leçons et soient imbus des mêmes maximes ; qu'une partie de la France ne soit pas sous les nuages de l'ignorance, tandis que les lettres répandent dans l'autre la lumière la plus pure ; en un mot, qu'il vienne un temps où l'on ne puisse plus distinguer un jeune homme élevé en province de celui qui a été formé dans la capitale. » Et il ajoute que « le seul moyen d'atteindre une fin aussi désirable, c'est de faire de Paris le centre de l'enseignement public. »

Outre que l'instruction y gagnera, Rolland y voit cet autre avantage que, par l'uniformité dans l'enseignement, on arrivera à l'uniformité dans les mœurs et dans les lois. Grâce à une éducation commune, « les jeunes gens de toutes les provinces se dépouilleront des préjugés de leur naissance ; ils se formeront les mêmes idées de vertu et de justice ; ils demanderont eux-mêmes des lois uniformes, qui auraient offensé leurs pères. » Par là enfin on développera un esprit, un caractère et même un droit national, « le seul moyen de faire renaître l'amour de la patrie. » N'est-il pas vrai que les grands magistrats de la fin du dix-huitième siècle méritent d'être comptés, eux aussi, parmi les fondateurs de l'unité française ?

Turgot (1727-1781). — Dans ses *Mémoires au roi* (1775), Turgot exposait des idées analogues et demandait, lui aussi, la formation d'un conseil de l'instruction publique. Il réclamait avec éloquence l'établissement d'un enseignement civique et national qui serait donné jusque dans les campagnes :

« Votre royaume, Sire, est de ce monde. Sans mettre aucun obstacle aux instructions dont l'objet s'élève plus haut et qui ont déjà leurs règles et leurs ministres, je crois ne pouvoir rien vous proposer de plus avantageux pour votre peuple que de faire donner à tous vos sujets une instruction qui leur manifeste bien les obligations qu'ils ont à la société et à votre pouvoir qui les protège, les devoirs que ces obligations leur imposent, l'intérêt qu'ils ont à remplir ces devoirs pour le bien public et le leur propre. Cette instruction morale et sociale exige des livres faits exprès, au concours, avec beaucoup de soin, et un maître d'école dans chaque paroisse, qui les enseigne aux enfants, avec l'art d'écrire, de lire, de compter, de toiser et 'es principes de la mécanique.

« L'étude des devoirs des citoyens doit être le fondement de toutes les autres études.

Il y a des méthodes et des établissements pour former des géomètres, des physiciens, des peintres. Il n'y en a pas pour former des citoyens. »

En résumé, La Chalotais, Rolland, Turgot et quelques-uns de leurs contemporains ont été de véritables précurseurs de la Révolution française en matière pédagogique. A la date de 1762, la révolution scolaire a commencé, au moins en ce qui concerne l'enseignement secondaire. Les parlements de ce temps ont conçu le système de l'Université du dix-neuvième siècle, et préparé l'œuvre de Napoléon I⁰⁰. Mais ils ont laissé aux hommes de la Révolution l'honneur d'être les initiateurs de l'instruction primaire.

LEÇON XVI

**Jugements contradictoires sur l'œuvre de la
Révolution.** — Un historien de l'éducation en France,
M. Théry, ouvre par ces mots dédaigneux son chapitre sur la Révolution : « On n'étudie pas le vide. on
n'analyse pas le néant(1). » Un historien plus récent de
l'instruction publique pendant la Révolution, M. Albert
Duruy, arrivant au travail de Condorcet, l'œuvre la

_____

(1) Théry, *Histoire de l'éducation en France*. Paris, 1864, t. II,
p. 132.

plus considérable assurément de la pédagogie révolutionnaire, n'hésite pas à porter ce jugement sommaire absolu : « Nous ne sommes plus ici dans le réel et dans le possible; nous voguons en pleine chimère, nous plaçons dans l'espace à des hauteurs où l'idéologie pouvait seule atteindre (1). »

Voilà qui est bientôt dit! A en croire ces juges expégitifs, l'appréciateur des efforts de la Révolution en matière d'instruction publique aurait le choix entre le néant et la chimère. Les hommes de la Révolution n'ont rien fait, disent les uns : ce sont des rêveurs et des idéologues, disent les autres.

Ces jugements ne supportent pas l'examen. Pour tout observateur impartial il est certain que la Révolution a ouvert une ère pédagogique nouvelle, et la preuve doit en être cherchée dans les textes mêmes que nos contradicteurs condamnent si lestement, et dont ils méconnaissent à tort l'esprit pratique.

Caractère général de cette œuvre. — Ce n'est pas que les hommes de la Révolution aient été pour la plupart des pédagogues, au sens strict du mot. La science de l'éducation ne leur doit pas de méthodes nouvelles : ils n'ont pas complété l'œuvre de Locke, de Rousseau et de La Chalotais. Mais ils ont été les premiers à faire effort pour organiser législativement un vaste système d'instruction publique. C'est justice de les placer au premier rang parmi les hommes qu'on pourrait appeler « les politiques de l'éducation. » Le temps leur a manqué sans doute pour appliquer leurs idées : mais ces idées, ils ont au moins le mérite de les avoir conçues, de les avoir exposées dans des actes législatifs. Les principes que nous proclamons aujourd'hui, ils les ont formulés. Les solutions que nous essayons de mettre en pratique, après un siècle d'attente ils les ont décrétées. Le lecteur, qui voudra suivre la longue série de rapports et de décrets dont se compose l'œuvre pédagogique de la

---

(1) Albert Duruy, *l'Instruction publique et la Révolution*, p. 80.

Révolution, aura assisté à la genèse de l'enseignement populaire en France.

État de l'instruction primaire. — Pour bien apprécier le mérite des hommes de la Révolution, il faut considérer d'abord dans quel pitoyable état ils trouvaient l'instruction primaire. Quel contraste entre ce qu'ils ont rêvé de faire et la situation réelle de 1789! Je sais bien qu'on a tracé des tableaux fantaisistes de l'ancien régime. « On a compté en grand étalage le nombre des collèges : mais on n'a pas dit, parmi ces collèges, ceux qui n'avaient pas de professeurs et ceux qui n'avaient pas d'élèves. De même pour les écoles; on en trouve partout : reste à savoir ce qu'on y enseigne, et si on y enseignait quelque chose (1). »

Les écrivains de parti qui s'obstinent à nier l'œuvre de la Révolution française en matière d'éducation mettent en général à contribution, pour servir leur passion politique, les vieilles archives communales. Ils citent des statistiques imaginaires qui établissent par exemple que, dans le diocèse de Rouen, en 1718, il y avait 855 écoles de garçons et 306 écoles de filles pour un territoire de 1159 paroisses.

Il faudrait d'abord contrôler ces statistiques, dont l'exactitude n'est pas démontrée et dont les chiffres ne sont évidemment obtenus que parce que l'on compte une école partout où le curé de la paroisse donnait à trois ou quatre enfants des leçons de lecture et de catéchisme

Mais il y a d'autres réponses à faire aux détracteurs de la Révolution, à ceux qui s'ingénient à démontrer que l'instruction était florissante sous l'ancien régime, et que la Révolution a détruit plus qu'elle n'a fondé. A cette prétendue floraison d'écoles dont on nous parle, il faut opposer les résultats, les statistiques authentiques du nombre des illettrés. En 1790, sur 100 hommes il y en avait 53, sur 100 femmes il y en avait 73 qui ne

---

(1) J. Simon, *Dieu, patrie et liberté*, p. 11

savaient pas écrire leurs noms dans leurs contrats de mariage.

Il faut en outre se demander ce qu'on enseignait dans ces prétendues écoles, combien d'enfants les fréquentaient, quelle était la situation morale et matérielle des maîtres qui les dirigeaient.

Ce qu'on enseignait dans les écoles. — L'enseignement se réduisait au catéchisme, à la lecture et à l'écriture. Sur ce point il ne saurait y avoir de contestation : le programme officiel des frères des Écoles chrétiennes n'allait pas au delà. On a cité avec emphase l'ordonnance de Louis XIV à la date de 1698 :

> « Voulons, y est-il dit, que l'on établisse autant qu'il sera possible des maîtres et des maîtresses dans les paroisses où il n'y en a point, pour instruire tous les enfants, et *nommément ceux dont les pères et mères ont fait profession de la religion prétendue réformée*, du catéchisme et des prières qui sont nécessaires, pour les conduire à la messe tous les jours ouvriers, comme aussi pour apprendre à lire et à écrire *à ceux qui pourront en avoir besoin...* »

Mais ce texte lui-même ne vient-il pas en aide à ceux qui soutiennent que la monarchie et l'Église n'ont jamais favorisé l'enseignement primaire que dans la mesure où l'exigeaient les nécessités de la lutte contre l'hérésie, et que l'instruction primaire sous l'ancien régime n'était guère qu'un instrument de domination religieuse ?

L'école n'était le plus souvent qu'une simple *garderie*. On n'y enseignait pas toujours à écrire. Une maîtresse d'école de la Haute-Marne s'interdisait d'enseigner l'écriture « de peur que ses élèves n'employassent leur savoir à écrire des lettres d'amour. »

Discipline. — Les punitions matérielles étaient plus que jamais à l'ordre du jour. L'évêque de Montpellier, à la fin du dix-septième siècle, interdit, il est vrai, les coups de bâton, les coups de pied, les coups sur la tête : mais il autorise la férule et le fouet, à la condition qu'on ne déshabillera pas complètement le patient.

Situation des instituteurs. — Ce qui est plus grave encore, c'est que les maîtres eux-mêmes (je parle des maîtres laïques, qui, il est vrai, n'étaient pas nombreux), vivaient dans une situation misérable, sans indépendance matérielle, sans dignité morale. Pas de *traitement fixe* en général : des gages qui variaient de 40 à 200 livres, arbitrairement servis par la fabrique ou par la communauté, en raison d'une foule de services des plus variés et des moins nobles. Les maîtres d'école étaient bien moins instituteurs que sacristains, chantres, bedeaux, sonneurs, horlogers, voire même fossoyeurs. « L'assistance aux mariages et aux enterrements leur était comptée à raison de 15 sols et le dîner, pour les mariages, et de 20 sols pour les enterrements. » Et M. Albert Duruy conclut qu'il y avait là, pour les maîtres d'école, de *sérieux avantages* (1). Avantages chèrement achetés en tout cas et que répudiaient les intéressés eux-mêmes. « Plus nous rendons de services à la communauté, disaient dans leurs doléances de 1789 les instituteurs de Bourgogne, plus nous sommes *avilis* (2). » Les maîtres d'école n'étaient guère que les domestiques du curé.

Pour vivre, ils n'étaient pas seulement obligés d'accepter des fonctions d'église : ils se faisaient aussi cordonniers, tailleurs, cabaretiers, minotiers, etc. L'instituteur de la commune d'Angles, dans les Hautes-Alpes, était « chirurgien des barbes. »

Ainsi aucune sécurité de traitement, et par suite aucune considération morale. « Les instituteurs étaient regardés dans les communes comme étrangers et non comme citoyens; ils n'avaient point entrée aux assemblées des communes, comme gens errants et sans aveu. »

Recrutement des instituteurs. — Nulle part il

(1) Albert Duruy, *op. cit.*, p. 16.
(2) *Doléances* à présenter aux états généraux par les instituteurs des petites villes, bourgs et villages de la Bourgogne.

n'existait d'écoles normales pour former les maîtres. Les écoles étaient confiées au premier venu. Les évêques accordaient l'*approbation*, ou permission d'enseigner, après un examen des plus sommaires. Les fonctions de l'enseignement étaient un gagne-pain que l'on acceptait pour vivre, sans vocation, sans préparation sérieuse. En Provence, c'était dans des espèces « de foires aux instituteurs » que les maîtres d'école allaient se louer. Dans les Alpes, les instituteurs étaient nombreux, mais l'hiver seulement. Ils ne séjournaient dans la plaine et dans les vallées que pendant la saison rigoureuse; ils retournaient chez eux pour les travaux de l'été.

Par suite la plupart des écoles n'existaient que de nom : « Les classes, nous dit-on, vaquaient quatre ou cinq mois (1). » Pendant la moitié de l'année, les maîtres d'école étaient libres d'exercer un autre métier, ou pour mieux dire, de se livrer plus complètement à leur métier ordinaire que leurs classes n'interrompaient pas toujours

Ce qu'était l'école elle-même. — Les maisons d'écoles n'étaient, le plus souvent, que de pauvres cabanes, des chaumières en bois, des rez-de-chaussées étroits, mal éclairés, qui servaient à la fois de domicile au maître d'école et à sa famille, et de salle de classe aux élèves; les bancs et les tables étaient chose rare, et les enfants écrivaient debout.

Tel était en résumé l'état de l'instruction primaire à l'heure où s'ouvrirent les états généraux de 1789: des écoles peu nombreuses et peu suivies; de rares maîtres laïques, formés on ne sait comment, sans instruction solide, et, comme ils le disaient eux-mêmes « avilis » par leur situation inférieure; peu ou point de livres élémentaires; la gratuité peu pratiquée; enfin une indifférence générale pour l'instruction élémentaire, dont des philosophes comme Voltaire et Rous-

(1) A. Daruy, *op. cit.*, p. 10.

seau, des parlementaires comme La Chalotais, faisaient eux-mêmes bon marché.

Œuvre propre de la Révolution. — Tout ce qu'il y avait à tenter pour mettre l'instruction au niveau des besoins de la société nouvelle, je ne dis pas que la Révolution l'ait fait, mais elle a projeté de le faire. Ce sont ses plans que le dix-neuvième siècle a repris chaque fois qu'un ministre libéral a voulu travailler pour le bien de l'instruction; ce sont ces plans encore que par un effort vigoureux la puissance publique a essayé de réaliser dans le cours de ces dernières années.

Les cahiers de 1789. — Déjà, dans les cahiers de 1789, l'opinion publique se manifestait avec énergie pour les réformes pédagogiques. « Les cahiers de 1789, même ceux du clergé et de la noblesse, réclament la réorganisation sur un plan d'ensemble de l'instruction publique. Les cahiers du clergé de Rodez et de Saumur demandent « qu'il soit fait un plan d'*éducation nationale* pour la jeunesse ; » ceux de Lyon, que l'éducation soit confiée « à un corps enseignant dont les membres ne soient amovibles que pour cause de négligence, d'inconduite ou d'incapacité; qu'elle ne soit plus dirigée d'après des principes arbitraires, et que tous les instituteurs publics soient tenus de se conformer à un plan uniforme adopté par les états généraux. » Les cahiers de la noblesse de Lyon insistent pour qu'on imprime à l'éducation des deux sexes « un caractère national. » Ceux de Paris demandent « que l'éducation publique soit perfectionnée et étendue à toutes les classes de citoyens. » Ceux de Blois, « qu'il soit établi un conseil composé des gens de lettres les plus éclairés de la capitale et des provinces et de citoyens des divers ordres, pour former un plan d'éducation nationale à l'usage de toutes les classes de la société et pour rédiger des traités élémentaires (1). »

(1) Voyez *Dictionnaire de Pédagogie*, Art. *France*, de M. Rambaud.

Mirabeau (1749-1791). — Dès les premiers jours de la Révolution, les écrits pédagogiques abondent et témoignent de l'intérêt toujours croissant que l'opinion publique attache aux questions d'éducation. Les oratoriens, dont La Chalotais disait déjà « qu'ils s'étaient dégagés des préjugés de l'école et du cloître, qu'ils étaient citoyens, » présentent à l'Assemblée nationale une série de plans scolaires. L'Assemblée de son côté se met à l'œuvre ; Talleyrand prépare son beau rapport, et Mirabeau consigne ses propres réflexions dans quatre discours éloquents.

Publiés après sa mort, par les soins de son ami Cabanis, les discours de Mirabeau avaient pour titres : 1° *Projet de décret sur l'organisation du corps enseignant ;* 2° *les Fêtes publiques et militaires ;* 3° *l'Organisation du lycée national ;* 4° *l'Éducation de l'héritier présomptif de la couronne.*

Dangers de l'ignorance. — Avec quel éclat l'illustre orateur faisait valoir les avantages et la nécessité de l'instruction !

« Ceux qui veulent que la paysan ne sache ni *lire ni écrire,* se sont fait, sans doute, un patrimoine de son ignorance, et leurs motifs ne sont pas difficiles à apprécier. Mais ils ne savent pas que, lorsqu'on fait de l'homme une bête fauve, l'on s'expose à le voir à chaque instant se transformer en bête féroce. Sans lumières, point de morale. Mais à qui donc importe-t-il de les répandre, si ce n'est au riche ? La sauvegarde de ses jouissances, n'est-ce pas la morale du peuple ? Par l'influence des lois, par celle d'une bonne administration, par les efforts que doit inspirer à chacun l'espoir d'améliorer le sort de ses semblables, hommes publics, hommes privés, efforcez-vous donc de répandre en tous les lieux les nobles fruits de la science. Croyez qu'en dissipant une seule erreur, en propageant une seule idée saine, vous aurez fait quelque chose pour le bonheur du genre humain, et, qui que vous soyez, c'est par là seulement, n'en doutez pas, que vous pouvez assurer le vôtre. »

Mais par je ne sais quel esprit de timidité Mirabeau ne

(1) Voyez le *Travail sur l'instruction publique,* publié par Cabanis, Paris, 1794.

tirait pas de ces principes les conséquences qu'ils comportent. Il n'admet pas que l'État puisse imposer l'obligation scolaire :

« La société, dit-il, n'est pas en droit de la prescrire comme un devoir... La puissance publique n'a pas le droit de franchir, à l'égard des membres du corps social, les bornes de la surveillance contre l'injustice et de la protection contre la violence. » — « La société, ajoute-t-il, ne peut exiger de chacun que les sacrifices nécessaires au maintien de la liberté et de la sûreté de tous. »

Mirabeau oublie que l'obligation d'envoyer les enfants à l'école est précisément un de ces sacrifices nécessaires que l'État a le droit d'imposer aux pères de famille.

Hostile à l'obligation, Mirabeau n'est pas non plus partisan de la gratuité :

« L'éducation gratuite, disait-il, est payée par tout le monde; ses fruits ne sont recueillis immédiatement que par un petit nombre d'individus. »

Liberté d'enseignement. — Comme tant d'autres esprits généreux, Mirabeau caressait le rêve de la plus complète liberté d'enseignement.

« Votre objet unique, disait-il aux constituants, est de rendre à l'homme l'usage de toutes ses facultés, de le faire jouir de tous ses droits, de faire naître l'existence publique de toutes les existences individuelles librement développées et la volonté générale de toutes les volontés privées. »

Distribution des études. — Dans le plan de Mirabeau, l'enseignement public et national dépend, non du pouvoir exécutif, mais « des magistrats qui représentent véritablement le peuple, c'est-à-dire qui sont élus et souvent renouvelés par lui, » en d'autres termes, des administrateurs de département ou de district. Les établissements d'instruction ne doivent pas former un corps unique.

Disons enfin que Mirabeau à côté des écoles primaires instituait un collège de littérature par département et à Paris un lycée national unique, centre de l'enseignement supérieur, « destiné à procurer à l'élite de la jeunesse française le moyen de terminer son éducation. » Il y établissait une chaire de *méthode*, qui, disait-il, doit être la base de l'enseignement.

Le travail de Mirabeau n'est en résumé qu'une ébauche fort imparfaite, et une sorte de transition modérée entre l'ancien et le nouveau régime. On n'y trouve pas encore les grandes idées qui vont passionner les esprits, et c'est le *Rapport* de Talleyrand qui constitue le véritable préambule de l'œuvre pédagogique de la Révolution.

L'Assemblée constituante et Talleyrand. — La constitution du 4 septembre 1791 édictait la disposition suivante :

> « Il sera créé et organisé une instruction publique, commune à tous les citoyens, gratuite à l'égard des parties d'enseignement indispensables pour tous les hommes. »

C'est pour réaliser le vœu de la Constitution que Talleyrand rédigea son *Rapport* et le présenta à l'Assemblée dans les séances du 10 et du 11 septembre. Le projet entier ne contenait pas moins de 208 articles. Arrivée au terme de sa laborieuse existence, l'Assemblée ne trouva pas le temps de le discuter, et, tout en regrettant « de ne pas fonder les bases de la régénération de l'éducation, » elle renvoya l'examen du travail de Talleyrand à l'Assemblée législative.

L'Assemblée législative se montra peu soucieuse de recueillir le legs de sa devancière. Un autre rapport, celui de Condorcet, fut préparé, de sorte que le projet de Talleyrand n'a jamais eu les honneurs d'une discussion parlementaire.

Talleyrand (1758-1838). — L'ex-évêque d'Autun, devenu le révolutionnaire de 1789, avant d'être le chambellan de Napoléon Ier et le ministre de Louis XVIII, ne mérite guère pour son caractère l'estime de l'histoire : il a donné un trop frappant exemple de versatilité politique. Mais du moins, par son intelligence souple et déliée, par l'abondance de ses idées, il s'est toujours montré à la hauteur des tâches variées qu'il a entreprises, et son *Rapport* est une œuvre remarquable.

Principes généraux. — Comme l'a dit Montesquieu, « les lois de l'éducation doivent être relatives aux principes du gouvernement. » C'est de cette vérité que s'inspire Talleyrand dans les longues considérations qui servent de préambule à son projet.

Qu'avait-on à faire en présence d'une constitution qui, limitant les pouvoirs du roi, appelait à la vie politique le peuple tout entier ? Cette constitution serait restée stérile, elle n'eût été que lettre morte, si une éducation appropriée n'était venue la vivifier en la faisant passer, pour ainsi dire, dans le sang de la nation. En quoi consistait le régime nouveau ? Vous avez, disait Talleyrand aux constituants, vous avez séparé la volonté générale, ou le pouvoir de faire les lois, du pouvoir exécutif que vous avez réservé au roi. Mais cette volonté générale, il faut qu'elle soit droite, et, pour être droite, il faut qu'elle soit éclairée et instruite. Après avoir donné le pouvoir au peuple, vous devez lui enseigner la sagesse. A quoi servirait d'affranchir, de livrer à elles-mêmes des forces brutales et inconscientes ? L'instruction est le contrepoids nécessaire de la liberté. La loi, qui est désormais l'œuvre du peuple, ne doit pas être à la merci des opinions tumultueuses d'une multitude ignorante.

L'éducation dans ses rapports avec la liberté et l'égalité. — Talleyrand se complaît dans sa pensée, et, considérant tour à tour les deux idées fondamentales de la Révolution, l'idée d'égalité et l'idée de liberté, il montre, non sans quelque longueur d'analyse, que l'instruction est nécessaire, d'une part pour créer des individus libres, en leur donnant une conscience et une raison, d'autre part pour rapprocher les hommes en amoindrissant l'inégalité des esprits

Règles de l'instruction publique. — L'instruction
est due à tous : il faut des écoles dans les villages
comme dans les villes. L'instruction doit être donn'e
pour tous : il ne doit pas y avoir de privilège d'enseignement. Enfin l'instruction doit s'étendre à toutes choses
on enseignera tout ce qui peut être enseigné :

> « Dans une société bien organisée, quoique personne ne
> puisse parvenir à tout savoir, il faut néanmoins qu'il soit pos-
> sible de tout apprendre. »

Éducation politique. — Au fond de tout système
pédagogique, il y a toujours une pensée dominante et essentielle. Au moyen âge, — et le moyen âge s'est continué dans les écoles des jésuites, — c'est l'idée du
salut, c'est la préparation de l'âme à la vie future. Au
dix-septième siècle, c'est la conception d'une justesse
parfaite d'esprit jointe à la droiture du cœur : tel fut
l'idéal des solitaires de Port-Royal. En 1792, la politique est devenue la préoccupation presque exclusive des
éducateurs de la jeunesse. Tout le reste, religion, finesse
du jugement, noblesse du cœur, est relégué au second
plan. L'homme n'est plus qu'un animal politique, venu
au monde pour connaître, aimer et servir la constitution.

La *Déclaration des droits de l'homme* devient, dans le
système de Talleyrand, le catéchisme de l'enfance. Il
faut que le futur citoyen apprenne à connaître, à aimer,
à servir et enfin à perfectionner la constitution. On ne
peut s'empêcher de penser que Talleyrand lui-même a
montré une merveilleuse aptitude à aimer et à servir la
constitution : malheureusement cela n'a pas toujours
été la même !

La morale universelle. — Une des plus belles
pages du travail de Talleyrand est assurément celle où
il recommande l'enseignement de la morale universelle, et revendique l'autonomie des lois naturelles,
distinctes de toute religion positive.

« Il faut apprendre à se pénétrer de la morale, qui est le premier besoin de toutes les constitutions... Il faut qu'on l'enseigne comme une science véritable, dont les principes seront démontrés à la raison de tous les hommes, à celle de tous les âges : c'est par là seulement qu'elle résistera à toutes les épreuves. On a gémi longtemps de voir les hommes de toutes les nations, de toutes les religions, la faire dépendre exclusivement de cette multitude d'opinions qui les divisent. Il en est résulté de grands maux : car, en la livrant à l'incertitude, souvent à l'absurdité, on l'a nécessairement compromise ; on l'a rendue versatile et chancelante. Il est temps de l'asseoir sur ses propres bases ; il est temps de montrer aux hommes que, si de funestes divisions les séparent, ils ont du moins dans la morale un rendez-vous commun où ils doivent tous se réfugier et se réunir. Il faut donc en quelque sorte la détacher de tout ce qui n'est pas elle, pour la rattacher ensuite à ce qui mérite notre assentiment et notre hommage... Ce changement est simple, il ne blesse rien ; surtout il est possible. Comment ne pas voir, en effet, que, abstraction faite de tout système, de toute opinion, et en ne considérant dans les hommes que leurs rapports avec les autres hommes, on peut leur enseigner ce qui est bon, ce qui est juste, le leur faire aimer, leur faire trouver du bonheur dans les actions honnêtes, du tourment dans celles qui ne le sont pas ? »

Quatre degrés d'instruction. — L'organisation de l'instruction, dans le projet de Talleyrand, devait « se combiner avec celle du royaume, » et être calquée sur la division administrative. Le *Rapport* établissait quatre degrés dans l'instruction. Il y avait une école par *canton*, à côté de chaque assemblée primaire. Puis venait l'instruction moyenne, secondaire, destinée sinon à tous, du moins au plus grand nombre, et donnée au chef-lieu de *district* ou d'arrondissement. En troisième lieu, des écoles spéciales disséminées sur la surface du royaume, dans les principaux chefs-lieux de département, préparaient les jeunes gens aux diverses professions. Enfin l'élite des intelligences trouvait à Paris, dans l'*institut national*, tout ce qui constitue l'enseignement supérieur.

La grande nouveauté de ce système était la création des écoles cantonales, ouvertes aux paysans et aux ouvriers, à ceux que jusque-là l'insouciance ou le parti pris des grands renvoyaient à leurs charrues ou à leurs rabots.

Gratuité de l'instruction primaire. — Talleyrand, pas plus que Mirabeau, ne veut de l'obligation, mais, d'accord avec la constitution de 1791, il demande la gratuité de l'enseignement primaire. La société doit l'instruction élémentaire : elle ne doit pas l'instruction moyenne et secondaire, et encore moins l'instruction spéciale et supérieure. Gratuit au premier degré et quand il s'agit de ces connaissances élémentaires qui constituent pour tout homme civilisé une véritable nécessité morale, l'enseignement ne doit pas l'être pour les jeunes gens qui aspirent à une profession libérale parce qu'ils ont des loisirs, et qui ont des loisirs parce qu'ils ont de la fortune. Talleyrand admet cependant des exceptions pour le talent. Par la création des bourses nationales, on ouvrira les portes de toutes les écoles aux intelligences d'élite que l'humilité de leur condition condamnerait à rester obscures et ignorées, si la société ne leur tendait une main secourable.

Programme de l'instruction primaire. — L'instruction primaire devait comprendre : les principes de la langue nationale, les règles élémentaires du calcul, celles du toisé; les éléments de la religion, les principes de la morale, les principes de la constitution ; enfin le développement des facultés physiques, intellectuelles et morales.

Des moyens d'instruction. — Nous n'insisterons pas sur les détails de l'organisation des diverses parties de ce que Talleyrand appelait lui-même son « immense machine ». Notons seulement la dernière partie de son travail où il discute un certain nombre de questions générales, sous ce titre arbitraire et peu justifié *des Moyens d'instruction*. Les professeurs, choisis avec soin, seront à la nomination du roi. Talleyrand ne veut pas qu'ils soient inamovibles, mais il demande que leur situation soit entourée de toutes les garanties possibles. Des prix des récompenses de toute espèce encourageront les maîtres de la jeunesse à redoubler de zèle, à trouver des méthodes nouvelles. Talleyrand compte sur les représentations dramatiques, sur les fêtes nationales, pour hâter le progrès de l'instruction. Disons enfin qu'il confiait la direction suprême de l'instruction publique à six commissaires choisis par le roi et chargés de faire chaque année un rapport.

Éducation des femmes. — Talleyrand, dans son projet, n'a pas tout à fait oublié les femmes, et ce qu'il en dit est juste et sensé. Il discute la question de leurs droits politiques et, comme la tradition, comme le bon sens, il conclut que le bonheur des femmes, que leur intérêt, que leur nature et leur destination propre doivent leur interdire d'entrer dans l'arène politique. Ce qui leur convient surtout, c'est une éducation domestique, qui, reçue dans la famille, les prépare à y vivre. Comme Mirabeau, il veut que la femme reste femme. Son rôle, disait le grand orateur, est de perpétuer l'espèce, de veiller avec sollicitude sur les époques périlleuses du premier âge, « d'enchaîner à ses pieds toutes les forces de l'homme par la puissance irrésistible de la faiblesse. » Sans être aussi galant dans ses paroles, Talleyrand pense de même. Il croyait d'ailleurs nécessaire, pour répondre à certaines convenances, que l'État fondât des maisons d'éducation publique, destinées à remplacer les couvents.

Ce vœu corrigeait ce qu'il y avait d'excessif dans ce passage de son projet de loi :

« Les filles ne pourront être admises aux écoles primaires que jusqu'à l'âge de huit ans. Après cet âge, l'Assemblée nationale invite les pères et mères à ne confier qu'à eux-mêmes l'éducation de leurs filles, et leur rappelle que c'est leur premier devoir. »

L'Assemblée législative et Condorcet. — De tous les travaux pédagogiques de la Révolution, le plus remarquable est celui de Condorcet. Son *Rapport* présenté à l'Assemblée législative, au nom du comité d'instruction publique, les 20 et 21 avril 1792, réimprimé en 1793 par ordre de la Convention, n'a pas eu directement les honneurs de la discussion publique; mais il contenait les principes et les solutions que l'on retrouve dans les délibérations et dans les actes législatifs de ses successeurs. Il est resté, pendant toute la durée de la Convention, la source largement ouverte où ont puisé les législateurs de ce temps-là, les Romme, les Bouquier, les Lakanal.

Condorcet (1743-1794). — Condorcet était admirablement qualifié pour le rôle que l'Assemblée législative lui attribua en le chargeant d'organiser l'instruction publique. Pendant les premières années de la Révolution, il avait usé de ses loisirs (il ne faisait point partie de la Constituante) pour écrire cinq *mémoires* sur l'instruction, qui parurent dans un recueil périodique, la *Bibliothèque de l'homme public*. Le *Rapport* qu'il soumit à l'Assemblée fut comme le résumé de ses longues réflexions. Condorcet y apporta, non l'imagination imprudente d'un pédagogue improvisé, mais l'autorité d'un penseur compétent, qui, s'il ne possédait pas l'expérience personnelle de l'enseignement, avait du moins beaucoup réfléchi à ces matières et en avait pénétré toutes les difficultés. En outre, il s'attacha à son œuvre avec l'ardeur d'un cœur enthousiaste, avec la gravité convaincue d'un esprit qui a poussé plus loin qu'aucun autre la religion du progrès et le zèle du bien public.

Considérations générales sur l'instruction. — Tous les révolutionnaires ont célébré l'instruction, dont ils étaient les amants passionnés: Condorcet en est le partisan réfléchi. Il ne l'a pas aimée plus que les autres, mais il a mieux compris, mieux dit pourquoi il fallait l'aimer.

Il reprend d'abord les idées de Talleyrand et montre que, sans l'instruction, la liberté et l'égalité seraient des chimères:

« Une constitution libre qui ne correspondrait pas à l'instruction universelle des citoyens se détruirait d'elle-même après quel-

ques orages, et dégénérerait en une de ces formes de gouvernement qui ne peuvent conserver la paix au milieu d'un peuple
ignorant et corrompu.

Anarchie ou despotisme, tel est l'avenir des peuples
qui sont devenus libres avant d'être éclairés.

Quant à l'égalité, sans tomber dans la chimère d'une
instruction qui serait la même pour tous et qui nivelle-
rait tous les hommes, Condorcet veut la réaliser le plus
possible. Il désire que le plus pauvre et le plus humble
soit assez instruit pour s'appartenir à lui-même, pour
n'être pas à la merci du premier charlatan venu,
et aussi pour pouvoir remplir ses devoirs civiques, pour
être électeur, juré, etc.

L'instruction et la moralité. — Instrument de
liberté et d'égalité, l'instruction est encore, aux yeux
de Condorcet, la véritable source de la moralité publique et des progrès de l'humanité.

Si elle ne correspondait pas au progrès des connaissances, une constitution libre et égalitaire serait plus
contraire que favorable aux bonnes mœurs.

« L'instruction seule peut faire que le principe de justice qu'ordonne l'égalité dans les droits ne soit pas en contradiction avec
cet autre principe qui prescrit de n'accorder aux hommes que
les droits dont l'exercice est sans danger pour la société. »

Mais ce sont des raisons morales plus encore que des
motifs politiques qui font de l'instruction la condition
de la vertu. Condorcet a finement vu que les vices du
peuple proviennent surtout de son impuissance intellectuelle :

« Ces vices dérivent, dit-il, du besoin d'échapper à l'ennui
dans les moments de loisir et de n'y échapper que par des
sensations, non par des idées. »

Paroles énergiques, que ne devraient jamais perdre
de vue les instituteurs et les moralisateurs du peuple.
Faire passer les âmes grossières de la vie des sens à la

vie intellectuelle, rendre l'étude agréable afin que les plaisirs plus élevés de l'esprit puissent lutter avec succès contre les appâts de la jouissance matérielle, mettre le livre à la place de la bouteille de vin ou d'alcool, substituer la bibliothèque au café, en un mot *remplacer la sensation par l'idée*, tel est le problème fondamental de l'éducation populaire.

L'instruction et le progrès. — Condorcet était fanatique de l'idée de progrès. Jusqu'au dernier souffle de sa vie, il a rêvé du progrès, de ses conditions et de ses lois. Or, le moyen le plus puissant de hâter le progrès, c'est d'instruire les hommes, et voilà le dernier motif pour lequel l'instruction lui est chère.

Ce sont de magnifiques paroles que celles-ci :

« Si le perfectionnement indéfini de notre espèce est, comme je le crois, une loi générale de la nature, l'homme ne doit plus se regarder comme un être borné à une existence passagère et isolée, destiné à s'évanouir après une alternative de bonheur et de malheur pour lui-même, de bien et de mal pour ceux que le hasard a placés près de lui : il devient une partie active du grand tout et le coopérateur d'un ouvrage éternel. Dans une existence d'un moment, sur un point de l'espace, il peut, par ses travaux, embrasser tous les lieux, se lier à tous les siècles, et agir encore longtemps après que sa mémoire a disparu de la terre. » Et plus loin : « Longtemps j'ai considéré ces vues comme des rêves qui ne devaient se réaliser que dans un avenir indéterminé et pour un monde où je n'existerais pas. Un heureux événement a tout à coup ouvert une carrière immense aux espérances du genre humain : un seul instant a mis un siècle de distance entre l'homme du jour et celui du lendemain. »

Libéralisme de Condorcet. — Qualifié à tort d'esprit despotique et absolu, Condorcet est, au contraire, plein de scrupules et pénétré de respect à l'égard de la liberté des opinions individuelles. En effet, il distingue soigneusement l'instruction de l'éducation : l'instruction, c'est-à-dire les connaissances positives et certaines, les vérités de fait et de calcul ; l'éducation, c'est-à-dire les croyances politiques et religieuses. Or, si l'État est le dispensateur naturel de l'instructio

il doit, au contraire, en fait d'éducation, s'abstenir et se
déclarer incompétent. En d'autres termes, l'État ne doit
pas abuser de son pouvoir pour imposer de force aux
citoyens tel ou tel *credo* religieux, tel ou tel dogme
politique.

« La puissance publique ne peut pas établir un corps de doctrines qui doive être enseigné exclusivement. » — « Aucun pouvoir public ne doit avoir l'autorité ni même le crédit d'empêcher le développement des vérités nouvelles, l'enseignement des
théories contraires à sa politique particulière ou à ses intérêts
momentanés. »

Cinq degrés d'instruction. — Condorcet distingue
cinq degrés d'instruction : 1° les *écoles primaires* proprement dites ; 2° les *écoles secondaires*, c'est-à-dire ce
que nous appelons aujourd'hui écoles primaires supérieures ; 3° les *instituts*, ou collèges d'enseignement
secondaire ; 4° les *lycées* ou facultés d'enseignement
supérieur ; enfin 5° la *société nationale des sciences et
des arts*, qui correspond à notre Institut.

Deux points surtout sont à noter : d'abord Condorcet
établit pour la première fois des écoles primaires supérieures ; il en demande une pour chaque district et de
plus pour chaque ville de 4000 habitants ; ensuite pour
les écoles primaires proprement dites, il prend la population pour base de leur établissement, et en réclame
une par 400 habitants.

**But et programme de l'enseignement pri-
maire.** — Condorcet a admirablement défini le but
de l'enseignement primaire :

« On enseigne, dans les écoles primaires, ce qui est nécessaire
à chaque individu pour se conduire lui-même et jouir de la
plénitude de ses droits. »

Le programme comprenait la lecture, l'écriture, quelques notions grammaticales, les règles de l'arithmétique,
des méthodes simples de mesurer exactement un terrain, de toiser un édifice ; une description élémentaire

des productions du pays, des procèdés de l'agriculture
et des arts; le développement des premières idées
morales et des règles de conduite qui en dérivent ; enfin
ceux des principes de l'ordre social qu'on peut mettre à
la portée de l'enfance.

Idée des cours d'adultes. — Condorcet était très
préoccupé de la nécessité de continuer l'instruction de
l'ouvrier, du paysan, après la sortie de l'école :

> « Nous avons observé, dit-il, que l'instruction ne devait pas
> abandonner les individus au moment où ils sortent des écoles;
> qu'elle devait embrasser tous les âges ; qu'il n'y en avait aucun
> où il ne fût utile et possible d'apprendre, et que cette seconde
> instruction est d'autant plus nécessaire, que celle de l'enfance a
> été resserrée dans des bornes plus étroites. C'est là même une
> des causes principales de l'ignorance où les classes pauvres de la
> société sont aujourd'hui plongées ; la possibilité de recevoir une
> première instruction leur manquerait encore moins que celle
> d'en conserver les avantages. »

Condorcet proposait en conséquence, sinon des cours
d'adultes, du moins quelque chose qui y ressemble
beaucoup, des conférences hebdomadaires, professées
chaque dimanche par les instituteurs des villages, des
espèces de sermons laïques.

> « Chaque dimanche l'instituteur donnera une conférence pu-
> blique à laquelle assisteront les citoyens de tous les âges ; nous
> avons vu dans cette institution un moyen de donner aux jeunes
> gens celles des connaissances nécessaires qui n'ont pu cependant
> faire partie de leur première éducation. »

Éducation professionnelle et technique. —
Condorcet ne croit pas non plus qu'on soit quitte envers
le peuple quand on a émancipé son esprit. Il est très
préoccupé de donner aussi aux fils de paysans ou
d'ouvriers les moyens de lutter contre la misère, en
répandant de plus en plus dans les classes populaires
la connaissance technique des arts et des métiers. Il
doit être compté parmi les adeptes de l'instruction
professionnelle, de l'éducation industrielle. Il demande
que l'on place dans les écoles « des modèles de ma-

chines ou de métiers, » et, à tous les degrés de l'instruction, il recommande avec une sollicitude particulière l'enseignement des arts pratiques.

Nous croyons faire du nouveau aujourd'hui quand nous établissons des musées scolaires. « Chaque école, dit Condorcet, aura une petite bibliothèque, un petit cabinet, où l'on placera quelques instruments météorologiques ou quelques objets d'histoire naturelle. »

Éducation des femmes. — Condorcet peut être considéré comme un des plus ardents apôtres de l'éducation des femmes. Il veut la communauté, l'égalité de l'éducation. Il est évidemment dans l'erreur quand il rêve l'identité parfaite de l'instruction des deux sexes, quand il oublie la destination particulière des femmes et le caractère spécial de leur éducation. Mais nous avons trouvé tant de pédagogues disposés à déprécier les qualités féminines qu'on est heureux d'entendre enfin une voix qui les exalte, même outre mesure.

Retenons, d'ailleurs, les raisons excellentes qu'il donne à l'appui de sa thèse sur l'égalité de l'éducation. Il faut que les femmes soient instruites : 1° il le faut, pour qu'elles puissent élever leurs enfants, dont elles sont les institutrices naturelles; 2° il le faut, pour qu'elles soient les dignes compagnes, les égales de leurs maris, pour qu'elles puissent s'intéresser à leurs travaux, prendre part à leurs préoccupations, vivre enfin de leur vie : le bonheur conjugal est à ce prix; 3° il le faut encore, par une raison analogue, pour qu'elles n'éteignent pas, par leur ignorance, cette flamme de cœur et d'esprit que des études antérieures ont développée chez leurs maris, pour qu'elles l'entretiennent, au contraire, par la communauté des conversations et des lectures; 4° il le faut, enfin, parce que cela est juste, parce que les deux sexes ont un droit égal à l'instruction.

Réserves à faire. — Tout n'est pas également digne d'éloges dans l'œuvre de Condorcet. Quelques défauts et

quelques lacunes déparent ce beau morceau de pédagogie politique.

Les défauts, c'est d'abord l'exagération de l'idée de liberté et d'égalité. Des ardeurs de Condorcet pour la liberté est issue, dans son plan pédagogique, une erreur grave : l'idée de faire du corps enseignant une sorte d'État dans l'État, une puissance indépendante, un quatrième pouvoir, affranchi de toute autorité extérieure, se gouvernant et s'administrant lui-même, l'État n'intervenant guère que comme caissier pour payer des services qu'il ne règle ni ne surveille. Le libéral Daunou lui-même a critiqué sur ce point, tout en l'expliquant, le système de notre auteur (1) :

« Condorcet, disait-il, l'ennemi des corporations, en concevait une dans son projet d'instruction nationale ; il instituait en quelque sorte une église académique : c'est que Condorcet, l'ennemi des rois, voulait ajouter dans la balance des pouvoirs publics un contrepoids de plus à ce pouvoir royal, dont l'existence monstrueuse, au milieu d'une constitution libre, était assez éprouvée par les alarmes et par les craintes de tous les amis de la liberté. »

La passion de l'égalité a conduit Condorcet à une autre chimère : celle de la gratuité absolue de l'enseignement à tous les degrés.

Enfin dans ses rêves de perfectibilité indéfinie, Condorcet se laisse emporter à imaginer pour l'homme et à attendre de l'instruction des résultats vraiment irréalisables. L'instruction, selon lui, devrait être assez complète « pour faire disparaître toute inégalité qui entraîne de la dépendance. »

Préjugés de mathématicien. — A un autre point de vue, Condorcet a été égaré par sa prédilection pour les sciences. Il a trop oublié qu'il appartenait à l'Académie française, pour n'obéir qu'à ses tendances un peu exclusives de mathématicien et de membre de l'Académie des sciences. Par une réaction, d'ailleurs

(1) Voyez le *Rapport* de Daunou présenté à la Convention nationale le 27 vendémiaire an IV.

naturelle, contre ces longs siècles où l'on avait abusé de la culture littéraire, Condorcet est trop prompt à rabaisser l'influence des lettres dans l'éducation et à investir les sciences de la place d'honneur. Les raisons qu'il invoque pour justifier sa préférence ne sont pas toutes concluantes.

Lacunes. — L'idée de l'instruction obligatoire est encore absente du projet que nous examinons. On sera peut-être surpris que Condorcet, qui a si nettement proclamé la nécessité d'une instruction universelle, n'ait pas songé à imposer l'obligation scolaire, qui est le seul moyen de l'établir. C'est que les premiers révolutionnaires, dans le feu de leur enthousiasme, ne soupçonnaient pas les résistances que devaient opposer à l'accomplissement de leurs idées, soit l'indifférence du plus grand nombre, soit les préjugés de ceux qui, comme le dit éloquemment Condorcet, « croient obéir à Dieu en trahissant la patrie » Il leur semblait qu'une fois des foyers de lumière répandus sur toute la surface du territoire, les citoyens s'empresseraient d'accourir, poussés par un attrait naturel, spontanément avides de s'éclairer. Ils se trompaient. Ces espérances un peu naïves devaient être contredites par les faits ; et c'est pour triompher de l'abstention des uns, de la résistance des autres, que la Convention, comblant une des rares lacunes du projet de Condorcet, décréta à plusieurs reprises l'instruction « impérative et forcée », comme on disait alors.

Sur un autre point encore, Condorcet est resté inférieur à ses successeurs : il n'est pas question dans son rapport de l'organisation des écoles normales. Dans cette grave et fondamentale question de l'éducation du personnel enseignant, Condorcet s'est contenté d'un expédient provisoire qui consistait à confier aux professeurs du degré immédiatement supérieur le soin de préparer les maîtres du degré inférieur.

Jugement final. — Mais, ces réserves faites, il ne reste guère plus qu'à louer dans le travail de Condorcet,

Nous en avons fait valoir les idées élevées et nouvelles. Il faut en louer aussi la belle et sévère ordonnance, le style magistral. La phrase de Condorcet est symétrique dans son ampleur; l'expression est nette et vigoureuse. Sans doute il y a quelque monotonie et quelque froideur dans ce style lapidaire. Mais par moments la passion éclate. L'homme que ses contemporains comparaient à « un mouton enragé », ou à un « volcan couvert de neige », se peint au naturel dans ses écrits. Son *Rapport* est comme une belle et correcte statue de marbre, froid au toucher, mais sur laquelle la main sentirait par endroits palpiter une veine chaude et vivante.

LEÇON XVII

LA CONVENTION, LEPELLETIER SAINT-FARGEAU, LAKANAL, DAUNOU

La Convention. — Projets successifs. — Projet Lanthenas. — Projet Romme. — Les fêtes nationales. — Les livres élémentaires. — Décret du 30 mai 1793. — Lakanal (1762-1845). — Daunou (1761-1840). — Projet Lakanal-Sieyès-Daunou. — Lepelletier Saint-Fargeau (1760-1793). — Son plan d'éducation (13 juillet 1793). — Lepelletier et Condorcet. — Internat obligatoire. — L'enfant appartient à la République. — Occupation scolaires. — Gratuité absolue. — Les droits de la famille. — Saint-Just. — Loi Romme. — Loi Bouquier. — Loi Lakanal. — Méthodes pédagogiques. — Les livres élémentaires. — La géographie. — Lettres et sciences. — Fondation des écoles normales. — École normale de Paris. — Écoles centrales. Leurs défauts. — Esprit positif et pratique. — Grandes fondations de la Convention. — Loi du 3 brumaire an IV. — Insuffisance du plan de Daunou.

La Convention. — L'Assemblée constituante et l'Assemblée législative n'avaient fait que préparer des rapports et des projets de décrets, sans les discuter ni les voter. La Convention alla jusqu'au vote, mais le temps lui manqua pour exécuter les résolutions d'ailleurs contradictoires et incohérentes où les fluctuations des courants politiques l'entraînèrent tour à tour.

Projets successifs. — Rien de définitif comme exécution n'est donc sorti de la passion enthousiaste que la Convention témoignait pour l'organisation de l'enseignement primaire. Les idées modérées triomphent d'abord, avec le projet Lanthenas, dont le premier article fut adopté le 12 décembre 1792 ; elles se manifesten encore dans le projet Sieyès-Daunou-Lakanal, présenté le 26 juin 1693, et écarté après une vive discussion. Mais à l'influence des girondins succède la domination des montagnards, dont l'esprit dictatorial et violent se marque : 1° dans le plan Lepelletier, adopté grâce à l'appui de Robespierre, le 13 août 1793 ; 2° dans le projet présenté par Romme au nom de la commission de l'instruction publique, le 20 octobre 1793, et voté le lendemain 30 vendémiaire an II ; 3° enfin dans le projet Bouquier, qui, présenté le 19 décembre 1793 (22 frimaire an II), devint le décret du 29 frimaire. La réaction qui suivit le 9 thermidor eut son contre-coup dans les actes législatifs par lesquels la Convention termina son œuvre pédagogique. Le projet Sieyès-Daunou-Lakanal est repris, et le 27 brumaire an III (17 novembre 1794), il remplace le projet Bouquier. Enfin, lorsque la constitution de l'an III est substituée à la constitution de 1793, une nouvelle loi d'instruction publique est votée sur le rapport de Daunou, le 3 brumaire an IV (25 octobre 1795), et c'est elle qui présidera à l'organisation des écoles sous le Directoire.

Dans cette confusion, dans ce chaos de projets et de contre-projets, il est difficile de faire pénétrer une lumière complète : nous nous bornerons à noter les points essentiels (1).

Projet Lanthenas. — Impatient d'aboutir, le comité d'instruction publique, que la Convention avait constitué dès le 2 octobre 1792, décida de laisser provisoirement de côté les autres parties de l'instruction publique, et ne se proposa comme but immédiat que l'organisation des écoles primaires, en prenant pour point de départ le projet que Condorcet avait présenté

---

1) Il est impossible, dans les limites que nous imposent le plan et le caractère de ce livre, d'entrer dans le détail et d'énumérer tous les décrets et contre-décrets de la Convention en matière d'instruction publique. Pour voir clair dans ce chaos et dans cette confusion, il faut lire l'excellente étude de M. Guillaume. (Dictionnaire de pédagogie, art. *Convention*.)

à l'Assemblée législative. Le rapport de Lanthenas et un projet de décret sortirent en quelques semaines de ces délibérations : dans toutes ses parties ce travail n'est guère que la reproduction de l'œuvre de Condorcet et n'offre rien d'original. Signalons pourtant l'idée d'associer l'élève au maître dans l'enseignement :

« Les instituteurs et les institutrices se feront aider par les élèves dont l'intelligence aura fait les progrès les plus rapides; et ils pourront ainsi *très facilement*, dans les mêmes séances, donner à quatre classes d'élèves tous les soins nécessaires à leurs progrès. En même temps les efforts que feront les plus habiles pour enseigner ce qu'ils savent à leurs camarades, les instruiront eux-mêmes beaucoup mieux que les leçons de leurs maîtres. »

Notons encore le titre III du projet de décret, relatif aux dispositions à prendre pour rendre obligatoire l'usage de la langue française et faire disparaître les idiomes particuliers, les patois. Le traitement minimum des instituteurs était fixé à six cents livres. La nomination était confiée aux pères de famille qui devaient élire l'instituteur sur une liste préparée par une « commission de personnes instruites, » instituée par les conseils généraux des communes et les directoires des départements.

La discussion du projet de Lanthenas commença le 12 décembre 1792, mais l'article 1er seul fut voté, et le projet lui-même ne fut pas transformé en loi.

Le 20 décembre, un autre conventionnel, Romme, mathématicien, député du Puy-de-Dôme, donna lecture d'un nouveau rapport sur l'instruction publique.

Projet de Romme. — Le projet de Lanthenas ne visait que le premier degré d'instruction : le rapport de Romme embrassait les quatre degrés d'instruction et n'était guère que la reproduction du travail de Condorcet. Mais aucune mesure législative ne suivit la lecture de son projet, et jusqu'au 30 mai 1793 il n'y a guère à signaler, comme travaux pédagogiques de la Convention, que le projet de Rabaud Saint-Étienne sur les fêtes publiques et le rapport d'Arbogast sur les livres élémentaires.

Les fêtes nationales. — Il est difficile de se faire une idée de l'importance attribuée par les hommes de ce temps-là à l'influence pédagogique des fêtes nationales. Divisés sur tant de points, ils s'accordent tous à croire qu'on aura instruit et régénéré le peuple français par cela seul qu'on aura institué des solennités populaires.

« Il est une sorte d'institution, disait Robespierre, qui doit être considérée comme une partie essentielle de l'éducation publique, je veux parler des fêtes nationales. »

Daunou persistera, lui aussi, à considérer les fêtes nationales comme le plus sûr et le plus vaste moyen d'instruction publique. Le décret rendu sur sa proposition instituait sept fêtes nationales : celle de la fondation de la République, de la jeunesse, des époux, de la reconnaissance, de l'agriculture, de la liberté, des vieillards.

Les livres élémentaires. — Un point important de la pédagogie de la Révolution, ce fut l'attention accordée à la composition des livres élémentaires. A plusieurs reprises, la Convention mit au concours ces modestes travaux destinés à aider dans leur tâche les parents ou les instituteurs. Ce fut une des idées les plus heureuses de ce temps de vouloir que l'on mît entre les mains des pères de famille des méthodes simples, des livres bien faits, qui leur apprissent à élever leurs enfants. On comprenait, du reste, la difficulté de ce genre de composition : aussi s'adressait-on aux écrivains les plus distingués, et Bernardin de Saint-Pierre était chargé de rédiger les *Éléments de morale.*

Dès le 24 décembre 1792, Arbogast avait soumis à la Convention un projet de décret, où il était dit :

« Il n'y a que les hommes supérieurs dans une science, dans un art, ceux qui en ont sondé toutes les profondeurs, ceux qui en ont reculé les bornes, qui soient capables de faire des éléments où il n'y ait plus rien à désirer. »

Décret du 30 mai 1793. — Le premier décret de la Convention relatif aux écoles primaires fut rendu le 30 mai 1793. Mais cette loi laconique ne contenait rien de bien nouveau. Elle fut d'ailleurs oubliée dans la tourmente qui le lendemain, le 31 mai, emporta les girondins et donna aux montagnards la haute direction de la politique.

Lakanal (1762-1845). — Après la révolution du 31 mai, parmi les hommes qui dans le comité de l'instruction publique et dans l'Assemblée elle-même s'occupèrent de l'organisation pédagogique de la France, il faut compter au premier rang Lakanal et Daunou. C'est Lakanal qui, le 26 juin 1793, trois jours après le vote de la nouvelle constitution, apporta à la tribune le projet qu'il avait rédigé en collaboration avec Daunou et Sieyès.

Lakanal est une des figures les plus pures et les plus remarquables de la Révolution française (1). « Lakanal, disait Marat à qui on le dénonçait, travaille trop pour avoir le temps de conspirer. » Laborieux et réfléchi, après avoir enseigné la philosophie chez les doctrinaires, dont il était l'élève, il est devenu le premier, après Condorcet, des pédagogues de la Révolution. « Sa figure, dit M. Paul Bert, m'a toujours particulièrement attiré. Elle a la douceur dans la force, l'énergie dans la sérénité. On sent que cet austère citoyen n'a jamais connu que la passion du bien, et n'a désiré ni obtenu d'autre récompense que celle du devoir accompli. Il méprise la violence du langage et hait celle des actes : aussi on ne le retrouve pas, sous l'Empire, baron comme Jean-Bon Saint-André, ministre comme Fouché, ou sénateur comme tout un troupeau. »

Daunou (1761-1840). — Daunou avait de bonne heure enseigné la philosophie dans les collèges de ordre de l'Oratoire, dont il était membre. Dès 1789, il

(1) Voyez une étude récente : *Lakanal*, par Paul Legendre aris, 1882), avec une préface de M. Paul Bert.

publiait dans le *Journal Encyclopédique* un plan d'éducation nationale, qui fut agréé par l'Oratoire et qu'il présenta à l'Assemblée constituante en 1790. A la Convention, il participa activement aux travaux du Comité d'instruction publique et collabora au premier projet Lakanal. La même année il publia un *Essai sur l'instruction publique*. Au conseil des Cinq-Cents, il fut chargé du rapport sur l'organisation des écoles spéciales (floréal an V). Sous l'Empire, il accepta de diriger les archives nationales. Sous la Restauration, il fut nommé professeur d'histoire au Collège de France. Enfin, après 1830, nous le retrouvons encore, donnant la preuve d'une énergie et d'une vitalité peu communes, à la Chambre des députés, et présentant, contre le ministre de l'instruction publique, M. de Montalivet, un contre-projet d'instruction publique, dont le but principal était de remettre aux autorités municipales l'administration des écoles, puissance que le gouvernement voulait laisser aux mains des inspecteurs.

Projet Lakanal-Sieyès-Daunou (26 juin 1793). — Voici les principales dispositions de ce projet : une école par mille habitants ; des écoles distinctes pour les filles et pour les garçons ; la nomination des instituteurs et des institutrices confiée à un bureau d'inspection, composé de trois membres et établi auprès de chaque administration de district ; l'organisation générale des méthodes, des règlements, du régime scolaire, mise aux mains d'une commission centrale siégeant auprès du Corps législatif et placée sous son autorité ; une éducation qui embrasse tout l'homme, à la fois intellectuelle, physique, morale et industrielle ; les premières leçons de lecture données aux garçons, comme aux filles, par l'institutrice ; l'arithmétique, la géométrie, la physique, la morale, inscrites au programme de l'enseignement ; des visites aux hôpitaux, aux prisons, aux ateliers ; enfin, la liberté laissée à l'initiative privée de fonder des écoles.

« La loi ne peut porter aucune atteinte au droit qu'ont les citoyens d'ouvrir des cours et écoles particulières et libres sur toutes les parties de l'instruction et de les diriger comme bon leur semble. » (Art. 61.)

C'était pousser bien loin le libéralisme.

Un autre trait distinctif de ce projet, qui n'est pas dans valeur, c'est le respect témoigné au caractère et aux fonctions de l'instituteur. Dans les cérémonies publiques, le maître d'école portera une médaille avec cette inscription : *Celui qui instruit est un second père*. La forme est un peu emphatique, mais le sentiment est bon. D'autres articles ne méritent pas la même approbation, notamment celui qui, dans chaque canton, établissait des théâtres où les hommes et les femmes s'exerceraient à la musique et à la danse.

Le projet de Lakanal, vivement combattu par une partie de l'Assemblée, ne fut pas adopté. Sous l'inspiration de Robespierre, la Convention lui préféra le projet dictatorial et violent de Lepelletier Saint-Fargeau.

Lepelletier Saint-Fargeau (1760-1793). — Assassiné en 1793, Lepelletier Saint-Fargeau laissait dans ses papiers un projet d'éducation que Robespierre recueillit, et qu'il présenta à l'Assemblée le 13 juillet 1793, lors de la discussion ouverte sur l'initiative de Barrère. Un mois après, le projet était voté par la Convention. Mais, avant d'être mis à exécution, le décret était rapporté (29 octobre). L'Assemblée reculait elle-même devant l'accomplissement d'une réforme où quelques bonnes intentions ne pouvaient racheter un ensemble de mesures vexatoires et tyranniques.

Son plan d'éducation. — Le plan de Lepelletier ne mérite guère l'admiration que lui accorde Michelet, qui salue dans cette œuvre « la *révolution de l'enfance*, » et qui déclare qu'elle est « admirable d'intention et nullement chimérique. » Pastiche peu original des institutions de Lycurgue et des rêveries de Platon, le

19

plan de Lepelletier n'est guère plus qu'une curiosité historique.

Lepelletier et Condorcet. — Lepelletier acceptait le plan de Condorcet pour tout ce qui était relatif aux *écoles secondaires*, aux *instituts* et aux *lycées*, c'est-à-dire à l'enseignement primaire supérieur, à l'enseignement secondaire et à l'enseignement supérieur

« Je trouve, disait-il, dans ces trois cours, un plan qui me paraît sagement conçu. »

Mais Lepelletier ne s'inspirait plus que de lui-même, dans la conception de ses étranges internats, petites casernes de l'enfance, où il enfermait de force tous les enfants, les arrachant à leurs parents et mettant à la charge de l'État leur direction morale aussi bien que leur entretien matériel.

Internat obligatoire. — Lepelletier représente dans l'éducation la doctrine jacobine. Pour républicaniser la France. il veut employer des moyens radicaux et absolus ·

« Décrétons, dit-il, que tous les enfants, les filles comme les garçons, les filles de cinq à onze ans. les garçons de cinq à douze ans, seront élevés en commun, aux frais de l'État, et recevront, pendant six ou sept années. la même éducation. »

Pour que l'égalité soit complète, la nourriture, comme l'instruction, sera la même; bien plus, le costume sera identique. Lepelletier veut-il donc, dans son délire égalitaire, qu'on habille les filles comme les garçons?

L'enfant appartient à la République. — L'idée de Lepelletier, c'est que l'enfant est la propriété de l'État, la chose de la République. Il faut que l'État fasse l'enfant à son image.

« Dans notre système, dit-il, la totalité de l'existence de l'enfant nous appartient; la matière ne sort jamais du moule. » Et, il ajoute : « Tout ce qui doit composer la république doit être jeté dans un moule républicain. »

Occupations scolaires. — Lepelletier impose à tous

les enfants, filles et garçons, les mêmes études: lecture, écriture, calcul, morale naturelle, économie domestique. C'est à peu près le programme de Condorcet. Mais il y ajoute le travail des mains. Tous les enfants seront exercés à travailler la terre. Si le collège n'a pas à sa disposition assez de terres à cultiver, on conduira les enfants sur les routes pour qu'il y entassent ou y répandent des cailloux. Peut-on, sans sourire, se représenter un système d'éducation où nos futurs avocats, nos futurs écrivains, passeraient six ans à transporter des matériaux sur les grands chemins?

Gratuité absolue. — Les collèges où Lepelletier séquestre et caserne tous les enfants devaient être absolument gratuits. Trois moyens étaient proposés pour couvrir les dépenses: 1° la rétribution payée par les parents aisés ; 2° le travail des enfants; 3° le complément fourni par l'État. Mais n'y a-t-il pas encore quelque chimère à compter beaucoup sur le travail d'enfants de cet âge?

Les droits de la famille. — Lepelletier ne tient pas grand compte des droits de la famille. Il faut cependant noter cette idée que Robespierre jugeait « sublime » : la création auprès de chaque collège d'un conseil des pères de famille chargés de surveiller les instituteurs de leurs enfants.

Saint-Just. — Saint-Just, dans ses *Institutions républicaines*, soutient des idées analogues à celles de Lepelletier. Il admet que l'enfant appartient à sa mère jusqu'à cinq ans. Mais, depuis cinq ans jusqu'à la mort, il appartient à la République. Jusqu'à seize ans les garçons sont nourris aux frais de l'État. Il est vrai que leur nourriture n'est pas dispendieuse: elle se compose de raisins, de fruits, de légumes, de laitage, de pain et d'eau. Leur costume est de toile dans toutes les saisons. Du moins Saint-Just ne soumettait pas les filles au même régime; plus libéral sur ce point que Lepelletier, il voulait qu'elles fussent élevées dans la maison maternelle.

Loi Romme (21 octobre 1793-30 vendémiaire an II). — Romme a été un des membres les plus actifs du comité d'instruction publique. Il fut le principal auteur du projet que la Convention vota en octobre 1793 et dont les principaux articles étaient ainsi conçu :

« Art. 1er. — Il y a des premières écoles distribuées dans toute la République, à raison de la population.

« Art. 2. — Les enfants reçoivent dans ces écoles la première éducation physique, morale et intellectuelle, la plus propre à développer en eux les mœurs républicaines, l'amour de la patrie et le goût du travail.

« Art. 3. — Ils apprennent à parler, lire, écrire la langue française.

« On leur fait connaître les traits de vertu qui honorent le plus les hommes libres, et particulièrement les traits de la révolution française les plus propres à leur élever l'âme et à les rendre dignes de la liberté et de l'égalité.

« Ils acquièrent quelques notions géographiques de la France.

« La connaissance des droits et des devoirs de l'homme et du citoyen est mise à leur portée par des exemples et par leur propre expérience.

« On leur donne les premières notions des objets naturels qui les environnent, et de l'action naturelle des éléments.

« Ils s'exercent à l'usage des nombres, des compas, du niveau, des poids et mesures, du levier, de la poulie, et de la mesure du temps.

« On les rend souvent témoins des travaux champêtres et de ceux des ateliers ; ils y prennent part autant que leur âge le permet. »

Mais le projet de Romme ne fut pas mis à exécution : la Convention décida quelques jours après la révision du décret qu'elle avait voté, et le projet Bouquier succéda au projet Romme.

Loi Bouquier (19 décembre 1793-20 frimaire an II). — Bouquier était un homme de lettres, député de la Dordogne, et se rattachait au parti jacobin. Il disait lui-même de son projet :

« C'est un plan simple, naturel, facile à exécuter ; un plan qui proscrit à jamais toute idée de corps académique, de société scientifique, de hiérarchie pédagogique ; un plan enfin dont les bases sont les mêmes que celles de la constitution, la liberté, l'égalité, la brièveté. »

Le projet Bouquier fut adopté le 29 frimaire et resta en vigueur jusqu'au moment où il fut remplacé par la loi Lakanal.

En voici les principales prescriptions. « L'enseignement est libre. » — « Les citoyens et citoyennes qui voudront user de la liberté d'enseigner seront tenus de produire un certificat de civisme et de bonnes mœurs et de remplir certaines formalités. » — « Ils seront désignés sous le nom d'instituteurs et d'institutrices. » Ils seront placés « sous la surveillance immédiate de la municipalité, des pères et mères et de tous les citoyens. » — « Il leur est interdit de rien enseigner qui soit contraire aux lois et à la morale républicaine. » D'autre part, les parents sont tenus d'envoyer leurs enfants dans les écoles primaires. Les parents contrevenants devaient être condamnés, pour la première fois, à une amende égale au quart de leurs contributions. En cas de récidive, l'amende devait être double et les enfants étaient suspendus pour dix ans de leurs droits de citoyens. Enfin les jeunes gens qui, au sortir des écoles primaires, « ne s'occupent pas du travail de la terre, seront tenus d'apprendre eux-mêmes un métier utile à la société. »

L'obligation scolaire, et ce qui est toute autre chose, l'obligation sociale du travail étaient donc établis par la loi Bouquier.

Ajoutons que l'auteur de ce projet, qui, comme tant d'autres, ne fut pas exécuté, avait d'étranges idées sur les sciences et sur l'enseignement.

« Les sciences spéculatives, dit-il, détachent de la société les individus qui les cultivent... Les nations libres n'ont pas besoin de savants spéculatifs, dont l'esprit voyage constamment par des sentiers perdus. » Donc pas d'instruction scientifique. Les véritables écoles, « les plus belles, les plus utiles, les plus simples, sont les séances des comités. La Révolution, en établissant des fêtes nationales, en créant des sociétés populaires, des clubs, a placé partout des sources inépuisables d'instruction. N'allons donc pas substituer à cette organisation, simple et sublime comme le peuple qui la crée, une organisation factice, basée sur des statuts académiques qui ne doivent plus infecter une nation régénérée. »

Loi Lakanal (17 novembre 1794-29 brumaire an III). — Il restait encore quelque chose de l'esprit de Lepelletier Saint-Fargeau dans la loi Bouquier, bien que l'idée de l'éducation commune eût été abandonnée; mais la loi Lakanal rompt ouvertement avec les tendances de Robespierre et de ses amis.

La loi votée le 29 brumaire an III, sur le rapport de Lakanal, reproduisait dans son esprit et dans ses principales prescriptions le projet primitif que l'influence de Robespierre avait fait écarter.

Voici quel était, dans la loi du 29 brumaire an III, le programme de l'enseignement :

L'instituteur enseignera :

« 1° A lire et à écrire ; 2° la déclaration des droits de l'homme et la constitution ; 3° des instructions élémentaires sur la morale républicaine ; 4° les éléments de la langue française, soit parlée, soit écrite ; 5° les règles du calcul simple et de l'arpentage ; 6° des instructions sur les principaux phénomènes et les productions les plus usuelles de la nature ; on fera apprendre le recueil des actions héroïques et les chants de triomphe. »

En même temps le projet établissait que les écoles seraient divisées en deux sections, l'une pour les filles, l'autre pour les garçons, et distribuées à raison d'une par mille habitants. Les maîtres, nommés par le peuple et agréés par un jury d'instruction, devaient toucher, les hommes, un traitement de douze cents francs, les femmes, un traitement de mille francs.

Méthodes pédagogiques. — Lakanal avait beaucoup réfléchi sur les méthodes pédagogiques. C'est le dedans de l'école, non moins que son organisation extérieure qui préoccupait son généreux esprit. Partisan, comme la plupart de ses contemporains, de la doctrine de Condillac, il pensait que l'idée ne peut arriver à l'entendement que par l'intermédiaire des sens. Il recommandait par conséquent la méthode qui consist « à frapper d'abord les yeux des élèves... à créer l'entendement par les sens ...'à faire éclore la morale de la sensibilité, comme l'entendement de la sensation : » méthode excellente, si l'on y joint un correctif, si l'on n'oublie pas d'exciter l'esprit lui-même et de faire appel aux forces intérieures de l'âme.

Les livres élémentaires. — Quelques autres citations suffiront à prouver de quelle finesse de sens pédagogique Lakanal était doué (1). Très préoccupé de la composition des ouvrages d'instruction populaire, il distinguait nettement le livre élémentaire, qui met la science à la portée des enfants, du livre abrégé, qui ne fait que resserrer un long ouvrage. « L'abrégé, disait-il, est précisément l'opposé de l'élémentaire. » Personne n'a mieux compris que lui la difficulté d'écrire un traité de morale à l'usage de l'enfance :

> « Il y faut un génie particulier : la simplicité des formes et la grâce naïve doivent s'y mêler à la justesse des idées ; l'art de raisonner ne doit jamais être séparé de celui d'intéresser l'imagination ; un tel ouvrage doit être conçu par un logicien profond et être exécuté par un homme sensible : on voudrait y trouver en quelque sorte l'esprit analytique de Condillac et l'âme de Fénelon. »

La géographie. — Lakanal a défini avec la même exactitude la méthode à suivre dans l'enseignement de la géographie. Qu'on expose d'abord, dit-il, dans chaque école le plan de la commune où elle est située, puis qu'on mette sous les yeux des enfants une carte du canton dont la commune fait partie ; puis une carte du département, puis une carte de la France ; après quoi on passera à celle de l'Europe et des autres parties du monde, et enfin à la mappemonde.

Lettres et sciences. — Plus équitable que Condor-

---

(1) Voyez, dans la *Revue politique et littéraire* du 7 octobre 1882, une excellente étude de M. Janet sur Lakanal.

cet, Lakanal ne voulait pas que la culture scientifique
fît tort à la culture littéraire.

« Nous avons depuis longtemps négligé les belles-lettres, et
quelques esprits qui veulent passer pour profonds regardent cette
étude comme futile... Ce sont cependant les lettres qui ouvrent
l'esprit au jour de la raison et le cœur à l'impression du sentiment.
Elles substituent la moralité à l'intérêt, elles polissent les peuples, elles exercent leur jugement, elles les rendent plus sensibles
et en même temps plus dociles aux lois, plus capables de grandes
vertus. »

Nécessité des écoles normales. — Le plus beau
titre de gloire de Lakanal, c'est qu'il a attaché son
nom à la fondation des écoles normales. L'idée d'instituer des séminaires pédagogiques n'était pas absolument nouvelle (1). Nombre d'amis de l'instruction avaient
compris, soit au dix-septième, soit au dix-huitième
siècle, qu'il ne servirait de rien d'ouvrir des écoles, si
l'on n'avait préalablement formé de bons maîtres. Mais
la Convention a l'honneur d'avoir pour la première
fois donné un corps à cette aspiration vague.

Décrétée le 13 prairial an II, la fondation des écoles
normales fut l'objet d'un rapport de Lakanal le 2 brumaire an III. Dans un style inférieur à ses idées et
qui gagnerait à être plus simple, Lakanal expose la
nécessité de faire instruire les instituteurs eux-mêmes
avant de les envoyer instruire leurs élèves :

« Existe-t-il en France, existe-t-il en Europe, existe-t-il sur la
terre deux ou trois cents hommes (et il nous en faudrait davantage), en état d'enseigner les arts utiles et les connaissances nécessaires, avec ces méthodes qui rendent les esprits plus pénétrants,
et les vérités plus claires : avec ces méthodes qui, en vous apprenant une chose, vous apprennent à raisonner sur toutes ?
Non, ce nombre d'hommes, quelque petit qu'il paraisse, n'existe
nulle part sur la terre. Il faut donc les former... En décrétant
les écoles normales les premières, vous avez voulu créer à l'avance
un très grand nombre d'instituteurs, capables d'être les exécu-

_____

(1) Dumoustier, recteur de l'université de Paris en 1645, La
Salle, au dix-huitième siècle, l'abbé Courtalon.

teurs d'un plan qui a pour but la régénération de l'entendement humain, dans une république de vingt-cinq millions d'hommes que la démocratie rend tous égaux...»

Le mot d'écoles normales (du mot latin *norma*,
règle) n'était pas moins nouveau que la chose. Lakanal
explique qu'on avait voulu par cette expression caractériser nettement des écoles qui devaient être le type et
la règle de toutes les autres.

École normale de Paris. — Pour atteindre son
but, Lakanal proposait de réunir à Paris, sous la direction de maîtres éminents, « les Lagrange, les Berthol-
let, les Daubenton, » un nombre considérable de jeunes
gens, appelés de toutes les parties de la République, et
désignés « par leurs talents, comme par leur civisme. » Les maîtres de cette grande école normale
devaient donner aux élèves « des leçons sur l'art d'enseigner la morale,... et leur apprendre à appliquer
à l'enseignement de la lecture et de l'écriture, des
premiers éléments du calcul, de la géométrie pratique,
de l'histoire et de la grammaire française, les méthodes
tracées dans les cours élémentaires adoptés par la
Convention nationale et publiés par ses ordres. » Une
fois instruits « dans l'art d'enseigner les connaissances
humaines, » les élèves de l'École normale de Paris
devaient aller répéter dans toutes les parties de la
République les « grandes leçons » qu'ils auraient entendues, et y former le noyau des écoles normales
provinciales. Et ainsi, dit emphatiquement Lakanal,
« cette source de lumière si pure, si abondante,
puisqu'elle partira des premiers hommes de la République en tout genre, épanchée de réservoir en réservoir, se répandra d'espace en espace dans toute la
France, sans rien perdre de sa pureté dans son cours. »
La Convention vota le 9 brumaire an III (30
octobre 1794) les propositions de Lakanal. L'École
normale s'ouvrit le 1er pluviôse an III (20 janvier 1795).
L'organisation en fut défectueuse et peu pratique : trop

d'élèves d'abord, quatorze cents jeunes gens admis sans concours et livrés à eux-mêmes dans Paris; des professeurs illustres sans doute, mais dont le talent littéraire ou le génie scientifique ne se pliait peut-être pas assez aux exigences d'un cours normal et d'une pédagogie pratique; des leçons trop peu nombreuses, qui ne durèrent que quatre mois, et qui, d'après le témoignage de Daunou, « étaient plus dirigées vers les hauteurs des sciences que vers l'art d'enseigner. » L'essai, qui se termina le 26 floréal an III, ne répondit donc pas aux espérances qu'on avait conçues. On ne donna pas suite à l'idée d'installer des écoles normales en province. N'importe, un mémorable exemple avait été donné, et le principe fécond de l'institution des écoles normales avait reçu un commencement d'exécution.

Écoles centrales. — Les *écoles centrales*, destinées à remplacer les collèges d'enseignement secondaire, furent instituées par décret du 25 février 1795 (7 ventôse an III), sur le rapport de Lakanal. Daunou les modifia dans la loi du 3 brumaire an IV (25 octobre 1795). Elles durèrent, sans grand succès, jusqu'à la loi du 1er mai 1802 qui les supprima.

Défauts des écoles centrales. — Les écoles centrales de Lakanal ressemblent trait pour trait aux instituts de Condorcet. Et il faut bien avouer qu'ici l'imitation n'est pas heureuse. Lakanal eut tort d'emprunter à Condorcet le plan de ces établissements mal définis, où l'enseignement était trop vaste, les programmes trop touffus, où l'élève devait, semble-t-il, s'instruire à discuter *de omni re scibili*. Condorcet faisait entrer dans ses instituts jusqu'à un cours d'accouchement! Les écoles centrales, où l'enseignement était un défilé de cours indiscrètement présentés à un auditoire surmené, les écoles centrales ne font honneur, ni à la Convention qui les organisa, ni à Condorcet qui en avait tracé la première esquisse.

Esprit positif et pratique. — Il y avait cependant quelque chose de juste dans la pensée qui présida à la fondation des écoles centrales. Nous la trouvons ex primée dans les *Essais sur l'enseignement*, du mathé maticien Lacroix (1). Lacroix fait remarquer que le progrès des sciences et la nécessité d'apprendre un grand nombre de choses nouvelles imposent à l'éd nca teur l'obligation de mesurer un peu l'espace et, si je puis dire, de couper les ailes aux études qui, comme le latin, avaient été jusqu'alors l'objet unique et exclusif de l'ins truction.

Dans les écoles centrales, en effet, les langues classi ques ne venaient qu'au second rang. Non seulement on leur associait, mais on leur préférait les sciences mathématiques et en général les connaissances dont l'élève peut tirer un profit immédiat. Dans l'esprit des organisateurs de ces écoles, l'idée positive et pratique du succès dans la vie s'était substituée à l'idée spéculative et désintéressée du développement de l'es prit pour lui-même. En réalité, ces deux idées doivent se compléter l'une l'autre, et non s'exclure : c'est à trouver un système qui les accueille l'une et l'autre que consiste l'idéal de l'éducation. Mais dans les écoles centrales le premier point de vue absorbait le second. Ces établissements ressemblaient aux écoles indus trielles de notre temps, mais avec ce défaut particulier qu'on avait voulu tout y embrasser et donner accès aux études nouvelles, sans sacrifier tout à fait les anciennes. Que l'on crée des collèges d'enseignement pratique et spécial, rien de mieux : on répondra ainsi aux besoins de la société moderne. Mais qu'on ne force pas à vivre sous le même toit les exercices littéraires et les arts industriels.

Grandes fondations de la Convention. — Dans les premières années de son existence, la Convention n'avait accordé son attention qu'aux écoles primaires. Il semblait qu'apprendre à lire aux illettrés fût l'unique besoin de la société. La Convention finit par s'élever au-

(1) *Essais sur l'enseignement*. Paris, 1805.

dessus de ces vues étroites et exclusives ; elle tourna ses regards vers l'instruction secondaire et vers l'instruction supérieure.

C'est surtout pour l'instruction supérieure que la Convention fit preuve de fécondité et d'intelligence, par l'établissement de plusieurs écoles spéciales. Coup sur coup, elle décrète, elle fonde l'École polytechnique, sous le nom d'École centrale des travaux publics (11 mars 1794) ; l'École normale (30 octobre 1794) ; l'École de Mars (1ᵉʳ juin 1794) ; le Conservatoire des arts et métiers (29 septembre 1794). L'année suivante, elle organisait le Bureau des longitudes, enfin l'Institut national. Quel magnifique effort pour réparer les ruines que l'anarchie avait faites, ou pour combler les lacunes que l'ancien régime avait patiemment souffertes ! De ces créations multipliées, la plupart subsistent, fleurissent encore.

Loi du III brumaire an IV. — Ceux qui nous invitent à voir dans le décret du 3 brumaire an IV « l'œuvre capitale de la Convention en matière d'instruction, la synthèse de tous ses travaux et projets antérieurs, le plus sérieux effort de la Révolution (1), » avancent évidemment un paradoxe. Lakanal et ses amis auraient assurément désavoué une loi qui biffe de quelques traits de plume les grands principes révolutionnaires en matière pédagogique, la gratuité, l'obligation et l'universalité de l'instruction.

Les destinées de l'instruction publique sont liées au sort des constitutions. Aux changements de politique correspondent, par un contre-coup inévitable, des vicissitudes analogues dans l'organisation de l'instruction De la constitution légèrement rétrograde de l'an III est sortie la législation pédagogique de l'an IV dont on a pu dire que « l'esprit de réaction s'y fait tristement sentir. »

Daunou, qui en fut le principal auteur, avait sans

(1) Albert Duruy, *op. cit.*, p. 137

doute une haute compétence dans les questions d'instruction publique. Mais il céda, avec une secrète connivence de son propre tempérament, aux tendances du temps ; il condescendit volontiers aux timidités d'une Assemblée vieillie, épuisée, qui, s'étant appauvrie elle-même par une série de suicides, ne comptait plus guère dans son sein d'esprits supérieurs.

Insuffisance du plan de Daunou. — Rien de plus insuffisant que le plan de Daunou. Le nombre des écoles primaires était réduit. Il n'est plus question de le proportionner à la population. Daunou revient aux écoles cantonales de Talleyrand : « Il sera établi dans chaque canton de la République une ou plusieurs écoles primaires (art. 1). » Nous sommes loin de Condorcet qui voulait une école par chaque groupe de quatre cents âmes, et de Lakanal qui en demandait une par mille habitants. D'autre part, les instituteurs ne reçoivent plus de traitement de l'État : l'État leur assure seulement un local pour leur servir de salle de classe et de logement, et aussi... un jardin ! « Il sera également fourni à chaque instituteur le jardin qui se trouverait attenant à ce local (art. 6). » Pas d'autre rémunération que les rétributions annuelles payées par chaque élève à l'instituteur. Du même coup on faisait de l'instituteur le salarié de ses élèves, et on abolissait la gratuité de l'instruction. Les indigents seuls, un quart sur le nombre total des élèves, pouvaient être exemptés par l'administration municipale du payement de la rétribution scolaire. Enfin le programme des études était ramené aux plus humbles proportions : la lecture, l'écriture, le calcul et les éléments de la morale républicaine.

Après tant de si nobles et si généreuses ambitions, après tant de déclarations enthousiastes en faveur de la gratuité absolue de l'enseignement primaire, après tant de beaux efforts pour relever la condition matérielle et morale des instituteurs, pour faire circuler l'instruction jusque dans les dernières fibres du tissu social, la Convention aboutissait à une conception mesquine, qui clairsemait les écoles, qui en appauvrissait les programmes, qui replongeait le maître d'école dans une situation précaire, qui le mettait de nouveau à la discrétion de ses élèves, sans se préoccuper d'ailleurs de lui en assurer, et qui pour toute compensation, à défaut d'élèves à instruire, lui garantissait le droit de cultiver un jardin, si toutefois il y en avait un dans le voisinage de l'école! Si la loi de l'an IV a été en fait le testament pédagogique de la Convention, n'est-il pas vrai du moins que c'est à la façon de ces testaments, arrachés par surprise, où un homme par ses dernières volontés renie son passé et se montre infidèle à toutes les aspirations de sa vie?

Non, ce n'est pas à Daunou, c'est à Talleyrand, à Condorcet, à Lakanal, qu'il faut demander la véritable pensée pédagogique de la Révolution. Sans doute le projet de Daunou a eu sur tous les projets antérieurs l'avantage d'être appliqué et de ne pas demeurer lettre morte. Mais la gloire des premiers révolutionnaires ne saurait être amoindrie par ce fait que les circonstances ont arrêté l'exécution de leurs plans, et qu'il a fallu cent ans pour que la société se rapprochât de l'idéal qu'ils avaient rêvé. Ils ont les premiers proclamé le droit et le devoir pour chaque citoyen d'être instruit et éclairé. On nous engage sans cesse à admirer le passé, à respecter l'œuvre de nos pères. Nous n'y contredisons point, mais la Révolution fait partie elle aussi de ce passé, et nous regrettons que les hommes qui prêchent le plus éloquemment le culte des traditions et le respect des ancêtres soient précisément ceux qui dénigrent le plus aigrement les efforts de la Révolution.

LEÇON XVIII

PESTALOZZI

La pédagogie allemande. — L'Allemagne, depuis deux siècles surtout, est devenue la terre classique de la pédagogie, et pour rendre compte de tous les efforts tentés en ce pays, dans le domaine de l'éducation, il faudrait écrire plusieurs volumes.

Dès le début du dix-huitième siècle, dit M. Dittes, une amélioration se produit. Les idées deviennent des faits : l'importance de l'éducation est de plus en plus reconnue ; la pédagogie secoue l'ancienne poussière de l'école et se mêle à la vie; elle ne veut plus être une occupation accessoire de l'Église, elle commence à devenir une science et un art indépendants. Quelques théologiens lui rendront encore des services importants, mais ils le feront en général en dehors de l'Église, et souvent en opposition avec elle. »

En attendant la grande et féconde impulsion de Pestalozzi, l'histoire de la pédagogie doit mentionner au moins les piétistes, « dont les institutions pédagogiques contribuèrent à frayer les voies aux nouvelles méthodes, » et après eux les philanthropes, dont Basedow est le représentant le plus célèbre.

Les piétistes et Francke (1663-1727). — Francke a joué en Allemagne à peu près le même rôle que La Salle en France. Il fonda à Halle deux établissements, le *Pædagogium* et la *Maison des orphelins*, qui en 1727 comptaient plus de 2,000 élèves. Il appartenait à la secte des piétistes, luthériens qui affectaient une morale austère, et, conformément aux principes de ses coréligionnaires, il faisait de la piété le but suprême de l'éducation.

Ce qui distingue et recommande Francke, c'est son talent d'organisation. Il se préoccupait avec raison de l'installation matérielle des écoles et des instruments de travail. Le Pædagogium fut installé en 1715 dans un bâtiment confortable, auquel on annexa un jardin botanique, un cabinet d'histoire naturelle, des appareils de physique, un laboratoire de chimie et d'anatomie, un atelier pour la taille et le polissage du verre.

Après lui ses disciples, Niemeyer, Semler, Hecker, continuèrent et sur certains points réformèrent son œuvre. Ils fondèrent les premières *écoles réales* de l'Allemagne ; ils maintinrent l'esprit pratique, la pédagogie professionnelle de leur maître, et assurèrent le développement de maisons d'instruction qui existent encore aujourd'hui sous le nom d'*institutions* de Francke.

Les philanthropes et Basedow (1723-1790). — Avec Basedow, un esprit plus libéral, en partie emprunté à Rousseau, pénétra dans la pédagogie allemande. Basedow créa à Dessau une école qui a mérité les éloges du philosophe Kant et du pasteur Oberlin. Il l'appela d'un nom qui peint ses intentions humanitaires, le *Philanthropinum*. Dans les procédés qu'il y

employa, il semble avoir toujours eu devant les yeux
l'exclamation de Rousseau : « Des choses, des choses !
Trop de mots ! » La méthode intuitive ou de l'*enseignement par l'aspect*, était pratiquée à l'école de Dessau.

L'ouvrage principal de Basedow, le *Livre élémentaire*, n'est guère que l'*Orbis pictus* de Coménius, refait
d'après les principes de Rousseau. A Dessau, on prétendait enseigner une langue en six mois. « Nos méthodes, disait Basedow, rendent les études trois fois
plus courtes et trois fois plus agréables. » On y abusait
des exercices mécaniques. Les enfants sur l'ordre du
maître : *Imitamini sutorem*, — *Imitamini sartorem*, se
mettaient tous à imiter les mouvements d'un tailleur
qui coud ou d'un cordonnier qui pique. Ce qui est plus
grave, on y abusait des *leçons de choses*, jusqu'à présenter, par exemple, aux enfants les scènes préliminaires
de l'accouchement. On leur montrait un tableau, où ils
étaient appelés à considérer une femme languissante et
couchée, son mari assis à ses côtés, et sur une table,
deux petits bonnets, un bonnet de fille, un bonnet de
garçon. Mis en présence de ce tableau de famille, les
élèves interrogés devaient dire dans quelle situation se
trouvait la femme, quels dangers elle courait, ce que
signifiaient les deux bonnets... Et le maître tirait de là
une leçon de morale sur les devoirs des enfants, sur
leurs obligations envers leurs mères qui ont tant souffert pour les mettre au monde ! Avouons que la moralité que contenait la pièce n'excuse pas l'imprudence
qu'il y avait à la représenter devant des enfants de dix
ans (1).

Les écoles populaires. — De grands efforts furent
tentés au dix-huitième siècle, dans les pays catholiques
comme dans les pays protestants d'Allemagne, pour
développer l'instruction populaire. Marie-Thérèse et

_____

(1) Outre Basedow, il faut citer parmi les éducateurs qui
sont restés célèbres en Allemagne sous le nom de *philanthropes*
Salzmann (1744-1811) et Campe (1746-1818).

Frédéric II considérèrent l'instruction publique comme une affaire d'État. Des initiatives isolées s'ajoutaient à l'impulsion gouvernementale. En Prusse, un seigneur, Rochow (1734-1805), fondait des écoles de villages. En Autriche deux ecclésiastiques Felbiger (1724-1788), et Kindermann (1740-1801), contribuaient par leur activité pédagogique à la réforme des écoles.

Néanmoins les résultats étaient encore bien faibles, et l'école populaire, surtout l'école de village, restait dans un triste état.

« Presque partout, dit M. Dittes, on installait, en qualité d'instituteurs, des domestiques, des artisans corrompus, des soldats congédiés, des étudiants dégénérés, en général, des gens d'une moralité et d'une éducation douteuses. Leur revenu était mesquin, leur autorité petite. La fréquentation de l'école, généralement très irrégulière, était presque partout entièrement suspendue en été. Beaucoup de villages ne possédaient aucune école, et elle n'était presque nulle part fréquentée par tous les enfants. En maint pays la plupart des enfants, surtout les filles, manquaient de toute instruction. Le peuple, spécialement le paysan, considérait l'école comme un fardeau ; le clergé s'en regardait toujours, il est vrai, comme le maître, mais, en somme, il faisait très peu pour elle et en arrêtait même le progrès. La noblesse était peu favorable, en général, à la culture d'esprit pour le peuple... L'enseignement restait mécanique, la discipline rudimentaire. On rapporte qu'un maître d'école de la Souabe, mort en 1782, avait délivré pendant ses années d'enseignement 911,527 coups de bâton, 124,010 coups de fouet, 10,235 soufflets, 1,115,800 taloches. Au surplus, il avait fait agenouiller 777 fois des garçons sur la bûche triangulaire ; il avait fait porter 5,001 fois le bonnet d'âne et tenir 1,707 fois la baguette en l'air. Il avait fait usage de quelque chose comme 3,000 mots injurieux.... »

Pestalozzi (1746-1827). — En Suisse, la situation de l'instruction primaire n'était guère meilleure. Les instituteurs se recrutaient au hasard ; leur salaire était misérable ; ils n'avaient pas en général de logement à eux, et ils étaient obligés de se louer pour les travaux domestiques chez les habitants aisés des villages, afin d'y être nourris et logés. Un esprit mesquin de caste dominait encore l'instruction, et les pauvres restaient plongés dans l'ignorance.

C'est dans ce milieu mauvais et défavorable qu'apparut, vers la fin du dix-huitième siècle, le plus célèbre des pédagogues modernes, un homme qui à coup sûr n'était pas exempt de défauts, dont l'esprit avait ses lacunes et ses faiblesses, et que nous n'avons nullement l'intention de dérober à la critique, en le couvrant des louanges d'une admiration superstitieuse ; mais qui a été grand entre tous par son amour inépuisable pour le peuple, par son ardeur de sacrifice, par son instinct pédagogique. Pendant les quatre-vingts ans que dura sa laborieuse existence, Pestalozzi n'a jamais cessé de travailler pour les enfants et de se dévouer à leur instruction. La guerre ou le mauvais vouloir de ses compatriotes avait beau détruire ses écoles : il allait les rebâtir plus loin, ne désespérant jamais ; réussissant quelquefois, grâce à l'abondance d'une parole ardente qui ne se lassait point, à communiquer sa flamme à son entourage ; recrutant en tout lieu les orphelins et les vagabonds, comme un voleur d'enfants d'un nouveau genre ; oubliant qu'il était pauvre, quand il s'agissait d'être charitable, et qu'il était malade, quand il lui fallait enseigner ; poursuivant enfin avec une indomptable énergie, à travers toutes les résistances et tous les obstacles, son apostolat pédagogique. « Mourir ou réussir ! s'écriait-il. Mon zèle pour accomplir le rêve de ma vie m'eût fait aller, par l'air ou le feu, n'importe comment, au dernier pic des Alpes ! »

Éducation de Pestalozzi. — La vie de Pestalozzi est intimement liée à son œuvre pédagogique. Pour comprendre l'éducateur, il est nécessaire d'avoir fait d'abord connaissance avec l'homme.

Né à Zurich en 1746, Pestalozzi est mort à Brugg en Argovie en 1827. Il s'est toujours ressenti, le malheureux grand homme, de l'éducation sentimentale et peu pratique que lui avait donnée sa mère, restée veuve avec trois enfants, en 1751. De bonne heure, il prit l'habitude de sentir, de s'émouvoir, plus que de raisonner et de réfléchir. Jouet de ses camarades qui se moquaient de sa gaucherie, le petit écolier de Zurich s'accoutuma à vivre seul et rêveur. Plus tard, vers 1760, l'étudiant de l'académie se distingua par son enthousiasme politique et ses audaces révolutionnaires. Il avait conçu dès cette époque un sentiment profond des misères et des besoins du peuple, et se proposait déjà pour but de sa vie la guérison des plaies sociales. En même temps s'était développé en lui un goût irrésistible pour la vie simple, frugale, presque ascétique : restreindre ses désirs était devenu la règle essentielle de sa conduite, et, pour la mettre en pratique, il s'astreignait à coucher sur la dure, à se nourrir de pain et de légumes. La vie des champs l'attirait surtout : chaque année il allait passer ses vacances en pleine campagne, chez son grand-père, pasteur à Hongs. *Omne malum ex urbe :* disait-il volontiers.

Pestalozzi agriculteur (1765-1775). — La vocation pédagogique de Pestalozzi ne se manifesta au début que par quelques aspirations vagues, dont il serait facile de retrouver la trace dans les petits écrits de sa jeunesse, dans les articles qu'il donna dès sa vingtième année à un journal d'étudiants publié à Zurich. Après s'être essayé sans succès à la théologie, à la jurisprudence, il se fit agriculteur. Lorsqu'il fonda à Neuhof une exploitation agricole, il songeait moins à s'enrichir qu'à relever la condition matérielle des paysans de la Suisse, en ouvrant à la culture des voies nouvelles. Mais, malgré sa bonne volonté, malgré l'assistance de la femme dévouée qu'il avait épousée en 1769. Anna Schultess, Pestalozzi, plus entreprenant qu'habile, échoua dans ses fondations industrielles. En 1775, il avait épuisé ses ressources. C'est alors qu'il prit une détermination héroïque et qui donne la mesure de sa générosité imprudente : pauvre et ne pouvant presque plus se suffire à lui-même, il ouvrit dans sa ferme un asile aux enfant pauvres.

Comment Pestalozzi devint éducateur. — L'asile des enfants pauvres de Neuhof (1775-1780) est pour ainsi dire la première étape de la carrière pédagogique de Pestalozzi. Les autres seront l'asile des orphelins de Stanz (1798-1799), les écoles primaires de Berthoud (1799), l'institut de Berthoud (1801-1804), enfin l'institut d'Yverdun (1805-1825).

La première question qui se pose quand on étudie les systèmes d'éducation, c'est de savoir comment les auteurs de ces systèmes sont devenus pédagogues.

Les meilleurs peut-être sont ceux qui le deviennent pour avoir beaucoup aimé l'humanité, ou encore pour avoir tendrement chéri leurs enfants. Pestalozzi est de ceux-là : c'est parce qu'il a passionnément rêvé dès sa jeunesse de l'amélioration morale du peuple, c'est aussi parce qu'il a suivi avec une tendre sollicitude les premiers pas dans la vie de son fils, Jacobli, qu'il est devenu un grand instituteur.

Éducation de son fils. — Le *Journal d'un père* (1), où Pestalozzi a noté au jour le jour les progrès de son enfant, nous le montre préoccupé d'appliquer les principes de Rousseau. A onze ans, Jacobli, comme Émile, ne savait encore ni lire ni écrire. Les choses mises avant les mots, l'intuition des objets sensibles, peu d'exercices de jugement, le respect des facultés de l'enfant, un égal souci de ménager sa liberté et d'obtenir son obéissance, la préoccupation constante de répandre dans l'éducation la joie et la bonne humeur, tels sont les principaux traits de l'éducation que Pestalozzi a donnée à son fils, éducation qui fut une véritable expérimentation pédagogique, dont l'élève souffrit peut-être un peu, mais dont l'humanité devait profiter. Dès cette époque Pestalozzi conçut quelques-unes des idées qui devinrent les principes de sa méthode. Le père avait fait l'éducateur.

(1) Voyez des citations intéressantes du *Journal d'un père* dans l'excellente biographie de Pestalozzi par Roger de Guimps.

Une des supériorités de Pestalozzi sur Rousseau, c'est qu'il a aimé et élevé son propre enfant.

L'asile de Neuhof. — Madame de Staël a fait remarquer avec raison qu'il « faut considérer l'école de Pestalozzi comme bornée à l'enfance. L'éducation qu'il donne n'est définitive que pour les gens du peuple. » Et, en effet, la première et la dernière fondation de Pestalozzi ont été des écoles de petits enfants. Dans les dernières années de sa vie, lorsqu'il fut obligé de quitter l'institut d'Yverdun, il revint à Neuhof, et il y fit construire une maison d'éducation pour les enfants pauvres.

L'école de Neuhof devait être surtout, dans la pensée de Pestalozzi, un essai de régénération morale et matérielle, par le travail, par l'ordre, par l'instruction. Beaucoup d'exercices de langage, le chant, la lecture de la Bible : telles étaient les occupations intellectuelles. Mais la plus grande partie du temps était consacrée au travail agricole, à la culture maraîchère.

En dépit de son admirable dévoûment, Pestalozzi ne réussit pas longtemps dans son entreprise philanthropique. Il avait à lutter contre les préjugés des parents, contre l'ingratitude des enfants. Bien souvent les petits mendiants qu'il avait recueillis n'attendaient que d'avoir reçu de lui des habits neufs pour s'enfuir et recommencer leur vagabondage. En outre il manquait de ressources. Il s'appauvrissait, il s'endettait de plus en plus. Ses amis, qui l'avaient aidé au début, lui prédisaient qu'il mourrait dans un hôpital ou dans une maison de fous.

« Pendant trente ans, dit-il lui-même, ma vie a été une lutte désespérée contre la plus affreuse pauvreté... J'ai dû plus de mille fois me passer de dîner, et à l'heure de midi, quand les plus pauvres mêmes étaient assis autour d'une table, moi je dévorais avec amertume un morceau de pain sur la route;... et tout cela pour pouvoir venir au secours des plus pauvres, par la réalisation de mes principes. »

Pestalozzi écrivain. — Après l'échec de son entre-

prise de Neuhof, Pestalozzi renonça pour quelque temps,
à toute activité pratique, et c'est par des écrits qu'il
manifesta, de 1780 à 1787, son zèle pédagogique.

En 1780 parut la *Soirée d'un ermite*, série d'aphorismes sur le relèvement du peuple par l'éducation.
Pestalozzi y critiquait avec vivacité la marche artificielle de l'école, et insistait sur la nécessité de développer l'âme par *le dedans*, par la culture intérieure.

« L'école met partout l'ordre des mots avant l'ordre de la libre
nature. »

« La maison paternelle est la base de l'éducation de l'humanité. »

« Homme, c'est en toi-même, c'est dans le sentiment intérieur de ta force que réside l'instrument de la nature pour ton
développement. »

« **Léonard et Gertrude.** » — En 1781 Pestalozzi publia le premier volume de *Léonard et Gertrude* : il
l'avait écrit dans les interlignes d'un vieux livre de
comptes. Ce livre, le plus célèbre peut-être de tous les
écrits de Pestalozzi, est une sorte de roman populaire
où l'auteur met en scène une famille d'ouvriers. Gertrude y représente les idées de Pestalozzi sur l'éducation des enfants. Les trois autres volumes (1783, 1785,
1787), racontent la régénération d'un village par le concours de la législation, de l'administration, de la religion et de l'école, de l'école surtout, « qui est le centre d'où tout doit partir. »

Léonard et Gertrude est le seul ouvrage de Pestalozzi que Diesterweg (1) recommande aux instituteurs
pratiques.

« C'était, dit Pestalozzi, mon premier mot au cœur des pauvres et des délaissés de la campagne. »

En donnant à Gertrude le principal rôle dans son
roman, Pestalozzi voulait marquer une de ses idées fon-

(1) Voyez plus loin Leçon XIX

damentales, qui était de remettre l'instruction et l'éducation du peuple entre les mains des mères.

Nouveaux essais agricoles. — De 1787 à 1797, Pestalozzi se remet à la culture des champs. C'est de cette époque que datent ses relations avec Fellenberg, le célèbre fondateur des *instituts agricoles*, avec le philosophe Fichte, qui lui montra l'accord de ses idées avec la doctrine de Kant. Son nom commençait à devenir célèbre et, en 1792, l'Assemblée législative le proclamait citoyen français, en compagnie de Washington, de Klopstock.

Pendant ces années de travail agricole, Pestalozzi avait médité divers ouvrages qui parurent en 1797.

Autres ouvrages de Pestalozzi. — La préoccupation pédagogique domine tous les travaux littéraires de Pestalozzi. Ainsi ses *Fables*, petites compositions en prose, ont toutes une tendance morale et éducatrice. De même dans ses *Recherches sur la marche de la nature dans le développement du genre humain*, il cherchait à justifier le rôle prépondérant qu'il accordait à la nature dans l'éducation de l'homme. Mais les dissertations philosophiques ne réussissent pas à Pestalozzi.

« Ce livre, dit-il lui-même, n'est pour moi qu'un nouveau témoignage de mon impuissance ; c'est un simple jeu de ma faculté d'imagination, une œuvre relativement faible... Personne, ajoute-t-il, ne me comprit, et l'on me fit entendre à demi-mot que l'on tenait l'ouvrage entier pour du galimatias. »

Le jugement est sévère, mais il n'est que juste. Pestalozzi avait l'intuition de la vérité, mais il n'était pas capable de la démontrer théoriquement. Sa pensée toute en élans, son langage tout en images, ne se pliaient pas à l'exposition serrée et méthodique des vérités abstraites.

L'orphelinat de Stanz (1798-1799). — Jusqu'en 1798 Pestalozzi n'avait guère trouvé l'occasion de mettre en pratique ses principes et ses rêves. La Révolution helvétique, qu'il salua avec enthousiasme comme le

signal a une régénération sociale de son pays, lui
donna enfin le moyen de faire l'essai de ses théories,
qui, par une étrange destinée, avaient été appliquées par
d'autres mains avant de l'être par les siennes.

Le gouvernement helvétique, dont les tendances
étaient en harmonie avec les sentiments démocratiques
de Pestalozzi, lui offrit la direction d'une école normale.
Mais il refusa, afin de rester instituteur. Il allait être
chargé d'une école dont il avait dressé le plan, quand
les événements l'appelèrent à diriger un orphelinat à
Stanz.

Méthodes suivies à Stanz. — De six à huit heures
du matin, de quatre à huit heures du soir, Pestalozzi
faisait la classe à ses élèves ; le reste du temps était
consacré au travail manuel. Même pendant la leçon
l'enfant de Stanz « dessinait, écrivait et travaillait. »
Pour établir l'ordre dans une école qui comptait quatre-
vingts enfants, Pestalozzi eut l'idée de recourir au
rythme; « et il se trouva, dit-il, que la prononciation
rythmée augmentait l'impression produite par la
leçon. » Ayant affaire à des élèves absolument ignorants, il les retenait longtemps sur les commencements;
il les exerçait sur les premiers éléments jusqu'à ce
qu'ils pussent en disposer en maîtres. Il simplifiait les
méthodes, et cherchait pour chaque enseignement un
point de départ approprié aux facultés naissantes de
l'enfant. Le mode d'enseignement était simultané :
tous les élèves répétaient à haute voix les paroles du
maître ; mais il était aussi mutuel :

« Les enfants instruisaient les enfants : ce sont eux qui ten-
tèrent l'expérience ; je ne fis que l'indiquer. Ici encore, j'obéis à
la nécessité : n'ayant pas un seul collaborateur, j'eus l'idée de
placer un des élèves plus avancés entre deux autres moins
avancés... »

La lecture était combinée avec l'écriture. L'histoire
naturelle et la géographie étaient enseignées aux enfants sous forme de leçons familières

Mais ce qui préoccupait surtout Pestalozzi, c'était de développer les sentiments moraux et les forces intérieures de la conscience. Il voulait se faire aimer par les élèves, éveiller entre eux, dans leurs rapports journaliers, des sentiments d'amitié fraternelle, exciter l'intuition de chaque vertu avant d'en formuler le précepte, moraliser les enfants par l'influence de la nature qui les environnait et par l'activité qui leur était imposée.

La chimère de Pestalozzi, dans l'organisation de Stanz, était de transporter dans une école les conditions de la vie domestique, de vouloir être un père pour une centaine d'enfants.

« J'étais convaincu que mon cœur changerait l'état de mes enfants aussi promptement que le soleil du printemps ranime la terre engourdie par l'hiver. »

« Il fallait que mes enfants reconnussent, dès l'aube jusqu'au soir, et à chaque instant de la journée, sur mon front et sur mes lèvres, que mon cœur était à eux, que leur bonheur était mon bonheur, et leurs plaisirs mes plaisirs. »

« J'étais tout pour mes enfants. J'étais seul avec eux du matin au soir... Leurs mains étaient dans ma main. Mes yeux étaient fixés sur leurs yeux.

Résultats obtenus. — Sans plan, sans ordre apparent, rien que par l'action et la communication incessante de son âme ardente, avec des enfants ignorants et pervertis par la misère, réduit à ses propres forces dans une maison où il était à lui seul « intendant, comptable, valet et presque servante, » Pestalozzi obtint des résultats surprenants.

« J'ai vu à Stanz, dit-il lui-même, la puissance des facultés de l'homme... Mes élèves se développaient rapidement; c'était une autre race... Les enfants sentirent bien vite qu'il existait en eux des forces qu'ils ne se connaissaient pas, et surtout ils acquirent un sentiment général de l'ordre et de la beauté. Ils eurent conscience d'eux-mêmes, et l'impression de fatigue qui règne habituellement dans les écoles s'évanouit de ma classe comme une ombre : ils voulaient, ils pouvaient, ils persévéraient, ils réussissaient, et ils étaient joyeux. Ce n'étaient pas des écoliers qui apprenaient, mais des enfants qui sentaient s'éveiller en eux des forces inconnues et qui comprenaient où ces forces pouvaient et devaient les conduire, et ce sentiment élevait leur esprit et leur cœur. »

« C'est de la folie de Stanz, dit M. de Guimps, qu'est sortie l'école primaire du dix-neuvième siècle. »

Pendant que les élèves prospéraient, le maître tombait malade d'épuisement. Lorsque les péripéties de la guerre firent fermer l'orphelinat, il n'était que temps pour la santé de Pestalozzi. Il crachait le sang et était à bout de force.

Les écoles de Berthoud (1799-1802). Dès qu'il eut recouvré sa santé, Pestalozzi reprit le cours de ses expériences. Il obtint non sans peine qu'on lui confiât une petite classe dans une école primaire de Berthoud. Il passait pour un ignorant :

« On se répétait à l'oreille que je ne savais ni écrire, ni calculer, ni même lire convenablement. »

Pestalozzi ne s'en défend pas ; il avoue son incapacité et prétend même qu'elle lui a servi :

« Mon incapacité en ces matières était certainement une condition indispensable pour me faire découvrir la méthode d'enseignement la plus simple. »

Ce qui le gênait à l'école de Berthoud, c'est qu'elle « était soumise à des règles. » — » De ma vie je n'avais porté un pareil fardeau : j'étais découragé ; je rampais sous le joug routinier de l'école. »

Néanmoins Pestalozzi réussit à merveille dans sa petite classe. On lui donna alors des élèves plus avancés, mais là le succès fut moindre. Il procédait toujours sans plan ; il se donnait beaucoup de mal pour obtenir des résultats qu'il eût été beaucoup plus aisé d'atteindre avec un peu plus d'ordre. Des maladresses, des irrégularités, des bizarreries compromettaient sans cesse l'action de sa bonne volonté. Qu'on lise, pour s'en convaincre, les livres qu'il publia à cette époque, et notamment le plus célèbre que nous allons analyser sommairement.

« **Comment Gertrude instruit ses enfants**. » —
C'est sous ce titre que Pestalozzi publia en 1801 un exposé
de sa doctrine. « C'est le plus important et le plus profond de tous ses écrits pédagogiques, dit un de ses
biographes. » Nous n'y contredirons pas : mais ce livre
prouve aussi combien l'esprit de Pestalozzi était inférieur à son cœur, combien l'écrivain valait moins que
le pédagogue. Composé sous forme de lettres écrites à
Gessner, le travail de Pestalozzi est trop souvent un
tissu de déclamations, de divagations, de doléances personnelles. C'est l'œuvre d'un cerveau qui fermente, d'un
cœur qui bouillonne. L'idée se dégage péniblement
à travers mille redites. Comment s'étonner de cette
insuffisance littéraire de Pestalozzi, alors qu'il nous fait
lui-même l'aveu suivant : « Depuis trente ans je n'avais
pas lu un seul livre, je ne pouvais plus en lire! »

Style de Pestalozzi. — Le style de Pestalozzi
est bien l'homme même : décousu, nuageux, embrouillé,
mais avec des éclairs soudains et des illuminations
brillantes, où se montre la chaleur de son cœur. Trop
de comparaisons aussi : l'image y écrase l'idée. En
quelques pages il se comparera lui-même, tour à tour,
« à un marin qui, ayant perdu son harpon, voudrait
essayer de pêcher la baleine à l'hameçon, » pour
peindre la disproportion de ses ressources et de son
but; puis à un brin de paille « auquel un chat lui-même
n'aurait pu s'accrocher », pour dire combien il était
dédaigné; à un hibou, pour exprimer son isolement; à
un roseau, pour dire sa faiblesse; à une souris qui a
peur du chat, pour caractériser sa timidité.

Analyse de « Gertrude. » — Il n'est pas aisé d'a-
nalyser un livre de Pestalozzi. *Comment Gertrude instruit ses enfants* est d'abord fort mal intitulé : car il
n'y est pas question une seule fois de Gertrude. Ce

(1) Une seconde édition parut du vivant de l'auteur en 1820,
avec quelques modifications importantes. La traduction française publiée en 1882 par le Dr Darin a été faite sur la première
édition.

nom propre est devenu pour Pestalozzi un mot allégorique, par lequel il se personnifie lui-même.

Les trois premières lettres sont plutôt des mémoires autobiographiques qu'un exposé de doctrine. Pestalozzi y raconte ses premiers essais, et nous y fait connaître les collaborateurs de Berthoud, Krusi, Tobler et Buss. Dans les lettres qui suivent, l'auteur s'efforce d'exposer les principes généraux de sa méthode. La septième traite du langage; la huitième de l'intuition des formes, de l'écriture et du dessin; la neuvième de l'intuition des nombres et du calcul; la dixième et la douzième de l'intuition en général. Pour Pestalozzi l'intuition était, on le sait, la perception directe et expérimentale, soit dans le domaine des sens, soit dans les régions intérieures de la conscience. Enfin les dernières lettres sont consacrées au développement moral et religieux.

Sans vouloir suivre, dans tous ses détours et dans toutes ses digressions, la pensée mobile de Pestalozzi, nous allons recueillir quelques-unes des idées générales qui abondent dans ce livre touffu et mal composé.

Méthodes simplifiées. — Le but de Pestalozzi était bien en un sens, comme le lui fit remarquer un de ses amis, de *mécaniser* l'instruction. Il voulait en effet simplifier et déterminer les méthodes, à ce point qu'elles pussent être employées par le plus médiocre instituteur, par le père et par la mère les plus ignorants. En un mot, il espérait organiser une machine pédagogique si bien montée qu'elle pût en quelque sorte fonctionner toute seule :

« Je crois, dit-il, qu'il ne faut pas songer à obtenir le progrès de l'instruction du peuple, aussi longtemps qu'on n'aura pas trouvé des formes d'enseignement qui fassent de l'instituteur, au moins jusqu'à l'achèvement des études élémentaires, le simple instrument mécanique d'une méthode qui doive ses résultats à la nature de ses procédés et non à l'habileté de celui qui la pratique. Je pose en fait qu'un livre scolaire n'a de valeur qu'autant qu'il peut être employé par un maître sans instruction aussi bien que par un maître instruit »

C'était tomber dans l'exagération ; c'était faire trop bon marché de l'action personnelle et du mérite des maîtres. A ce compte il serait bien inutile de fonder des écoles normales ! Pestalozzi d'ailleurs donne personnellement un éclatant démenti à cette singulière théorie : car il a dû ses succès pédagogiques bien plus à l'influence de sa parole vivante, à la communication ardente de la flamme dont son cœur était animé, qu'à des procédés méthodiques qu'il n'a jamais réussi à combiner d'une façon définitive.

La méthode socratique. — Pestalozzi recommande la méthode socratique, et il indique avec exactitude quelques-unes des conditions nécessaires à l'emploi de cette méthode. Il faisait d'abord remarquer qu'elle exige de la part du maître une habileté peu commune :

« Une intelligence superficielle et peu cultivée, disait-il, ne sonde pas les profondeurs d'où un Socrate faisait jaillir esprit et vérité. »

En outre, la méthode socratique ne peut être employée qu'avec des élèves qui possèdent déjà quelque instruction. Elle est absolument impraticable avec des enfants auxquels manquent à la fois le point de départ, c'est-à-dire les notions préliminaires, et le moyen d'exprimer ces notions, c'est-à-dire la connaissance du langage. Et comme il faut toujours que la pensée de Pestalozzi s'achève en une image, il ajoutait :

« Pour que l'autour et l'aigle eux-mêmes prennent des œufs aux autres oiseaux, il faut d'abord que ceux-ci en aient déposé dans leur nid. »

Le mot, la forme, et le nombre. — Une idée favorite de Pestalozzi, qui est restée à Yverdun comme à Berthoud le principe de ses exercices scolaires, c'est que toutes les connaissances élémentaires peuvent et doivent être rattachées à trois principes, le *mot*, la *forme*, le *nombre*.

Au mot il rattachait le langage, à la forme l'écriture et le dessin, au nombre le calcul. « Ce fut, dit-il, comme un trait de lumière dans mes recherches, comme un *Deu ex machina!* » Rien ne justifie un pareil enthousiasme. Il serait trop facile de montrer que la classification de Pestalozzi, outre qu'elle n'offre aucun intérêt pratique, ne se justifie pas au point de vue théorique, d'abord parce qu'un des éléments de sa trilogie, le mot, ou le langage, comprend les deux autres; et ensuite parce qu'un grand nombre de connaissances, par exemple toutes les qualités physiques, restent en dehors de la division dont il s'est superstitieusement épris.

Exercices d'intuition. — Ce qui vaut mieux, c'est l'importance que Pestalozza accordait à l'intuition. Détail à noter, ce n'est point Pestalozzi lui-même, c'est un des enfants de son école, qui a eu l'idée de l'observation directe des objets qui servent de texte à la leçon. Un jour que, suivant son habitude, il faisait longuemen décrire à ses élèves tout ce qu'ils apercevaient dans un dessin où était représentée une fenêtre, il s'aperçut qu'un de ses petits auditeurs, au lieu de regarder l'image, considérait attentivement la fenêtre réelle de l'école.

Dès lors, Pestalozzi mit de côté tous ses dessins, et prit les objets eux-mêmes pour sujet d'observation :

« L'enfant, disait-il, ne veut point d'intermédiaire entre la nature et lui. »

Un élève de Berthoud, Ramsauer a dépeint, non sans quelque inexactitude peut-être, les exercices d'intuition que Pestalozzi proposait à ses élèves :

« Les exercices de langage étaient ce que nous faisions le mieux, ceux surtout qui avaient pour objet la tapisserie de la chambre d'école. Nous passions des heures devant cette tapisserie, très vieille et déchirée, occupés à en examiner les trous, les déchirures, sous le rapport du nombre, de la forme, de la position et de la couleur, et à formuler nos observations en phrases plus ou moins développées. Alors Pestalozzi nous demandait : « Garçons, que voyez-vous ? (Il ne nommait jamais les jeunes filles.

L'élève : Je vois un trou dans la tapisserie.
Pestalozzi : Bien ; répétez après moi :
    Je vois un trou dans la tapisserie.
    Je vois un long trou dans la tapisserie
    Derrière le trou je vois le mur, etc., etc. »

Le Livre des mères. — En 1803 Pestalozzi fit paraître un ouvrage d'instruction élémentaire, qui resta inachevé, sous ce titre le *Livre des mères* : c'était un autre *Orbis pictus* sans images. L'intention de Pestalozzi était d'initier l'enfant à la connaissance des objets de la nature ou de l'art qui tombent sous les sens. Il s'y attardait trop longtemps à la description des organes du corps et de leurs fonctions. Un critique français, Dussault, disait à ce propos :

« Pestalozzi se donne beaucoup de mal pour apprendre aux enfants qu'ils ont le nez au milieu du visage. »

Dans sa préoccupation d'être simple et élémentaire, Pestalozzi en est souvent arrivé en effet à puériliser l'enseignement. D'autre part, le père Girard se plaint que les exercices de langue dont se compose le *Livre des mères*, « fort suivis à la vérité, soient aussi bien arides et bien monotones.. »

Un instituteur suisse en 1793. — Pour juger équitablement les efforts de Pestalozzi et de ses collaborateurs, il faut se rendre compte du misérable état de l'instruction, à l'époque où ils ont essayé de réformer l'enseignement. Krusi, le premier auxiliaire de Pestalozzi, un de ceux qui ont été peut-être le plus près de son cœur, a raconté lui-même comment il devint instituteur. Il avait dix-huit ans, et jusque-là il ne s'était employé qu'au métier de colporteur pour le compte de son père. Un jour qu'il allait à ses affaires, avec une lourde charge de fil sur les épaules, il rencontre sur la route un trésorier de l'État. La conversation s'engage.
— « Sais-tu bien, lui dit ce fonctionnaire, que l'instituteur de Gaiss quitte son école? Ne voudrais-tu pas le remplacer? — Il n'est pas question de ce que j'aimerais

un maître d'école doit posséder des connaissances qui
me manquent absolument. — Ce qu'un maître d'école
peut et doit savoir chez nous, à ton âge tu l'appren-
drais facilement. » — Krusi réfléchit, se mit à l'œuvre,
se procura un modèle d'écriture qu'il recopia plus de
cent fois : et il déclare que ce fut sa seule préparation.
Il se fait inscrire pour l'examen. Le jour du concours
arrive.

« Nous n'étions, dit-il, que deux concurrents. La principale
épreuve consista à écrire l'Oraison dominicale ; j'y mis tous
mes soins. J'avais remarqué qu'on employait en allemand des
majuscules ; mais j'ignorais la règle et je les prenais pour un
ornement. Aussi distribuai-je les miennes d'une manière symétrique, en sorte qu'il s'en trouvait même au milieu des mots.
Au fait, nous ne savions rien ni l'un ni l'autre.

« Quand l'examen eut été apprécié, on me fit appeler et le
capitaine Schœpfer m'annonça que les examinateurs nous avaient
trouvés faibles tous deux, que mon concurrent lisait mieux, mais
que mon écriture était meilleure ;... que, d'ailleurs, ma chambre,
plus grande que celle de l'autre postulant, convenait mieux pour
tenir l'école, et qu'enfin j'étais nommé à la place vacante. »

Ne convient-il pas d'être indulgent pour des instituteurs que l'on rencontrait sur les routes, qui savaient à
peine écrire et que jugeait un capitaine ?

Institut de Berthoud (1802). — Lorsque Pestalozzi
publia *Comment Gertrude*, etc., et le *Livre des mères*, il
n'était plus simplement maître d'école à Berthoud ; il
avait pris la direction d'un institut, c'est-à-dire d'un internat d'enseignement primaire supérieur. Là aussi il
appliqua la méthode naturelle « qui fait partir l'enfant
de ses propres intuitions et le conduit peu à peu et par
lui-même aux idées abstraites. » L'institut réussit. Les
élèves de Berthoud se faisaient remarquer surtout par
leur habileté en fait de dessin et de calcul mental. Les
visiteurs étaient frappés de leur air de gaieté. Le chant,
la gymnastique étaient en honneur, et aussi les exercices d'histoire naturelle, pratiqués en plein champ,
pendant les promenades. Le régime intérieur était fait
de douceur et de liberté. « Ce n'est pas une école que

vous avez ici, disait un visiteur : c'est une famille! »

Voyage à Paris. — C'est à cette époque que Pestalozzi fit le voyage de Paris, comme membre de la *con-
sulta* appelée par Bonaparte pour régler le sort de la
Suisse. Il espérait profiter de son séjour en France pour
y répandre ses idées pédagogiques. Mais Bonaparte
refusa de le voir, en disant qu'il avait autre chose à faire
qu'à discuter des questions d'*a b c*. Monge, le fondateur
de l'École polytechnique, fut plus accueillant et écouta
avec bienveillance les explications du pédagogue suisse :
mais il conclut en disant: « C'est trop pour nous! » Plus
dédaigneux encore, Talleyrand avait dit : « C'est trop
pour le peuple! »

En revanche, à la même époque, le philosophe Maine
de Biran, alors sous-préfet à Bergerac, faisait venir un
disciple de Pestalozzi, Barraud, pour fonder des écoles
dans le département de la Dordogne, et il encourageait
de toutes ses forces l'application de la méthode pestalozzienne.

Institut d'Yverdun (1805-1825). — En 1803, Pestalozzi dut quitter le château de Berthoud. Le gouvernement suisse lui donna en échange le couvent de
Münchenbuchsee : Pestalozzi y transféra son institut,
mais pour peu de temps. Dès 1805, il s'établit à Yverdun,
au bout du lac de Neufchâtel, dans la Suisse française ;
et c'est là qu'avec l'aide de plusieurs collaborateurs il
développa à nouveau ses méthodes, avec un succès
brillant au début, puis à travers toute sorte de vicissitudes, de difficultés et de misères.

L'institut d'Yverdun fut plutôt une école d'enseignement secondaire consacrée aux classes moyennes qu'une
école primaire proprement dite. De toutes parts les
élèves affluaient. Le caractère des études était d'ailleurs mal défini, et Pestalozzi se trouva un peu dépaysé
dans sa nouvelle institution, lui qui n'excellait que dans
les méthodes élémentaires et dans l'éducation des petits
enfants.

Succès de l'institut. — De nombreux visiteurs se

rendaient à Yverdun, quelques-uns par simple flânerie. L'institut d'Yverdun faisait partie en quelque sorte des curiosités de la Suisse. On visitait Pestalozzi, comme on allait voir un lac ou un glacier. Aussitôt que l'arrivée d'un haut personnage était signalée, Pestalozzi appelait l'un de ses meilleurs maîtres, Ramsauer ou Schmid.

« Prends tes meilleurs élèves, lui disait-il, et viens montrer à ce prince ce que nous faisons. Il a de nombreux serfs ; lorsqu'il sera convaincu, il les fera instruire. »

Ces exhibitions fréquentes entraînaient de grandes pertes de temps. Le désordre régnait dans l'enseignement. Les jeunes maîtres que Pestalozzi avait attachés à sa fortune étaient accablés de travail et ne pouvaient s'occuper suffisamment de la préparation de leurs classes. Pestalozzi vieillissait et ne parvenait pas à compléter ses méthodes.

Tâtonnements de Pestalozzi.—L'enseignement de Pestalozzi n'a été en effet qu'un long tâtonnement, une expérience sans cesse recommencée. Ne lui demandez pas des idées arrêtées, des méthodes définitivement établies. Toujours en éveil et en quête du mieux, son admirable instinct pédagogique n'est jamais parvenu à se satisfaire. Son mérite a été de chercher toujours. Ses théories ont presque toujours suivi, et non précédé ses expériences. Homme d'intuition plus que de raisonnement, il avoue lui-même qu'il avançait sans se rendre compte de ce qu'il faisait. Il a eu le mérite de beaucoup innover, mais il a eu le tort de ne s'en rapporter qu'à lui-même, à son sens personnel. « Nous ne devons rien lire, disait-il, nous devons tout inventer. » Pestalozzi n'a jamais su profiter de l'expérience des autres.

Il n'est jamais arrivé à une précision complète dans l'établissement de ses méthodes. Il se plaignait de n'être pas compris, et il ne l'était pas en effet. Un de ses élèves d'Yverdun, Vuillemin, s'exprime ainsi :

« Ce que l'on nommait, non sans emphase, la *méthode* de Pes-

talozzi était une énigme pour nous. Elle l'était pour nos instituteurs eux-mêmes. Chacun d'eux interprétait à sa manière la
doctrine du maître; mais nous étions encore loin des temps où ces
divergences engendrèrent la discorde; où nos principaux maîtres,
après s'être donnés chacun comme le seul qui eût compris Pestalozzi, finirent par assurer que Pestalozzi ne s'était pas compris
lui-même; qu'il ne l'avait été, que par Schmid, disait Schmid, que
par Niederer, disait Niederer. »

Méthodes d'Yverdun. — L'écrivain que nous
venons de citer nous fournit des renseignements précieux sur les méthodes qui étaient en usage à Yverdun:

« L'enseignement s'adressait à l'intelligence plus qu'à la mémoire. Attachez-vous, disait à ses collaborateurs Pestalozzi,
à *développer* l'enfant, et non à le *dresser* comme on dresse un
chien. »

« La langue nous était enseignée à l'aide de l'intuition; on
nous apprenait à bien voir et par cela même à nous faire une
juste idée du rapport des choses. Ce que nous avions bien
conçu, nous n'avions pas de peine à l'exprimer clairement. »

« Les premiers éléments de la géographie nous étaient enseignés sur le terrain... Puis nous reproduisions en relief avec de
l'argile le vallon dont nous venions de faire l'étude. »

« On nous faisait inventer la géométrie, en se contentant de
nous marquer le but à atteindre et de nous mettre sur la voie.
On procédait de la même manière en arithmétique. Nos calculs
se faisaient de tête et de vive voix, sans le secours du papier... »

Décadence de l'institut. — Yverdun jouit pendant
quelques années d'une vogue extraordinaire. Mais peu à
peu les défauts de la méthode s'accentuèrent. Les discordes intestines et la mésintelligence des collaborateurs de Pestalozzi, de Niederer, « le philosophe de la
méthode », et de Schmid, le mathématicien, hâtèrent
la décadence d'une maison où l'ordre et la discipline
n'avaient jamais régné. Pestalozzi se contentait d'être
« l'éveilleur » de l'institut. Il devenait de plus en plus inha-
bile aux affaires pratiques; il laissait toute liberté à ses
auxiliaires, et aussi à ses élèves. A Yverdun les élèves
tutoyaient leurs maîtres. La touchante fiction de la
paternité transportée dans l'école, qui avait pu réussir
Pestalozzi dans ses premiers essais pédagogiques et

avec un petit nombre d'élèves, n'était plus de mise à Yverdun, avec une foule d'écoliers de tout âge et de toute provenance.

Jugement du P. Girard. — En 1809, le P. Girard (1) fut chargé par le gouvernement suisse d'inspecter l'institut. Le résultat ne fut pas favorable, quoique Girard avoue qu'il conçut l'idée de sa propre méthode en étudiant de près celle de Pestalozzi.

Le reproche principal de Girard porte sur l'abus des mathématiques qui, sous l'influence de Schmid, devenaient en effet de plus en plus la principale occupation des maîtres et des élèves.

« Je fis, dit-il, à mon vieil ami Pestalozzi, l'observation que les mathématiques exerçaient chez lui un empire démesuré, et que j'en redoutais les résultats pour l'éducation. Là-dessus, il me répondit vivement à sa manière : « C'est que je veux que mes enfants ne croient rien que ce qui pourra leur être démontré, comme deux et deux font quatre. » Ma réponse fut dans le même genre : « En ce cas, si j'avais trente fils, je ne vous en confierais pas un, car il vous serait impossible de lui démontrer comme deux et deux font quatre que je suis son père et que j'ai à lui commander. »

Il est évident que Pestalozzi déviait de ses propres tendances. Le caractère général de sa pédagogie est en effet d'écarter l'abstraction, et de chercher en toutes choses l'intuition concrète et vivante. Même en religion, il excluait de parti pris l'enseignement dogmatique, la forme précise, littérale, et cherchait seulement à éveiller dans l'âme un sentiment religieux, sincère et profond. Le P. Girard lui ayant fait remarquer que l'instruction religieuse de ses élèves était vague, indéterminée, que la forme doctrinale manquait à leurs aspirations : « La forme, répondit Pestalozzi, je la cherche encore ! »

Dernières années de Pestalozzi. — Désespéré de la décadence de son institut, Pestalozzi quitta Yverdun en 1824, et se réfugia à Neuhof, dans la

(1) Voyez la leçon suivante.

ferme où il avait tenté ses premiers essais d'éducation populaire. C'est là qu'il écrivit ses deux derniers ouvrages : *le Chant du cygne* et *Mes destinées*. Le 25 janvier 1827 il se fit transporter à Brugg pour consulter un médecin. Il y mourut le 17 février ; deux jours après il fut enseveli à Birr. C'est là que le canton d'Argovie lui érigea un monument, en 1846, avec l'inscription suivante :

« Ci-gît Henri Pestalozzi, né à Zurich, le 12 janvier 1746, mort à Brugg, le 17 février 1827, sauveur des pauvres à Neuhof, prédicateur du peuple dans *Léonard et Gertrude*, père des orphelins à Stanz, fondateur de la nouvelle école populaire à Berthoud et à Münchenbuchsee, éducateur de l'humanité à Yverdun : homme, chrétien, citoyen ; tout pour les autres, rien pour lui. Béni soit son nom. »

Principes essentiels. — Pestalozzi n'a jamais pris la peine de résumer les principes essentiels de sa pédagogie. Incapable de tout travail de réflexion abstraite, il emprunte à ses amis, toutes les fois qu'il le peut, l'exposition raisonnée de ses propres méthodes. Dans sa première lettre à Gessner, il est tout heureux de reproduire les observations du philanthrope Fischer qui distinguait dans son système cinq propositions essentielles :

1° Donner à l'esprit une culture intensive, et non simplement extensive : former l'esprit et ne pas se contenter de le meubler ;

2° Rattacher l'enseignement tout entier à l'étude du langage ;

3° Fournir à l'esprit pour toutes ses opérations des données fondamentales, des idées mères ;

4° Simplifier le mécanisme de l'enseignement et de l'étude ;

5° Populariser la science.

Pestalozzi conteste bien sur quelques points la traduction que Fischer a donnée de sa pensée : mais, malgré ses réserves, impuissant à trouver une formule plus exacte, il accepte en définitive cette interprétation de sa doctrine.

Plus tard un autre témoin de la vie de Pestalozzi, Morf, a réduit aussi en quelques maximes la pédagogie du grand instituteur

1° L'intuition est le fondement de l'instruction;

2° Le langage doit être lié à l'intuition;

3° Le temps d'apprendre n'est pas celui du jugement et de la critique;

4° Dans chaque branche l'enseignement doit commencer par les éléments les plus simples, et continuer graduellement en suivant le développement de l'enfant, c'est-à-dire par des séries psychologiquement enchaînées;

5° On doit insister assez longtemps sur chaque partie de l'enseignement pour que l'enfant en acquière la complète possession;

6° L'enseignement doit suivre l'ordre du développement naturel et non celui de l'exposition synthétique;

7° L'individualité de l'enfant est sacrée;

8° Le but principal de l'enseignement élémentaire n'est point de faire acquérir à l'enfant des connaissances et des talents : c'est de développer et d'accroître les forces de son intelligence;

9° Au savoir il faut joindre le pouvoir; aux connaissances théoriques l'habileté pratique;

10° Les relations entre le maître et l'élève doivent être fondées sur l'amour;

11° L'instruction proprement dite doit être subordonnée au but supérieur de l'éducation.

Chacun de ces aphorismes mériterait un long commentaire. Il suffit cependant de les étudier dans leur ensemble, pour se faire une idée à peu près exacte de cette pédagogie vraiment humaine qui s'appuie sur des principes psychologiques.

Krusi a pu dire de son maître :

« Pour les connaissances et les pratiques ordinaires de l'école, Pestalozzi était bien au-dessous d'un bon *magister* de village. Mais il possédait quelque chose d'infiniment supérieur à ce que peut donner un cours d'instruction, quel qu'il soit. Il connaissait ce qui reste caché à un grand nombre d'instituteurs : l'esprit humain et les lois de son développement et de sa culture, le cœur humain et les moyens de le vivifier et de l'ennoblir. »

Procédés pédagogiques. — La pédagogie de Pestalozzi vaut par les procédés, non moins que par les principes. Sans prétendre tout énumérer, nous indiquerons succinctement quelques-unes des pratiques scolaires qu'il a employées et recommandées :

L'enfant doit savoir parler avant d'apprendre à lire.

Pour la lecture, il faut se servir de lettres mobiles que l'on colle sur carton.

Avant d'écrire, il faut dessiner.

Les premiers exercices d'écriture doivent être faits sur l'ardoise.

Il faut dans l'étude du langage suivre l'évolution de la nature, étudier d'abord les noms, puis les qualificatifs, enfin les propositions.

Les éléments du calcul seront enseignés à l'aide d'objets matériels pris comme unités, ou tout au moins de traits figurés sur un tableau.

Le calcul oral sera le plus employé.

L'élève doit, pour se faire une idée juste et précise des nombres, se les représenter toujours comme une collection de traits ou de choses concrètes, et non comme des chiffres abstraits.

Un petit tableau divisé en carrés dans lesquels sont figurés des points servent pour apprendre à additionner, à soustraire, à multiplier, à diviser.

Il n'y avait ni livre ni cahier dans les écoles de Berthoud.

Les enfants n'avaient rien à apprendre par cœur.

Ils devaient répéter tous à la fois et en mesure les instructions du maître.

Chaque leçon ne durait qu'une heure et était suivie d'un petit intervalle, d'une courte récréation.

Le travail manuel, le cartonnage, la culture du jardin, la gymnastique étaient associés au travail de l'esprit.

La dernière heure de la journée était consacrée au travail libre; les élèves disaient : « On travaille pour soi. »

Quelques heures par semaine étaient consacrées aux exercices militaires.

Tout n'est pas à louer à coup sûr dans les procédés que nous venons d'indiquer. Il n'est pas nécessaire par exemple que l'enfant se représente, quand il calcule, le contenu des nombres, et Pestalozzi abuse parfois de l'intuition sensible. Il introduit l'analyse et une analyse trop subtile, trop minutieuse, dans des études où la nature fait seule son œuvre. «Ma méthode, disait-il lui-même, n'est qu'un raffinement des procédés de la nature,» et il raffinait trop.

Pestalozzi et Rousseau. — Pestalozzi a souvent avoué ce qu'il devait à Rousseau. « Mon esprit chimérique et peu pratique fut saisi, disait-il, par ce livre chimérique et impraticable.. Le système de liberté fondé idéalement par Rousseau excita en moi une ardeur infinie vers une sphère d'activité plus grande et plus bienfaisante. »

La grande supériorité de Pestalozzi sur Rousseau, c'est qu'il a travaillé pour le peuple, c'est qu'il a appliqué à un grand nombre d'enfants les principes que Rousseau ne mettait en œuvre que dans une éducation individuelle et privilégiée. Émile, après tout, est un aristocrate : il est riche et bien né; il est comblé de tous les dons de la nature et de la fortune. Les élèves réels n'offrent pas en général à l'action des pédagogues une matière aussi docile, aussi complaisante. Pestalozzi n'a eu affaire qu'à des enfants du peuple, qui ont tout à apprendre à l'école parce qu'ils n'ont trouvé au foyer domestique, auprès de parents occupés ou inattentifs, ni excitations ni exemples, parce que leurs premières années n'est été qu'un long sommeil intellectuel. Pour ces natures engourdies, bien des exercices sont nécessaires qui passeraient à bon droit pour des inutilités, s'il s'agissait d'instruire des enfants d'une autre condition. Avant de condamner, avant de railler les minuties de Pestalozzi et des pédagogues de la même école, il faut considérer au service de qui ils mettaient ces procédés. Véritable organisateur de l'éducation de l'enfance et du peuple, Pestalozzi a droit aux applaudissements de tous ceux que préoccupe l'avenir des classes populaires.

Conclusion. — On ne saurait, au moyen de l'analyse seule des méthodes d' Pestalozzi, se flatter de comprendre l'action d'un homme qui excella par l'élan de sa charité, par son ardeur à se donner et à se répandre par ce je ne sais quoi qui fait une grande personnalité, plus que par la netteté et la rigueur de ses théories. Il en est un peu de Pestalozzi comme de ces grands acteurs qui emportent avec eux dans la tombe une partie du secret de leur art.

Il a été grand surtout par le cœur et par l'amour. A lire quelques-uns de ses écrits, on serait parfois tenté de dire que son esprit était de beaucoup inférieur à l'attente qu'excite son nom ; mais quelle revanche éclatante il prend dans le domaine des sentiments !

Il a passionnément aimé le peuple. Il en connaissait les souffrances et rien ne le détournait du souci de les guérir. En face d'un beau paysage, il songeait moins au spectacle admirable qui s'étalait sous les yeux, qu'aux pauvres gens qui sous ces splendeurs de la nature menaient une vie misérable.

Ce qui lui assure une gloire immortelle, c'est la hauteur du but qu'il s'est proposé, c'est son ardeur à régénérer l'humanité par l'instruction. Qu'importe que les résultats obtenus aient été disproportionnés à ses efforts, et qu'il ait pu dire : « Le contraste entre ce que je voulais et ce que je pouvais est si grand qu'il ne peut s'exprimer. » La Révolution française, elle aussi, n'a pas réussi, en fait d'instruction, à égaler ses œuvres à ses aspirations.

L'amour et l'admiration de tous les amis de l'instruction sont acquis à jamais à Pestalozzi. Il a été le plus suggestif, le plus remuant des pédagogues modernes. S'il ne lui a pas été donné d'agir suffisamment sur la pédagogie française, il a été en Allemagne le grand inspirateur de la réforme de l'éducation populaire. Tandis qu'il était dédaigné par Bonaparte, il obtenait, en 1802, du philosophe Fichte ce bel éloge : « C'est de l'institut de Pestalozzi que j'attends la régénération de la nation allemande. »

LEÇON XIX

La pédagogie du dix-neuvième siècle. — Pestalozzi appartient déjà à notre siècle par la fin de sa carrière et surtout par la gloire posthume de son nom. Avec Frœbel et le P. Girard nous entrons tout à fait dans le dix-neuvième siècle : l'un et l'autre, à des degrés divers et avec des tendances personnelles, continuent l'œuvre de Pestalozzi.

Frœbel (1782-1852). — On peut dire de Frœbel, comme de Pestalozzi, qu'il est plus vanté que connu, plus célébré qu'étudié, dans notre pays au moins. Nous sommes venus tard à parler de lui, il y a une vingtaines d'années à peine ; mais il semble que notre admiration ait voulu se rattraper de la lenteur de sa manifestation par sa vivacité et son ardeur. Le nom du créateur des *Jardins d'enfants* est devenu presque populaire, tandis que ses écrits restaient presque inconnus.

Une étude impartiale et approfondie de l'œuvre de Fræbel affaiblira plutôt qu'il ne favorisera cet engouement excessif et cet enthousiasme un peu factice. Fræbel a eu de grandes qualités pédagogiques, assurément : mais il lui a manqué une culture classique profonde, et aussi le sens de la mesure. Il s'est aventuré, comme la plupart des Allemands de ce siècle, dans les conceptions d'une philosophie nuageuse, et sur les traces de Hégel il a trop souvent déserté le chemin de l'observation et de l'expérience, pour se jeter dans des divagations métaphysiques. L'imagination de Fræbel grossit et défigure toutes choses. Il ne sait pas voir les objets tels qu'ils sont : il leur prête un sens symbolique ; il s'égare dans des considérations transcendantes et obscures. Mais son œuvre pratique vaut mieux que ses écrits, et on ne peut lui contester la gloire d'avoir été pour la pédagogie du premier âge un initiateur hardi et heureux.

Jeunesse de Fræbel. — Fræbel est né en Thuringe en 1782. Il perdit sa mère presque en naissant ; il fut élevé par son père et par son oncle, tous deux pasteurs de village. On se rappelle que par un destin contraire Pestalozzi avait été élevé par sa mère. Dès sa plus tendre enfance, il manifesta les dispositions remarquables et aussi les tendances un peu étranges de son esprit. Il était rêveur et tout pénétré d'un profond sentiment religieux. Ainsi ce fut un événement pour lui, le jour où il crut s'être assuré par des raisonnements péremptoires qu'il n'était pas voué aux flammes éternelles. Vivement épris de la nature, il la considère comme la véritable inspiratrice de l'humanité. C'était déjà l'idée de Rousseau et de Pestalozzi, mais elle se manifeste avec bien plus de force chez Fræbel.

Il est difficile de comprendre l'exagération de sa pensée lorsqu'il dit que la nature, observée attentivement, nous apparaît comme le symbole des plus hautes aspirations de la vie humaine.

« La nature tout entière, même le monde des cristaux et des pierres, nous apprend à reconnaître le bien et le mal, mais nulle part d'une façon plus vivante, plus tranquille, plus claire et évidente, que dans le monde des plantes et des fleurs. »

La morale, ainsi comprise, paraît un peu vague. Nous ne contesterons pas que la vie calme des champs ne contribue à nous entourer d'une atmosphère pure, à faire naître en nous des aspirations saines et élevées ; mais il faut avoir l'esprit singulièrement sentimental pour juger que la nature peut nous donner la leçon de morale « la plus claire et la plus évidente. »

Occupations diverses. — La première partie de la vie de Frœbel témoigne d'une certaine mobilité d'esprit. Inconstant dans ses goûts, il ne sait pas se fixer. Imprévoyant et pauvre, comme Pestalozzi, il est tour à tour garde forestier, intendant, architecte, précepteur ; il tâtonne jusqu'au jour où sa vocation d'instituteur éclate avec force. D'ailleurs il étudie toutes choses: le droit, la minéralogie, l'agriculture, les mathématiques.

Vocation pédagogique. — C'est en 1805, à Francfort, que Frœbel entra dans l'enseignement : il avait vingt-trois ans. Le pédagogue Gruner lui offrit un emploi d'instituteur dans l'école modèle qu'il dirigeait. Frœbel accepta : mais il était de ceux qui ne font rien simplement.

« Une circonstance extérieure détermina ma résolution : je reçus la nouvelle que tous mes certificats s'étaient perdus (des certificats qu'il avait envoyés à un architecte pour être placé chez lui). Je jugeai alors que la Providence avait voulu, par cet incident, m'ôter la possibilité d'un retour en arrière. »

Au bout de quelques jours il écrivait à son frère **Christophe** :

« Il est étonnant combien mes occupations me plaisent. Dès la
première leçon, il me sembla que je n'avais jamais fait autre
chose et que j'étais né pour cela. Je ne pouvais plus me figurer
que j'eusse songé précédemment à suivre une autre carrière que
celle-ci, et pourtant je dois avouer que jamais l'idée ne m'était
venue de me faire instituteur. »

Frœbel et Pestalozzi. — A l'école de Francfort,
Frœbel, encore novice dans l'art d'enseigner, ne chercha
guère qu'à appliquer scrupuleusement les méthodes
pestalozziennes.

Du reste, sur beaucoup de points, Frœbel est resté
jusqu'à la fin le disciple fidèle de Pestalozzi. L'intuition
est le principe fondamental de sa méthode, et l'on pourrait dire que son effort pédagogique consiste surtout à
organiser en système les intuitions sensibles que Pestalozzi proposait à l'enfant un peu à l'aventure et sans
plan.

Frœbel a eu avec Pestalozzi des relations directes.
En 1808 il se rendit à Yverdun avec trois de ses élèves.
et il passa deux ans, prenant part aux travaux de
l'institut, s'initiant aux méthodes du maître. Il déclare
lui-même que ce fut dans sa vie une époque « décisive »

Remarquons d'ailleurs en passant la différence des
caractères de Pestalozzi et de Frœbel. Tandis que Pestalozzi est toujours prêt à s'accuser lui-même avec une
touchante humilité, Frœbel se regarde presque comme
infaillible : jamais il n'attribue l'insuccès à sa propre
insuffisance, il s'en prend à la destinée ou au mauvais
vouloir d'autrui. Pestalozzi s'oublie sans cesse et il
pousse la négligence jusqu'à avoir une tenue dé-
braillée : « Jamais il ne sut s'habiller, disent ses
biographes : sa distraction lui faisait oublier tantôt sa
cravate. tantôt ses jarretières. » Frœbel au contraire
affectait une tenue élégante et théâtrale; il visait à
l'effet : à certaines époques il porta des bottes à l'é-
cuyère, raconte-t-on, et un chapeau tyrolien à grandes
plumes.

Traité du sphérique (1811). — C'est vers 1811 que

l'originalité propre de Frœbel se manifesta, et ce fut, il faut l'avouer, d'une façon malheureuse. par la publication du *Traité du sphérique*.

Pestalozzi a écrit quelque part : « Si j'ai eu un mérite dans la vie, c'est celui d'avoir placé le carré à la base d'un enseignement intuitif qui n'a jamais encore été donné au peuple (1). » Ce langage de Pestalozzi est déjà fait pour nous surprendre : mais du moins Pestalozzi prenait le carré au sens propre du mot, comme figure géométrique, comme forme de dessin. Quand Frœbel nous parle de la sphère et en fait la base de l'éducation, c'est toute autre chose.

En lisant le *Traité du sphérique*, on est tenté de se demander parfois si l'on a affaire à un esprit bien équilibré et si une imagination exubérante n'a pas fait perdre à l'auteur le sens de la réalité.

D'après Frœbel, la sphère est la forme idéale :

« La sphère apparaît comme le prototype, comme l'unité de tous les corps et de toutes les formes. Pas un angle, pas une ligne, pas un plan, pas une surface ne se montre en elle, et cependant elle a tous les points et toutes les surfaces. »

Passe encore, mais la sphère a en outre des rapports mystérieux avec les choses spirituelles : elle enseigne la perfection de la vie morale.

« Travailler consciencieusement au développement de la nature sphérique d'un être, c'est faire l'éducation d'un être. »

Un trait emprunté à la vie de Frœbel achèvera de le peindre. Il s'engagea comme volontaire en 1812, et fit les campagnes de 1812-1813, avec Langethal et Middendorf qui devaient être plus tard ses collaborateurs. Après la guerre, il revint à Berlin, en traversant toute l'Allemagne. Pendant tout le trajet, dit-il, je cherchais quelque chose, sans parvenir à me rendre compte de ce que je cherchais et rien ne pouvait me satisfaire.

(1) *Comment Gertrude instruit ses enfants*, trad. Darin, p. 294.

Livré à cette préoccupation, j'entrai un jour dans un jardin fort beau, orné des plantes les plus variées : je les admirai, et cependant aucune d'elles ne donniat apaisement à mon sentiment intime.

« Les passant en revue, d'un coup d'œil, en mon âme, je m a-visai soudain que, parmi elles, il n'y avait pas de lis...... Je savais maintenant ce qui manquait à ce jardin, et ce que je cher-chais. Comment mon sentiment intime aurait-il pu se manifester à moi d'une façon plus belle ? Tu cherches, me disais-je, la paix tranquille du cœur, l'harmonie de la vie, la pureté de l'âme, dans l'image du lis, de cette fleur paisible, simple et pure. Le jardin, avec toutes ses fleurs variées, mais sans fleurs de lis, était pour moi, comme la vie agitée et multicolore, mais sans harmonie et sans unité. »

Nouvelles études. —Frœbel revint à Berlin en 1814 et y obtint une place d'assistant au musée minéralo-gique. Il y étudia à loisir les formes géométriques des cristaux et y réfléchit à nouveau sur leur sens symbo-lique. Peut-être puisa-t-il dans ces études l'idée des premiers dons qu'il introduisit plus tard dans ses *Jar-dins d'enfants*. Ce n'est que deux ans après qu'il prit la résolution définitive de se consacrer à l'éducation de la jeunesse (1816). Il s'établit d'abord à Gries-heim, puis à Keilhau (à une lieue de Rudolstadt), où il ouvre avec cinq élèves, tous ses neveux, une école qu'il appela d'un titre pompeux, et peu justifié au début, l'*Institut général allemand d'éducation*. Il réussit à s'adjoindre Langethal et Middendorf. L'installation fut d'abord très modeste : les ressources manquaient. Mais peu à peu l'établissement prospéra et en 1826 il comptait plus de cinquante élèves.

Institut de Keilhau. — Ce sont les principes de Pestalozzi qui furent appliqués à Keilhau. Langethal, et Middendorf firent l'apprentissage de la méthode pestalozzienne sous la direction de Frœbel. Les trois professeurs se réunissaient dans la salle commune, et l'on entendait fréquemment revenir dans leur dis-cussion les mots : *intuition, initiative personnelle, aller* *du connu à l'inconnu.* « Ils apprennent le système, » disaient les enfants qui les entendaient.

A Keilhau, l'éducation physique, l'éducation intellectuelle, l'éducation morale marchaient de front. Le maître devait s'appliquer à pénétrer l'individualité de chaque élève, afin de provoquer ensuite le libre développement de cette individualité. Le régime était austère, la nourriture frugale : on poussait fort loin le système de l'endurcissement physique. Les élèves, hiver et été, portaient une blouse et un pantalon de toile. Un temps considérable était consacré aux exercices religieux. Frœbel est toujours resté attaché à l'Église luthérienne, bien que son orthodoxie ait pu paraître suspecte, et il a toujours pensé que l'éducation devait être essentiellement religieuse.

« Toute éducation qui n'est pas fondée sur l religion est stérile. » Et il ajoute : « Toute éducation qui ne se fonde pas sur la religion chrétienne est défectueuse et incomplète (1). »

L'éducation de l'homme. — C'est à Keilhau en 1826 que Frœbel publia son principal ouvrage, *l'Éducation de l'homme* (2).

A cette date l'idée des *jardins d'enfants* n'avait pas encore pris corps dans son esprit, et le livre de *l'Éducation de l'homme* est moins l'exposé des applications pratiques de la méthode de Frœbel qu'un développement nuageux et emphatique de ses principes métaphysiques. Livre peu lu, et, avouons-le, en partie illisible ! Nous avons osé parler du galimatias de Pestalozzi. Que dire des rêveries mystiques de Frœbel ? La pédagogie des Allemands, comme leur philosophie, s'est souvent égarée depuis un siècle dans des théories étranges qui déconcertent absolument la précision de l'esprit français. D'un ensemble de vagues et préten-

(1) Voyez les *Aphorismes* publiés par Frœbel en 1821.
(2) Voyez la traduction française qu'a donnée de cet ouvrage madame de Crombrugghe, deuxième édition, Paris, 1881.

tieuses spéculations sur la nature universelle se dégagent avec peine quelques idées justes.

Essayons pourtant de résumer la pensée obscure de Frœbel, rendue plus obscure encore par la forme extérieure de l'ouvrage. Dans la première édition, Frœbel s'était dispensé d'introduire dans son texte toute division en chapitres et en paragraphes. La lecture de ce texte ininterrompu ne laissait pas que d'être pénible ; même avec les divisions un peu factices qui y ont été introduites après coup, l'*Éducation de l'homme* reste difficile à lire et à analyser.

Analyse de l'ouvrage. — L'introduction est la partie la plus intéressante de l'ouvrage. On pourrait ramener les idées un peu confuses qu'elle renferme à trois points essentiels, à trois idées générales, de philosophie, de psychologie et de pédagogie.

L'idée de philosophie générale est celle-ci :

« Tout provient uniquement de Dieu. En Dieu est l'unique principe de toutes choses. »

C'est un vague panthéisme qui consiste à croire que tous les objets de la nature sont des manifestations directes de l'action divine.

« Le but, la destinée de chaque chose est de publier au dehors son être, l'action de Dieu qui opère en elle, la manière dont celle-ci se confond avec elle. »

De ces prémisses Frœbel est logiquement conduit à cette affirmation psychologique que tout est bon dans l'homme : car c'est Dieu qui agit en lui. Il pousse l'optimisme jusqu'à dire :

« Dès son plus bas âge, l'enfant satisfait à la justice et au bien avec un tact surprenant, car rarement nous le voyons s'y soustraire volontairement. »

La conclusion pédagogique est facile à deviner : l'éducation sera essentiellement une œuvre de liberté, de spontanéité. Elle doit être indulgente, flexible, souple, et se borner à protéger et à surveiller.

« La vocation de l'homme, considéré comme intelligence raisonnable, est de laisser agir son être en manifestant l'action de Dieu qui opère en lui ; de publier Dieu au dehors, d'acquérir la connaissance de sa véritable destinée et de l'accomplir en toute *liberté* et *spontanéité* ! »

Ces deux derniers mots sont répétés à satiété. Frœbel va jusqu'à dire qu'il ne peut y avoir de forme générale d'éducation à imposer ou même à recommander, parce qu'il faut tenir compte de la nature de chaque enfant, provoquer le libre développement de son individualité, en l'invitant à l'action, à l'œuvre personnelle. Le choix de la manifestation du mode extérieur de l'éducation doit être laissé à l'intelligence de l'éducateur, et il doit y avoir presque autant de manières d'élever les hommes qu'il y a d'individus avec leur nature propre, aspirant à un développement personnel.

Amour des enfants — Frœbel, et c'est peut-être là sa meilleure qualité, aime tendrement les enfants. Il en parle avec un accent touchant, mais il ne manque pas de mêler à son affection pour eux son symbolisme habituel. L'enfant n'est pas pour lui seulement le petit être réel qu'il a sous les yeux. Il le voit à travers je ne sais quels voiles mystiques et comme entouré d'une auréole :

« Que l'enfant nous apparaisse toujours comme un gage vivant de la présence, de la bonté et de l'amour de Dieu. »

Unité de l'éducation. — Frœbel s'est toujours plaint vivement de ce qu'il y a de fragmentaire, de morcelé, dans l'éducation ordinaire. Son rêve était d'y introduire l'unité. En cela il se sépare nettement de Rousseau.

« Les divers degrés de la vie forment une chaîne non interrompue ! Que la vie soit considérée comme n'étant qu'une dans toutes ses phases, comme formant un ensemble complet. »

Divers degrés du développement de l'homme
— Frœbel, dans l'*Éducation de l'homme*, considère
successivement les diverses périodes de la vie. Les trois
premiers chapitres traitent des *premiers degrés du développement* de l'homme : le nourrisson, l'enfant, le jeune
garçon. On y trouve des pages pleines de charme, sur
l'éducation de l'enfant par la mère, sur le progrès des
facultés ; mais des considérations prétentieuses et des
interprétations bizarres viennent trop souvent gâter
la psychologie de Frœbel :

« L'enfant, dit-il, distingue à peine s'il aime les fleurs pour
elles-mêmes, pour la joie qu'elles lui procurent,... ou pour l'intuition vague qu'elles lui donnent du Créateur. »

Plus loin, il parle d'initier les enfants aux couleurs,
et de cet exercice il tire aussitôt des conséquences
morales : l'enfant aime les couleurs parce qu'il arrive
par leur moyen « à la connaissance d'une unité intérieure. »

Naturalisme de Frœbel. — Les éléments de l'éducation d'après Frœbel sont, avec la religion, les études
artistiques, les mathématiques, le langage, et par-
dessus tout la nature.

« Que les instituteurs ne laissent guère passer une semaine
sans conduire à la campagne une partie de leurs écoliers. Ils
ne les pousseront pas devant eux comme un troupeau de mou-
tons..... Ils marcheront avec eux comme un père parmi ses enfants, un frère parmi ses frères, en leur faisant observer et
admirer les richesses variées qu'étale à leurs yeux la nature à
chacune des saisons. »

Nouvelles tentatives scolaires. — L'institut de
Keilhau ne prospéra pas longtemps. En 1825 il fallut
le fermer faute d'élèves. Frœbel manquait des qualités
pratiques de l'administrateur. En 1831 il essaya inutilement d'ouvrir une nouvelle école à Wartensee en
Suisse : les attaques du parti clérical l'obligèrent à
abandonner son projet. Après divers autres essais il
fut nommé directeur d'un orphelinat à Berthoud ; et

c'est là qu'il résolut de consacrer ses efforts pédagogiques à l'éducation de la première enfance.

La petite ville de Berthoud a eu l'honneur, à trente-cinq ans de distance, d'offrir un asile à Pestalozzi et à Frœbel, et d'être le théâtre de leurs essais pédagogiques.

Les jardins d'enfants. — L'idée maîtresse de Frœbel, la création des *jardins d'enfants*, ne s'est développée que lentement dans son esprit. C'est en 1840 seulement qu'il imagina le mot. Bien entendu, étant donnée l'imagination de Frœbel et sa tendance au symbolisme, *jardin d'enfants* doit être pris dans son sens allégorique. L'enfant est une plante, l'école un jardin, et Frœbel appelle les instituteurs des « jardiniers d'enfants (1). »

Mais avant de donner un nom à son école du premier âge, Frœbel en avait longtemps caressé l'idée. En 1835 à Berthoud, il cherchait déjà à la réaliser; en 1837 à Blankenburg, près de Rudolstadt, il fonda sa première école enfantine.

Origines des jardins d'enfants. — Sans vouloir amoindrir l'originalité de la création de Frœbel, il est permis de dire qu'elle lui a été inspirée en partie par Coménius. Le philosophe Krause lui avait signalé l'importance des écrits du pédagogue slave : il les étudia, et le *jardin d'enfants* a certainement quelques rapports de parenté avec la *schola materni gremii*. Il y a cependant une différence essentielle entre l'idée de Coménius et celle de Frœbel : le premier confiait à la mère les soins que le second remet aux instituteurs des jardins d'enfants.

C'est, dit-on, en voyant un enfant jouer à la balle que Frœbel conçut la première idée de son système. On sait quelle importance il attachait à la forme sphérique

(1) C'est à tort par conséquent que l'on a pris l'expression de Frœbel en ce sens qu'il aurait voulu établir à côté de chaque école un jardin, un préau planté d'arbres et semé de parterres. Voyez M. Gréard, *L'instruction primaire à Paris.* 1877, p. 73.

et au jeu. Le premier principe de son *jardin d'enfants* fut donc que l'enfant devait jouer et jouer à la balle.

Mais Frœbel enveloppait les idées les plus simples dans des théories prolixes et bizarres. S'il recommande la balle, ce n'est pas pour des raisons positives, n parce qu'elle est un jeu inoffensif, très approprié au besoin de mouvement qui caractérise l'enfant. C'est parce que la balle est le symbole de l'unité : le cube, qui devait succéder à la balle, représente la diversité dans l'unité. C'est aussi parce que le mot *balle* est un mot symbolique, formé avec des lettres empruntées aux mots allemands *Bild von all, image du tout.*

Frœbel en était venu à attribuer un sens caché aux diverses lettres des mots. Il crut trouver dans les chiffres de l'année 1836, date de sa première conception des jardins d'enfants, la preuve que cette année devait ouvrir à l'humanité une ère nouvelle, et il exposa ses vues dans un écrit intitulé : *L'année 1836 exige un renouvellement de la vie.* On y lit des choses comme celles-ci : « Le mot *mariage* (en allemand *Ehe*) représente, par ses deux voyelles *e-e*, la *vie ;* ces deux voyelles sont réunies par la consonne *h*, symbolisant ainsi une double vie qu'unit l'esprit ; de plus, les deux moitiés ainsi unies sont semblables et égales entre elles : E-*h*-E. » Et plus loin : « Que signifie le mot *allemand* (*Deutsch*) ? Il est dérivé du verbe *deuten* (signifier, manifester), qui désigne l'acte par lequel la pensée consciente est clairement manifestée au dehors... Être allemand, c'est donc s'élever, comme individu et comme tout, par une claire manifestation de soi-même, à la claire conscience de soi. »

Les dons de Frœbel. — Sous le nom gracieux de dons, Frœbel présente à l'enfant un certain nombre d'objets, qui doivent servir de matière à ses exercices. Les cinq dons sont enfermés dans une boîte d'où on les retire successivement, au fur et à mesure que les enfants sont en état de les recevoir. Dans le plan primitif de Frœbel ces dons étaient : 1° la balle ; 2° la sphère et le cube ; 3º le cube divisé en huit parties égales ; 4º le cube divisé en huit parallélipipèdes rectangles affectant la forme de briques à bâtir, et dont l'enfant se servira comme de matériaux pour de petites constructions ; 5º le cube divisé dans chacune de ses dimensions, c'est-à-dire partagé en vingt-sept cubes égaux ; trois d'entre ceux-ci sont subdivisés en deux prismes, et trois autres en quatre prismes, au moyen d'une section oblique simple ou double (1).

A ces dons Frœbel joignait d'ailleurs d'autres objets, des planchettes et de petits bâtons pour construire des figures ; des morceaux de papier pour tresser, plier, pointiller, etc.

La conception de Frœbel ne repose pas, comme on pourrait croire, sur l'adaptation des objets qu'il choisit successivement avec les facultés de l'enfant. Ce n'est point là ce qui le préoccupe : l'ordre qu'il a adopté dérive d'un autre principe. D'après lui la forme des corps a un rapport intime avec les lois générales de l'univers. Il y a par conséquent une graduation méthodique à chercher d'après le caractère intrinsèque des objets eux-mêmes, afin d'initier l'enfant aux lois de la pensée divine symbolisée dans la sphère, dans le cube, dans le cylindre, etc. Frœbel s'irritait fort contre ceux de ses élèves qui méconnaissaient la portée philosophique de ses *dons* et qui n'y voyaient que des jeux.

« Si mon matériel d'enseignement possède quelque efficacité, disait-il, il ne la doit pas à son apparence extérieure, qui n'a rien de saillant et n'offre aucune nouveauté. Il la doit uniquement à la façon dont je m'en sers, c'est-à-dire à ma méthode et à la loi philosophique sur laquelle elle est fondée. *La raison d'être de mon système d'éducation est tout entière dans cette loi; selon qu'on la rejette ou qu'on l'admet, le système tombe ou sub-*

(1) Les disciples de Frœbel ont modifié de diverses manières son système de dons. Voyez, par exemple le *Jardin d'enfants*, par Goldammer, traduction française de Louis Fournier, 1877.

siste avec elle. Tout le reste n'est qu'un matériel sans grande valeur propre. »

C'est cependant ce « matériel », qui pour Frœbel n'avait pas de valeur, que ses admirateurs ont surtout conservé de sa méthode, sans plus se préoccuper du sens allégorique qu'il y attachait.

Appel aux instincts de l'enfant. — Ce qui fait, malgré tant de bizarreries, le mérite durable de l'œuvre de Frœbel, ce qui justifie en partie l'admiration qu'il a excitée, c'est qu'il a organisé la salle d'asile, l'école enfantine, c'est qu'il a réalisé pour elle ce que Pestalozzi avait tenté pour l'école élémentaire. Il a su faire appel aux instincts du tout petit enfant, combiner un système d'exercices pour la gymnastique de la main, pour l'éducation des sens, satisfaire le besoin de mouvement et d'activité qui se développe dès le premier jour de la vie, faire enfin de l'enfant un créateur, un petit artiste toujours agissant.

A la vieille éducation, qu'il appelle « une éducation de serre chaude, » et où l'enseignement prématuré par la parole étouffe dans leur germe les forces propres de l'enfant, pour exciter artificiellement sa mémoire et son jugement, il substitue une éducation libre et gaie, qui cultive avec amour les facultés de l'enfant, qui prend juste la mesure de ses instincts. Les livres sont supprimés, les leçons aussi. L'enfant s'épanouit librement dans le jeu.

Importance du jeu. — Avec Frœbel le jeu est devenu un élément essentiel de l'éducation ; l'ingénieux pédagogue a su en faire un art, un instrument de développement des facultés enfantines :

« Les jeux de l'enfance, disait-il, sont comme le germe de toute la vie qui va suivre : car l'homme tout entier s'y développe et s'y manifeste ; il y révèle ses plus belles aptitudes et le plus profond de son être. Toute la vie de l'homme a sa source dans cette époque de l'existence, et si cette vie est sereine ou triste, tranquille ou agitée, féconde ou stérile, si elle apporte la paix ou la guerre, cela dépend des soins plus ou moins judicieux donnés aux commencements de l'être. »

Principaux besoins de l'enfant. — M. Gréard, dans une remarquable étude sur la méthode de Frœbel, ramène à trois instincts essentiels les aspirations de l'enfant : 1° le goût de l'observation :

« Tous les sens de l'enfant sont ouverts : tous les objets que son regard ou sa main rencontre l'attirent, l'attachent, le ravissent. »

2° Le besoin de l'activité, le goût de la construction :

« Ce n'est pas assez qu'on lui montre les objets ; il faut qu'il les touche, qu'il les manie, qu'il se les approprie... Il se plaît à construire ; il est naturellement géomètre et artiste »

3° Enfin le sentiment de la personnalité :

« Il veut avoir sa place à lui, son occupation à lui, son maître à lui. »

Or la méthode de Frœbel a précisément pour but de satisfaire ces différents instincts.

« Installer l'enfant devant une table commune, dit M. Gréard, mais avec son siège propre et un espace qui lui appartient, de façon qu'il se sente possesseur de son petit domaine ; exciter tout d'abord sa bonne volonté par la promesse d'un jeu intéressant ; développer successivement sous ses yeux les merveilles des cinq dons : — lui apprendre en premier lieu, d'après des objets concrets exposés à son regard, balles de laines teintes et solides géométriques, à distinguer la couleur, la forme, la matière, les diverses parties d'un corps, de façon à l'habituer à *voir*, c'est-à-dire à saisir les aspects, les figures, les ressemblances, les différences, les rapports des choses ; — lui mettre ensuite les objets en main, et lui apprendre à faire avec les balles de laines teintes des rapprochements de couleurs agréables à l'œil, à figurer, avec des allumettes réunies par des boules de liège, des carrés, des angles, des triangles de toutes sortes, à dresser de petits cubes en forme de croix, de pyramides, etc. ; — puis soit à l'aide de bandes de papier coloriées placées en divers sens, croisées les unes dans les autres, tressées comme un tisserand ferait une bile, soit avec le crayon, l'exercer à reproduire, à créer des dessins représentant toutes les formes géométriques, en sorte qu'à l'habitude de l'observation s'ajoute peu à peu celle de l'invention ; — enfin, tandis que sa main est occupée de concert avec son intelligence, et que son besoin d'activité est rempli, profiter de cet effort d'attention éveillée et satisfaite, pour fixer dans son esprit par des questions appropriées quelques notions sur les caractères et les usages des formes, en les rattachant à quelque grand principe d'ordre général simple et fécond, entremêler la leçon pratique d'observations morales, puisées surtout dans les incidents de la classe ; voilà dans sa progression naturelle et son développement normal la méthode de Frœbel. »

Défauts de la méthode de Frœbel. — Il est permis de penser, malgré tout, que la méthode de Frœbel est un peu compliquée, un peu artificielle, et qu'elle va même parfois au rebours de la tendance naturelle des enfants. Leur âme, disait-il, ne peut dans la première période de son développement se reconnaître, se saisir elle-même, que dans la perception des formes les plus simples du monde extérieur, présentées d'une façon concrète. Or la nature n'offre pas d'elle-même ces formes élémentaires : il faut savoir les extraire de l'infinie diversité des choses. Et Frœbel trouvait ces formes simples dans la sphère, le cube et le cylindre.

Mais ces formes, dirons-nous, à notre tour, ne sont que des abstractions ; le cube et la sphère ont beau être matériels et palpables, ils n'en sont pas moins le produit de la pensée abstraite ; la nature n'offre pas ces formes géométriques simples ; tout y est composé. Or la pensée naissante s'exerce d'abord sur les choses réelles, sur les formes vivantes et irrégulières des animaux et des végétaux ; l'esprit va donc ici naturellement du composé au simple, du concret à l'abstrait. Il semble, au contraire, que Frœbel commence par l'abstrait pour arriver au concret.

Dans l'école de Frœbel d'autres défauts se sont développés. On a abusé des travaux d'imitation et d'invention ; on a fait produire à l'enfant des merveilles de construction, qui lui prennent trop de temps et lui demandent trop d'efforts ; on a oublié que ces travaux devaient être des exercices préparatoires, des moyens, et non le but de l'éducation.

Dernières fondations de Frœbel. — Les idées de Frœbel commencèrent vers 1840 à devenir populaires. Ses procédés attiraient l'attention. Il voulut alors transformer son école de Blankenburg en un établissement modèle. Il adressa un appel à la nation allemande en faveur de son œuvre : mais il n'eut qu'un faible succès. Obligé en 1844 de fermer son institut, faute de ressources, il parcourut alors lui-même l'Allemagne pour faire connaître ses méthodes. Il ne retira pas de son voyage le profit qu'il en espérait, et, découragé, il se retira de nouveau à Keilhau ; il y ouvrit un cours méthodique, normal, à l'usage des jeunes filles qui se destinaient à l'éducation de la première enfance. Cet entourage féminin, dans lequel Frœbel vécut jusqu'à sa mort, exerça une influence profonde sur le développement de son système : on fit une part bien plus grande aux exercices pratiques ; on relégua à l'arrière-plan les mathématiques.

En 1850, il obtint par l'entremise de la baronne de Marenholtz, une de ses plus ardentes admiratrices, la concession du château de Marienthal, et il y transporta son établissement. Une longue période d'action semblait s'ouvrir devant lui : il dirigeait lui-même les jeux des enfants et formait des institutrices. Mais la mort le surprit en 1852.

Frœbel et Diesterweg. — Du moins, avant de mourir, Frœbel a pu assister au succès croissant de son œuvre. Il recueillait chaque jour des adhésions considérables, par exemple celle de Diesterweg (1). C'est par l'intermédiaire de la baronne de Marenholtz que Frœbel et Diesterweg, le célèbre directeur de l'école normale de Berlin, entrèrent en relations. Diesterweg

(1) Voyez sur Diesterweg l'article de M. Pécaut dans le *Dictionnaire de Pédagogie.*

était un esprit solide et pratique qui a beaucoup contribué au développement de l'instruction en Prusse. Il avait commencé par dédaigner Frœbel, qu'il traitait de charlatan. Son opinion changea dès sa première entrevue avec lui. Il fut introduit près de Frœbel pendant que celui-ci faisait la classe. Tout entier à ce qu'il enseignait, Frœbel ne s'aperçut pas de sa présence. Diesterweg fut frappé de voir ce vieillard se donner tout entier à ces petits enfants, et ses préventions s'évanouirent. Il devint jusqu'à un certain point le propagateur des idées de Frœbel : il tomba d'accord avec lui sur sa conception générale des besoins de l'enfant et du rôle de la femme comme première éducatrice.

Succès de l'œuvre de Frœbel. — Frœbel a eu d'autres imitateurs. Comme Pestalozzi, il a inspiré un grand nombre d'écrits, et grâce au zèle de madame de Marenholtz et de quelques autres disciples, son œuvre pratique prospéra : les *jardins d'enfants* se sont multipliés en maint endroit, et surtout en Autriche.

Le P. Girard (1765-1850). — Le P. Girard est le pédagogue le plus éminent de la Suisse moderne. Moins célèbre que Pestalozzi et que Frœbel, il a cependant sur eux cet avantage d'avoir été mieux préparé à son rôle de pédagogue. Après avoir fait des études classiques sérieuses et complètes, il enseigna longtemps les mêmes choses dans la même école ; il acquit de l'expérience, et n'écrivit ses traités que dans un âge avancé, alors qu'il était en pleine possession de ses idées. Il avait en effet soixante-dix-neuf ans lorsqu'il publia son livre *de l'Enseignement régulier de la langue maternelle*. C'est une œuvre de maturité, qui résume toute une vie de labeur. Moins systématique que Frœbel et que Pestalozzi, le P. Girard cependant l'est encore trop, et il abuse du principe qui consistait à faire de toutes les parties de l'instruction les éléments de l'éducation morale.

Vie du P. Girard. — Girard est né à Fribourg en

1765. Son instinct pédagogique se manifesta de bonne heure : tout jeune encore, il aidait sa mère à instruire ses quatorze frères ou sœurs. Comme Frœbel, il se passionnait pour les questions religieuses. Un jour qu'il avait entendu dire à son précepteur qu'il n'y avait point de salut en dehors de l'Église romaine, il alla trouver sa mère en pleurant, et lui demanda si la marchande protestante qui lui apportait des fruits chaque jour serait damnée. Sa mère le rassura, et il resta toujours fidèle à ce qu'il appelait « la théologie de sa mère » : théologie tolérante et large qui lui valut la haine des jésuites.

A seize ans il entra dans l'ordre des cordeliers et accomplit son noviciat à Lucerne ; puis il enseigna dans plusieurs couvents, notamment à Wurtzbourg, où il resta quatre ans (1785-1788). Il revint à Fribourg en 1789 et pendant dix années il se consacra presque exclusivement à son ministère ecclésiastique.

Mais sa vocation pédagogique se manifestait déjà par quelques écrits.

En 1798, sous l'influence des idées de Kant dont il avait étudié avec ardeur la doctrine philosophique, il publia un *Projet d'éducation pour toute l'Helvétie* adressé au ministre suisse Stapfer, qui était aussi le protecteur de Pestalozzi.

Ce fut seulement en 1804 que Girard se consacra tout entier à l'enseignement, précisément la même année que Frœbel. Il fut chargé de diriger l'école primaire de Fribourg que l'on venait de confier aux cordeliers. Girard prit le nom de « préfet des études », et pendant dix-neuf ans, de 1805 à 1823, il exerça dans cette école son activité pédagogique. Très petite au début, l'école s'agrandit singulièrement : on y ajouta même une école de filles. Girard eut d'abord pour collaborateurs des cordeliers ; mais il les remplaça bientôt par des laïques, qui lui obéissaient mieux et qui se consacraient plus entièrement à leur tâche ; le maître de dessin était un protestant.

Succès de l'école de Fribourg.

Un disciple et un admirateur de Girard, le pasteur Naville a raconté, dans son livre de l'*Éducation publique*, les brillants résultats obtenus par Girard dans son école de Fribourg.

« Il avait formé une jeunesse telle peut-être qu'aucune ville du monde n'en pourrait offrir une semblable. Ce n'était pas sans un attendrissement profond que les amis de l'humanité contemplaient un spectacle si nouveau et si touchant. Cette classe ignorante, grossière, pleine de préjugés, qui fourmille partout, ne se rencontrait plus à Fribourg... La jeunesse y développait des grâces et une aimable activité, qu'un ton, des propos et des manières désagréables ne déparaient jamais. Si, voyant approcher des enfants couverts de haillons, vous vous approchiez d'eux, croyant avoir affaire à de petits polissons, vous étiez tout surpris qu'ils vous répondissent avec politesse, avec jugement, avec cet accent qui exprime des mœurs honnêtes et une éducation soignée... Le mot de l'énigme, vous le trouviez à l'école, lorsque vous observiez les groupes où ces mêmes enfants exerçaient tour à tour, comme en jouant, leur jugement et leur conscience. Trois ou quatre heures par jour employées à ce travail donnaient à la jeunesse cette intelligence, ces sentiments, ces formes qui vous enchantaient. »

Dernières années du P. Girard.

Malgré le succès de son enseignement, le P. Girard fut obligé d'abandonner la direction de son école en 1823. Sa disgrâce fut le résultat des intrigues des jésuites, dont le collège avait été rétabli en 1818. Il quitta Fribourg au milieu des regrets universels, et se retira à Lucerne où il enseigna la philosophie jusqu'en 1834. A cette époque il rentra dans sa ville natale et s'enferma dans la retraite. C'est alors qu'il rédigea ses œuvres pédagogiques. Mais, grâce à ses disciples et particulièrement au pasteur Naville, les méthodes du P. Girard étaient connues avant qu'il eût rien publié lui-même.

Enseignement de la langue maternelle (1844).

(1) *De l'éducation publique.* Paris, 1833, p. 158. Naville (1784-1846) fonda en 1817, à Vernier, près de Genève, un institut où il appliqua avec succès la méthode éducative du P. Girard

Examinons maintenant l'esprit général de la pédagogie de Girard. C'est dans l'ouvrage théorique qu'il publia en 1844, et que l'Académie française couronna la même année, qu'il faut chercher les principes de sa méthode.

Elle consistait à « choisir une étude qui pût être considérée comme une partie essentielle de l'instruction commune à toutes les classes de la société et qui néanmoins fût propre à exercer tous les pouvoirs intellectuels. » Cette étude était la langue maternelle, que Girard faisait servir au développement moral et religieux des enfants.

Villemain, dans son *rapport* sur le livre de Girard, a nettement défini le but de l'école populaire telle que la concevait le pédagogue de Fribourg :

« Là où la durée de l'enseignement doit être courte et son objet borné, il importe avant tout de bien choisir la méthode : car de ce choix dépendra l'éducation même. Cette méthode est-elle purement technique, a-t-elle pour but exclusif la lecture, l'écriture, les règles de la grammaire et du calcul, l'enfant du peuple sera peu instruit et ne sera point élevé. Une tâche difficile charge sa mémoire, sans développer son âme. Un procédé nouveau est mis à sa disposition, un atelier de plus lui est ouvert pour ainsi dire ; mais la trace de cette instruction sera peu profonde, se perdra même quelquefois par défaut d'application et d'exercice, et elle n'aura point agi sur l'être moral, trop souvent absorbé dans la suite par l'assiduité monotone ou la fatigue excessive des travaux du corps. La seule, la véritable école populaire est donc celle où tous les éléments d'étude servent à la culture de l'âme, et où l'enfant s'améliore par les choses qu'il apprend et par la manière dont il les apprend. »

Analyse de cet ouvrage. — Le livre de Girard est divisé en quatre parties. La première contient des *considérations générales* sur la manière dont la mère apprend à parler à ses enfants, sur le but d'un cours de langue maternelle, sur les éléments qui doivent concourir à le former.

La deuxième partie est intitulée : l'*Enseignement gulier de la langue maternelle considérée uniquement*

comme *l'expression de la pensée*. C'est la langue considérée en elle-même : mais Girard veut que le mot soit
toujours uni à la pensée. Il ne faut pas que l'enseignement de la grammaire se réduise à l'enseignement
verbal, il faut qu'il serve aussi à développer la pensée
des élèves.

Dans la troisième partie, l'*Enseignement régulier de
la langue maternelle considérée comme moyen de cultiver l'esprit*, Girard examine tout ce qui peut contribuer au développement des facultés.

Dans la quatrième partie, l'*Enseignement régulier de
la langue mis au service de la culture du cœur*, Girard
montre comment l'enseignement de la langue doit
servir à l'éducation morale.

Une cinquième partie, *Emploi du cours de langue
maternelle*, est pour ainsi dire la partie matérielle
du livre, et comme l'esquisse du grand ouvrage pratique
de Girard, le *Cours éducatif de langue maternelle*.

Le grammairien, le logicien, l'éducateur. — En
d'autres termes, Girard se place tour à tour à différents points de vue, dans l'enseignement de la langue :

> « Quatre personnages, dit-il, doivent concourir à rédiger le
> cours de langue maternelle : le grammairien, le logicien, l'é-
> ducateur, et enfin le littérateur. »

La tâche du grammairien est de fournir le matériel de
la langue et ses formes convenues.

Le logicien nous apprendra ce qu'il faut faire pour
cultiver les jeunes intelligences.

L'éducateur s'inspirera sans cesse de cette grande
maxime : « L'homme agit comme il aime, et il aime
comme il pense. » Il cherchera à graver dans l'âme des
enfants toutes les belles et grandes vérités qui peuvent
éveiller et entretenir les pures et nobles affections

Enfin le littérateur a aussi son rôle dans le cours de
langue, en ce sens que les élèves, outre que dès le début
de leurs études ils seront appelés à inventer des propo-

sitions et des phrases, auront un peu plus tard à composer des récits, des lettres, des dialogues, etc.

Grammaire d'idées. — L'enseignement élémentaire doit avoir pour but de développer l'esprit, le jugement, Il n'est plus question de cultiver seulement la mémoire et de faire apprendre des mots. Le P. Girard voulait que la grammaire elle-même fût un exercice d'idées

« Les grammaires en vogue, disait-il, sont uniquement calculées sur une diction et une écriture correctes. Avec leur aide on parvient à la longue à éviter un certain nombre de fautes de style et d'orthographe... Cet enseignement devient une pure affaire de mémoire, et l'enfant s'habitue à prononcer des sons auxquels il n'attache aucun sens. Il faudrait à l'enfant une *grammaire d'idées*... Nos *grammaires de mots* sont la plaie de l'éducation. »

En d'autres termes, il faudrait que l'étude de la grammaire fût surtout un exercice de pensée, et « comme la logique de l'enfance.

Usage discret des règles. — Le P. Girard ne proscrit pas les règles : l'enseignement de la langue ne peut se faire sans elles ; « mais il y a, dit-il, une manière convenable de les présenter à l'enfance et une juste mesure à garder. »

Il faut suivre, dans l'enseignement de la grammaire, la marche que les grammairiens ont suivie eux-mêmes pour établir leur science :

« Les règles ont été établies sur les faits; c'est donc aux faits qu'il faut les rattacher dans l'instruction, afin d'apprendre par là aux enfants à faire en connaissance de cause ce qu'ils n'ont fait jusqu'ici que par une aveugle imitation... Peu de règles, beaucoup d'exercices. Les règles sont toujours abstraites, sèches, et par là même peu faites pour plaire aux enfants, lors même qu'ils peuvent les comprendre. Nous devons donc en être très économes en général. »

Aussi le P. Girard recommande surtout les exercices pratiques, l'enseignement oral, l'usage continuel du tableau noir, la collaboration active et animée de tous les élèves de la classe, les interrogations rapides, la méthode socratique, dont il critique cependant l'abus(1).

Arithmétique morale. — Le P. Girard, comme presque tous les hommes qui ont conçu une idée originale, est tombé dans l'esprit de système. Il a cru que non seulement la langue, mais toutes les études pouvaient concourir à l'éducation morale :

> « Il comprit, dit Naville, qu'au moyen d'un choix de problèmes calculé sur le développement des affections sociales dans la famille, la commune, l'État, on pourrait donner à l'arithmétique cette salutaire direction, que l'on pourrait la faire servir, non seulement à rendre l'enfant prudent et économe, mais encore à étendre ses vues au delà du cercle étroit de l'égoïsme et à cultiver en lui des dispositions bienfaisantes (2). »

Géographie morale — C'est dans le même esprit qu'il prétendait trouver dans l'étude de la géographie un moyen de contribuer au développement de l'être moral :

> « D'après mon intime conviction, tout ouvrage élémentaire pour l'enfance doit être un moyen d'éducation. S'il se borne à donner des connaissances, s'il se borne à développer les facultés de l'élève, je puis approuver l'ordre et la vie que l'auteur a su mettre dans son travail ; mais je ne suis pas content de lui. Je suis même blessé de ne trouver qu'un maître de langue, d'histoire naturelle, de géographie, etc., quand j'attendais quelque chose de beaucoup plus grand : un instituteur de la jeunesse, formant l'esprit pour former le cœur... La géographie se prête aussi merveilleusement à la sublime intention, quoique dans une sphère un peu plus réservée (3). »

Cours éducatif de langue maternelle. — Girard ne s'est pas contenté d'exposer sa doctrine dans son livre *de l'Enseignement régulier de la langue maternelle :* dans les quatre volumes de son *Cours éducatif* (1844-1846) il a appliqué sa méthode. « Plein de vues neuves et hardies, original par l'ordre des matières,

(1) Voyez le chapitre III du livre III, § 1er, *Juste milieu entre deux extrêmes.*

(2) Naville, *de l'Éducation publique,* p. 411.

(3) *Explication du plan de Fribourg en Suisse,* 1817.

comme par le système d'exposition, révolutionnaire même dans la terminologie grammaticale, ce livre est une mine où nous pouvons puiser largement. Seulement nous ne conseillerons pas d'adopter tout en bloc : il y a à prendre et à laisser (1). »

Analyse de cet ouvrage. — Le titre indique le caractère général de l'œuvre : dans son *Cours éducatif* Girard ne sépare pas l'éducation de l'instruction. Il s'agit de développer les sentiments moraux et religieux de l'enfant, non moins que de lui apprendre sa langue.

Les premières leçons de grammaire doivent être des leçons de choses. On fait nommer à l'enfant les objets qu'il connaît, les personnes, les animaux, les choses, et on lui fait acquérir par là les notions de nom commun et de nom propre, de genre et de nombre. On le provoque ensuite à trouver de lui-même les qualités physiques, intellectuelles et morales des objets, et par là à se familiariser avec les adjectifs qualificatifs. On a soin d'ailleurs, en faisant nommer chaque qualité, comme plus tard en faisant énoncer chaque jugement, de demander à l'enfant : « Est-ce bien? Est-ce mal? »

L'accord de l'adjectif et du nom s'apprend par la pratique. On exerce l'enfant à associer des adjectifs à des noms qu'il a trouvés et réciproquement.

Une fois en possession des éléments essentiels de la proposition, l'enfant aborde l'étude de la proposition elle-même, et par suite l'étude du verbe. Girard a pour principe de faire toujours conjuguer par propositions. Il n'emploie d'ailleurs au début dans des propositions simples que l'indicatif, l'impératif, l'infinitif et le participe; il remet à plus tard l'étude du conditionnel et du subjonctif. Remarquons en outre qu'il mène de front l'étude des temps simples de toutes les conjugaisons.

L'ordre suivi par Girard est tout à fait différent de celui des grammaires ordinaires. Voici comment il l'explique lui-même :

(1) Voyez les intéressants articles de M. Lafargue dans le *Bulletin pédagogique de l'enseignement secondaire*, 1882.

« Dans leur première partie, les grammaires font paraître à la file les neuf espèces de mots, pour en donner rapidement les définitions, les divisions et les formes variables, ce qui amène une légion de termes tout à fait inconnus à l'enfance. La seconde partie de ces grammaires reprend ces mêmes mots dans le même ordre, pour en régler sèchement l'usage dans la construction : longue et aride théori qui n'offre à l'enfance aucun intérêt. »

Et ailleurs, parlant de son propre travail, il écrit :

« Mon travail diffère essentiellement des grammaires que l'on met entre les mains de la jeunesse. Quand on écrit sur la langue pour les adultes, on p ut s'en tenir. aux définitions, aux divisions, aux règles, à leurs exceptions, et en former des recueils selon l'usage. Mais celui qui écrit pour l'enfance doit avoir l'éducation de l'esprit et du cœur en vue, et régler sur ce but la marche et la forme de l'enseignement. La marche doit être rigoureusement progressiv , et les élèves doivent, du commencement à la fin, s'aider à composer eux-mêmes leur grammaire. »

« Ainsi, loin de fa re des recueils sur le nom, l'adjectif, le verbe, etc., et de réunir sur ces parties ce qui les concerne, il faut s'attacher au fon t du langage, commencer par le commencement, aller pas à pas du simple au composé, et apprendre aux enfants à penser, pour leur apprendre à comprendre et à parler la langue de l'homme. Les menus détails ne peuvent paraître que plus tard et par ccasion. De là résulte nécessairement un déplacement des matières grammaticales que l'on s'est occupé à réunir et à rapprocher. De là encore une grande parcimonie dans les définitions et les divisions abstraites, qui rebutent l'enfance. »

Influence pédagogique du P. Girard. — L'influence du P. Girard ne s'est pas seulement étendue à la Suisse : elle a rayonné à l'étranger. Ses idées se sont répandues en Italie, propagées par l'abbé Lambruschini et par Enrico Mayer : une revue même a été fondée pour servir d'organe aux « girardistes » de la Péninsule. En France M. Michel, dans le *Journal de l'éducation pratique*, M. Rapet, dans divers ouvrages (1), ont recommandé à l'attention publique les méthodes du péda-

(1) MM. Rapet et Michel ont collaboré à la publication du *Cours éducatif de la langue maternelle.*

gogue suisse. Enfin on peut dire que les principes exposés tout récemment par *le Conseil supérieur de l'instruction publique* (1880), sur l'enseignement du français dans les classes élémentaires des lycées, sont en grande partie l'écho de la doctrine pédagogique du P. Girard.

LEÇON XX

LA PÉDAGOGIE FÉMININE

Les femmes pédagogues. — Madame de Genlis (1746-1830). —
Ouvrages pédagogiques. — Éducation encyclopédique. — Imi
tation de Rousseau. — Miss Edgeworth. — Miss Hamilton. —
— Madame Campan (1752-1822). — Éloge de l'éducatiou
domestique. — Progrès dans l'enseignement. — Souci de
l'éducation populaire. — Madame de Rémusat (1780-1821). —
Esquisse d'une psychologie féminine. — Esprit de liberté. —
Madame Guizot (1779-1827). — Les *Lettres sur l'éducation*. —
Optimisme psychologique. — Nature de l'enfant. — Madame
Necker de Saussure (1765-1841). — L'*Éducation progressive*. —
Originalité de madame Necker de Saussure. — Développement
des facultés. — Culture de l'imagination. — Éducation des
femmes. — Madame Pape-Carpantier (1815-1878). — Caractère
général de ses œuvres. — Principaux ouvrages. — Leçons de
choses. — Autres pédagogues féminins. — Dupanloup et
l'éducation des femmes.

Les femmes pédagogues. — Un des traits caractéristiques de la pédagogie du dix-neuvième siècle, c'est
le progrès constant de l'éducation féminine. La femme
sera plus instruite, et en même temps elle jouera un
plus grand rôle dans l'enseignement. Les écoles primaires de filles n'existaient pour ainsi dire pas en
France au commencement de ce siècle. Fourcroy, rapporteur du projet du 1er mai 1802, déclarait que « la loi
ne s'occupe pas des filles. » Mais grâce aux efforts de la
monarchie de juillet, et plus encore aux lois libérales
de la deuxième et de la troisième République, l'enseignement primaire des filles se généralisera de plus en
plus. L'enseignement secondaire public sera créé pour

les femmes par la loi du 20 décembre 1880, et de plus en plus l'égalité des deux sexes, au point de vue de l'instruction, tendra à devenir une réalité, par l'effet de l'impulsion gouvernementale aussi bien que de l'initiative privée.

Mais ce qui n'est pas moins remarquable, c'est la l'art considérable que les femmes ont prise par leurs réflexions abstraites ou par leur action pratique à l'avancement de la pédagogie. Le dix-neuvième siècle comptera dans l'histoire de l'éducation par le grand nombre de ses femmes pédagogues, les unes véritables philosophes et écrivains distingués, les autres zélées maîtresses d'école et institutrices ardentes.

Madame de Genlis (1746-1830). — Bien qu'elle n'appartienne pas au dix-neuvième siècle par ses écrits pédagogiques, madame de Genlis a certains droits à figurer au premier rang dans la liste des éducatrices de notre temps. Elle a eu au plus haut degré la vocation pédagogique. Seulement cette vocation tournait à la manie et s'éparpillait sur toutes choses. Madame de Genlis eût voulu tout savoir pour pouvoir tout enseigner. « Elle était plus qu'une femme auteur, dit finement Sainte-Beuve : elle était une femme *enseignante;* elle était née le signe au front. »

Les jeunes filles jouent volontiers *à la maman* avec leurs poupées : dès l'âge de sept ans, madame de Genlis joua à l'institutrice

« J'avais le goût d'enseigner aux enfants et je m'étais faite maîtresse d'école d'une singulière manière... De petits garçons du village venaient sous la fenêtre du château de mes parents pour jouer et couper des joncs. Je m'amusais à les regarder et bientôt je m'imaginai de leur donner des leçons. »

L'institutrice villageoise de sept ans fut vingt ans plus tard la gouvernante des filles de la duchesse de Chartres, et le *gouverneur* des fils du duc de Chartres (Philippe-Égalité).

Ouvrages pédagogiques. — Le principal ouvrage de

madame de Genlis, *Lettres sur l'éducation* (1782) traite
de l'éducation des princes et aussi de « celle des jeunes
personnes et des hommes. » En lui donnant cet autre
titre : *Adèle et Théodore*, l'auteur marquait son intention de rivaliser avec Rousseau et d'élever un homme
et une femme plus parfaits que Sophie et Émile.

Bien qu'elle eût l'âme profondément aristocratique,
madame de Genlis, après la révolution de 1789, parut
un instant suivre le courant libéral qui emportait les
esprits. C'est alors qu'elle publia les *Conseils sur l'éducation du Dauphin* et quelques parties de son journal
d'éducation, sous le titre de *Leçons d'une gouvernante*.
Elle n'a jamais cessé de prêcher l'amour du peuple aux
souverains, et il faut lui rendre cette justice qu'elle
n'a pas seulement écrit pour les gens de cour. Elle
proteste elle-même, et avec vivacité, « qu'elle est le
premier auteur qui se soit occupé de l'éducation du
peuple. Cette gloire, ajoute-t-elle, est chère à mon
cœur. » Madame de Genlis cite à l'appui de ses prétentions le quatrième volume de son *Théâtre d'éducation*,
qui est, dit-elle, « uniquement destiné aux enfants de
marchands, d'artisans ;... les domestiques, les paysans
y verront le détail de *leurs obligations*, de *leurs devoirs.* »

Éducation encyclopédique. — On a dit avec
raison que madame de Genlis était la personnification
de l'enseignement encyclopédique (1).

« ... Son programme d'enseignement n'a pas de limites. Elle est
pour le latin, sans toutefois en juger la connaissance indispensable. Elle fait une large part aux langues vivantes : à Saint-
Leu, ses élèves jardinent en allemand, dînent en anglais, sou-
pent en italien. En même temps, elle invente des appareils de
gymnastique : poulies, bottes, lits de bois, souliers de plomb.
Rien ne la prend au dépourvu, rien ne coûte à sa plume trop
facile ; elle est universelle... On lui demande un projet d'école
rurale pour les enfants de la campagne, et elle le fournit. »

(1) M. Gréard, *Mémoire sur l'enseignement secondaire des filles,*
p. 28.

Imitation de Rousseau. — Madame de Genlis n'a cessé de critiquer Rousseau, et néanmoins, dans ses romans d'éducation, l'inspiration de Rousseau est partout présente. Comment ne pas reconnaître un élève de Rousseau chez le père d'Adèle et de Théodore, qui s'éloigne de Paris pour se consacrer entièrement à l'éducation de ses enfants, pour se faire « leur gouverneur et leur ami, pour dérober enfin l'enfance de son fils et de sa fille aux exemples du vice? » Et les méthodes patronnées par Rousseau, les leçons imprévues, les moyens indirects, employés pour instruire sans en avoir l'air? Madame de Genlis n'en veut pas d'autres. Rien de divertissant comme la description du château du baron d'Almane, le père d'Adèle et de Théodore. Ce n'est plus un château : c'est une maison d'école. Les murs n'y sont plus des murs · ce sont des tableaux d'histoire ou des cartes de géographie.

> « Quand nous voulons faire étudier l'histoire à nos enfants selon un ordre chronologique, nous partons de ma chambre à coucher, qui représente l'histoire sainte; de là nous entrons dans ma galerie, où nous trouvons l'histoire ancienne; nous arrivons dans le salon, qui contient l'histoire romaine, et nous finissons par la galerie de M. d'Almane (c'est la baronne qui parle), où se trouve l'histoire de France. »

Dans sa féerie pédagogique, madame de Genlis veut que l'enfant ne rencontre pas devant lui un seul objet qui ne soit transformé en instrument d'instruction. Adèle et Théodore ne peuvent pas prendre un écran sans y trouver figurée et exposée tout au long une question de géographie. Voici des tableaux accrochés à la tapisserie : ce sont des scènes historiques; derrière on a eu soin d'écrire l'explication de ce qu'elles représentent. Au moins ces cinq ou six paravents qu'on déploie dans l'appartement aux jours de froid n'ont pas de prétentions instructives? Détrompez-vous: on y a peint, on y a écrit l'histoire d'Angleterre, d'Espagne, d'Allemagne, celle des Maures et des Turcs

Jusque dans la salle à manger, la mythologie encombre tous les panneaux de la salle, et « elle fait ordinairement le sujet de la conversation pendant le dîner. » Dans ce château ensorcelé pour ainsi dire par la fée de l'histoire, il n'y a pas un regard perdu, pas une minute vide de leçon, pas un coin où l'on puisse rêver et perdre son temps. L'histoire vous y poursuit comme un spectre, comme un cauchemar, le long des corridors, dans l'escalier et jusque sur les tapis que l'on foule aux pieds, et sur les fauteuils où l'on s'assoit. Le vrai moyen de dégoûter à jamais un enfant des études historiques, ce serait de le condamner à vivre huit jours dans la maison-école de madame de Genlis.

Miss Edgeworth (1770-1849). — C'est de la philosophie écossaise et des théories psychologiques de Reid, de Dugald-Stewart, que se sont inspirées à des degrés divers deux femmes distinguées, qui ont honoré la pédagogie anglaise du commencement de ce siècle, miss Edgeworth et miss Hamilton.

Dans son livre de l'*Éducation pratique*, publié en 1798 (1), miss Edgeworth ne s'égare pas dans les dissertations théoriques : son travail est un recueil de faits, d'observations et de préceptes. Le premier chapitre traite des *jouets de l'enfance*, et l'auteur justifie ce début en disant qu'il n'y a rien de trivial et de minutieux en matière d'éducation. C'est par des conversations d'abord, ensuite par l'emploi de la méthode d'invention, de la méthode analytique et intuitive, que miss Edgeworth prétend former ses élèves ; et ses réflexions sur l'éducation intellectuelle méritent d'être méditées. Pour l'éducation morale, elle se rapproche de Locke et semble compter beaucoup sur le sentiment de l'honneur, sur l'amour de la réputation. En tout cas elle écarte absolument le sentiment religieux : la caractéristique de son système est qu'elle fait « abstraction totale des idées religieuses. »

(1) Traduction française de Pictet, 1801.

Miss Hamilton (1758-1816). — Miss Hamilton est
à la fois plus philosophe et plus chrétienne que miss
Edgeworth. C'est au psychologue Hartley qu'elle emprunte son principe essentiel, qui consiste à faire de
l'association des idées le fondement de l'éducation :
Hartley y voyait la loi souveraine du développement
de l'esprit. Mais, d'autre part, elle déclare elle-même
« qu'elle ne suit pour guide que les préceptes de l'Évangile. »

Le principal ouvrage de miss Hamilton, les *Lettres
sur les principes élémentaires de l'éducation* (1801) (1), a
un caractère plus théorique que le livre de miss Edgeworth. Il y est question surtout des principes, « qui, dit-
elle, sont plus nécessaires que les règles. » On n'y trouve
que peu de réflexions sur l'enseignement proprement
dit. Elle emprunte les paroles mêmes de Dugald-Stewart
pour définir l'objet de l'éducation :

« L'éducation a pour but, d'abord de cultiver les divers principes
de notre nature, soit actifs, soit spéculatifs, et de les porter à la
plus grande perfection possible ; en second lieu, de veiller sur
les impressions et les associations que l'esprit reçoit dans l'enfance, de le mettre en garde contre les erreurs dominantes et
de l'engager de tout notre pouvoir à préférer la vérité à tout. »

Pour cultiver les facultés intellectuelles et morales
miss Hamilton compte surtout, nous l'avons dit, sur le
principe de l'association des idées. Il faut rompre, ou
plutôt empêcher de naître, toutes les associations
fausses, c'est-à-dire tous les jugements inexacts. Une
fois l'ordre rétabli dans les idées, la volonté sera
droite et la conduite bien ordonnée. C'était en d'autres
termes subordonner, non sans excès, le développemen
des facultés morales à la culture des facultés intel
lectuelles.

« Il est évident, dit miss Hamilton, que tous nos désirs s'accordent avec les idées de plaisir, et toutes nos aversions avec les
idées de douleur. »

(1) Traduction française par Chéron, 2 vol. Paris, 1804

L'éducateur fera donc effort, pour associer l'idée du plaisir avec tout ce qui est bon et utile pour l'enfant et pour l'homme.

Notons aussi, en passant, la sollicitude de miss Hamilton pour l'éducation du peuple :

« Il semblerait, dit-elle, d'après le plus grand nombre des auteurs qui écrivent sur l'éducation, qu'elle n'est de quelque importance que pour les gens riches... Mon plan est de cultiver les facultés communes à toute la race humaine. »

Elle pensait sur ce point, comme miss Edgeworth, dont le père avait fait voter, en 1799, au parlement d'Irlande, la première loi sur l'instruction primaire.

Madame Campan (1752-1822). — Vingt-cinq années d'expérience, soit à la cour de Louis XV, soit dans le pensionnat de Saint-Germain, qu'elle fonda sous la Révolution, soit enfin dans la maison d'Écouen, dont Napoléon Ier lui confia la direction en 1807 : tels sont les titres qui assurent tout de suite à madame Campan quelque autorité en matière pédagogique (1). Ajoutons que le bon sens, un esprit méthodique et prudent, en un mot des qualités plus raisonnables que brillantes, dirigèrent cette longue expérience personnelle :

« J'ai vu d'abord, disait-elle, ensuite j'ai réfléchi, et enfin j'ai écrit. »

Éloge de l'éducation domestique. — De la part d'une institutrice, d'une directrice d'école, on s'attendrait à des préjugés en faveur de l'éducation publique des pensionnats. Ce qui nous donne tout de suite confiance, c'est que madame Campan, tout au contraire, apprécie mieux que personne les avantages de l'éducation maternelle :

(1) Voyez les deux volumes publiés en 1824 par M. Barrière, de l'Éducation par madame Campan, suivi des Conseils aux jeunes filles, d'un théâtre pour les jeunes personnes et de quelques essais de morale.

» Créer des mères, disait-elle, voilà toute l'éducation des

Rien ne lui paraît au-dessus d'une mère gouvernante, « qui ne veille pas, qui se lève de bonne heure, » qui se consacre enfin résolument au grand devoir dont elle est chargée.

« Il n'y a point de pension, quelque bien tenue qu'elle soit, il n'y a point de couvent, quelle que soit sa pieuse règle, qui puissent donner une éducation comparable à celle qu'une jeune fille reçoit de sa mère, quand elle est instruite et qu'elle trouve sa plus douce occupation et sa vraie gloire dans l'éducation de sa fille. »

Madame Campan fait d'ailleurs remarquer aux mères institutrices de leurs filles tout ce qu'une pareille charge comporte d'obligations. Trop souvent, la mère qui garde jalousement sa fille auprès d'elle n'est pas capable de l'élever. On n'a alors de l'éducation domestique que les apparences, et, comme le dit finement madame Campan, « ce n'est plus l'*éducation maternelle*, ce n'est que l'*éducation au logis*. »

Progrès de l'enseignement. — Fénelon était l'auteur favori de madame Campan. D'autre part, il y a quelque ressemblance entre les règles de la maison d'Écouen et celles de Saint-Cyr. L'esprit du dix-septième siècle revit dans les institutions pédagogiques du dix-neuvième, et madame Campan est la continuatrice de madame de Maintenon.

Cependant sur plus d'un point il y a progrès, et l'instruction est plus ferme, plus complète.

« Le but de l'éducation, écrivait madame Campan à l'Empereur, doit être porté : 1° vers les vertus domestiques ; 2° vers l'enseignement, à un tel degré de perfection, pour la connaissance de la langue, du calcul, de l'histoire, de l'écriture, de la géographie, que toutes les élèves soient assurées du bonheur de pouvoir instruire elles-mêmes leurs filles. »

Madame Campan voulait d'ailleurs étendre son

œuvre; elle demandait à l'Empereur la création de plusieurs établissements publics « pour élever les filles de certaines catégories des serviteurs de l'État. » Elle désirait que le gouvernement prît sous sa surveillance les institutions privées, et rêvait pour les femmes, comme pour les hommes, une sorte d'université, « qui remplaçât les couvents et les collèges. » Mais Napoléon n'était pas homme à entrer dans ces projets : il ne goûtait guère les écoles de « raisonneuses », et les congrégations enseignantes qu'il rétablissait dans leurs privilèges, faisaient mieux son affaire.

Souci de l'éducation populaire. — On pourrait croire que madame Campan, qui avait débuté par être la lectrice des trois filles de Louis XV, et qui ne fut guère entourée que de personnes riches ou de grande condition, n'eut jamais le goût ou le loisir de penser à l'instruction populaire. Il n'en est rien, comme en témoignent ses *Conseils aux jeunes filles, ouvrage destiné aux écoles élémentaires.*

« On n'a point lieu de craindre que les filles des gens riches manquent jamais de livres pour les instruire et de gouvernantes pour les diriger. Il n'en est point ainsi des enfants qui appartiennent à des classes peu fortunées... J'ai vu de près combien l'éducation des filles du peuple de la campagne était incomplète et négligée... C'est donc pour elles que j'ai tracé ce petit ouvrage. »

L'ouvrage lui-même n'a peut-être pas le ton qui conviendrait, ni toute la simplicité que l'auteur aurait voulu lui donner; mais il faut savoir gré à madame Campan de ses intentions, et nous comptons parmi ses meilleurs titres à l'estime de la postérité l'effort qu'elle a fait sur ses vieux jours pour devenir, au moins dans ses écrits, une simple maîtresse d'école et une institutrice de village.

Madame de Rémusat (1780-1821). — Madame de Rémusat n'a écrit que pour les femmes du monde. Femme du monde elle-même, dame de palais de l'impératrice Joséphine elle n'a d'ailleurs pas d'expérience personnelle, en fait de pédagogie ; elle n'a touché à la pratique de l'éducation qu'en surveillant les études de ses deux fils, dont l'un est devenu un philosophe et un homme d'État illustre, Charles de Rémusat. Ce n'est donc point par des préceptes de détail et des méthodes scolaires que se recommande le beau livre de madame de Rémusat, l'*Essai sur l'éducation des femmes*, c'est par de hautes réflexions et des principes généraux (1).

Esquisse d'une psychologie féminine. — Notons d'abord divers passages, où l'auteur esquisse en quelques traits la psychologie de la femme, et détermine son rôle dans la vie :

« La femme est sur la terre la compagne de l'homme, mais cependant elle existe pour son propre compte : elle est *inférieure*, mais non *subordonnée*. »

L'expression trahit ici madame de Rémusat, et il serait plus juste de dire que la femme n'est pas inférieure à l'homme, qu'elle est son égale, mais que dans les conditions civiles et sociales elle lui reste nécessairement subordonnée.

Mais avec quelle justesse parfaite l'aimable écrivain caractérise les qualités propres de la femme !

« La suite et la profondeur nous manquent, quand nous voulons nous appliquer à des questions générales. Douées d'une intelligence vive, nous entendons sur-le-champ, devinons même et voyons aussi bien que les hommes. Mais, trop facilement émues pour demeurer impartiales, trop mobiles pour nous appesantir, apercevoir nous va mieux qu'observer. L'attention prolongée nous fatigue ; nous sommes enfin plus douces que patientes... Plus sensibles et plus dévouées que les hommes, les femmes ignorent cette sorte d'égoïsme que porte au dedans de soi, comme sentiment de sa force, une créature indépendante. Pour obtenir d'elles une action quelle qu'elle soit, il faut presque toujours les *convier au bonheur d'un autre*. Leurs défauts mêmes se rattachent à leur condition. La même cause excitera chez

(1) L'ouvrage de madame de Rémusat a été publié en 1824, après la mort de l'auteur, par les soins de Charles de Rémusat.

l'homme les émotions de l'orgueil, et chez la femme seulement celles de la vanité. »

Le sérieux dans l'éducation. — Madame de Rémusat, plus encore que madame Campan, appartient à l'école moderne : elle veut pour la femme une éducation sérieuse et grave

« Je ne vois aucun motif de traiter les femmes moins sérieusement que les hommes, de leur dénaturer la vérité sous la forme d'un préjugé, le devoir sous l'apparence d'une superstition, pour qu'elles acceptent et le devoir et la vérité. »

Elle n'est plus surtout de l'avis du trop aimable moraliste Joubert, qui avec plus de galanterie que de vrai respect pour la femme disait : « Rien de trop terrestre et de trop matériel ne doit occuper les jeunes filles. Il ne faut entre leurs mains que des matières légères... Elles ressemblent à l'imagination et ne doivent qu'effleurer comme elle (1). »

Esprit patriotique. — Madame de Rémusat est de son temps, et son admiration pour le siècle de Louis XIV ne lui fait pas oublier ce qu'elle doit à la société nouvelle, transformée par de grandes réformes politiques.

« Nous touchons au temps où tout Français sera citoyen. La destinée d'une femme est à son tour comprise dans ces deux termes : *épouse et mère d'un citoyen.* » — « Il y a bien de la morale, et une morale sévère et touchante, dans l'idée qu'on doit attacher à ce nom de citoyen Je ne sais pas, après la religion, de mobile plus puissant que l'esprit patriotique pour diriger la jeunesse vers le bien. »

Il ne s'agit donc plus seulement de former la femme et l'homme pour eux-mêmes, pour leur destinée individuelle : il faut les élever pour la morale publique, pour leur rôle dans la société. Madame de Rémusat n'est pas de ces femmes timides et effarouchées, qui ont la nostalgie du passé, que le présent effraye. Libérale et cou-

(1) Joubert, *Pensées.* tit IX, *de l'Éducation,* XII.

rageuse, elle accepte virilement le régime nouveau ; elle en proclame les bienfaits ; et, si elle écrit comme une femme du dix-septième siècle, presque avec la perfection de madame de Sévigné, son modèle préféré, elle pense du moins comme une fille de la Révolution.

Esprit philosophique. — Ce qui n'est pas moins remarquable, c'est le caractère philosophique de ses réflexions. Elle croit à la liberté et à la conscience. C'est la conscience qu'elle prétend substituer comme règle morale « aux volontés despotiques et superficielles. » Ce n'est plus par le mot impérieux : *il faut,* c'est par le mot obligatoire : *vous devez,* que la mère doit conduire et gouverner sa fille

« Qu'en toute occasion ces mots : *je dois,* reparaissent dans les discours de la mère. »

C'est dire que l'enfant doit être traité en créature libre. Le but et en même temps le moyen le plus efficace de l'éducation est le bon emploi de la liberté. Tout en surveillant l'enfant, il faut le laisser maître de chercher lui-même et de prendre en mainte occasion le parti qu'il voudra. Par là on développera sa volonté, on fortifiera son caractère ; et c'est un point essentiel selon madame de Rémusat :

« Si sous Louis XIV, dit-elle, l'éducation de l'esprit des femmes fut grave et parfois solide, celle du caractère demeura imparfaite. »

Madame Guizot (1773-1827). — Madame Guizot s'est d'abord fait connaître sous son nom de jeune fille, Pauline de Meulan. Dans les dernières années du dix-huitième siècle, elle avait écrit plusieurs romans et collaboré à la revue de Suard, le *Publiciste.* C'est en 1812 qu'elle épousa Guizot, le futur rédacteur de la loi de 1833, qui venait de fonder les *Annales de l'éducation* (1). A partir de cette époque, toutes ses idées et tous

(1) Les *Annales de l'Éducation* parurent de 1811 à 1814. C'est

ses écrits se tournèrent à peu près exclusivement ver
la morale et l'éducation. Elle publia successivement *les
Enfants* (1812), *Raoul et Victor* (1821), et enfin son
œuvre maîtresse, les *Lettres de famille sur l'éducation* (1826).

Les Lettres sur l'éducation. — Pour donner tout
de suite une idée du mérite de ce livre (1), nous citerons le jugement de Sainte-Beuve :

« L'ouvrage de madame Guizot restera après l'*Émile*, mar-
quant en cette voie le progrès de la raison saine, modérée et
rectifiée de nos temps, sur le génie hasardeux, comme en politique la *Démocratie* de M. de Tocqueville est un progrès sur le
Contrat social. Essentiel à méditer, comme conseil, dans toute
éducation qui voudra préparer des hommes solides à notre pénible société moderne, ce livre renferme encore, en manière
d'exposition, les plus belles pages morales, les plus sincères et
les plus convaincues, qu'à côté de quelques pages de M. Jouffroy, les doctrines du rationalisme spiritualiste aient inspirées
à la philosophie de notre époque. »

Optimisme psychologique. — L'esprit philosophique ne fait pas défaut aux *Lettres sur l'éducation*.
La lettre XII tout entière est un plaidoyer en faveur de
l'innocence relative de l'enfant. Ce qui est mauvais dans
le penchant déréglé, dit l'auteur, ce n'est pas le penchant, c'est le dérèglement .

« Les penchants de l'être sensible sont en eux-mêmes ce
qu'ils doivent être. On a dit : « L'homme ne saurait être vertueux, s'il ne dompte ses penchants : donc ses penchants sont
mauvais. » C'est une erreur. L'arbre non plus n saurait produire de bons fruits, si en l'élaguant on n'arrêtait le cours déréglé de la sève. La sève est-elle pour cela mauvaise à l'arbre?»

Il résulte de ces principes que la discipline ne doit
voir rien de sévère :

un recueil intéressant à consulter, et où Guizot publia, entre
autres travaux pédagogiques, ses études sur les idées de Rabelais et de Montaigne, réimprimées plus tard dans le volume
des *Études morales*.

(1) *Education domestique* ou *Lettres de famille sur l'éducation*
2 vol. Paris, 1826

« Ne trouvez-vous pas étrange, s'écrie madame Guizot, que pendant des siècles, l'éducation ait été en quelque sorte un système d'hostilité contre la nature humaine, que corriger et punir se soient trouvés synonymes, et qu'on n'ait parlé que de caractères à rompre, de natures à dompter, comme s'il se fût agi d'ôter aux enfants la nature que Dieu leur a faite pour leur en donner une de la façon des instituteurs ? »

Nature de l'enfant. — Ce qui donne un grand prix au travail de madame Guizot, c'est que, à part les considérations générales et les réflexions philosophiques, on y rencontre en grand nombre les expériences circonstanciées, les observations de détail, que comporte un traité de bonne pédagogie. Comme la psychologie de l'enfant, la pédagogie elle-même, au moins dans ses premiers chapitres, doit être méditée et écrite auprès d'un berceau. Madame Guizot marque avec force l'importance des premières années, où se noue la destinée future de l'enfant :

« Dans ces organes imparfaits, dans cette intelligence incomplète, sont renfermés, depuis le premier moment de son existence, les germes de ce qui doit jamais en sortir de meilleur ou de plus mauvais : l'homme n'aura pas, dans tout le cours de sa vie, un mouvement qui n'appartienne à cette nature dont tous les traits sont déjà ébauchés dans l'enfant. L'enfant ne recevra pas une impression un peu vive, un peu durable, une forme quelconque dont l'effet ne doive influer sur la vie de l'homme. »

En même temps qu'elle voit dans l'enfant l'esquisse de l'homme, madame Guizot reconnaît, avec une finesse remarquable de sens psychologique, ce qui distingue, ce qui caractérise la nature irréfléchie, inconsidérée de l'enfant. Quoi de plus juste que cette observation ?

« Nous nous trompons souvent en attribuant aux actions des enfants, parce qu'elles sont analogues aux nôtres, des motifs semblables à ceux qui nous guident nous-mêmes. »

Quoi de mieux observé que l'exemple que madame Guizot cite à l'appui !

« Louise, dans je ne sais quel transport, laisse là ses jeux vient se jeter à mon cou, ne peut se lasser de m'embrasser. Il semble que tout mon cœur de mère ne pourra suffire à répondre à la vivacité de ses caresses : elle me quitte, et du même mouvement folâtre s'en va baiser sa poupée ou le bras de fauteuil qu'elle rencontre sur son chemin. »

Rationalisme philosophique. — Madame Guizot pousse le rationalisme plus loin que madame de Rémusat, plus loin surtout que madame Necker de Saussure. Elle est philosophe avant d'être chrétienne. Elle se rapproche davantage de Rousseau. Elle veut former d'abord chez les enfants l'idée universelle de Dieu, avant de les initier aux dogmes particuliers des religions positives. Elle fonde la morale sur l'idée du devoir, qui est « la seule base d'une éducation complète. »

« Je mettrai, dit-elle, chacune des actions de l'enfant sous la protection d'une idée ou d'un sentiment moral. »

Rappelant la distinction faite par Dupont de Nemours entre les *commandements paternels*, et les *commandements militaires*, les premiers qui s'adressent à la raison, les autres qui doivent être observés sans réplique et avec une obéissance passive, elle ne cache pas sa préférence pour l'emploi des premiers, parce qu'elle veut former dans la femme comme dans l'homme un esprit de raison et de liberté. Elle proscrit absolument l'intérêt, et déclare par suite que « les récompenses lui ont toujours paru contraires au véritable principe de l'éducation. »

Disons enfin, sans pouvoir entrer dans le détail, que le livre de madame Guizot mérite d'être lu avec soin : on y trouvera un grand nombre de réflexions excellentes sur l'instruction, qui doit être plus solide qu'étendue, sur les romans, sur le théâtre, qu'elle n'interdit pas; sur les méthodes faciles, qu'elle condamne; enfin sur presque toutes les questions pédagogiques (1).

(1) Voyez dans la *Revue pédagogique*, 1883, n° 6, une intéressante étude de M. Bernard Perez sur madame Guizot.

Madame Necker de Saussure (1765-1841). — Il y a dans l'histoire de l'éducation des moments privilégiés, des époques de fécondité particulièrement heureuse. C'est ainsi que dans l'espace de quelques années se sont succédé les livres de madame de Rémusat, de madame Guizot, et le plus considérable de tous, l'*Éducation progressive* de madame Necker de Saussure (1).

Génevoise, comme Rousseau, madame Necker de Saussure a doté la littérature française d'un chef-d'œuvre pédagogique, qui pour la hauteur des vues et pour la noblesse de l'inspiration peut prendre rang à côté de l'*Émile*. Bien qu'elle soit parfois trop raisonneuse et trop austère, bien qu'elle manque en général de bonne humeur et qu'elle n'envisage la vie qu'à travers un voile de tristesse, madame Necker est un guide incomparable dans les choses de l'éducation : elle y apporte des qualités remarquables de perspicacité et de pénétration, et un grand esprit de gravité. Elle prend la vie au sérieux et s'attache à former les plus nobles qualités de l'âme humaine. Profondément religieuse, elle unit « à la soumission de la foi la hardiesse philosophique. » Elle est en quelque sorte un Rousseau chrétien.

Madame Necker de Saussure et madame de Staël. — Le premier ouvrage de madame Necker, *Notice sur le caractère et les écrits de madame de Staël*, témoigne déjà de ses préoccupations pédagogiques. L'auteur de l'*Éducation progressive* y étudie avec soin les idées de son héroïne sur l'éducation et sur l'instruction. Elle a assurément profité de quelques-unes des fortes réflexions du beau livre de l'*Allemagne*, notamment de ce jugement sur la méthode graduelle et progressive de Rousseau et de Pestalozzi :

« Rousseau exerce les enfants par degrés. Il veut qu'ils fassent eux-mêmes tout ce que leurs petites forces leur permettent. Il

(1) *L'Éducation progressive ou Étude du cours de la nature humaine*, 3 vol. 1836-1838.

ne hâte point leur esprit ; il ne les fait pas arriver au résultat, sans passer par la route... Il veut qu'on développe les facultés avant d'apprendre les sciences. »

« Ce qui lasse les enfants, c'est de leur faire sauter les intermédiaires, de les faire avancer, sans qu'ils sachent ce qu'ils croient avoir appris. Il n'existe pas de trace de ces inconvénients chez Pestalozzi ; avec lui, les enfants s'amusent de leurs études, parce qu'ils goûtent dès l'enfance le plaisir des hommes faits : savoir comprendre et terminer ce dont ils sont chargés. »

Madame Necker a dû encore reconnaître son propre esprit, son goût pour une éducation sévère et laborieuse dans ce passage où madame de Staël se prononçait avec vigueur contre les moyens d'instruction divertissants et faciles :

« L'éducation faite en s'amusant disperse la pensée ; la peine en tout genre est un des grands secours de la nature ; l'esprit de l'enfant doit s'accoutumer aux efforts de l'étude, comme notre âme à la souffrance... Vous enseignerez avec des tableaux, avec des cartes, une quantité de choses à votre enfant, mais vous ne lui apprendrez pas à apprendre. »

L'éducation progressive et Rousseau. — Madame Necker doit beaucoup à Rousseau cela est incontestable. Mais il s'en faut qu'elle soit toujours d'accord avec lui.

Pour Rousseau l'homme est bon. Pour elle, l'homme est mauvais. Le premier soin de l'instituteur doit être de le redresser, de le relever de sa déchéance ; le but de la vie n'est pas le bonheur, comme le soutient une doctrine immorale, c'est le perfectionnement ; la base de l'éducation doit être la religion.

Même quand elle s'inspire de Rousseau, madame Necker ne tarde pas à se séparer de lui. Ainsi on peut croire qu'elle lui a emprunté l'idée fondamentale de son livre, l'idée d'un développement successif des facultés, auquel doit correspondre un mouvement parallèle des méthodes pédagogiques. Comme l'auteur de l'*Émile*, elle suit l'éveil des sens chez les nouveau-nés. Elle considère l'enfant comme un être à part « qui ne vit que de sensations et de désirs. » Elle voit dans l'enfance une période distincte de la vie, un âge dont l'éducation a ses règles propres. Mais les ressemblances s'arrêtent là : car madame Necker de Saussure s'empresse d'ajouter que, dès la cinquième année, l'enfant est en possession de toutes les facultés intellectuelles. Il n'est plus seulement un être sensible, un animal robuste, comme Émile ; il est un être complet, âme et corps. L'éducation, par suite, doit tenir compte de sa double nature. L'éducation morale ne doit pas se séparer de l'éducation physique et ne saurait commencer trop tôt.

« Grande erreur de croire que la nature procède dans l'ordre systématique imaginé par Rousseau. Avec elle, on ne saisit de commencement nulle part. On ne la surprend point à créer, et toujours il semble qu'elle développe. »

De même, dans l'éducation, il faut savoir faire appel à la fois, et le plus tôt qu'on le peut, aux divers mobiles, instinctifs ou réfléchis, égoïstes ou affectueux, qui ébranlent la volonté.

Parfois, dans la pratique, les deux penseurs se rapprochent, et, jusque dans ses protestations contre son compatriote, madame de Saussure garde quelque chose de l'esprit de Rousseau. Ainsi, elle ne veut pas de l'éducation négative, qui s'en remet à la nature : l'instituteur ne doit pas *laisser faire*, mais *faire faire*. Mais, en même temps, elle demande qu'on fortifie la volonté, afin que l'éducation trouve en elle un point d'appui, qu'on raffermisse le caractère, qu'on accorde une certaine indépendance à l'enfant, « qu'on le laisse décider dans les cas permis, qu'on évite les demi-ordres, les demi-obligations, les sollicitations tacites, les insinuations. » N'est-ce pas retenir de la théorie de Rousseau tout ce qui est juste et pratique, à savoir la nécessité d'associer les forces propres et spontanées de l'élève à l'œuvre de l'éducation ? Madame de Saussure adopte un juste milieu entre l'éducation active qui abuse de la leçon du maître, et l'éducation passive qui abuse de la liberté de l'élève. Elle eût volontiers accepté ce précepte de Frœbel : « Que les instituteurs ne perdent pas de vue cette vérité : il faut que toujours et à la fois ils donnent et ils prennent, qu'ils devancent et suivent, qu'ils agissent et laissent agir. »

Originalité de madame Necker de Saussure. — Quoiqu'elle ait beaucoup médité les écrits de ses devanciers, c'est pourtant à son expérience personnelle et à ses recherches originales que madame Necker doit le meilleur de sa pensée. Elle avait pratiqué elle-même le conseil qu'elle donne aux mères d'observer leurs enfants et de tenir un journal « où l'on prendrait acte de chaque progrès, où toutes les vicissitudes de la santé physique et morale seraient marquées. » C'est un riche fonds psychologique, en même temps qu'une perpétuelle aspiration à l'idéal, qui fait la force et la beauté de l'*Éducation progressive*. Avec quelle finesse pénétrante madame Necker a signalé la difficulté et aussi le charme de l'étude des enfants !

« Il serait si doux de fixer l'image fugitive de l'enfance, de prolonger indéfiniment le bonheur d'en contempler les traits, et d'être sûr de retrouver à jamais ces êtres chéris qu'on perd, hélas ! toujours comme enfants, lors même qu'on a le bonheur de les conserver encore ! »

« Il faut aimer les enfants pour les comprendre, et on les devine bien moins par l'intelligence que par le cœur. »

Grâce à ce goût prononcé pour l'étude de la nature enfantine, les observations psychologiques les plus justes se mêlent sans cesse dans l'*Éducation progressive* aux préceptes d'éducation, et l'on a pu dire avec raison que « ce livre était presque un journal d'éducation domestique qui prend les proportions d'une théorie. »

Division de l'Éducation progressive. — L'*Éducation progressive* parut en trois volumes, en 1836 et 1838. Les trois premiers livres traitent de l'histoire de l'âme dans la première enfance ; le quatrième

examine les principes généraux de l'enseignement
indépendamment de l'âge de l'élève ; le cinquième étudie
l'enfant de cinq à sept ans ; le sixième nous conduit
jusqu'à la dixième année ; le septième établit « les traits
distinctifs du caractère et du développement intellectuel
de jeunes garçons, durant les années qui précèdent immédiatement l'adolescence. » Enfin les quatre derniers
livres forment un tout complet et traitent de l'éducation
des femmes, durant tout le cours de la vie.

Développement des facultés. — Il ne saurait
être question d'analyser ici un ouvrage aussi riche en
idées que l'est l'ouvrage de madame Necker. Bornons-
nous à indiquer quelques points essentiels de sa pédagogie : c'est d'abord la préoccupation de former la
volonté, faculté trop négligée par les pédagogues et
qui est cependant la qualité maîtresse de la vie. Madame Necker traite ce sujet avec autorité, dans un
chapitre auquel elle donne pour épigraphe ces mots
profonds :

« L'obéissance à la loi soumet la volonté sans l'affaiblir, tandis
que l'obéissance à l'homme la blesse ou l'énerve. »

C'est surtout le soin de mettre l'éducation intérieure
de l'âme au-dessus de l'instruction superficielle et
formelle ;

« Instruire un enfant, c'est le construire en dedans ; c'est le
faire devenir un homme. »

Culture de l'imagination. — Quelque importance
qu'elle attache aux facultés actives, madame Necker
ne néglige pas les facultés contemplatives. L'imagination est, avec la volonté, la faculté de l'âme qui a le
plus souvent fixé son regard :

« Elle a fait voir, dit un écrivain distingué, que cette puissance irrésistible, quand on croit l'avoir domptée, prend les
formes les plus diverses ; qu'elle se fait petite et anime d'un
feu secret les plus misérables passions. Si vous lui refusez l'air

et la liberté, elle se dérobe dans les profondeurs de l'égoïsme et sous des traits vulgaires elle devient l'avarice, la pusillani- mité, la vanité...

« Aussi il faut voir avec quel doux empressement madame Nec- ker épie ses premiers mouvements dans l'âme de l'enfant ; avec quels soins intelligents elle cherche à en faire, dès l'entrée dans la vie, la compagne de la vérité ; comme elle l'entoure de tout ce qui peut la fixer dans le cercle du bien : les études qui agrandissent notre horizon intellectuel, le spectacle de la na- ture dans son merveilleux détail, les émotions des arts, rien ne lui paraît ni superflu ni dangereux pour diriger l'imagination dans la bonne voie. Elle craint de la voir s'échapper, faute de plaisirs assez vifs, vers d'autres routes (1). »

En d'autres termes, il ne s'agit pas de réprimer l'ima- gination, encore moins de la détruire : il s'agit seule- ment de la guider doucement, de l'associer avec la raison et la vertu : il s'agit de l'éveiller au goût du beau et à l'admiration de la nature :

« Montrez-lui un beau coucher de soleil, que rien de ce qui peut l'enchanter ne passe inaperçu. »

Éducation des femmes. — Dans ses études spéciales sur l'éducation des femmes, madame Necker, qui dans les autres parties de son œuvre abuse parfois des déclarations vagues de principes, sans entrer assez dans le détail des procédés pratiques, a eu le double mérite d'assigner à la destinée des femmes un idéal élevé et de déterminer avec précision les moyens de l'atteindre. Elle se plaint qu'on s'en tienne trop souvent au programme de Rousseau : celui d'une éducation exclusivement relative aux devoirs conjugaux de la femme. Elle demande qu'on marie les jeunes filles plus tard, afin qu'elles aient le temps de devenir des « esprits éclairés et des créatures intelligentes ; » afin qu'elles puissent acquérir, non pas « un assortiment de toutes petites connaissances, » mais une instruction solide qui les prépare aux devoirs de la société et de la maternité,

(1) Préface de la 8ᵉ édition de l'*Éducation progressive*. Paris Necker.

qui fasse d'elles les premières institutrices de leurs enfants, qui enfin les achemine vers cette perfection personnelle dont elles n'achèveront de se rapprocher que par les efforts de toute leur vie (1).

Madame Pape-Carpantier (1815-1878). — Avec madame Pape-Carpantier, nous sortons de la région des théories pour entrer dans le domaine des faits ; nous avons affaire à une institutrice pratique. Dès 1846, après plusieurs essais scolaires à la Flèche, sa ville natale, et au Mans, elle publia des *Conseils sur la direction des salles d'asile*. En 1847, elle fonda à Paris une *École maternelle normale*, qui l'année suivante, sous le ministère de M. Carnot, devint un établissement public, et qui en 1852, sous le ministère de M. Fortoul, prit le titre définitif de *Cours pratique des salles d'asile*. C'est là que pendant vingt-sept ans madame Pape-Carpantier a appliqué ses méthodes, et qu'elle a formé un grand nombre d'élèves, plus de quinze cents, qui ont répandu en France et à l'étranger son enseignement et ses idées. En 1874, je ne sais quelles intrigues l'arrachèrent à la direction de son école normale ; mais sa disgrâce ne fut pas de longue durée. On la nomma peu après inspectrice générale des salles d'asile.

Caractère général de ses œuvres. — Madame Pape-Carpantier peut être considérée comme une élève de Pestalozzi et de Frœbel. C'est de l'éducation élémentaire qu'elle s'est surtout occupée, et elle a apporté dans ses travaux un grand esprit de simplicité. Il ne faut pas lui demander des généralités ambitieuses, ni des vues de métaphysique abstraite : mais elle excelle dans les conseils pratiques, et elle parle à merveille le langage des enfants.

Principaux ouvrages de madame Pape-Carpantier. — Dans l'œuvre considérable de madame

(1) Il faut rattacher à l'école pédagogique de madame Necker de Saussure un de ses compatriotes, le célèbre Vinet (1799-1847), qui dans son beau livre *l'Éducation, la famille et la société* (Paris, 1855), a traité avec force quelques questions d'éducation.

Pape-Carpantier nous recommanderons surtout les ouvrages suivants :

1° *Conseils sur la direction des salles d'asile* (1845). — Dans sa *préface* l'auteur s'excuse d'aborder « un sujet de cette gravité. » Mais elle fait remarquer « qu'on n'a encore rien enseigné au maître sur l'éducation de l'enfant pauvre, » et elle demande à parler au nom de son expérience personnelle. Cet ouvrage, souvent réimprimé, est devenu l'*Enseignement pratique dans les salles d'asile* (1).

2° *Histoires et leçons de choses* (1858). — C'est un recueil de petites histoires, « simples comme l'enfance, » qui ont été essayées devant les enfants avant d'être écrites, et où madame Pape-Carpantier s'efforce de leur enseigner de bonnes choses ; « j'entends, dit-elle, des choses réellement, sérieusement bonnes. »

3° *Conférences pédagogiques faites à la Sorbonne* (1867). — A l'occasion de l'Exposition universelle de 1867, M. Duruy avait réuni à Paris un certain nombre d'instituteurs et d'institutrices, auxquels furent faites des conférences pédagogiques. Madame Pape-Carpantier se chargea surtout de leur expliquer comment la méthode des salles d'asile pouvait être introduite à l'école primaire.

4° *Lectures et travail pour les enfants et les mères* (1873). — Ici madame Pape-Carpantier se préoccupe surtout de populariser les procédés de la méthode Frœbel; elle propose des pratiques ingénieuses, auxquelles on peut appliquer les enfants pour exercer l'adresse de leurs doigts, pour leur inspirer le goût de l'ordre et de la symétrie.

5° *Cours complet d'éducation* (1874). — Ce livre, qui eût été l'exposé général des principes pédagogiques de l'auteur, est resté incomplet. Trois volumes seulement en ont paru. Quelques citations en feront connaître l'esprit.

(1) Voyez la sixième édition. Paris, Hachette, 1877.

« Coopérer à l'œuvre de la nature, l'étendre, la rectifier quand elle dévie, telle est la tâche de l'éducateur. A tous les degrés de l'éducation, il faut respecter la nature.

« L'enfant devrait vivre au sein d'impressions fraîches et douces ; les objets qui l'entourent à l'école devraient être gracieux et riants.

« Socrate a dit admirablement : « Le devoir de l'éducation est de faire naître l'idée plutôt que de la communiquer. »

6° *Notice sur l'éducation des sens et quelques instruments pédagogiques* (1878). — Madame Pape-Carpantier est très préoccupée de l'éducation des sens, parce que, dit-elle, « tout enfant qui vient au monde est un travailleur en espérance, un futur apprenti d'une profession encore inconnue. » Il faut donc perfectionner de bonne heure les outils naturels dont il aura besoin pour remplir sa tâche. L'éducation des sens prendra sa place un jour ou l'autre dans les programmes officiels, et, pour cette éducation sensible, des instruments sont nécessaires comme les livres le sont pour la culture de l'esprit.

Leçons de choses — « La leçon de choses est la terre nouvelle sur laquelle madame Pape-Carpantier a planté son drapeau. » Elle a écrit elle-même nombre d'ouvrages qui contiennent des modèles de leçons de choses ; elle en a établi la théorie, notamment dans ses *conférences* de 1867. Il est même permis de penser qu'elle en a abusé : la leçon de choses devient avec elle un procédé universel, qu'elle applique à tous les sujets, à la chimie, à la physique, à la grammaire, à la géographie et à la morale.

Quoi qu'il en soit, voici d'après elle la marche à suivre : il faut se conformer à l'ordre dans lequel se succèdent les perceptions de l'intelligence. L'enfant est d'abord frappé par la couleur. Puis il distinguera la forme de l'objet, il voudra en connaître l'usage, la matière et la provenance. C'est d'après ce développement naturel de la curiosité enfantine que doit procéder la leçon de choses

Elle peut d'ailleurs être donnée à propos de tout. Madame Pape-Carpantier admet ce qu'elle appelle « les leçons occasionnelles. » Mais elle pense aussi que les leçons de choses peuvent être faites d'après un plan, un programme arrêté.

Madame Pape-Carpantier mérite donc d'être écoutée comme une conseillère expérimentée, en tout ce qui touche l'instruction du premier âge. Mais ce qu'il faut admirer chez elle, plus encore que l'art professionnel et la science pédagogique, c'est un sentiment élevé de la tâche des éducateurs, c'est une haute inspiration de dévoûment et d'amour pour l'enfance.

« Bien élever des enfants, disait-elle, ne doit être pour un instituteur que la seconde partie de son entreprise : la première, la plus difficile, c'est de se perfectionner lui-même. »

« Nous ne valons qu'autant que nous aimons. »

Autres pédagogues féminins. — Si l'éducation des femmes a pris de notre temps un développement considérable, elle le doit donc en grande partie aux femmes elles-mêmes, qui ont montré ce qu'elles valaient, ce qu'elles pouvaient, soit comme institutrices, soit comme pédagogues. Et encore l'histoire dont nous venons d'esquisser les principaux traits reste fort incomplète. A côté des femmes célèbres dont nous avons étudié les œuvres, il faudrait encore inscrire mademoiselle Sauvan, qui en 1811 créa, à Chaillot, une maison d'éducation, qu'elle ne quitta que vers 1830, pour prendre la direction intellectuelle et morale des écoles de filles de Paris (1); madame de Maisonneuve, auteur d'un *Essai sur l'instruction des femmes* (2), où elle a résumé les résultats d'une longue expérience, acquise dans la direction d'un pensionnat privé, etc., etc.

Mais les hommes aussi ont contribué par leurs récla-

(1) Voyez l'ouvrage intitulé *Mademoiselle Sauvan, première inspectrice des écoles de Paris, sa vie, son œuvre*, par E. Gossot. Paris, Hachette, 2e édit. 1880.

(2) *Essai sur l'instruction des femmes*, 3e édition. Tours, 1844.

mations théoriques, ou par leurs efforts pratiques, au progrès de l'éducation des femmes. Il y aurait intérêt par exemple à étudier les cours d'enseignement secondaire de M. Lourmand (1834), les *cours d'éducation maternelle* de M. Lévi Alvarès (1820). Pour M. Lévi, dit M. Gréard, la base des études était la langue maternelle et l'histoire. Il résumait lui-même ses procédés dans cette formule d'éducation progressive : « Faits, comp raison des faits, conséquence morale ou philosophie des faits ; c'est-à-dire voir, comparer, juger : c'est la marche même de la nature. » Citons aussi l'ouvrage de M. Aimé Martin, *l'Éducation des mères de famille* (1) qui jouit pendant quelques années d'une vogue extraordinaire qu'il serait assez difficile de justifier.

Dupanloup et l'éducation des femmes. — Un évêque du dix-neuvième siècle, Dupanloup, a prétendu rivaliser avec Fénelon dans la délicate question de l'éducation des femmes. Divers ouvrages, *la Femme studieuse* (1869), *la Femme chrétienne et française*, et surtout son œuvre de prédilection, les *Lettres sur l'éducation des filles*, publiées après sa mort en 1879, témoignent de l'intérêt qu'il portait à ces questions. Ces lettres sont pour la plupart des lettres réelles qui ont été adressées à des femmes de ce temps. Malgré la variété et la liberté de la forme épistolaire, l'ouvrage se divise en trois parties : 1° les principes de l'éducation ; 2° l'éducation des jeunes filles ; 3° l'étude libre et personnelle dans le monde. Il faut savoir gré à Dupanloup d'appeler la femme à une véritable culture intellectuelle, et de ne pas consentir à ce que ses facultés restent « étouffées et inutiles. » Grâce aux révélations du confessionnal et à la direction spirituelle d'un grand nombre de femmes, Dupanloup savait à merveille quel vide une éducation incomplète de l'esprit et du cœur laisse dans l'âme. Il veut bien reconnaître que la piété ne suffit pas,

_____

(1) La première édition date de 1834, la neuvième a été publiée en 1872.

et avec une certaine largeur d'esprit, qui lui a valu les
injures de la presse ultramontaine, il recommande aux
femmes les études sérieuses. Ses conseils ne s'adressent
d'ailleurs qu'aux femmes des classes moyennes à celles
qui, dit-il, habitent dans les maisons de Paris le troisième étage. Son livre est plutôt une réminence du
dix-septième siècle, de ses mœurs et de ses habitudes
d'esprit, qu'une œuvre vivante et contemporaine, appropriée aux besoins de la société moderne.

LEÇON XXI

LA PRATIQUE ET LA THÉORIE DE L'ÉDUCATION
AU DIX-NEUVIÈME SIÈCLE

La pédagogie du dix-neuvième siècle. — Un effort de plus en plus marqué pour organiser l'éducation d'après les données de la psychologie et sur des bases scientifiques, pour coordonner d'après un plan rationnel les méthodes pédagogiques; une tendance manifeste à reprendre des mains de l'Église, pour le restituer à l'État et à la société laïque, le gouvernement de l'éducation ; une plus large part faite à la famille dans la direction des enfants; une foi de plus en plus vive dans l'efficacité de l'instruction, et une préoccupation toujours croissante de faire participer à ses bienfaits tous les membres de l'humanité : tels sont quelques-

uns des caractères de la pédagogie du dix-neuvième
siècle. L'éducation va devenir de plus en plus un problème social : elle sera l'affaire de tout le monde. Il ne
sera plus seulement question de régler les études de
luxe à l'usage de quelques privilégiés de la naissance et de la fortune : il faudra mettre la science à la
portée de tous, et par la simplification des méthodes,
par la vulgarisation des connaissances, se conformer à
l'esprit démocratique de la société nouvelle.

Nous n'avons pas la prétention de suivre ici, dans tous
ses détails et dans la diversité de ses courants, ce
mouvement pédagogique d'un siècle qui n'a pas encore
dit son dernier mot : nous devons nous borner à signaler
les points essentiels.

Vœux des conseils généraux de 1801. — Malgré les efforts de la Révolution, l'instruction publique
en France, aux premiers jours du dix-neuvième siècle,
était loin d'être florissante. Il y avait urgence d'accomplir des réformes. Les conseils généraux furent
appelés en 1801 à donner leur avis sur l'organisation
des études. Ce qui frappe dans les cahiers des conseils
généraux de 1801, c'est que les assemblées départemen-
tales s'accordent à réclamer déjà l'établissement d'une
Université nationale. Les conseils généraux se plaignent
que les professeurs, n'étant plus unis par des liens de
solidarité, comme l'étaient les membres des corps religieux enseignants de l'ancien régime, marchent à
l'aventure sans unité, sans direction concertée. Ils sollicitent donc une organisation uniforme de l'enseignement. Ils conçoivent même l'idée d'une instruction
officielle exclusivement donnée par l'État.

Fourcroy et la loi de 1802. — Il n'y a pas lieu de
s'arrêter longtemps sur le projet de Fourcroy devenu
la loi de 1802, bien que ce projet ait été, dit-on, remanié

---

(1) Fourcroy (1755-1809), célèbre chimiste, était directeur général de l'instruction publique en 1801. Il prépara les années
suivantes, les décrets relatifs à l'établissement de l'Université.

vingt-trois fois avant d'être soumis au Corps législati
et au Tribunat.

Fourcroy n'accordait pas assez aux droits de l'État
Il ne va pas sans doute jusqu'à prétendre avec
Adam Smith que l'éducation doit être entièrement
abandonnée aux entreprises particulières ; mais il estime
qu'il faut laisser aux communes le soin d'organiser les
écoles primaires. Ce qui, d'après lui, en a empêché le
succès, c'est la trop grande uniformité qu'on a voulu
leur imposer. Il demande que les instituteurs soient
choisis par les maires, par les conseillers municipaux,
qui seuls connaissent les intérêts locaux. L'école primaire est le besoin de tous : qu'elle soit l'affaire de
tous. Fourcroy se trompait : l'instruction primaire
n'est devenue une réalité dans notre pays que le jour
où l'État y a mis vigoureusement la main.

Sur certains points, la loi de 1802 préparait pourtant la création prochaine de Napoléon : par exemple
en donnant au Premier Consul la nomination des professeurs des collèges, et en plaçant les écoles primaires
sous la surveillance des préfets.

Fondation de l'Université (1806). — La loi du
11 mai 1806, complétée par les décrets du 17 mars 1808
et de 1811, instituait l'Université, c'est-à-dire, une cor-
poration enseignante, unique et entièrement dépen-
dante de l'État :

« Il sera formé un corps chargé exclusivement de l'enseignement et de l'éducation publique dans toute l'étendue de
l'Empire. »

L'instruction devenait ainsi une fonction de l'État, au
même titre que la justice ou l'organisation des armées.

En même temps qu'elle perdait toute autonomie, toute
indépendance, l'Université acquérait le redoutable privilège d'être seule chargée de l'instruction nationale.

« Nul ne peut ouvrir d'école ni enseigner publiquement, san
être membre de l'Université impériale et gradué par l'une de

facultés. » — « Aucune école ne peut être formée en dehors de l'Université, et sans l'autorisation de son chef. »

On sait quelles protestations souleva, même à l'origine, l'établissement du monopole universitaire. « Ce n'était pas tout d'enchaîner les pères, il fallait encore disposer des enfants. On a vu des mères accourir des extrémités de l'Empire et venir réclamer, en fondant en larmes, les fils que le gouvernement leur avait enlevés. » Ainsi parlait Chateaubriand, avant de prodiguer ses adulations au restaurateur des autels, et il ajoutait, avec une violence d'idées qui se fait tort à elle-même : « Les enfants étaient placés dans des écoles où on leur apprenait, au son du tambour, l'irréligion, la débauche et le mépris des vertus domestiques! » Joseph de Maistre était plus équitable : « Fontanes (1), disait-il, a de grandes vues et d'excellentes intentions. Le plan de son Université est beau et varié. C'est un beau corps : l'âme y viendra quand elle pourra. On peut un célibat, on veut une subordination, un dévoûment de toute la vie sans motif religieux : l'obtiendra-t-on (2) ? »

Organisation de l'Université impériale. — L'Université impériale comprenait, comme l'Université actuelle, des collèges, des lycées, des facultés. Les collèges donnaient l'instruction secondaire comme les lycées, mais la donnaient moins complète. Il y avait une faculté des lettres et une faculté des sciences par chaque chef-lieu d'académie. Mais ces facultés étaient bien pauvrement constituées, avec leur dotation de cinq à dix mille francs au plus, avec leurs rares professeurs. Les professeurs du lycée voisin (professeurs de rhétorique et de mathématiques) en faisaient partie, et chaque faculté comptait à peine deux ou trois autres chaires.

Le latin et les mathématiques, tel était le fond de

_____

(1) Fontanes (1757-1821), premier grand maître de l'Université.
(2) *Mémoire politique* de Joseph de Maistre. Paris, 1858, p. 20.

l'enseignement des lycées. La Révolution n'était point venue en vain, puisqu'on réalisait ce qu'elle avait énergiquement réclamé : les sciences et les langues classiques étaient mises sur un pied d'égalité.

Préoccupations dynastiques. — Ce qui préoccupait le fondateur de l'Université impériale, c'étaient moins les plans d'étude que les principes généraux dont il fallait nourrir les jeunes générations. Sous ce rapport, la pensée de l'Empereur n'est point obscure : il ne la dissimule point. Dieu et l'Empereur, voilà les deux mots qu'il faut graver au fond des âmes.

« Toutes les écoles de l'Université impériale prendront pour base de leur enseignement : 1° les préceptes de la religion catholique; 2° la fidélité à l'Empereur, à la monarchie impériale, dépositaire du bonheur des peuples, et à la dynastie napoléonienne, *conservatrice de l'unité de la France* et de toutes le idées proclamées par la constitution. »

Napoléon, comme le dit Guizot, s'efforçait de « convertir en un instrument de despotisme une institution qui tendait à n'être qu'un foyer de lumières. »

L'enseignement primaire négligé. — L'instruction primaire n'entra jamais dans les préoccupations de Napoléon Iᵉʳ. Le décret de 1808 se contentait de promettre des mesures destinées à assurer le recrutement des instituteurs, notamment la création d'une ou plusieurs classes normales dans l'intérieur des collèges et des lycées. De plus le grand maître devait encourager et breveter les frères des Écoles chrétiennes, tout en surveillant leurs établissements. Enfin, le droit d'établir des écoles était abandonné aux familles ou aux corporations religieuses, le budget de l'Empire ne renfermant point d'article affecté au service de l'enseignement populaire.

La Restauration ne fut guère plus généreuse pour l'instruction du peuple : par l'ordonnance du 29 février 1815, elle accorda *cinquante mille francs* d'encouragement aux écoles primaires. Cette libéralité dérisoire

valait-elle mieux que le silence et l'oubli complets ?
Une mesure plus importante fut l'institution des comités
cantonaux, chargés de la surveillance des écoles primaires. Ces comités furent placés, tantôt sous la direction du recteur, tantôt sous l'autorité de l'évêque, au
gré des vicissitudes de la politique. Les brevets de
capacité étaient délivrés aux membres des congrégations autorisées, sur le simple vu de leurs lettres d'obé-
dience : on devine quel personnel de maîtres pouvait
garantir un pareil mode de recrutement.

En attendant la monarchie de juillet, qui dans ses
tendances libérales devait se montrer plus soucieuse de
l'éducation populaire, l'initiative privée se signala
sous la Restauration par la fondation de la *Société pour
l'instruction élémentaire*, et encore par les encouragements qu'elle donnait aux premiers essais d'enseignement mutuel.

Origines de l'enseignement mutuel. — Deux
Anglais, Bell et Lancaster, se sont disputé l'honneur
d'avoir inventé l'enseignement mutuel. A tout prendre
ils ne l'ont inventé ni l'un ni l'autre : ils l'ont simplement vulgarisé. C'est en France, sinon dans l'Inde (1),
qu'il faut chercher les véritables origines de l'enseignement mutuel. Nous avons vu que madame de Maintenon, Rollin, La Salle, Pestalozzi le pratiquaient et le
recommandaient dans une certaine mesure. Au dix-
huitième siècle, Herbault l'avait employé à l'hospice de
a Pitié (1747), le chevalier Paulet à Vincennes (1774),
nfin l'abbé Gaultier (2), un Français encore, en avait
ntroduit l'usage à Londres, en 1792, quelques années
avant que Bell ne le rapportât de l'Inde.

Bell (1753-1832) et Lancaster (1778-1838). —

(1) Voyez plus bas, p. 435.
(2) L'abbé Gaultier (1715-1818), auteur d'un grand nombre
d'ouvrages d'enseignement élémentaire et presque un réformateur en son genre. Il employait l'*enseignement par l'aspect*,
et recommandait des exercices variés, des jeux, où il introduisait
des jetons, des étiquettes, des interrogations en forme de *loteries*.

Bell et Lancaster n'en sont pas moins les premiers propagateurs autorisés de la méthode mutuelle, du *système monitorial*, selon l'expression des Anglais. Bell l'avait expérimenté à Madras, à l'imitation des instituteurs hindous, et en 1798 il l'importa en Angleterre. Mais à la même époque un jeune instituteur anglais, Lancaster, appliquait les mêmes procédés avec succès, et, à ce qu'il semble, par une inspiration absolument personnelle et originale. Lancaster était quaker et Bell anglican : de sorte que l'opinion publique en Angleterre se partagea entre les deux rivaux. La vérité est qu'ils avaient appliqué en même temps un système dont on avait eu l'idée avant eux, et auquel devaient naturellement songer, vu l'insuffisance de leurs ressources et en l'absence d'un personnel enseignant suffisamment nombreux, tous les instituteurs qui ont à instruire un trop grand nombre d'enfants.

Succès de l'enseignement mutuel en France. — L'enseignement mutuel, qui s'est maintenu dans certaines écoles de Paris jusqu'en 1867, a joui longtemps dans notre pays d'un crédit extraordinaire. Sous la Restauration, son succès alla jusqu'à la vogue, jusqu'à la fureur. Patronné par les hommes les plus éminents de ce temps-là, par Royer-Collard, par Laisné, par le duc Decazes, par le duc Pasquier, l'enseignement mutuel était devenu le drapeau du parti libéral en matière d'instruction. Les passions politiques s'en mêlaient. Le nouveau système faisant concurrence à l'enseignement traditionnel des frères des Écoles chrétiennes, il fut combattu et dénoncé comme immoral par tous les partisans de la routine. « On reprochait à l'enseignement mutuel d'ébranler les bases de l'ordre social, en déléguant à des enfants un pouvoir qui ne devait appartenir qu'à des hommes... On tenait pour ou contre l'enseignement simultané, son rival, comme s'il se fût agi d'un article de la Charte (1). »

_____

(1) Voyez M. Gréard, *l'Enseignement primaire à Paris de 1867*.

Avantages moraux. — Les amis de l'enseignement mutuel, pour justifier leur enthousiasme, faisaient valoir des raisons morales. Quoi de plus touchant, disaient-ils, que des enfants qui se transmettent l'un à l'autre le peu qu'ils savent? Quelle excellente leçon de charité et de support mutuel! L'Évangile a dit : Aimez-vous les uns les autres. N'était-ce pas donner du précepte divin une traduction heureuse que d'ajouter : Instruisez-vous les uns les autres! On essayait d'ailleurs d'introduire la mutualité jusque dans la discipline et dans la répression des fautes scolaires. La classe, à certains jours solennels, était érigée en tribunal pour juger les coupables. « Tout cela se faisait très sérieusement, et très sérieusement aussi on pensait que ces pratiques, passant de la classe des enfants à la classe des adultes, contribueraient à introduire dans la société les mœurs de la vraie et utile fraternité. »

Avantages économiques. — A vrai dire l'enseignement mutuel a été surtout « un expédient utile », selon le mot de Rollin. A une époque où les instituteurs étaient rares, où le budget de l'instruction publique n'existait pas, il était naturel qu'on acceptât avec enthousiasme un système économique qui dispensait d'avoir des maîtres et qui réduisait à presque rien les frais de l'instruction. Ajoutons que l'on faisait aussi des économies sur les livres, puisque « on n'avait besoin que d'un seul livre que les élèves ne touchaient jamais, ce qui lui assurait une durée de plusieurs années. »

Jomard calculait qu'il y avait 3,000,000 d'enfants à instruire et que d'après le système ordinaire il faudrait dépenser plus de 45,000,000 de francs (1).

Or, d'après les calculs du comte de Laborde (2), 1000

à 1877, mémoire publié en 1877, p. 75-90. Voyez aussi une étude intéressante, pleine de souvenirs personnels, de M. E. Deschamps, *l'Enseignement mutuel*. Toulouse, 1883.

(1) Jomard (1777-1862), membre de la Société pour l'instruction élémentaire, auteur des *Tableaux des écoles élémentaires*.

(2) Le comte de Laborde (1771-1842), auteur du *Plan d'éducation pour les enfants*

élèves pouvant être élevés par un seul maître, dans le système de l'enseignement mutuel, plus facilement que ne l'auraient été 30 dans l'ancien système, il suffisait d'une somme de dix mille francs accordée annuellement par l'État pour élever en douze ans la génération entière des enfants pauvres.

Organisation des écoles mutuelles. — Bell définissait l'enseignement mutuel : « la méthode au moyen de laquelle une école tout entière peut s'instruire elle-même, sous la surveillance d'un seul maître. »

Voici, d'après M. Gréard, le tableau d'une école mutuelle :

« C'était un spectacle saisissant au premier aspect que ces longs et vastes vaisseaux qui contenaient une école entière, comme les plus anciennes générations de nos maîtres se souviennent encore d'en avoir vu à la Halle aux Draps. Au milieu de la salle, dans toute la longueur, des rangées de tables de quinze à vingt places chacune, portant à l'une de leurs extrémités, celle de droite, le pupitre du moniteur, et la planchette des modèles d'écriture, surmontée elle-même d'une tige ou télégraphe, qui servait à assurer, par des inscriptions d'une lecture facile, la régularité des mouvements ; sur les côtés, et tout le long des parois, des séries de demi-cercles autour desquels se répartissaient les groupes d'enfants ; sur les murs, à hauteur du regard, un tableau noir, où se faisaient les exercices de calcul et auquel étaient suspendus les tableaux de lecture et de grammaire ; tout à côté, à portée de la main, la baguette dont s'armait le moniteur pour diriger la leçon ; enfin au fond de la salle, sur une vaste et haute estrade, accessible par des degrés et entourée d'une balustrade, la chaire du maître qui, s'aidant tour à tour, suivant des règles déterminées, de la voix, du bâton et du sifflet, surveillait les tables et les groupes, distribuant les encouragements et les réprimandes, et réglant, en un mot, comme un capitaine sur le pont de son navire, toute la manœuvre de l'enseignement. »

Au point de vue de la mise en scène et de l'ordre extérieur, rien de plus séduisant que les apparences de

Parmi les autres propagateurs de l'enseignement mutuel, il faut compter l'abbé Gaultier, Larochefoucauld-Liancourt, de Lasteyrie, etc.

438   HISTOIRE DE LA PÉDAGOGIE

l'école mutuelle. Reste à savoir quels étaient les résultats pédagogiques du système et si la mode qui l'a mis en faveur était justifiée par des avantages réels.

Vices de l'enseignement mutuel. — Le moniteur était le ressort essentiel de la méthode mutuelle. Mais qu'était le moniteur? Un enfant, plus intelligent que ses camarades sans doute, mais trop peu instruit pour être à la hauteur de sa tâche. L'école mutuelle ne s'ouvrait qu'à dix heures. De huit à dix heures, il y avait classe des moniteurs. Là ils apprenaient à la hâte ce qu'ils devaient le reste du jour enseigner aux autres enfants. Le but du maître étant de former le plus vite possible de bons instruments, on les dressait au métier par les méthodes les plus expéditives.

« Quels maîtres une telle préparation devait-elle produire ? Enseigner, c'est apprendre deux fois, a-t-on dit justement, mais à la condition d'avoir réfléchi sur ce qu'on a appris et sur ce que l'on enseigne. Pour porter la lumière dans l'intelligence d'autrui, il faut d'abord avoir fait en soi-même la lumière : ce qui suppose l'action éclairée, pénétrante, persévérante d'un esprit relativement mûr et formé. De la classe où ils venaient de siéger comme élèves, les moniteurs passaient, maîtres improvisés comme par un coup de baguette, dans la classe des enfants qu'ils avaient à endoctriner. » (M. Gréard.)

L'enseignement par suite devenait purement mécanique. Le moniteur répétait fidèlement ce qu'on lui avait appris. Tout se réduisait à des procédés.

Remarquons en outre que, même au point de vue moral, le système mutuel laissait à désirer. Les moniteurs, nous dit-on, n'échappaient point aux enivrements de l'orgueil. Même dans la famille ils devenaient de petits despotes. Les parents se plaignaient de leurs habitudes impératives et de leur ton de commandement.

Quoi qu'il en soit, l'enseignement mutuel a rendu des services incontestables, grâce au zèle de maîtres tels que mademoiselle Sauvan et M. Sarazin; mais son crédit devait diminuer à mesure que l'État devenait plus disposé à faire des sacrifices, et qu'il était possible de multiplier les emplois d'instituteurs.

État de l'instruction primaire. — Sous ce titre, *Tableau de l'instruction primaire en France*, un universitaire, P. Lorain, publia en 1837 le résumé de l'enquête, qui sur les ordres de Guizot avait été faite en 1833 dans toute l'étendue de la France, par les soins de plus de quatre cents inspecteurs.

Voici quelques-unes des tristes constatations de cette enquête : les instituteurs ne savaient pas tous écrire; un grand nombre « pratiquait le mécanisme des trois premières règles, sans pouvoir donner aucune raison théorique de ces opérations. » L'ignorance était générale.

Comme sous l'ancien régime, l'instituteur faisait tous les métiers : il était laboureur, sabotier, cabaretier.

« Il se faisait remplacer par sa femme, pendant qu'il allait chasser dans la plaine. »

Les fonctions d'instituteur, mal appointées, au hasard d'une rétribution scolaire des plus minimes, ne jouissaient d'aucune considération.

« L'instituteur était souvent regardé dans la commune sur le même pied qu'un mendiant, et entre le pâtre et lui la préférence était pour le pâtre. »

Par suite, la situation du maître d'école n'était recherchée le plus souvent que par des hommes infirmes estropiés, incapables de tout autre travail.

« Depuis l'instituteur sans bras jusqu'à l'épileptique comblé d'infirmités à parcourir! »

Guizot et la loi du 28 juin 1833. — L'enseignement primaire, si souvent décrété par la Révolution, n'a été véritablement organisé dans notre pays que par la loi du 28 juin 1833, dont l'honneur revient surtout à

Guizot, alors ministre de l'instruction publique (1).

L'instruction primaire était divisée en deux degrés : l'instruction primaire élémentaire et l'instruction primaire supérieure. Désormais il devait y avoir une école par commune, ou tout au moins par groupe de deux ou trois communes. L'État se réservait la nomination des instituteurs, et leur assurait un traitement, qui, il est vrai, en certains endroits, ne dépassait pas deux cents francs. Les enfants pauvres devaient être reçus gratuitement.

Écoles primaires supérieures. — Une des intentions les plus louables du législateur de 1833, c'était l'établissement de l'instruction primaire supérieure.

« L'instruction primaire *supérieure*, était-il dit, comprend nécessairement, outre toutes les matières de l'enseignement primaire élémentaire, les éléments de la géométrie et ses applications usuelles, spécialement le dessin linéaire et l'arpentage, des notions des sciences physiques et de l'histoire naturelle, applicables aux usages de la vie, le chant, les éléments de l'histoire et de la géographie et surtout de l'histoire et de la géographie de la France. Selon les besoins et les ressources des localités, l'instruction pourra recevoir les développements qui seront jugés convenables. »

Une école primaire supérieure devait être créée dans les chefs-lieux de département et dans toutes les communes qui avaient plus de six mille âmes de population. La loi fut exécutée en partie : en 1841, cent soixante et une écoles étaient fondées. Mais peu à peu l'indifférence du gouvernement, et surtout la vanité des parents qui préféraient pour leurs enfants de mauvaises études latines à une bonne et solide instruction primaire, découragèrent ces premiers essais.

« Le législateur de 1833 avait grande raison de penser qu'une bonne veste vaut mieux qu'un méchant habit : l'erreur était de croire que l'on déciderait les gens à quitter l'habit pour prendre la veste (2). »

(1) C'est à la même époque, en 1832, que Gérando publia son *Cours normal des instituteurs.*

(2) Cournot, des *Institutions d'instruction publique*, p. 345.

Les écoles supérieures furent presque partout annexées aux collèges d'enseignement secondaire : c'était les détruire que de supprimer leur indépendance et leur physionomie propre. Le dernier coup leur fut porté par la loi de 1850, qui s'abstint d'en prononcer le nom et qui les condamna par son silence.

Circulaire de Guizot. — En transmettant aux instituteurs la loi du 28 juin 1833, Guizot la fit suivre d'une circulaire célèbre qui établissait avec éloquence le rôle de l'instituteur, ses devoirs et ses droits. En voici quelques passages :

« Ne vous y trompez pas, Monsieur, bien que la carrière de l'instruction primaire soit sans éclat, ses travaux intéressent la société tout entière et sa profession participe de l'importance des fonctions publiques... L'instruction primaire universelle est désormais une des garanties de l'ordre et de la stabilité sociale »

La circulaire examine ensuite les avantages matériels que la loi nouvelle assurait aux instituteurs, et elle continue ainsi :

« Toutefois, Monsieur, je ne l'ignore point, la prévoyance de la loi, les ressources dont le pouvoir dispose, ne réussiront jamais à rendre la simple profession d'instituteur communal aussi attrayante qu'elle est utile. La société ne saurait rendre à celui qui s'y consacre tout ce qu'il fait pour elle. Il n'y a point de fortune à faire, il n'y a guère de renommée à acquérir dans les obligations pénibles qu'il accomplit. Destiné à voir sa vie s'écouler dans un travail monotone, quelquefois même à rencontrer autour de lui l'injustice ou l'ingratitude de l'ignorance, il s'attristerait souvent et succomberait peut-être s'il ne puisait sa force et son courage ailleurs que dans les perspectives d'un intérêt immédiat et purement personnel. Il faut qu'un sentiment profond de l'importance morale de ses travaux le soutienne et l'anime ; que l'austère plaisir d'avoir servi les hommes et secrètement contribué au bien public devienne le digne salaire que lui donne sa conscience seule. C'est sa gloire de ne prétendre à rien au delà de son obscure et laborieuse condition, de s'épuiser en sacrifices à peine comptés de ceux qui en profitent, de travailler enfin pour les hommes et de n'attendre sa récompense que de Dieu. »

Progrès de l'enseignement populaire. — Ce

serait une histoire intéressante à raconter par le menu
que celle des progrès de l'éducation populaire en France
depuis la loi de 1833 jusqu'à nos jours. Les projets de
loi de la république de 1848, les propositions libérales
de M. Carnot et de M. Barthélemy Saint-Hilaire, le
recul de la loi du 15 mars 1580, le *statu quo* des premières années du second Empire, puis vers la fin les
efforts et les tentatives louables de M. Duruy, enfin sous
la troisième République l'organisation définitive et
triomphante : tout cela est assez connu et trop récent
pour que nous ayons à y insister ici.

Pour en arriver à faire passer de nouveau dans les lois
les principes de la gratuité, de l'obligation et de la laïcité,
proclamés par la Révolution française, il n'a pas fallu
moins d'un siècle. Pour l'instruction obligatoire notamment les meilleurs esprits ne se sont laissé convaincre que peu à peu. Cependant, dès 1833, Cousin, rapporteur à la Chambre des Pairs de la loi Guizot, s'exprimait ainsi :

« Une loi qui ferait de l'instruction primaire une obligation
légale ne nous a pas paru plus au-dessus des pouvoirs du législateur que la loi sur la garde nationale, et celle que vous
venez de faire sur l'expropriation forcée pour cause d'utilité
publique. Si la raison de l'utilité publique suffit au législateur
pour toucher à la propriété, pourquoi la raison d'une utilité
bien supérieure ne lui suffirait-elle pas pour faire moins, pour
exiger que des enfants reçoivent l'instruction indispensable à
toute créature humaine, afin qu'elle ne devienne pas nuisible à
elle-même ou à la société tout entière? »

Cousin ajoutait que la commission dont il était
le rapporteur n'aurait point reculé devant des mesures sagement combinées pour rendre l'instruction
obligatoire, si elle n'avait pas craint de provoquer des
difficultés et de faire ajourner par là une loi impatiem-
ment attendue. La nécessité évidente d'instruire le
peuple, l'intérêt social, l'intérêt des familles et des individus, toutes ces considérations ont eu insensiblement raison des scrupules ou des illusions d'un faux

libéralisme, et il n'est plus nécessaire de refaire aujourd'hui les plaidoyers éloquents de M. Carnot dans son projet de 1848, de M. Duruy et de M. Jules Simon.

En 1873, Guizot lui-même s'exprimait ainsi :

« La liberté des consciences et celle des familles sont des faits et des droits qui, dans cette question, doivent être scrupuleusement respectés et garantis; mais, sous la condition de ce respect et de ces garanties, il peut arriver que l'état social et l'état des esprits rendent l'obligation légale, en fait d'instruction primaire, légitime, salutaire et nécessaire. *C'est là que nous en sommes aujourd'hui.* Le mouvement en faveur de l'enseignement obligatoire est sincère, sérieux, national. De puissants exemples l'autorisent et l'encouragent; en Allemagne, en Suisse, en Danemark, dans la plupart des États d'Amérique, l'instruction primaire a ce caractère, et la civilisation en a recueilli d'excellents fruits. La France et son gouvernement ont raison d'accueillir ce principe. »

Programmes de l'instruction primaire. — En même temps que l'instruction primaire progressait par son extension toujours croissante et par la participation d'un plus grand nombre d'individus, ses programmes grandissaient aussi, et il est intéressant de comparer sous ce rapport les diverses lois qui ont régi la matière dans notre siècle.

La loi de 1833 disait :

« L'instruction primaire élémentaire comprend nécessairement l'instruction morale et religieuse, la lecture, l'écriture, les éléments de la langue française et du calcul, le système légal des poids et mesures. »

Le projet présenté le 30 juin 1848 par M. Carnot ministre de l'Instruction publique, s'exprime ainsi :

« L'enseignement primaire comprend : 1° la lecture, l'écriture, les éléments de la langue française, les éléments du calcul, le système métrique, la mesure des grandeurs, *des notions élémentaires sur les phénomènes de la nature et les faits principaux de l'agriculture et de l'industrie; le dessin linéaire, le chant; des notions élémentaires sur l'histoire et la géographie de la France;* 2° la connaissance des devoirs et des droits de l'homme et du citoyen, le développement des sentiments de liberté, d'égalité et de fraternité ; 3° les préceptes élémentaires de l'hygiène et des exercices utiles au développement physique. »

« L'enseignement religieux est donné par les ministres des différents cultes. »

D'après le projet de M. Barthélemy Saint-Hilaire (10 avril 1849), l'instruction élémentaire, pour les garçons, comprenait nécessairement :

« .....L'instruction morale, religieuse et civique, la lecture, l'écriture, les éléments de la langue française; les éléments du calcul, le système légal des poids et mesures, le dessin linéaire, des notions élémentaires d'agriculture, d'hygiène, le chant et les exercices gymnastiques.

« Selon les besoins et les ressources des localités, l'instruction primaire élémentaire pourra recevoir les développements qui seront jugés convenables et comprendre notamment des notions sur l'histoire et la géographie de la France. »

Enfin la loi du 15 mars 1850 est ainsi rédigée :

« Art. 23. L'enseignement primaire comprend l'instruction morale et religieuse, la lecture, l'écriture, les éléments de la langue française, le calcul et le système légal des poids et mesures. Il peut comprendre en outre l'arithmétique appliquée aux opérations pratiques, les éléments de l'histoire et de la géographie, des notions des sciences physiques et de l'histoire naturelle applicables aux usages de la vie, des instructions élémentaires sur l'agriculture, l'industrie et l'hygiène, l'arpentage, le nivellement, le dessin linéaire, le chant et la gymnastique.

Le progrès a consisté surtout, depuis 1850, à rendre obligatoire ce qui était simplement facultatif. L'histoire, par exemple, n'est devenue matière d'enseignement qu'en 1867.

Les théoriciens de l'éducation. — A côté des progrès de l'enseignement primaire, l'historien de la pédagogie du dix-neuvième siècle aurait aussi à suivre le développement de l'enseignement secondaire et de l'enseignement supérieur : il aurait à écrire l'histoire de l'Université, réformant les méthodes de ses lycées, de ses collèges, et agrandissant sans cesse, dans un noble esprit de liberté, les études de ses facultés. Mais nous sortirions des limites de notre plan si nous abordions cet ordre de recherches, et si nous entrions dans des détails qui appartiennent à l'histoire contemporaine.

Ce qui doit fixer notre attention, ce sont les reflexions théoriques des différents penseurs qui dans notre siècle ont traité des principes et des lois de l'éducation, de ceux au moins qui se sont signalés par quelques vues nouvelles.

Jacotot (1770-1840). — Jacotot, qui n'est guère resté célèbre en France que pour l'étrangeté de ses paradoxes, est peut-être de tous nos pédagogues du dix-neuvième siècle celui dont on s'est le plus occupé à l'étranger, particulièrement en Allemagne « Jacotot, dit le docteur Dittes, a provoqué une amélioration durable dans l'instruction publique de l'Allemagne. La réforme qu'il a introduite dans l'enseignement de la lecture est importante. Il partait d'une phrase entière qui était prononcée, expliquée, et apprise par cœur par les enfants, puis analysée dans ses parties constitutives (1). » D'autre part, un critique français, M. Bernard Perez, trace de Jacotot le portrait suivant :

« Il était le meilleur et le plus doux des hommes. Il avait la fermeté, la patience, l'honnêteté, la candeur des esprits supérieurs : une inépuisable bonté, une charité universelle qui lui faisait terminer toutes ses lettres par cette formule : « Je vous recommande surtout les pauvres. » Cette ardente philanthropie, de même que son enthousiasme et son zèle pour l'instruction, respirent encore dans ses écrits, d'ailleurs pleins d'inégalités et d'excentricités verbales (2). »

Paradoxes de Jacotot. — Dans son principal ouvrage, *l'Enseignement universel* (3), Jacotot a exposé

(1) Dittes, *op. cit.*, p. 272.
(2) Voyez *Jacotot et sa méthode d'émancipation intellectuelle*, par M. Bernard Perez. Paris Germer-Baillière, 1883.
(3) *Enseignement universel.* Paris, 1822.

ses principes, qui sont autant de paradoxes : « Toutes les intelligences sont égales. » — « Tout homme peut enseigner, et même enseigner ce qu'il ne sait pas lui même. — « On peut s'instruire tout seul. » — « Tout est dans tout. »

Sans doute au fond des paradoxes de Jacotot il y a une part de vérité : par exemple, l'idée fort juste que le meilleur enseignement est celui qui encourage les jeunes intelligences à penser par elles-mêmes. Sans doute encore il corrigeait lui-même l'excès de sa pensée, quand il disait que l'inégalité des volontés vient promptement détruire l'égalité des intelligences. Mais la forme violente, excessive, que Jacotot a donnée à ses idées, les a compromises dans l'opinion. On a oublié ce qu'il y avait de vrai, de fécond dans son système, pour ne se rappeler que les formules bizarres où il se complaît.

Tout est dans tout. — Le plus fameux des paradoxes de Jacotot, c'est la formule : « Tout est dans tout.» Tout le latin serait dans une page de latin ; toute la musique, dans un morceau de musique ; toute l'arithmétique, dans une règle de calcul. Pratiquement, Jacotot faisait apprendre à ses élèves les six premiers livres du *Télémaque*. Sur ce texte, une fois appris, et qu'on récitait deux fois par semaine, on faisait toute sorte d'exercices, qui devaient suffire pour la connaissance complète de la langue française. De même l'*Epitome historiæ sacræ*, mis entre les mains de l'élève et appris en deux mois, était à peu près l'unique instrument des études latines. Au fond, et en écartant des exagérations vraiment étranges, Jacotot pensait avec raison qu'il faut, comme il le disait lui-même, « bien apprendre quelque chose et y rapporter tout le reste. »

Les saint-simoniens et les phalanstériens. — Il y a peu de choses pratiques à recueillir dans les écrits des utopistes célèbres qui, au début de ce siècle, se sont fait connaître par leurs plans d'organisation sociale : c'est la chimère qui domine dans leurs systèmes.

Cabet demandait, entre autres étrangetés, qu'on brûlât tous les livres anciens et qu'on n'écrivît de livres nouveaux que sur la commande de l'État. Il voulait encore que le code des écoles fût dressé par les enfants eux-mêmes (1).

Victor Considérant supprimait, non les livres, mais la discipline et l'autorité. « L'enfant ne sera plus désobéissant, disait-il, parce qu'il ne sera plus commandé (2). »

Saint-Simon communiquait, en 1816, à la *Société pour l'instruction élémentaire* un petit écrit qui témoignait de ses préoccupations pédagogiques. Pour lui et pour ses disciples l'éducation est « l'ensemble des efforts à employer pour approprier chaque génération nouvelle à l'ordre social auquel elle est appelée par la marche de l'humanité. » C'était marquer le contraste des tendances modernes, qui aspirent avant tout à un but terrestre et social, avec les tendances anciennes asservies à des idées surnaturelles. Les sentiments esthétiques, les méthodes scientifiques, l'activité industrielle, tel est le triple développement auquel doit aviser l'éducation spéciale et professionnelle. Mais, au-dessus d'elle, les saint-simoniens plaçaient l'éducation morale, trop négligée à leur gré, et qui devrait consister surtout à développer chez les jeunes gens les facultés sympathiques, affectueuses. Les saint-simoniens comptaient peu sur la science et sur les principes abstraits pour assurer parmi les hommes le règne de la moralité. Le sentiment est à leurs yeux le vrai principe moral, et l'éducation, par conséquent, doit être essentiellement l'éducation du cœur.

Fourier (1772-1837). — Fourier, comme Saint-Simon, a eu des prétentions pédagogiques. Rien de plus étrange que son traité sur l'*Éducation naturelle*. C'est

(1) Cabet, *Voyage en Icarie*. Paris, 1842.
(2) Considérant, *Théorie de l'éducation rationnelle et attrayante du dix-neuvième siècle*. Paris, 1844.

à peine si quelques éclairs de bon sens s'y mêlent à une multitude d'imaginations grotesques.

Fourier renouvelle les utopies de Platon et confie les enfants à des nourrices publiques. Il est plus raisonnable, lorsque, en dépit de ses déclamations sur l'excellence de la nature, il veut bien reconnaître chez les enfants la diversité des caractères, et divise « les nourrissons et les poupons » en trois classes, « les bénins, les malins, les diablotins. »

Il faut aussi louer Fourier de ses efforts pour provoquer l'activité industrielle. Il y a peut-être quelque chose à retenir des promenades qu'il recommande aux enfants à travers les usines et les ateliers, afin que, à la vue de tel ou tel outil, leur vocation particulière s'éveille et se manifeste !

Les instincts de l'enfant sont sacrés pour Fourier, même les plus mauvais, le goût de la destruction par exemple, ou le mépris de la propreté. Loin de les combattre, il les met à profit et les utilise, en employant les enfants destructeurs et malpropres à des fonctions en rapport avec leur goût, par exemple à la poursuite des reptiles et au curage des égouts.

Mais il est inutile d'entrer dans de plus longs détails. L'éducation fouriériste n'est plus une discipline ni une règle : c'est simplement un système d'adhésion complaisante et même de provocation empressée aux instincts que l'enfant tient de la nature. Il ne s'agit plus de diriger ni de former : il faut seulement émanciper et exciter.

Auguste Comte (1798-1857) et l'école positiviste. — L'école positiviste, et son illustre fondateur Auguste Comte, ne pouvaient laisser de côté, dans leurs travaux encyclopédiques, une question aussi importante que celle de l'éducation. L'auteur du *Cours de philosophie positive* avait même annoncé un traité spécial sur la pédagogie, « grand sujet, disait-il, qui n'a pas encore été abordé d'une manière convenablement systématique. » (1) La promesse n'a pas été tenue : mais on peut, d'après divers passages des écrits d'Auguste Comte, reconstituer dans ses lignes principales la pédagogie qui dériverait de son système.

C'est l'évolution naturelle et spécifique de l'humanité que Comte aurait prise pour guide.

« L'éducation individuelle ne peut être suffisamment appréciée que d'après sa conformité nécessaire avec l'évolution collective. »

Le positivisme représentant, aux yeux de Comte, le degré suprême de l'évolution de l'humanité, l'éducation nouvelle doit être *positive*.

« Les bons esprits reconnaissent unanimement la nécessité de remplacer notre éducation européenne, œuvre essentiellement théologique, métaphysique et littéraire, par une éducation *positive*, conforme à l'esprit de notre époque et adaptée aux besoins de la civilisation moderne. »

L'enseignement de la science, tel sera le fondement de l'éducation. Mais cet enseignement ne portera ses fruits qu'à une condition : c'est qu'on sorte enfin de « la spécialité exclusive, de l'isolement trop prononcé, qui caractérise encore notre manière de concevoir et de cultiver les sciences. » Le *Cours de philosophie positive* avait précisément pour but de remédier à l'influence délétère de la trop grande spécialisation des recherches, en établissant les rapports et la hiérarchie des sciences. Comte faisait des mathématiques le point de départ de l'instruction scientifique : c'était aller au rebours de la tendance moderne qui consiste à débuter par les études concrètes et physiques.

Auguste Comte, dans son projet de réforme sociale, demandait une instruction universelle, et il se plaignait vivement de l'indifférence des classes dirigeantes pour l'instruction des pauvres :

(1) *Cours de philosophie positive*, deuxième édition, 1864, t. VI, p. 771.

« Rien n'est plus propre à caractériser profondément l'anarchie actuelle que la honteuse incurie avec laquelle les classes supérieures considèrent habituellement aujourd'hui l'absence totale d'éducation populaire, dont la prolongation exagérée menace pourtant d'exercer sur leur sort prochain une effroyable réaction

Comte ne va pourtant pas jusqu'à rêver pour tous les hommes une éducation identique, une éducation intégrale, comme on l'a appelée. Il admet des degrés dans l'instruction, « qui, dit-il, comportera des variétés d'extension dans un système constamment semblable et identique ».

Dupanloup (1803-1878). — De tous les écrivains ecclésiastiques de notre siècle, celui qui a le plus passionnément étudié les questions d'éducation, c'est assurément l'évêque Dupanloup. Des œuvres considérables témoignent du zèle pédagogique de l'éloquent prélat. Seulement elles ont été composées avec plus de fougue que de sagesse, et elles trahissent le zèle de l'apologiste chrétien plus qu'elles ne s'inspirent d'un amour impartial de la vérité. Les violences du langage et les exagérations de la pensée empêchent trop souvent le lecteur d'y goûter, comme il conviendrait, l'inspiration morale et religieuse d'où sont sortis ces livres de foi ardente et profonde, mais de plus de foi que de charité. Malgré leur longueur et leurs vastes proportions, ces livres sont des pamphlets, des œuvres de combat. Qu'on se garde de les prendre pour des traités scientifiques. La sérénité y manque, et, dès le début, on s'y sent enveloppé d'une atmosphère troublée et orageuse.

Analyse du traité de l'Éducation. — On lira pourtant avec profit les trois volumes de l'*Éducation*. Le premier volume traite de l'éducation, en général et

_____

(1) Il faut rattacher à l'école positiviste divers ouvrages récents : *l'Instruction et l'éducation*, par M. Robin. Paris, 1877; *Une éducation intellectuelle*, par L. Arréat.

contient trois livres. Dans le premier livre, l'auteur établit e caractère de l'éducation, qui a pour but de *cultiver* les facultés, de les *exercer*, de les *développer*, de les *fortifier*, enfin de les *polir*. Dans les livres suivants l'auteur étudie la nature de l'enfant, dont il parle parfois avec une tendresse touchante; il examine les moyens d'éducation, qui sont « la religion, l'instruction, la discipline, les soins physiques ». La discipline consiste à maintenir, à prévenir, à réprimer. Elle est à l'éducation « ce que l'écorce est à l'arbre qu'elle entoure: c'est l'écorce qui retient la sève et la force de monter au cœur de l'arbre. »

Le deuxième volume a pour titre général *de l'Autorité et du respect dans l'éducation*. L'autorité et le respect sont aux yeux de l'auteur les deux choses fondamentales. A ce point de vue, il étudie ce qu'il appelle le personnel de l'éducation, c'est-à-dire Dieu, les parents, le maître, l'enfant et le condisciple.

Dans le troisième volume, intitulé *les Hommes d'éducation*, il est surtout question des qualités qui conviennent au directeur d'une maison d'éducation et à ses divers collaborateurs (1).

Erreurs et préjugés. — Quoiqu'il ait écrit un beau chapitre intitulé : *Du respect qui est dû à la dignité de l'enfant et à la liberté de sa nature*, Dupanloup est encore plus frappé des défauts que des qualités de l'enfance. Il frémit en pensant à sa légèreté, à sa curiosité, à sa sensualité, surtout à son orgueil. Aussi se défie-t-il de l'éloge et des récompenses :

«En louant vos élèves, dit-il au maître, ne craignez-vous pas d'exciter leur orgueil ? L'orgueil des écoliers est un mal terrible ; il commence en troisième, se développe en seconde; il éclate en rhétorique, il s'affermit en philosophie !.. »

____

(1) Les principales œuvres pédagogiques de Dupanloup sont le traité de l'*Education*, 1851, 3 volumes ; 2° *De la haute éducation intellectuelle*, 1855, 3 volumes ; 3° les *Lettres sur l'éducation des filles* 1879 1 vol

A cette défiance de la nature humaine se joint un singulier pessimisme à l'endroit des fonctions de l'instituteur :

« On trouve, dit-il, dans ce ministère, de grandes peines quelquefois, si on en est digne, si on s'y consume, on peut y rencontrer des consolations, mais du plaisir, jamais ! »

L'arrêt est sévère et absolu, mais il se retourne en partie contre celui qui le prononce. Comment ne pas se défier d'un pédagogue qui déclare qu'aucune douceur ne se mêle aux fatigues de l'enseignement, et qui condamne les maîtres de la jeunesse à une vie toute de sacrifice et d'amertume ?

Le plus grand défaut de l'esprit pédagogique de Dupanloup, c'est qu'il ne franchit pas les limites étroites d'une éducation de petits séminaires. Dupanloup écrit seulement pour les classes moyennes. Il n'a pas souci de l'éducation populaire; il n'aime pas l'instituteur laïque; il déteste l'Université. Il reste enfin l'homme qui a inspiré la loi du 15 mai 1850.

L'école spiritualiste et les universitaires. — Les philosophes de l'école spiritualiste française n'ont pas en général accordé grande attention à la théorie de l'éducation. Le plus illustre d'entre eux, Cousin (1792-1868), en même temps qu'il contribuait à organiser l'enseignement universitaire, étudiait avec soin les institutions pédagogiques de l'étranger, notamment dans ses deux ouvrages, *De l'instruction publique en Hollande* (1837), *De l'instruction publique en Allemagne* (1840). Les travaux de M. Jules Simon ont le même caractère pratique : mais avec une tendance marquée à traiter de préférence les questions d'instruction primaire L'*École* (1864) est un manifeste en faveur de la gratuité et de l'obligation.

Les universitaires de leur côté ont, en ce siècle, plus agi que spéculé : ils ont fait de bons élèves, plus qu'composé des théories. Il y aurait cependant de pré-

cieuses vérités à recueillir dans les œuvres de Cournot (1)
de Bersot (2), et surtout de M. Michel Bréal (3)

(1) Cournot a publié en 1864 un livre remarquable sous ce
titre Des institutions d'instruction publique.
(2) Voyez les Essais de philosophie et de morale par E. Bersot,
et aussi les Études et discours (1878).
(3) Voyez surtout le livre bien connu de M. Bréal. Quelques
mots sur l'instruction publique en France.

LEÇON XXII

SCIENCE DE L'ÉDUCATION. MM. HERBERT SPENCER ET ALEXANDRE BAIN

La science de l'éducation. — Aujourd'hui, grâce des œuvres considérables, la science de l'éducation n'est plus un vain mot, objet de vague espérance pour les philosophes ou de raillerie facile pour les beaux esprits. Il s'en faut sans doute qu'elle soit définitivement constituée; mais elle ne cache plus son nom et ses prétentions; elle définit son but, elle expose ses méthodes; elle manifeste de toutes parts sa jeune vitalité.

Jusqu'à nos jours les philosophes n'avaient guère songé à organiser la pédagogie, à la construire sur un plan rationnel. D'un autre côté, la pratique de l'éducation est encore moins avancée que les conceptions des philosophes : on y obéit le plus souvent à une routine irréfléchie ou aux vagues inspirations de l'instinct. Les méthodes en usage ne sont pas coordonnées. Elles offrent un singulier mélange de vieilles traditions et de surcharges modernes. C'est ce défaut de fixité, de coordination dans les idées, c'est le spectacle de ces contradictions qui faisait dire à J.-P. Richter (1) :

« L'éducation actuelle ressemble à l'Arlequin de la comédie italienne qui arrive sur la scène avec un paquet de papiers sous chaque bras. « Que portez-vous sous le bras droit ? lui demande-t-on. — Des ordres, répond-il. — Et sous le bras gauche ? — Des contre-ordres ! »

Un assez grand nombre de philosophes du dix-neuvième siècle ont tenté de corriger cette incohérence et de régler, en faisant appel à l'esprit scientifique, les démarches trop empiriques ou trop routinières de la pédagogie : ce sont leurs essais que nous allons sommairement exposer.

Les philosophes allemands. — Depuis Kant, et, à son exemple, la plupart des philosophes allemands ont associé la théorie de l'éducation à leurs spéculations sur la nature humaine.

Fichte (1762-1814), dans ses *Discours à la nation allemande* (1808), proclamait la nécessité d'une éducation nationale, pour assurer la régénération et le relèvement de sa patrie. Partisan de l'éducation publique et commune, parce qu'il voulait avant tout combattre l'égoïsme que la vie de famille entretient, il a contribué par ses appels éloquents à refaire la grandeur morale, intellectuelle, et, par suite, la grandeur matérielle de l'Allemagne.

Schleiermacher (1768-1834) a écrit une *Doctrine de l'éducation*, qui n'a été publiée qu'en 1849. Il y déve-

(1) J.-P. Richter, plus connu sous le nom de Jean-Paul (1763 1825), auteur d'un livre spirituel et élevé, *Levana ou Doctrine de l'éducation*, 1803.

loppe, entre autres idées, cette proposition que l'éducation religieuse n'appartient pas à l'école, qu'elle est l'affaire de la famille et de l'Église.

Herbart (1776-1841) a composé une série d'écrits pédadogiques qui lui assignent une place à part dans la série des philosophes de l'éducation. Signalons surtout sa *Pédagogie générale* (1806), et l'*Esquisse de mes leçons de pédagogie* (1840). Ce qui distingue Herbart, c'est qu'il a voulu réduire en système toutes les règles pédagogiques en leur donnant pour principe sa propre théorie physiologique. Il a inauguré en psychologie une méthode nouvelle, qui ne semble pas d'ailleurs avoir donné les résultats qu'il en attendait, la méthode mathématique. La psychologie n'est pour lui qu'une mécanique de l'esprit, et le calcul peut être appliqué pour mesurer par des formules mathématiques la force des idées. L'âme ne possède pas de facultés innées, elle se développe progressivement. Mais il faudrait de longs efforts pour entrer dans l'intimité de la pensée originale d'Herbart. Bornons-nous à dire que nourri de bonne heure des idées de Pestalozzi, dont il était l'ami, il a fondé une véritable école pédagogique.

Beneke (1798-1854) est l'auteur d'une *Doctrine de l'éducation et de l'instruction*, qui est, selon l'expression du docteur Dittes, un chef-d'œuvre de pédagogie psychologique. Beneke s'accorde avec Herbart sur un grand nombre de points : ses méthodes pédagogiques ont été popularisées par J. G. Dressler, directeur de l'école normale de Bauzen, mort récemment en 1860.

Charles Schmidt (mort en 1864) a écrit un grand nombre d'ouvrages de pédagogie, où il s'est inspiré de la phrénologie de Gall et de ses hypothèses fantaisistes. Sans doute, l'inspiration n'est pas heureuse, et les travaux de Schmidt valent plus par le détail, par les réflexions particulières que par la doctrine générale. Mais il reste du moins de sa tentative cette vérité, que la science de l'éducation doit avoir pour principe non seulement la psychologie, mais la physiologie elle aussi, la science de l'homme tout entier, corps et esprit.

Il n'est pas de pays où plus qu'en Allemagne la pédagogie ait pris un développement philosophique et élevé. Les grands poètes eux-mêmes, Lessing, Herder, Gœthe, Schiller, ont contribué par quelques grandes idées à la construction d'une science de l'éducation.

Les philosophes anglais. — La philosophie anglaise, avec son caractère expérimental et pratique, avec ses tendances positives et utilitaires, était naturellement appelée à exercer sur la pédagogie une grande influence. Il y a plus de vérités à recueillir chez des penseurs qui à des degrés divers relèvent de Locke et de Bain, et qui ont conservé le goût de l'observation prudente, des expériences attentives, que chez les idéalistes allemands, amoureux de l'hypothèse et des constructions systématiques.

De là sans doute le succès considérable qu'ont obtenu, même en France, les livres récents de M. Herbert Spencer et de M. Alexandre Bain.

Le livre de M. Herbert Spencer. — S'il suffisait de définir exactement le but pour l'atteindre, et de découvrir la vraie méthode pour constituer la science, le livre de M. Herbert Spencer *De l'éducation intellectuelle, morale et physique* (1) serait un livre définitif. Mais autre chose est comprendre que la psychologie est le seul principe solide d'une pédagogie complète et exacte, autre chose est déterminer les lois véritables de la psychologie.

« L'éducation ne sera définitivement systématisée, dit M. Spencer, que le jour où la science sera en possession d'une psychologie rationnelle. »

Ce jour n'est pas encore venu, et M. Herbert Spencer, qui est le premier à le reconnaître, ne présente modes-

(1) *Education intellectuelle, morale et physique.* Londres, 1861. La première traduction française a paru en 1878. Paris, Germer Baillière.

tement son ouvrage que comme un essai. Mais s'il ne
contient pas encore une théorie parfaite et accomplie de
l'éducation, l'écrit du philosophe anglais est du moins
un effort vigoureux et un acheminement notable vers
la pédagogie rationnelle, vers la science de l'éducation,
qui, selon les expressions de M. Virchow, « doit proscrire à jamais les tâtonnements d'une éducation ignorante dont les expérimentations sont toujours à recommencer. »

Plan de l'ouvrage. — Tout système d'éducation
suppose à la fois une morale, j'entends une certaine
conception de la vie, de la destinée humaine ; et une
psychologie, c'est-à-dire une connaissance plus ou moins
exacte de nos facultés et des lois qui président à leur
développement. Il y a en effet dans l'éducation deux
questions essentielles : 1° Quels sont les objets d'étude
et d'enseignement propres à susciter les qualités dont
l'ensemble constitue le type de l'homme bien élevé?
2° Par quelles méthodes apprendra-t-on vite et bien à
l'enfant ce qu'on est convenu de lui enseigner? — Il y a,
en d'autres termes, la question du but et la question des
moyens: la morale est nécessaire pour résoudre la première ; la psychologie, pour éclairer la seconde.

C'est d'après ce plan que M. Spencer a ordonné les
diverses parties de son œuvre. Sous ce titre : *Quelle
est la connaissance qui a le plus de prix?* le premier
chapitre n'est au fond qu'une suite de réflexions sur le
terme suprême, sur les différentes formes de l'activité
humaine, et, par suite, sur l'importance relative, sur le
rang qu'il convient d'attribuer aux études, dont se
compose une éducation complète.

Dans les trois autres chapitres, *Éducation intellectuelle, morale, physique,* l'auteur examine les pratiques jugées les meilleures, pour instruire l'intelligence,
moraliser le caractère, et fortifier le corps.

Définition de l'éducation. — M Herbert Spencer
débute par une définition de l'éducation :

« L'éducation, dit-il, est tout ce que nous faisons pour nous-mêmes, et tout ce que les autres font pour nous, en vue de nous rapprocher de la perfection de notre nature... L'idéal de l'éducation serait d'obtenir une complète préparation de l'homme à la vie tout entière... Ne cherchons pas à développer exclusivement un ordre de connaissances aux dépens des autres, quelque important qu'il puisse être : portons notre attention sur tous, proportionnons également nos efforts à leur valeur relative... En général l'objet de l'éducation doit être d'acquérir le plus complètement possible les connaissances servant le mieux à développer la vie individuelle et sociale sous tous ses aspects, et de ne faire qu'effleurer celles qui concourent le moins à ce développement. »

Cette définition a le tort d'être un peu ambitieuse et de ne pas s'adapter à toutes les formes de l'éducation. Vraie peut-être, s'il s'agit de l'idéal à atteindre dans une instruction complète, accessible à quelques hommes privilégiés, elle ne s'aurait s'appliquer à l'éducation populaire : elle plane d'un vol trop haut au-dessus des conditions humaines et des réalités sociales.

Destinée humaine. — La conception de la destinée, telle que M. Spencer l'esquisse au début de son livre, a des tendances utilitaires très marquées. Son premier grief contre l'éducation réelle, c'est qu'elle sacrifie l'utile à l'agréable, c'est que, dans les préoccupations communes, tout ce qui concerne l'ornement, la parure de l'esprit, l'emporte sur les connaissances qui accroîtraient le bien-être et assureraient le bonheur. De même que dans l'histoire des costumes, chez les sauvages par exemple, on constate que le goût des parures a précédé l'usage du vêtement, de même, dans l'instruction, les études de luxe ont eu le pas sur les études utiles. Il en est surtout ainsi chez les femmes : chez elles la préférence est de beaucoup donnée aux qualités de pure décoration.

Dans sa réaction un peu vive contre les superfluités qui dans l'instruction classique se seraient à tort substituées à des études plus nécessaires, M. Spencer va jusqu'à dire :

« De même que l'Indien de l'Orénoque se peint et se tatoue, de même l'enfant de nos contrées apprend le latin parce que cela rentre dans l'éducation d'un gentleman. »

Ne le prenons pourtant pas au mot : M. Spencer ne va pas jusqu'à supprimer les études désintéressées qui sont quelquefois d'autant plus nécessaires qu'elles paraissent plus superflues. Seulement il demande que l'instruction ne se réduise point à l'apprentissage des petites élégances d'une langue morte, ou à l'étude des trivialités de l'histoire, telles que les dates de batailles, la naissance et la mort des princes.

Tendances utilitaires. — L'utilité, c'est-à-dire l'influence sur le bonheur, tel est le critérium vrai d'après lequel doivent être appréciés, admis ou exclus, et enfin classés, les objets proposés à l'étude de l'homme comme éléments de son éducation. Il est bien entendu, d'ailleurs, que le bonheur doit être envisagé dans son sens le plus large et le plus élevé. Le bonheur ne réside pas dans la satisfaction de telle ou telle tendance privilégiée. Il consiste à être le plus possible, à vivre complètement. Nous préparer à une vie complète, telle est la fonction de l'éducation.

Diverses catégories d'activité. — La vie complète suppose diverses sortes d'activité, qui doivent être subordonnées les unes aux autres, d'après leur importance et leur dignité. Voici comment M. H. Spencer propose de classer ces différentes catégories d'activité, d'après un ordre de progression ascendante :

1° Au premier rang se place l'activité qui a simplement pour objet la conservation personnelle. Il ne servirait de rien d'être un grand lettré, ni un citoyen et un patriote, ni un père dévoué, ou, pour mieux dire, tout cela serait impossible, si l'on ne savait pas d'abord garantir sa sûreté et sa vie.

2° Puis vient la série d'actions, qui tendent *indirectement* au même but de bien-être physique, par l'acquisition, par la production des biens matériels nécessaires à l'existence, c'est-à-dire l'industrie, les diverses professions.

3° En troisième lieu, l'homme emploie ses forces au service de la famille : il a des enfants à nourrir et à élever.

4° La vie sociale et politique est le quatrième objet de ses efforts : elle suppose comme condition préalable l'accomplissement des devoirs de la famille, de même que la vie de famille elle-même suppose le développement normal de la vie individuelle.

5° Enfin l'existence humaine s'achève et se couronne, pour ainsi dire, dans l'exercice des activités qu'on pourrait d'un seul mot appeler esthétiques, et qui, mettant à profit les loisirs laissés par les soucis et les affaires, se satisfont par la culture des lettres et des arts.

Critique de cette classification. — Que peut-on reprendre dans ce tableau exact et méthodique des divers éléments d'une existence complète, normale et par conséquent humaine? Est-il besoin de remarquer que le bonheur ainsi compris ne diffère pas de ce que nous appelons la vertu? Aucun des cinq éléments distingués par M. Spencer ne peut être impunément omis. Les premiers, on ne saurait les négliger sans compromettre la réalité matérielle de la vie, les derniers, sans en amoindrir la dignité morale. Ils sont en quelque sorte solidaires les uns des autres, en ce sens que les activités inférieures, égoïstes, sont les conditions qui rendent possibles les autres parties du rôle humain; et que les activités supérieures, désintéressées, deviennent comme la justification de la peine que nous prenons pour exister et pour satisfaire aux nécessités matérielles.

Nous avons cependant à faire une réserve grave. M. Spencer a le tort de rejeter dans la dernière catégorie de l'activité celle qui est le couronnement des autres, tout ce qui concerne le développement moral de l'individu. Entre la deuxième et la troisième classe d'actions, nous demanderions à intercaler une autre forme

d'activité, celle qui consiste dans la vie morale personnelle, celle qui chez tout homme, même le plus humble
et le plus pauvre, exerce la conscience, la raison et la
volonté. Le système de M. Spencer est décidément
trop aristocratique. Il semble réserver la vie morale
aux hommes qui ont des loisirs. Il y a dans une société
démocratique, qui croit à l'égalité et qui veut qu'elle
ne soit pas un vain mot, il y a des efforts à faire pour
développer moralement la personne humaine dans
toutes les conditions, et il serait fâcheux de réduire
l'activité personnelle à la recherche de la santé et du
bien-être matériel.

Conséquences pédagogiques. — Il est facile
maintenant de comprendre les devoirs de l'éducation.
Conformant ses efforts à la nature, distribuant ses leçons d'après la division même des fonctions humaines,
elle recherchera les connaissances les plus propres
à faire de l'élève d'abord un homme sain et bien portant, puis un industriel, un ouvrier, un homme enfin
capable de gagner sa vie; ensuite elle le formera pour la
famille et la cité, en le dotant de toutes les vertus domestiques et civiques; enfin elle lui ouvrira le brillant
domaine de l'art sous toutes ses formes.

La science est le fond de l'éducation. — Une fois
qu'on a divisé la vie humaine en un certain nombre
d'étages superposés, que l'éducation doit nous apprendre à gravir tour à tour, il s'agit de savoir quels
sont les faits, les connaissances qui correspondent à
chacun de ces degrés d'activité. A cette question
M. Spencer répond qu'à tous les degrés du développement de l'homme, ce qui est surtout nécessaire, ce
qui est le fond de l'éducation, c'est la science.

**La science pour la santé et l'activité indus-
trielle.** — C'est dans la première partie de l'éducation,
celle qui a pour objet la conservation de nous-mêmes,
que la science est le moins utile. L'éducation sur ce
point peut être en grande partie négative, parce que
la nature s'est chargée de nous conduire elle-même à

notre but. L'enfant crie à la vue d'un étranger; il se jette dans les bras de sa mère à la moindre douleur. Cependant, à mesure qu'il grandit, l'homme a de plus en plus besoin de la science, et il ne saurait se passer de l'hygiène et de la physiologie. Par là il évitera toutes ces petites imprudences, toutes ces fautes physiques qui abrègent la vie ou préparent des infirmités à la vieillesse. Par là il diminuera l'écart si considérable qui existe entre la longueur de la vie possible et la brièveté de la vie réelle. Vérités évidentes, et cependant trop méconnues!

« Combien de savants, s'écrie M. Spencer, qui rougiraient si on les surprenait prononçant Iphigénée au lieu de Iphigénie, et qui ne montrent aucun regret d'ignorer, par exemple, ce que sont les trompes d'Eustache, quelles fonctions remplit le cordon spinal! »

Relativement aux activités qu'on pourrait appeler lucratives, et au genre d'instruction qu'elles exigent, M. Spencer démontre encore l'utilité de la science. Il sait combien dans la société moderne on est disposé à favoriser l'instruction professionnelle, industrielle; mais il juge, non sans raison, qu'on ne se comporte pas comme il faudrait pour réussir complètement dans cette voie. Toutes les sciences, les mathématiques par leurs applications aux arts, la mécanique, par son rapport avec l'industrie où les machines jouent un si grand rôle, la physique et la chimie, par les connaissances qu'elles fournissent sur la matière et ses propriétés, les sciences sociales elles-mêmes, à cause des relations du commerce avec la politique : toutes les sciences enfin concourent à développer l'habileté, la prudence de l'homme qui est employé dans un métier, dans une profession quelconque.

La science pour la vie de famille. — Un point où l'originalité de pensée de M. Spencer se marque avec éclat et qu'il développe avec une vivacité éloquente, c'est la nécessité d'éclairer les parents, et tout particulièrement les mères, sur leurs obligations et leurs devoirs, de les mettre en état de gouverner l'éducation de leurs enfants, en leur enseignant les lois naturelles de l'esprit et du corps :

« N'est-il pas monstrueux, s'écrie-t-il, que le destin des générations nouvelles soit abandonné aux hasards de la routine et de la fantaisie, aux inspirations des nourrices ignorantes et aux préjugés des grand'mères ? L'instruction la meilleure, même chez les privilégiés de la fortune, n'est guère, dans l'état actuel des choses, qu'une instruction de célibataires. »

On répète sans cesse que la vocation de la femme est d'élever ses enfants, et on ne lui apprend rien de ce qu'il lui faudrait savoir pour remplir dignement cette grande tâche. Ignorante, comme elle l'est, des lois de la vie et des phénomènes de l'âme, ne sachant rien de la nature des émotions morales ni des causes des désordres physiques, son intervention dans l'éducation de l'enfant est souvent plus désastreuse que ne le serait son inaction absolue.

La science dans l'éducation esthétique. — M. H. Spencer montre ensuite que l'activité sociale et politique a besoin, elle aussi, d'être éclairée par la science. On n'est un citoyen qu'à la condition de connaître l'histoire de son pays.

Ce qu'il est plus difficile d'accorder à M. Spencer, c'est que l'éducation esthétique à son tour soit fondée sur la science. N'y a-t-il pas quelque exagération, par exemple, à soutenir que les mauvaises compositions musicales sont mauvaises parce qu'elles manquent de vérité, et qu'elles manquent de vérité « parce qu'elles manquent de science? » Devient-on un lettré et un artiste comme on devient un géomètre? Pour cultiver avec succès ces arts qui sont comme la fleur de la civilisation, ne faut-il pas, outre le talent et les dons naturels, un long exercice, une lente initiation, quelque chose enfin de plus délicat que l'attention qui suffit pour s'instruire d'une science?

Exagérations et préjugés. — Nous croyons autant que personne à l'efficacité, aux vertus pédagogiques de la science, et nous en ferions volontiers, comme M. Spencer, le principe de l'éducation. Il faut craindre cependant de pousser cette religion de la science jusqu'à la superstition : notre auteur n'en est pas complètement exempt.

Que la science développe les qualités intellectuelles, jugement, mémoire, raisonnement, nous l'admettons; qu'elle les développe mieux que l'étude des langues, passe encore! Mais il nous est impossible de ne pas protester quand M. Spencer nous la représente comme douée de la même efficacité pour inspirer les qualités morales, persévérance, sincérité, activité, résignation aux volontés de la nature, piété même et religion. La science nous paraît un moyen infaillible d'animer, d'exciter les diverses énergies de l'âme : mais aura-t-elle aussi la vertu de les discipliner? Grâce à la science, l'homme saura ce qu'il convient de faire, s'il veut être un travailleur, un père de famille, un citoyen, mais à une condition, c'est précisément qu'il le *veuille*, et cette éducation de la volonté, est-ce la science encore qui en sera chargée? Il est permis d'en douter.

M. Spencer semble lui-même partager aujourd'hui cette défiance, si nous en croyons une de ses œuvres plus récentes, un chapitre de sa *Science sociale* (1). « La foi aux livres et à la nature, y est-il dit, est une des superstitions de notre époque. » On se trompe, ajoute l'auteur, quand on établit un rapport entre l'intelligence et la volonté : car la conduite est déterminée non par la connaissance, mais par l'émotion.

« Celui qui espérerait enseigner la géométrie en donnant des leçons de latin, ne serait guère plus déraisonnable que ceux qui comptent produire des sentiments meilleurs au moyen d'une discipline des facultés intellectuelles. »

A vrai dire, M. Spencer est tombé ici dans un autre

(1) *Introduction à la Science sociale*, p. 390.

excès, et il nous paraît avoir tour à tour trop accordé et trop refusé à l'influence de l'instruction sur la moralité.

Éducation intellectuelle. — Jusqu'à présent nous n'avons examiné avec M. Spencer que la nature des objets et des connaissances qui conviennent à l'éducation de l'homme. Reste à chercher comment l'esprit peut s'assimiler ces connaissances. La pédagogie n'a pas seulement à dresser théoriquement le brillant tableau des études nécessaires : elle recherche aussi les moyens, les méthodes à employer, pour que ces études puissent être présentées à l'esprit et aient le plus de chance de l'être avec profit.

M. Spencer estime que dans cette partie, en quelque sorte pratique, la pédagogie doit être guidée par l'idée de l'évolution, c'est-à-dire de la marche progressive d'un être qui se fait, qui se crée peu à peu, et qui met successivement au jour, suivant des *lois déterminées*, des puissances primitivement enveloppées dans les germes qu'il a reçus de la nature ou qui lui ont été transmis par l'hérédité.

Lois de l'évolution intellectuelle. — En d'autres termes, M. Spencer montre que les préceptes de la pédagogie ne pourront être définitivement déduits que lorsque les lois de l'évolution mentale auront été nettement établies, et il essaye de poser lui-même quelques-unes de ces lois.

Il constate que l'esprit passe naturellement du simple au complexe, de l'indéfini au défini, du concret à l'abstrait, de l'empirique au rationnel ; que la genèse de l'individu est la même que la genèse de la race, que l'intelligence s'assimile surtout ce qu'elle découvre d'elle-même ; enfin que toute culture qui profite à l'élève est en même temps un exercice qui l'excite et qui l'égaie.

De là résultent ces conséquences pratiques qu'il faut d'abord proposer à l'enfant des sujets d'étude simples, des choses particulières, des objets sensibles, afin de s'acheminer peu à peu jusqu'aux vérités complexes, aux généralités abstraites, aux conceptions de la raison ; qu'on ne peut exiger de l'intelligence enfantine autre chose que des notions vagues et incomplètes, que le travail de l'esprit éclaircira et achèvera graduellement ; que l'éducation doit être en petit pour chaque individu une répétition et une copie de la marche générale de la civilisation et du progrès de l'humanité ; qu'il convient de compter plus sur l'effort personnel de l'élève que sur l'action du maître ; qu'enfin il est nécessaire de rechercher les méthodes qui intéressent, et même celles qui amusent. De la sorte, l'éducateur, au lieu de contrarier la nature, au lieu de la déconcerter dans sa marche et dans les degrés insensibles de son développement réel, s'astreindra à la suivre pas à pas ; et l'éducation sera, non plus une force qui gêne, qui comprime, qui étouffe, mais au contraire une force qui soutient, qui stimule, en s'y associant, l'œuvre des puissances spontanées de l'âme.

Éducation personnelle. — M. Spencer attache une grande importance à celle de ces maximes qui recommande d'encourager avant tout l'éducation personnelle :

« Il faut encourager de toutes nos forces le développement spontané. Il faut que l'enfant soit conduit à faire lui-même les recherches, à tirer lui-même les conséquences de ses découvertes. Il faut lui *dire* le moins possible, et lui faire *trouver* le plus possible. L'humanité n'a progressé qu'en faisant son éducation elle-même ; le meilleur moyen, pour l'individu, d'arriver aux meilleurs résultats possibles, est de suivre cet exemple ; c'est ce dont nous fournissent fréquemment la preuve les éclatants succès des hommes qui ont fait seuls leur chemin. Les personnes qui ont été élevées sous la discipline ordinaire des écoles, et qui en ont emporté l'idée que l'éducation ne peut se faire autrement, regarderont comme impossible de faire d'un enfant son propre maître. Si elles veulent cependant réfléchir que la connaissance fondamentale, importante, des objets qui l'entourent est acquise par le petit enfant sans le secours de personne ; si elles se souviennent qu'il apprend seul sa langue maternelle ; si elles se rendent bien compte de la somme d'observations, d'expériences, de connaissances extra-scolaires que chaque individu acquiert par lui-même ; si elles remarquent l'in-

telligence extraordinaire qui se développe chez le gamin abandonné dans les rues de Londres, et cela dans toutes les direc-
tions où les circonstances au milieu desquelles il vit sollicitent
ses facultés ; si enfin elles veulent réfléchir au nombre d'esprits
qui se sont frayé la voie par leurs seules forces, elles reconnaî-
tront peut-être qu'il n'est pas déraisonnable de conclure que si
les objets lui étaient présentés dans le bon ordre et de la bonne
manière, tout enfant d'une capacité ordinaire pourrait surmonter presque sans résistance les difficultés sérieuses qu'il
rencontre. »

Éducation morale. — L'éducation morale, sans
donner lieu à une théorie aussi complète que l'éducation intellectuelle, a pourtant suggéré à M. Spencer
quelques réflexions importantes.

M. Spencer déclare formellement qu'il n'accepte pas
ce qu'il appelle le dogme de lord Palmerston, ce que
nous appellerions en France le dogme de Rousseau : à
savoir que tous les enfants naissent bons. Il pencherait
plutôt dans le sens de l'opinion contraire qui, « bien
qu'insoutenable, dit-il, est cependant moins vide de
vérité ! » Sans doute il ne faut pas attendre de l'enfance trop de bonté morale ; mais on peut trouver que
M. Spencer force un peu les choses et pousse au noir le
portrait de l'enfant quand il dit, par exemple :

« L'enfant ressemble à un sauvage Ses traits physiques,
comme ses instincts moraux, rappellent le sauvage. »

Pris à la lettre, un pareil pessimisme conduirait logiquement à une discipline morale trop sévère, toute de répression et de contrainte. Telle n'est pourtant pas la conclusion de M. Spencer, qui recommande une conduite
de tolérance et de douceur, un système de laisser aller
relatif, qu'on croirait presque dicté par l'optimisme
de Rousseau. Il réprouve la discipline brutale des
collèges anglais. Il veut enfin qu'on traite l'enfant, non
comme un révolté incorrigible qui n'obéit qu'à la force
mais comme un être intelligent, capable de comprendre
vite les raisons et les avantages de l'obéissance, par

cela seul qu'il se rend compte de la liaison des causes et des effets.

Système des punitions naturelles. — La vraie discipline morale, d'après M. Spencer, est celle qui place l'enfant dans la dépendance de la nature, qui lui apprend à détester ses fautes en raison des conséquences naturelles qu'elles entraînent. Il faut renoncer aux punitions artificielles, presque toujours irritantes et mal accueillies, et n'avoir recours, le plus souvent, qu'aux privations, aux désagréments qui sont les conséquences nécessaires et comme les réactions inévitables des actions accomplies.

Un gamin, par exemple, met du désordre dans sa chambre : la méthode des punitions naturelles veut que ce soit lui qui le répare ; il se corrigera vite d'une turbulence dont il sera le premier à souffrir.

Une fillette, par indolence ou par un trop grand souci de sa toilette, s'est mise en retard pour la promenade : qu'on la punisse en ne l'attendant pas, en la laissant à la maison ; c'est le meilleur moyen de la guérir à l'avenir de sa paresse et de sa coquetterie.

Le système qui tend ainsi à substituer les leçons de la nature aux pénalités factices offre assurément de grands avantages. Il soumet l'enfant, non à l'autorité d'un maître qui passe, de parents qui mourront un jour, mais à une loi dont l'action ne cesse ni ne se ralentit jamais. Les punitions artificielles provoquent souvent la résistance de l'enfant, parce qu'il n'en comprend pas le sens, parce que, provenant de la volonté humaine, elles peuvent être taxées d'injustice et de caprice. Pourra-t-il aussi facilement refuser de s'incliner devant la force impersonnelle de la nature, force qui mesure exactement le mal à la faute, qui n'admet point d'excuse, contre laquelle il n'y a point d'appel et qui sans menaces, sans colère, exécute rigoureusement et silencieusement la loi ?

Difficultés d'application. — Le principe de M. Spencer est excellent, mais il s'en faut qu'il soit appli-

cable aussi souvent que le croit notre philosophe.
L'enfant, dans la plupart des cas, est trop peu réfléchi,
trop peu raisonnable, pour comprendre et surtout pour
écouter les suggestions de l'intérêt personnel.

Ajoutons que ce principe est tout négatif, qu'il fournit
tout au plus le moyen d'éviter le mal ; qu'en lui ac-
cordant même une efficacité qu'il n'a pas, il faudrait
encore lui reprocher de rétrécir la culture morale, en
la réduisant à la préoccupation un peu mesquine de la
seule utilité, qu'enfin il n'exerce aucune influence sur
le développement des vertus positives, sur l'éducation
désintéressée de la moralité, dans ce qu'elle a de noble
et d'élevé.

Enfin, le système des punitions naturelles risquerait
d'être souvent cruel et de causer à l'enfant un mal
irréparable. Passe encore pour la pelote d'épingles,
pour l'eau de la bouillotte, pour la flamme des bougies,
exemples que propose M. Spencer. Mais que dire de la
barre de fer rouge qu'il laisse saisir à l'enfant ! Que dire
surtout des conséquences graves qu'entraîneraient les
fautes du jeune homme livré à lui-même.

« Ne serait-ce pas, dit avec raison M. Gréard, condamner
l'enfant à un régime sévère jusqu'à l'injustice que de compter
uniquement, pour discipliner sa volonté, sur les effets des réactions naturelles et des conséquences inévitables ? La peine
qu'elles provoquent est le plus souvent énorme par rapport à la
faute qui les a produites, et l'homme lui-même réclame pour
sa conduite d'autres sanctions que celles de la dure réalité. Il
veut qu'on juge l'intention en même temps que le fait; qu'on
lui sache gré de ses efforts : qu'on ne pousse pas du premier
coup aux extrémités: qu'on le frappe s'il le faut, mais sans
l'abattre et en lui tendant la main pour le relever (1). »

Retour à la nature. — Quoi qu'il en soit, il faut
savoir gré à M. Spencer d'avoir montré que, pour l'é-
ducation morale comme pour l'éducation intellectuelle,
la méthode qui se rapproche le plus de la nature est

(1) Voyez l'*Esprit de discipline dans l'éducation*, mémoire de
M. Gréard, publié dans la *Revue Pédagogique*, 1883, n° 11.

aussi la meilleure. Le retour à la nature, qui était la caractéristique des théories de Rousseau et de la pratique de Pestalozzi, est aussi le trait dominant de la pédagogie de M. Spencer.

Si l'on y prend garde, cette tentative marquée de rapprochement vers la nature implique autre chose que la condamnation superficielle des méthodes introduites par l'art et par les conventions humaines ; elle suppose une croyance fondamentale : la croyance à la finalité bienfaisante des instincts naturels. Avoir confiance dans la nature, s'en remettre aux forces spontanées de l'âme, parce qu'on entrevoit derrière elles ou en elles une providence supérieure ou une prévoyance intime, c'est une croyance généralement utile et féconde pour conduire les affaires humaines, mais particulièrement nécessaire pour diriger l'éducation de l'homme. Ce n'est pas sans quelque surprise que nous la retrouvons au fond de la pédagogie de M. Spencer, comme si, par une contradiction qui n'est pas nouvelle, le philosophe évolutionniste qui semble exclure les causes finales de la conception de l'univers, avait été pratiquement contraint de s'incliner devant elles, et de proclamer, tout au moins en matière d'éducation, l'efficacité salutaire de la théorie qui les admet.

C'est ainsi qu'à propos de l'éducation physique M. Spencer fait remarquer que les sensations sont des guides naturels qu'il serait dangereux de ne pas suivre :

« Cette partie tout à fait importante de notre éducation qui a pour objet de pourvoir directement à la préservation de nous-même est en partie assurée. Comme elle était trop importante pour être abandonnée à notre légèreté, la nature s'en est chargée elle-même. »

Parlant ailleurs des instincts qui poussent l'enfant à se mouvoir, à chercher dans l'exercice le principe du bien-être physique, il déclare que combattre ces instincts, ce serait aller en travers des moyens « *divinement combinés* » pour assurer le développement du corps.

Éducation physique. — Le chapitre consacré par M. Spencer à l'éducation physique est tel qu'on peut l'attendre d'un penseur tout à fait exempt de préjugés idéalistes et qui n'hésite pas à écrire :

« L'histoire prouve que les races les plus énergiques et qui ont dominé les autres ont été les races les mieux nourries. »

Il faut d'abord et avant tout constituer dans l'homme la force physique et créer en lui « un robuste animal. »

« L'éducation actuelle des enfants est défectueuse de plusieurs manières : elle l'est par l'insuffisance de l'alimentation, par l'insuffisance des vêtements, par l'insuffisance de l'exercice et par l'excès de l'application mentale. »

M. Spencer se plaint que l'éducation moderne soit devenue tout intellectuelle, et qu'elle néglige le corps. Il rappelle que « la conservation de la santé est un de nos devoirs, » et qu'il existe une chose qu'on pourrait appeler « la moralité physique. »

Ici comme partout M. Spencer demande qu'on suive les indications de la nature. Il explique par des raisons physiologiques le goût en apparence désordonné que les enfants témoignent pour certains aliments, le sucre par exemple. Il réclame avec insistance que la préférence soit donnée sur la gymnastique, au jeu et à l'exercice libre et spontané.

Jugement général. — Ce qui est à nos yeux un grand signe de la vérité des lois pédagogiques que nous venons d'exposer, c'est qu'elles sont conformes aux tendances générales des grands réformateurs modernes de l'éducation. C'est ainsi que les idées de Spencer se rapprochent beaucoup de celles que Pestalozzi avait appliquées à Stanz. Le succès qu'il y obtenait, M. Spencer le fait remarquer lui-même, dépendait de deux choses : d'abord de l'attention qu'il apportait à déterminer de quel genre d'instruction les enfants avaient besoin; ensuite des soins qu'il mettait à associer les connaissances nouvelles à celles qu'ils possédaient déjà.

L'essai de M. H. Spencer mérite donc l'attention des éducateurs. Il n'est guère de livre où la verve piquante du détail vienne plus agréablement animer un fond de raisonnements solides et dont il soit plus utile d'extraire la substance. Il ne faut pourtant le lire qu'avec précaution. La justesse et la mesure font parfois défaut au brillant penseur anglais, et ses généralisations hardies demandent à être contrôlées avec soin.

M. Bain et la science de l'éducation. — Moins brillant que l'ouvrage de M. Spencer, le livre de M. Bain, la *Science de l'éducation* se recommande par des qualités d'analyse étudiée, de minutie savante(1). D'autres surpassent M. Bain par l'éclat de l'imagination, par l'initiative et l'élan : nul ne l'égale pour la richesse des détails, pour la finesse et l'abondance des observations. Après que de plus hardis ont pris les devants et publié l'esquisse originale, M. Bain paraît et écrit le manuel méthodique et complet. Son œuvre propre ressemble à celle de l'administrateur consciencieux qui marche à l'arrière-garde d'une armée victorieuse, et qui assure par une organisation sage les positions conquises par la marche fougueuse d'un général en chef. Son livre, en d'autres termes, n'est que le développement attentif et approfondi des principes de M. Spencer.

Impression générale. — Il est impossible de faire valoir dans une analyse le mérite d'une œuvre qui vaut surtout par la multiplicité des questions que l'auteur y discute, par l'infinie variété des solutions qu'il y propose. Il y a des paysages qui découragent les peintres parce que, malgré leur beauté, ils sont trop vastes, trop touffus pour se prêter à être enfermés dans un cadre : nous en dirons autant du livre de M. Bain. Il faut l'avoir étudié soi-même pour l'estimer son prix.

Les professeurs de tout ordre y trouveront des séries

(1) Traduction française. Paris, Germer-Baillière, 1875.

de conseils motivés, de réflexions judicieuses sur les
méthodes pédagogiques: nature des études, distribution
des matières, progression des difficultés, choix des
exercices, comparaison de l'enseignement oral et de
l'enseignement par les livres, organisation de la discipline, rien n'échappe à un penseur qui n'est pas
seulement un théoricien ou un pédagogue amateur, qui
est aussi un homme du métier, un pédagogue compétent, un professeur expérimenté.

Il ne faudrait pas en effet se laisser tromper par ce
grand mot de *Science de l'éducation*, qui pourrait
déconcerter et écarter toute une catégorie de lecteurs,
ceux qui dans les ouvrages d'éducation cherchent
surtout un guide pour la pratique. Ils auront au
contraire toute occasion d'applaudir à un livre qui passe
bien vite des généralités aux applications et qui est
avant tout un manuel de pédagogie usuelle et
technique. L'étude en sera profitable, je ne dis pas
seulement aux maîtres qui enseignent les hautes parties
de la littérature et de la science, mais aux plus humbles
éducateurs et même, car M. Bain ne néglige aucun
détail, aux professeurs de lecture et d'écriture.

Division de l'ouvrage. — La *Science de l'éducation*
comprend trois parties : 1° les bases psychologiques;
2° les méthodes; 3° l'éducation moderne.

L'auteur se demande d'abord dans quel ordre se
développent les différentes facultés et quelle influence
cet ordre doit exercer sur la distribution des études :
c'est la partie psychologique. Il s'agit ensuite de ce que
M. Bain appelle l'ordre logique, c'est-à-dire des relations qui existent entre les études elles-mêmes et leurs
diverses parties. C'est le « problème analytique » de
l'éducation.

Ces préliminaires posés, M. Bain aborde le sujet
principal, les méthodes d'enseignement. Il examine tour
à tour les premiers éléments de la lecture, les leçons
de choses, « qui plus que tout autre moyen d'enseignement demandent à être pratiquées avec soin : sans cela,

un procédé admirable pourrait, dans des mains inhabiles, n'être plus qu'une affaire de forme séduisante mais sans valeur ; » puis les méthodes relatives à l'histoire, à la géographie, aux sciences, aux langues.

Enfin dans son troisième livre M. Bain expose un plan d'études nouveau, en se plaçant surtout au point de vue de l'enseignement secondaire,

Ordre psychologique et ordre logique. — Dans ses réflexions sur le développement de l'esprit et sur la distribution des études, M. Bain s'inspire des principes qui ont guidé M. Spencer.

« L'observation précède la réflexion : le concret vient avant l'abstrait. »

D'autre part, la marche de l'éducation doit être du simple au complexe, du particulier au général, de l'indéfini au défini, de l'empirique au rationnel, de l'analyse à la synthèse, de l'esquisse aux détails, enfin du matériel à l'immatériel.

Tel serait l'ordre idéal de l'éducation : mais M. Bain fait remarquer que dans la pratique toutes sortes d'obstacles viennent gêner cette marche rigoureuse.

Éducation moderne. — Le plan d'études secondaires que M. Bain recommande aux réformateurs de la pédagogie est le résultat et le résumé de toutes ses observations.

L'éducation intellectuelle, commune à tous les jeunes gens qui reçoivent l'instruction libérale comprendrait désormais trois objets essentiels : 1° les sciences ; 2° les humanités ; 3° la rhétorique et la littérature nationale. On voit tout de suite ce qu'il faut entendre par ce dernier article : mais les deux autres ont besoin de quelques explications.

Les sciences sont divisées en deux groupes : les unes qu'on approfondira, arithmétique, géométrie, algèbre, physique, chimie, biologie, psychologie ; les autres, les sciences naturelles qui ne pourront être qu'effleurées, parce qu'elles accableraient la mémoire sous le poids d'un trop grand nombre de faits. La géographie qui, on ne sait trop pourquoi, fait partie des sciences, tandis que l'histoire est rattachée aux humanités, complétera le programme des études scientifiques.

Quant aux humanités, M. Bain ne conserve guère que le mot en supprimant la chose : car, dans le domaine amoindri et défiguré de ce qu'il persiste à appeler ainsi, il retranche précisément ce qui a toujours passé pour en constituer l'essence : l'étude des langues mortes. Il en exclut même les langues vivantes, et ce qu'il décore du beau nom d'humanités, c'est encore la science, la science morale, il est vrai, « l'histoire et la sociologie avec l'économie politique et la jurisprudence. »

Un cours de littérature universelle, mais bien entendu, sans textes originaux, *pourrait* ensuite s'ajouter à ce prétendu enseignement des humanités.

Deux ou trois heures par jour seraient consacrées parallèlement, pendant tout le cours des études, qui durerait six ans, à chacun de ces trois enseignements dont M. Bain proclame l'égale nécessité.

Quant aux véritables humanités, langues mortes ou langues vivantes, elles ne seraient plus admises dans l'éducation que comme des études facultatives et de luxe, au même titre que les arts d'agrément. Et même, faisant appel à l'avenir, M. Bain prévoit qu' « un jour viendra où l'on trouvera que c'est encore leur accorder une trop grande part dans l'éducation. »

M. Bain réserve donc toutes ses préférences aux études scientifiques, et son livre devrait s'intituler non seulement la *Science de l'éducation*, mais aussi la *Science dans l'éducation*.

Erreurs théoriques. — M. Bain reproche aux lettres de « donner à l'esprit l'habitude de la servilité. » Par quel singulier revirement de pensée les études libératrices par excellence peuvent elles être représentées comme une école de servitude intellectuelle? C'est plutôt à l'enseignement scientifique qu'il conviendrait de retourner l'accusation d'asservir l'esprit. Par leur inexorable évidence et par leur exactitude même les sciences n'étouffent-elles pas quelquefois l'originalité, le libre essor de l'imagination ?

Ce défaut n'empêche pas d'ailleurs qu'elles n'aient droit à une place, à une large place, dans le programme de l'éducation intellectuelle. Acceptons avec faveur leur alliance, admettons-les dans une certaine mesure au partage, mais ne tolérons pas leurs empiètements. En définitive, les sciences ont pour objet soit des abstractions pures, soit les réalités matérielles. Celui qui étudie les mathématiques et la physique acquiert d'abord des connaissances réelles d'une haute portée ; d'autre part, il fortifie son esprit par l'habitude des méthodes rigoureuses que ces sciences appliquent. Les sciences, nous l'accordons volontiers à M. Bain, sont à la fois d'admirables mines de vérités utiles et de précieux instruments de discipline pour l'esprit. On gagne, à les cultiver, non seulement ce qu'elles apprennent de positif sur le monde, mais aussi la force, la rigueur, l'exactitude qu'elles imposent à leurs adeptes.

Insuffisance des sciences. — Mais la question est de savoir si les sciences, si utiles et si nécessaires pour enrichir l'esprit et pour le discipliner, sont aussi ce qu'il y a de meilleur pour le former. L'éducateur n'est pas dans la situation de l'agriculteur, qui n'a que deux choses à faire : labourer et ensemencer la terre qu'il cultive. L'œuvre de l'éducation est autrement grande : il s'agit pour elle de développer des aptitudes, des énergies latentes, ce que les philosophes du jour ne nous permettent guère plus d'appeler des facultés, mais ce qu'ils rétablissent sous un autre nom, celui de forces inconscientes de l'âme ; il s'agit, non pas de travailler sur un sol presque entièrement préparé par la nature, mais en grande partie de créer ce sol lui-même. Or, les sciences sont bien le grain qu'il conviendra plus tard de semer dans le champ, elles ne sont pas la substance qui le nourrit et qui le fertilise.

27.

Tendances sensualistes. — Allons au fond de la pensée de M. Bain et de sa doctrine sur l'esprit : nous y trouverons le secret de sa préférence passionnée pour l'enseignement des sciences. Ses erreurs de pédagogie pratique proviennent d'erreurs théoriques sur la nature humaine.

Pour lui comme pour Locke, il n'y a pas, à proprement parler, de forces intellectuelles indépendantes des faits qui se succèdent dans la conscience : par suite, il n'y a pas d'éducation des facultés. La mémoire ou l'imagination, considérée comme une puissance distincte, comme une aptitude plus ou moins heureuse, la mémoire ou l'imagination n'est qu'un mot : elle n'est rien en dehors des souvenirs ou des images qui se gravent successivement dans l'esprit. Pour M. Bain comme pour Locke, la meilleure éducation est celle qui juxtapose des connaissances dans l'esprit, qui y accumule des faits, non celle qui cherche à allumer dans l'âme un foyer d'intelligence.

Ce qui fausse encore les vues théoriques de M. Bain, c'est qu'il n'accorde aucune indépendance, aucune vie propre à l'esprit, et que, pour lui, derrière les faits de conscience se dressent, sans aucun intermédiaire, les organes cérébraux. Or le cerveau se développe de lui-même ; il acquiert fatalement avec les années plus de poids et plus de volume ; il passe de l'âge des choses concrètes à l'âge des abstractions. De là une réduction, un amoindrissement inévitable de la portée de l'éducation. Il n'y a plus qu'à laisser faire la nature et à remplir le vase qu'elle se charge elle-même de construire.

Tendances utilitaires. — Enfin, pour achever d'indiquer les idées générales qui dominent et qui gâtent la pédagogie de M. Bain, disons que l'utilité positive et pratique, l'utilité vulgaire, y mêle trop ses inspirations. Le critérium utilitaire y est parfois appliqué avec une exagération naïve. Ainsi on n'apprendra dans les langues que les mots qui se présentent le plus souvent, et dans les sciences que les parties qui sont de l'usage le plus fréquent. Jusque dans l'éducation morale, telle que la conçoit le philosophe anglais, se retrouvent, comme on peut s'y attendre, ces vues utilitaires et mesquines. Croirait-on, par exemple, que M. Bain fait de la crainte du code pénal le ressort principal de l'enseignement de la vertu (1)? Du moins, ici il veut bien reconnaître que la science est insuffisante « Prétendre que la physiologie, par exemple, peut nous enseigner la modération dans l'appétit sexuel, c'est lui attribuer un résultat qu'aucune science n'a encore pu donner. » Mais faut-il compter davantage, comme le veut M. Bain, sur l'exemple, sur les rapports sociaux, sur l'expérience personnelle? Dans cette éducation vraiment expérimentale de la vertu, la morale s'apprendrait, comme la langue maternelle, par l'usage, par l'imitation des autres, et l'enseignement moral proprement dit serait comme une sorte de grammaire qui vient rectifier les usages vicieux.

Jugement final. — Mais nos critiques sur les tendances générales de la pédagogie de M. Bain n'ôtent rien à notre admiration pour les qualités solides de sa *Science de l'éducation*. Sans doute il y aurait aussi des erreurs de détail à relever, quelques méthodes particulières à discuter : par exemple, celle de ne jamais faire qu'une chose à la fois, ou encore la convenance d'enseigner d'abord aux enfants l'histoire de leur pays : M. Bain oublie que l'histoire mythologique et l'histoire sainte, par leur caractère légendaire et fabuleux, offrent aux imaginations enfantines un attrait particu-

(1) Il y aurait à insister sur les observations de M. Bain, relatives aux punitions. Voici ce qu'en dit M. Gréard : « M. Bain, avec infiniment de sens et de tact disciplinaire, se préoccupe bien moins des moyens d'appliquer la règle que des conditions suivant lesquelles elle doit s'appliquer. Il entre sur ce point dans des détails pleins de scrupule. Il ne craint pas d'appeler à son aide les lumières des maîtres de la jurisprudence pénale, et ses recommandations, ajoutées à celles de Bentham, ne comprennent pas moins de trente articles.

lier et s'adaptent mieux que l'histoire proprement dite
à des esprits naissants. Mais, à côté de parties discu-
tables, que de sages observations à recueillir sur les
divers procédés d'enseignement, sur le passage du
concret à l'abstrait, sur la discrétion qu'il faut mettre
aux leçons de choses, dont l'usage dégénère si facilement en abus, etc. Même par ses théories absolues la
Science de l'éducation rendra de grands services : car,
pour éclairer la marche de la pensée, rien ne vaut les
opinions exclusives et sincères. Il serait même désirable, si l'on ne craignait d'expérimenter sur des âmes
humaines, *in anima sublimi*, que, selon le plan de
M. Bain, l'on tentât l'expérience d'une éducation exclusivement scientifique.

LEÇON XXIII

LE MOUVEMENT PÉDAGOGIQUE CONTEMPORAIN EN FRANCE ET A L'ÉTRANGER.

Raisons du développement de la pédagogie. — Le mouvement
pédagogique en France. — La gratuité et l'obligation de l'é-
cole primaire. — Jean Macé (1815-1894). — La laïcité. —
Henri Marion (1846-1896). — Gréard (1828-1903). — Félix
Pécaut (1828-1898). — J.-M. Guyau (1854-1888). — L'éducation
des femmes. — L'éducation scientifique.
La pédagogie anglaise. — Robert Hébert Quick (1831-1891).
L'éducation démocratique. — La pédagogie des États-Unis. —
La coéducation des sexes. — L'enseignement par les femmes.
— Henry Barnard (1811-1901).
La pédagogie allemande.
La pédagogie italienne. — Pierre Siciliani (1832-1885).
Le mouvement pédagogique dans les autres pays. — Conclusion.

Raisons du développement de la pédagogie. —
Il n'est pas contestable que la pédagogie est de plus en
plus en honneur chez toutes les nations civilisées. Cela
tient à plusieurs causes. D'abord, l'instruction qui
n'était autrefois que le privilège d'une élite s'est démo-
cratisée. Il est maintenant reconnu qu'elle est due à
tous, aux pauvres comme aux riches, aux femmes aussi
bien qu'aux hommes. De là, de nouveaux efforts tentés
pour rechercher sur quels principes doit être établie et
organisée cette instruction désormais universelle ; quels
sont les programmes, les méthodes qui conviennent le
mieux pour en assurer le succès. D'autre part, les conditions de la société moderne étant profondément chan-
gées, il est devenu nécessaire de modifier les vieilles pratiques, notamment dans l'enseignement secondaire, de
restreindre certaines études, d'en introduire d'autres,

afin d'adapter les plans scolaires aux besoins du temps présent. Enfin la science qui envahit tout, qui pénètre partout, aspire, de plus en plus, à faire de la pédagogie une province de son empire, en la rattachant à la physiologie, à l'hygiène, à la psychologie, particulièrement à la psychologie de l'enfance et de l'adolescence. L'éducation qui trop souvent dans le passé n'était qu'une routine, un ensemble d'usages traditionnels, est devenue un objet de science qu'il faut étudier et explorer à la lumière des théories et des conceptions les plus récentes. Ajoutons encore que le progrès de la réflexion a convaincu définitivement nos contemporains que la question de l'éducation était la question primordiale, essentielle, le problème vital des sociétés démocratiques, et comme l'axe de l'humanité.

Ne soyons donc pas surpris de l'extrême fécondité pédagogique des cinquante dernières années. Des chaires ont été établies dans la plupart des universités pour l'enseignement de la science et de l'art de l'éducation. Les journaux scolaires se sont multipliés. Les projets de réformes abondent. La pensée et, en même temps, l'action pédagogique se manifestent de toutes parts. Et pendant que des écoles nouvelles de nature diverse couvrent la surface de la terre, la littérature de l'éducation s'enrichit d'une multitude de livres de théorie ou de pratique scolaire.

Il ne saurait être question de présenter ici, dans les quelques pages d'un chapitre de conclusion, le tableau complet de ce mouvement pédagogique, si intense et si intéressant. Il faut se borner à en signaler les points essentiels.

Le mouvement pédagogique en France. — C'est surtout dans le domaine de l'enseignement primaire que les trente dernières années ont été fécondes pour l'éducation française.

La troisième République a repris, en les élargissant encore, les idées de la Révolution de 1789. Elle a réalisé ce que les hommes de la fin du xviiie siècle avaient rêvé.

Elle a multiplié les écoles ; elle a revendiqué les droits de l'État enseignant ; elle a supprimé l'enseignement congréganiste ; elle a établi un large système d'instruction primaire, sur la triple base de la gratuité, de l'obligation et de la laïcité.

La gratuité et l'obligation de l'école primaire. — Pour la gratuité, on a été assez aisément d'accord ; on a vite compris que l'établissement des écoles élémentaires, où un minimum d'instruction serait offert gratuitement à tous les enfants de la nation, était une véritable dette sociale.

La gratuité, d'ailleurs, était le corollaire nécessaire de l'obligation. Mais ce n'est pas sans peine que le gouvernement républicain a réussi à faire passer dans les lois ce second principe. Il a fallu qu'un grand ministre, Jules Ferry, déployât une admirable énergie pour arracher au Parlement, en 1881, le vote de l'obligation. Il a été secondé, d'ailleurs, par un pédagogue éminent, alors directeur de l'instruction primaire, M. Ferdinand Buisson, qui a incontestablement contribué, plus que personne, à l'organisation nouvelle, on pourrait dire à la création de l'enseignement primaire français.

Jean Macé (1815-1894). — Un mouvement d'opinion avait d'ailleurs préparé le succès, et ce mouvement était dû surtout à l'infatigable propagande de Jean Macé. Si Edgar Quinet, dans son beau livre de *L'Enseignement du peuple* (1850), et plus récemment, Paul Bert, ont été les apôtres de la laïcité, Jean Macé a été l'apôtre de l'obligation. Préoccupé, avant tout, d'éclairer le peuple, de faire l'instruction universelle, alors que le suffrage était lui aussi universel, convaincu qu'il était nécessaire d'associer l'émancipation intellectuelle à l'émancipation politique, il a consacré toute sa vie à une cause qui lui semblait liée à l'avenir du pays et au maintien des institutions démocratiques. Il a agi par la parole et par la plume. Il a prêché son évangile sur tous les points du territoire. Il pourrait disputer à Horace Mann le titre de « roi des conférences ». Enfin, il a fondé la *Ligue de l'Enseignement*, qui a joué un rôle si important dans les progrès de l'éducation populaire, et dont on a pu dire justement qu'elle était comme « un comité d'initiative auquel l'état enseignant demandait des inspirations (1). »

La laïcité. — C'est peu à peu et péniblement que le troisième terme de notre devise scolaire, la laïcité, est devenu une réalité. En 1881, on avait laïcisé les programmes scolaires, en substituant l'instruction civique et morale à l'instruction religieuse. En 1886, on a laïcisé le personnel, en édictant que les écoles publiques ne seraient plus confiées, avec certains délais, qu'à des instituteurs et à des institutrices laïques.

Une loi plus récente (7 juillet 1904) a consacré la marche ascendante de l'esprit laïque, en supprimant les congrégations enseignantes.

Et il est à remarquer qu'en d'autres pays aussi se manifeste le même mouvement, qui tend, de plus en plus, à proclamer l'indépendance de la société civile, à laïciser l'État, et à séparer l'école de l'Église. Dans la pieuse Angleterre, elle-même, le Parlement discute, en ce moment, un *Education Bill*, qui aspire à affranchir l'enseignement de la tutelle de l'Église anglicane, et qui, sans exclure de l'école l'instruction religieuse, la rend du moins facultative.

Henri Marion (1846-1896). — A l'œuvre de la réorganisation de notre enseignement national à ses trois degrés, primaire, secondaire et supérieur, ont collaboré un grand nombre d'hommes éminents, dont les noms méritent d'être inscrits dans le livre d'or de l'histoire de l'éducation. Plusieurs sont encore vivants : nous ne parlerons que des morts.

Henri Marion a occupé avec éclat, à la Sorbonne, la première chaire de *Science de l'éducation* qui ait été créée en France. Il a collaboré à l'enseignement de la

---

(1) Voyez dans la collection *Les Grands Éducateurs*, l'étude que nous avons consacrée à Jean Macé. (Paris, Paul Delaplane.)

psychologie et de la morale, à l'école normale supérieure de Fontenay-aux-Roses, et les leçons, qu'il y a données, animées d'un spiritualisme très ferme et très large, ont été recueillies dans des ouvrages devenus classiques : *Leçons de morale, Leçons de psychologie appliquée à l'éducation*. Par d'autres écrits, notamment par son livre intitulé l'*Éducation dans l'Université*, Henri Marion a contribué à faire introduire dans nos établissements scolaires une discipline plus libérale, plus favorable à l'éducation du caractère.

Gréard (1828-1903). — Gréard est de tous les pédagogues de la fin du xix° siècle celui qui a tenu la plus grande place dans l'Université de France. Comme directeur de l'enseignement primaire de la Seine, il a organisé les écoles de Paris sur un plan tout nouveau ; il a multiplié à l'adresse des instituteurs les instructions et les avis, avec autant de sagesse que de fermeté ; il a établi la division des trois cours, élémentaire, moyen et supérieur ; il a mérité enfin que Jules Ferry l'appelât publiquement « le premier instituteur de France ». Mais comme recteur de l'Académie de Paris, comme membre du Conseil de l'Université, Gréard a participé aussi, avec une remarquable distinction, à toutes les innovations qui ont réformé et transformé notre système scolaire. Penseur avisé et fin, administrateur habile et d'une rare activité, il a été comme le Rollin du xix° siècle (1).

Félix Pécaut (1828-1898). — Félix Pécaut n'a été ni un administrateur, comme Gréard, ni un théoricien de l'éducation ou un professeur, comme Marion : il n'en a pas moins exercé sur l'éducation de notre pays une influence profonde. En apparence limitée à l'instruction des femmes son action s'est étendue, et elle a rayonné dans l'instruction des hommes. Et bien qu'il n'ait officiellement agi, comme fondateur et directeur de l'école normale de Fontenay-aux-Roses, que dans le

(1) Voir surtout les 4 volumes intitulés *Éducation et Instruction*. Paris 1887.

domaine de l'enseignement primaire, les autres degrés de l'enseignement ont profité de ses leçons. On doit le considérer surtout comme un initiateur moral, un éducateur de la conscience. Avec lui, l'école de Fontenay est devenue, dès le premier jour, un foyer de vie morale plus encore qu'un centre d'études. Il a été un maître incomparable dans l'art d'exciter les consciences et d'inspirer l'amour du devoir. « L'éducation morale, disait-il, est moins une série de vérités à démontrer qu'une longue suite d'influences à exercer. » Ajoutons qu'aux yeux de Pécaut la conscience était l'interprète de Dieu. Ce philosophe laïque n'excluait pas de l'éducation le sentiment religieux : il s'efforçait de le faire sortir de la conscience même, par le recueillement et la méditation. Si l'expérience doit réussir d'une éducation morale vraiment efficace, qui soit exclusivement scientifique et fondée sur des principes positifs, et d'où seraient éliminées, non seulement les croyances des religions positives, mais toutes les idées religieuses, il faut reconnaître qu'elle n'a pas été tentée à Fontenay sous la direction de Pécaut (1). ●

J.-M. Guyau (1854-1888). — Guyau a été un penseur remarquable qui, dans sa trop courte vie, a touché à bien des sujets avec autant d'originalité que de profondeur. Sans être un pédagogue de profession, il a laissé un ouvrage, qui n'a été publié qu'après sa mort, *Éducation et Hérédité*, dont l'importance peut être démontrée par ce seul fait que deux chapitres de ce livre ont été inscrits au programme de l'examen de l'inspection primaire. Il y aborde, avec une variété agréable, la plupart des questions scolaires ; il y combat la méthode suivie par le comte Tolstoï dans ses « écoles anarchistes » ; la théorie de Herbert Spencer sur les « réactions naturelles » substituées à tout autre mode de punition ; il y démontre la nécessité de

---

(1) Voyez dans la collection *Les grands Éducateurs* l'étude sur Félix Pécaut.

l'enseignement esthétique, et celle de l'enseignement civique. Il étudie encore le problème de l'hérédité et se demande si le but de l'éducation est d'établir « l'automatisme de l'hérédité », ou de susciter « la liberté de la conscience ». Et dans ces diverses études il fait preuve de pénétration, de finesse, et aussi d'un sentiment élevé, poétique, comme le montreront ces quelques lignes :

« C'est dans la paternité seule, mais dans la paternité complète, consciente, c'est-à-dire dans l'éducation de l'enfance, que l'homme en vient à sentir tout son cœur. Oh ! le bruit des petits pieds de l'enfant ! ce bruit léger et doux des générations qui arrivent, indécis, incertain comme l'avenir ! L'avenir, c'est nous qui le déciderons peut-être, par la manière dont nous aurons élevé les jeunes générations... »

L'éducation des femmes. — En créant l'école normale supérieure d'institutrices de Fontenay-aux-Roses, à laquelle correspond, pour la formation des professeurs-hommes de l'enseignement primaire, l'école normale supérieure de Saint-Cloud ; en multipliant le nombre des écoles normales primaires de filles, — une par département, — et celui aussi des écoles primaires supérieures, spéciales au sexe féminin, le gouvernement de la République a beaucoup fait pour l'enseignement du peuple. Mais il n'a pas négligé non plus l'enseignement secondaire des jeunes filles. Cet enseignement est maintenant une fonction de l'État, depuis qu'il a été institué par la loi du 21 octobre 1880, celle qui mérite bien d'être appelée du nom de son promoteur, *la loi Camille Sée*. Constituer une Université féminine, organiser pour les jeunes filles une éducation nationale, en fondant à leur usage des établissements publics, analogues aux lycées et aux collèges de garçons, c'était une grande nouveauté, et cela pouvait paraître une grande hardiesse. Jusque là, l'enseignement secondaire des femmes existait à peine ; il n'était donné, avec des méthodes routinières, des programmes étroits et dans un esprit arriéré, que dans les couvents et les pensions privées.

La loi de 1880 a modifié heureusement cet état de choses : elle a été une mesure tout à fait conforme aux principes de la société moderne, un hommage rendu à la fois aux droits de la femme et à la nécessité de l'instruction.

Le succès, d'ailleurs, a couronné l'entreprise. D'année en année, depuis 1880, la clientèle des lycées et collèges de jeunes filles n'a cessé de s'accroître. D'année à année augmente aussi le nombre des lycées et des collèges, successivement créés pour répondre au vœu des familles, dans les villes où il n'en existait pas encore. Et il est important de remarquer que ce mouvement de faveur pour les établissements spéciaux aux filles est en complète contradiction avec le mouvement inverse qui triomphe aux États-Unis, et qui tend à y supprimer les écoles exclusivement féminines, pour réunir les filles et les garçons sur les mêmes bancs, sous le régime de la coéducation.

L'enseignement supérieur des femmes a fait aussi de grands progrès. Toutes les universités françaises leur sont ouvertes. Et la femme docteur en droit, docteur en médecine, n'est plus une rareté chez nous.

L'éducation scientifique. — La lutte n'a point cessé entre les humanistes et les réalistes, entre les partisans des lettres classiques et les champions de l'éducation scientifique, de l'instruction positive. Sans doute, il est à espérer que l'avenir ne sacrifiera pas l'un à l'autre deux éléments également indispensables de l'éducation humaine ; les lettres, dont Lamartine disait en 1837 : « Sans les lettres, l'humanité périrait », et les sciences, dont l'étude est de plus en plus nécessaire dans notre société contemporaine. Stuart Mill était dans le vrai, lorsque, en 1866, il s'écriait avec une vivacité familière : « Demander si c'est aux langues ou aux sciences qu'il faut faire appel pour organiser l'éducation générale, cela équivaut à rechercher si les peintres doivent être dessinateurs ou coloristes ; si un tailleur doit faire des habits ou des pantalons : pourquoi pas les deux ? répondrai-je. » Les dernières réformes, accomplies en

1902 dans notre enseignement secondaire français, et qui ont établi quatre sections d'études distinctes et parallèles, une sorte de *quadrivium* moderne, ont été précisément un effort pour concilier les deux tendances, pour maintenir, en les associant, dans des proportions diverses, la culture littéraire et la culture scientifique.

Il faut constater cependant que les ambitions de l'éducation par la science grandissent chaque jour. En France, M. Berthelot insiste sur la « nécessité d'habituer de bonne heure les enfants aux conquêtes et aux méthodes scientifiques, l'enseignement classique devant, de plus en plus, être réservé à une minorité ». Renan, lui-même, n'a-t-il pas déclaré que « les recherches de la science ne doivent plus être abandonnées aux seuls amateurs, aux seuls curieux ». En Angleterre, Lubbock a affirmé que « l'éducation scientifique est une nécessité nationale ». Et Darwin, d'accord avec Herbert Spencer, dans la question de l'éducation comme dans celle de l'origine des espèces, appréciait en termes violents l'instruction classique des collèges anglais, notamment celle de Rugby : « Personne, disait-il, ne peut mépriser plus sincèrement que moi la stupide éducation stéréotypée d'autrefois... »

La pédagogie anglaise. — Les compatriotes de Darwin ne s'associent pas, en général, au jugement sévère que Darwin portait sur la *Rugby School*, qui, on le sait, a eu pour recteur pendant quatorze ans, le célèbre pédagogue Thomas Arnold (1795-1842). Il y a laissé vivante l'empreinte de son esprit classique et chrétien. Et voici ce qu'on pouvait écrire, il y a quelques années encore, sur l'influence d'Arnold.

« Il ne peut être question d'éducation en Angleterre, sans que le nom de Thomas Arnold soit prononcé. Après quarante-cinq ans, sa mémoire est encore vénérée comme au premier jour : on peut même dire qu'elle l'est davantage. Car on a mieux compris, à mesure que le temps s'écoulait, la grandeur de ses vues, la sagesse de ses réformes, et on a mieux obéi à l'impulsion qu'il avait donnée. Arnold avait véritablement le génie de l'éducation. Comme il s'entendait bien à conduire les enfants

à les façonner, à en faire des hommes! En peu de temps, et quoiqu'il eût commencé à mécontenter tout le monde par des
réformes impopulaires, quand il fut nommé, en 1828, *head-master*
à Rugby, il devint à tel point l'idole de ses élèves qu'ils se
fussent jetés au feu pour lui plaire... Et lorsque la mort vint
pour lui, prématurée et inopinée, ce fut une stupeur, un anéan-
tissement. Le monde scolaire allait-il continuer à vivre, à présent
qu'Arnold ne l'animait plus ?... »

Le traditionalisme n'a donc point perdu ses droits
dans la conservatrice Angleterre. Les idées neuves et
parfois hardies de Herbert Spencer ont eu beaucoup
moins de succès dans sa propre patrie que dans les pays
étrangers. Nous n'avons pas d'autre fait important à
signaler, dans l'histoire contemporaine de l'éducation
chez nos voisins et amis d'outre-Manche, que l'effort
qu'ils font actuellement pour libérer l'école primaire de
la domination de l'Église, notamment en modifiant la
composition des *Comités d'éducation*, tels que les a
constitués, après les Bills de 1870 et 1876, la dernière loi
scolaire de 1902, qui, sur les six membres qui composent
ces comités, exige que quatre appartiennent à l'Église
anglicane. Notons pourtant l'attention que les psy-
chologues anglais accordent à la psycho-pédagogie,
en rappelant que M. James Sully a publié récemment,
sous ce titre *Études sur l'enfance*, un recueil précieux
d'observations sur la mentalité du premier âge.

Robert Hebert Quick (1831-1891). — L'histoire de
l'éducation a inspiré aussi des études remarquables à
un auteur anglais, digne de mémoire, R. H. Quick.
Très informé de tout ce qui a été écrit sur la pédagogie,
dans le passé comme dans le présent, il a fait paraître
en 1874, ses *Essays on educational Reformers* où
sont successivement exposées les conceptions pédagogiques des Jésuites, d'Ascham, de Montaigne, de Ratich,
de Milton, de Coménius, de Locke, de Rousseau, de
Basedow, de Pestalozzi, et enfin de Herbert Spencer.
L'ouvrage se termine par les réflexions personnelles de
l'auteur sur différentes questions d'enseignement et
d'éducation. Professeur à Harrow et dans d'autres

collèges, R. H. Quick s'est surtout préoccupé, en dehors de ses recherches historiques, de l'éducation des maîtres. Il voulait avec raison, qu'ils fussent avant tout des éducateurs, et il n'hésitait pas à préférer le *schoolman*, le professionnel, au *scholar*, à l'homme de science (1).

L'éducation démocratique. — Le défaut général de la pédagogie anglaise, c'est qu'elle a d'ordinaire un caractère aristocratique. Pour Herbert Spencer, pour Bain, comme au xviie siècle pour Locke, il ne s'agit guère que de l'éducation des *gentlemen*. C'est en Amérique, — et, ajoutons-le, en Suisse, — qu'il faut aller chercher l'inspiration de la pédagogie démocratique et de l'éducation populaire. C'est à Channing (1780-1842), à Horace Mann (1796-1859), que remontent surtout les origines du progrès de l'instruction aux États-Unis. Channing a été avant tout un moraliste, un prédicateur évangélique. Il associait le sentiment religieux à la raison philosophique. Les plus intéressants de ses écrits sont les lectures publiques qu'il fit à Boston en 1838, et qui ont pour objet l'éducation des classes laborieuses et aussi l'éducation qu'on se donne à soi-même (2). Ses tendances démocratiques ressortent avec force de passages tels que ceux-ci :

« Quand je considère la puissance de l'esprit, je ne me laisse pas décourager par cette objection que l'ouvrier, si on le pousse à user son temps et son énergie pour élever sa pensée, mourra de faim et appauvrira le pays. La plus grande force de l'univers, c'est l'esprit.... Ce n'est pas tant la force brutale, l'effort matériel qui fait la puissance de l'homme en ce monde, que l'art, l'habileté, l'énergie morale et intellectuelle...

« Je trouve peu de différence, sous le rapport de la dignité, entre les diverses occupations des hommes. Quand je vois un

(1) C'est R. H. Quick qui a aussi tiré de l'oubli, en le rééditant, l'ouvrage curieux de Richard Mulcaster, le premier *Headmaster* de l'école des marchands tailleurs de Londres, école fondée en 1561.

(2) V. Channing, *Œuvres sociales*, publiées par M. E. Laboulaye Paris 1866.

commis passant ses journées à additionner des chiffres, un caissier comptant de l'argent, un marchand vendant des souliers, cela ne me semble pas plus respectable que de fabriquer du cuir ou des meubles. L'homme des champs me semble avoir, dans son travail, plus de chances de perfectionnement que celui qui vit derrière un comptoir, ou qui fait courir sa plume. C'est la marque d'un esprit étroit que de s'imaginer, comme on paraît le faire, qu'il y a incompatibilité entre l'extérieur simple et rude de l'ouvrier et la culture de l'esprit. L'ouvrier, sous sa poussière et sa sueur, porte en lui les grands éléments de l'humanité, et il peut en développer les plus nobles facultés. Je ne doute pas que la contemplation de la nature et la lecture des œuvres de génie n'éveillent un enthousiasme aussi vrai sous un vêtement de bure que sous un habit brodé... »

Horace Mann a connu les nobles passions de son ami Channing. Mais il n'a pas été seulement, comme lui, un penseur et un orateur puissant. Il a eu ce rare mérite de joindre à une ardeur enthousiaste les qualités de l'homme pratique et de l'organisateur habile et fort (1). Sans doute, il a eu la bonne fortune d'arriver à propos, alors qu'un mouvement général entraînait les bons citoyens de son pays et les portait à comprendre la nécessité de l'éducation du peuple, les bienfaits de l'instruction. Mais ce mouvement, il l'a créé en partie ; il l'a accéléré par sa propagande incessante. Il a fondé les premières écoles normales de l'Amérique. Il a ouvert des bibliothèques scolaires. Il n'a pas travaillé seulement pour son pays : il a agi pour l'humanité entière. Il a travaillé pour la démocratie universelle, quand il écrivait le discours *Sur la nécessité de l'éducation sous une République;* quand il disait : « Dans une République l'ignorance est un crime » ; ou encore quand il adressait, quelques heures avant de mourir, à ses élèves du collège d'Antioche ces suprêmes paroles : « Ayez honte de mourir avant d'avoir gagné quelque victoire pour l'humanité. » Il n'a pas sans doute édifié une théorie, un système philosophique de l'éducation : mais il a, ce qui

(1) Voyez, dans la collection *Les Grands Éducateurs: Horace Mann et l'école publique aux États-Unis.*

vaut mieux encore, formé des maîtres et créé des écoles. Par son exemple, par sa prédication enflammée, il a communiqué à ses compatriotes sa foi pédagogique ; il a été l'initiateur de ce qu'on a appelé la Renaissance de l'école américaine.

La pédagogie des États-Unis. — La pensée d'Horace Mann n'a pas cessé d'inspirer les éducateurs et les organisateurs de l'instruction populaire aux États-Unis. Il voulait la maison d'école confortable, hygiénique, élégante même : et l'Amérique du Nord s'est couverte de palais scolaires. Il voulait l'école gratuite, l'école obligatoire : et on ne voit plus aux États-Unis de ces écoles publiques payantes qu'il appelait « les stigmates de la civilisation ». D'autre part, de vigoureux efforts sont faits pour que l'obligation scolaire ne soit plus un vain mot, et certains États de l'Union refusent le droit de suffrage aux illettrés. Il voulait l'école commune, la *common school*, universelle, fréquentée par les enfants les plus riches comme par les plus pauvres, afin que s'effaçât peu à peu le préjugé aristocratique qui sépare, dans des établissements distincts, les enfants d'un même peuple, et qui interdit aux fils de la bourgeoisie de s'asseoir sur les mêmes bancs que les fils des laboureurs et des ouvriers. Ne pas envoyer ses enfants à l'école commune, sous prétexte que l'on est riche et qu'elle est ouverte gratuitement à tous, cela lui paraissait être « une trahison envers la démocratie ». Et de ce côté aussi, quoique encore incomplet, le progrès est sensible. Il répugnait à introduire dans l'école un enseignement religieux positif, estimant que l'enseignement des dogmes était « un despotisme » de la part des maîtres, et une « servitude » pour les enfants. Il n'admettait la lecture de la *Bible* qu'à la condition qu'elle ne fût accompagnée d'aucun commentaire ; et il était bien près de comprendre la nécessité d'une école absolument non-confessionnelle. Et malgré que l'Amérique, dans la diversité de ses sectes, soit restée plus fidèle que certains peuples d'Europe à sa foi religieuse, il se trouve aujourd'hui nombre d'éducateurs américains qui vont plus loin que Mann lui-même, et qui sont disposés à exclure complètement la *Bible* de l'école. « S'il y a des enfants qui ne veulent pas lire la *Bible*, disent-ils, la *Bible* ne doit plus être inscrite au programme des écoles. »

La coéducation des sexes. — Une idée chère à Horace Mann était celle de la coéducation des sexes. Il l'avait appliquée avec succès dans quelques-unes des écoles normales fondées par lui au Massachussetts; et au collège d'Antioche il disait : « La coéducation est ici notre grande expérience. » Sur ce point aussi, les États-Unis se sont conformés à la pensée du plus illustre de leurs pédagogues. La coéducation triomphe aux États-Unis, où elle est devenue la règle presque universelle, non seulement dans les écoles élémentaires, mais dans les écoles primaires supérieures, les *high schools*, qui dans ces vingt dernières années, ont pris un si grand essor (1), et aussi dans les collèges d'enseignement secondaire, comme dans les Universités. Sans doute, elles rencontrent encore quelques opposants, qui font valoir que l'égalité des sexes ne supprime pas la différence des aptitudes, ni la diversité des destinations dans la vie ; que des études identiques ne conviennent pas à la femme et à l'homme ; que l'intensité du travail cérébral et le surmenage scolaire peuvent altérer la santé des jeunes filles et les rendre impropres aux devoirs de la maternité. Mais bien que ces objections aient leur force, il ne semble pas qu'elles puissent arrêter la marche triomphante de la coéducation aux États-Unis.

L'enseignement par les femmes. — Une autre idée, chère à Horace Mann, celle de l'enseignement donné de préférence par les femmes, a fait son chemin, elle aussi. A l'heure qu'il est, dans certains États de l'Union, la proportion des institutrices est de 11 contre

(1) En 1880, il n'y avait aux Etats-Unis que 800 *high schools*: en en compte aujourd'hui plus de 6000, avec 500 000 élèves, 200 000 garçons environ et 300 000 filles.

4 instituteur. Les circonstances ont d'ailleurs favorisé le progrès de cette innovation. Pendant la guerre de la Sécession, de 1861 à 1865, la plupart des hommes étaient retenus sous les drapeaux par leurs devoirs militaires ; il fallut, pour diriger les écoles, faire appel au concours des femmes ; et cette habitude une fois prise, on s'y est tenu, on y persévère, et on trouve toute sorte de raisons pour la justifier. Notons qu'en Allemagne aussi on a fait récemment campagne pour que les écoles de filles, tout au moins, fussent confiées à des mains féminines ; ce qui n'est pas d'ailleurs sans provoquer de vives réclamations de la part des instituteurs hommes (1).

Henry Barnard (1811-1901). — Henry Barnard est un des représentants les plus marquants de la pédagogie américaine. C'est de lui qu'Horace Mann disait vers 1850 : « Si l'on veut trouver un homme plus capable, il faut attendre la prochaine génération. » Il a été surintendant des écoles dans divers États, président de collège, enfin commissaire de ce *Bureau d'éducation* de Washington, qui est presque un ministère de l'instruction publique, qui est tout au moins un office d'information, et dont le chef actuel, M. Harris, a rendu des services si distingués à la cause de l'éducation (2). La carrière de Henry Barnard offre de grandes analogies avec celle d'Horace Mann. Comme lui, il a créé des écoles normales, dirigé des journaux pédagogiques ; il a publié pendant quarante ans l'*American journal of Education*, véritable encyclopédie pédagogique, au point de vue de l'histoire aussi bien qu'au point de vue de la doctrine ; il a prêché avec la même foi profonde l'évangile de l'éducation du peuple, et si Mann s'est occupé de la réforme des asiles

(1) Au Congrès tenu en juin 1906 à Berlin, les instituteurs allemands ont manifesté en sens inverse : ils ont voté une résolution qui conteste aux institutrices la capacité nécessaire pour diriger même les écoles de filles, et qui y réserve aux hommes le rôle prépondérant.

(2) M. Harris s'est démis de ses fonctions en 1906.

d'aliénés, Barnard, lui, a travaillé à la réorganisation
des prisons, des institutions d'aveugles et de sourds-
muets. Les pédagogues américains ont toujours étendu
leur sollicitude aux infirmes, aux anormaux, aux
déshérités de la nature.

Si l'Amérique du Nord offre au monde depuis un demi-
siècle l'admirable spectacle d'une organisation scolaire
puissante, qui peut servir d'exemple aux autres nations,
les républiques de l'Amérique du Sud lui restent bien
inférieures, malgré leurs efforts. Elles peuvent cependant
revendiquer au moins un nom illustre, celui de D.-F.
Sarmiento, qu'on a appelé l'Horace Mann de la République
Argentine. Plus récemment, les pédagogues européens
ont suivi avec intérêt les travaux du Docteur Berra,
qui, dans l'Uruguay, a préconisé des réformes dont
M. Dittes, le célèbre pédagogue de Vienne, a pu dire :
« Des réformes aussi radicales ne sont possibles que sur
le terrain vierge des républiques sud-américaines. »

La pédagogie allemande. — Horace Mann a
célébré jadis les grandes qualités des instituteurs allemands de son temps. Il estimait, que de toutes les écoles
qu'il avait visitées en Europe, celles de l'Allemagne
étaient les meilleures. Les Américains, de nos jours,
n'ont pas renoncé à admirer la pédagogie allemande.
Herbart a trouvé aux États-Unis des disciples enthousiastes. M. Harris est allé jusqu'à dire : « Il y a aujour-
d'hui plus d'adhérents à la pédagogie de Herbart en
Amérique qu'en Allemagne même. »

L'Allemagne en compte cependant, elle aussi, un
grand nombre. Et c'est depuis quarante ans surtout,
longtemps après la mort de Herbart, que l'herbartianisme
est devenu, pour un grand nombre de ses compatriotes,
une sorte de religion pédagogique. C'est par millions
que l'on compte en Allemagne, — et en Suisse aussi (1)

___

(1) M. Guex, directeur des écoles normales de Lausanne et
professeur de pédagogie à l'université de la même ville, est un
Herbartien pratiquant. Il s'inspire, d'ailleurs, des pédagogues français et vient de publier une *Histoire de l'éducation et de l'instruc*

— les écoles où des instituteurs convaincus appliquent les méthodes de Herbart. Des pédagogues de renom, Ziller (1817-1883), Stoy (1815-1885) ont adopté, en l'interprétant chacun à sa manière, la doctrine du maître, et ils ont popularisé ses méthodes. Stoy a fondé à Iéna un séminaire pédagogique, qui, aujourd'hui encore, sous la direction du célèbre M. Rein, prospère et réunit un très grand nombre d'élèves.

Mais la pédagogie allemande n'est cependant pas tout entière inféodée à l'influence de Herbart. L'Allemagne reste une des terres classiques de la pédagogie. On sait quelle part a été attribuée à ses instituteurs dans les victoires de la Prusse et des autres États d'outre-Rhin. Ce qui ne saurait être contesté, c'est l'organisation solide, et qui date de loin, de l'enseignement primaire allemand. Sur un point, au moins, cette organisation est supérieure à la nôtre : nos œuvres post-scolaires, quelque ardeur qu'on ait mise à les développer depuis quelques années, dans les cours d'adultes, dans les conférences et les universités populaires, dans les associations amicales d'anciens élèves, ne sauraient être comparées avec l'institution régulière des *écoles de perfectionnement*, écoles de continuation, qui font suite aux écoles primaires, et qui sont obligatoires en Saxe depuis 1883.

Pendant la fin du xixe siècle, quelques noms émergent dans la foule des pédagogues allemands. Nous citerons Frédéric Dittes (1829-1886), le directeur du *Pédagogium* de Vienne, dont les idées se rapprochent de celles de Diesterweg et sont en opposition avec celles de Herbart : Charles Kehr (1830-1885), qui a publié entre autres livres la *Pratique de l'école populaire*, dont le succès a été considérable. Mentionnons aussi une femme, dont la brillante carrière n'est pas achevée, Mme Hélène Lange

tion où nous avons eu le plaisir de retrouver un grand nombre des idées et des faits que nous avons exposés depuis longtemps dans notre *Histoire de la pédagogie* et dans la collection *Les Grands éducateurs*

qui a fondé en 1880 l'*Association générale des institutrices allemandes*, qui a ouvert aussi à Berlin, en
1899, un gymnase féminin d'études secondaires, et qui,
d'une manière générale, s'est consacrée à l'émancipation intellectuelle de la femme et à la défense de ses
droits.

On a, maintes fois, essayé de définir les caractères
généraux de la pédagogie allemande, et, par exemple,
on a affirmé que le secret de sa prospérité, des services
qu'elle rend et des progrès qu'elle accomplit, est en
dernier ressort dans son enseignement supérieur (1).
Les Universités allemandes jouent, en effet, un rôle
important dans la formation des professeurs de *gymnase* et aussi des maîtres d'école. Mais ce qui distingue
encore la pédagogie allemande, c'est qu'elle est
passionnément nationale : les compatriotes de Fichte
ont entendu l'appel que l'illustre philosophe leur
adressait en 1807, dans ses *Discours à la nation
allemande*; et, de plus en plus, la jeunesse germa-
nique est élevée dans les sentiments patriotiques,
dans le culte de la *Faterland*. En second lieu, une
tendance s'est manifestée depuis longtemps dans les
divers États de l'Allemagne, en faveur des études
modernes, distinctes des vieilles humanités classiques.
Les écoles *réales* y sont depuis longtemps en faveur, et
le geste récent de l'Empereur contre les études gréco-
latines n'a pu qu'encourager les ambitions des *réalistes*
contre les humanistes.

La pédagogie italienne. — La patrie de Victorin
de Feltre n'est pas restée en arrière dans le mouvement
pédagogique contemporain. Les traditions de l'éducation
catholique ont inspiré au XIXᵉ siècle des hommes tels
que Rosmini (1797-1855), Rayneri (1816-1867), et
d'autres encore. Mais l'esprit moderne a soufflé aussi
sur les pédagogues italiens; et longue serait l'énumé-

(1) *La Pédagogie de l'Allemagne du Nord*, par G. Dumesnil,
Paris, 1885.

ration de tous les théoriciens et praticiens de l'éducation, qui ont, à des degrés divers, contribué en ce pays au progrès des idées et des œuvres scolaires. Nous ne pouvons citer que quelques noms : Lambruschini, (1788-1873), Tommaseo (1802-1874) et encore Domenico Berti, Paolo Vecchia, Francesco Bravi, Pietro de Nardi, Francesco Veniali, Marcello Zaglia, Pitagora Conti; toute une légion d'éducateurs et d'écrivains dont chacun, par ses études théoriques, pratiques ou historiques, a apporté sa pierre à la construction de l'édifice pédagogique.

Pierre Siciliani (1832-1885). Parmi eux, nous ne distinguerons que Siciliani, professeur de philosophie et de pédagogie à l'Université de Bologne, qui a écrit un grand nombre d'ouvrages sur l'éducation, entre autres *l'Histoire critique des doctrines de l'éducation, la Révolution et la pédagogie moderne, la Pédagogie scientifique en Italie*, etc. C'est par ses leçons aussi, et par les exercices pratiques qu'il avait institués à Bologne que son action s'est exercée. Sur sa tombe, l'illustre Giosué Carducci s'écriait : « Ils venaient, maîtres et maîtresses, de toutes les Romagnes et de la province de Ferrare, des collines de Vérone, des plaines de Mantoue, par les matinées glaciales de janvier, sous le soleil de juin, ils venaient pour l'entendre, pour travailler sous lui et avec lui... » Très au courant des travaux de la philosophie et de la pédagogie étrangère, notamment de la psychologie expérimentale de l'Angleterre, Siciliani appartenait à l'école positiviste; mais c'était un positiviste indépendant. Il parlait avec respect de la « sainte personnalité humaine » : il croyait au libre arbitre, qui était à ses yeux la question de vie ou de mort de la pédagogie. Ardent apôtre de l'éducation, il disait de la pédagogie que c'était la première des sciences, et la

---

(1) Voir dans la traduction italienne que M. Valdarnini, professeur à l'Université de Bologne, a donnée de notre *Histoire de la pédagogie* (Turin-Rome, 1888), les chapitres qu'il y a ajoutés, pour la compléter, sur *l'Éducazione teorica e pratica in Italia*.

science par excellence du siècle ; et il aspirait à la fonder sur des principes scientifiques.

De combien d'autres pédagogues italiens n'aurions-nous pas à signaler les efforts, si nous pouvions être complet! L'Italie est, après les Etats-Unis et l'Allemagne, le pays où l'on pédagogise le plus. Voici, par exemple, M. Gabelli, qui a publié, sur la *Méthode d'enseignement dans les écoles élémentaires de l'Italie*, un livre intéressant, tout pénétré d'idées modernes, et où sont recommandées les méthodes frœbéliennes, les leçons de choses, tout ce qui exerce les sens et l'esprit d'observation; M. Fornelli qui, dans ses ouvrages sur l'*Instruction obligatoire*, sur l'*Éducation moderne*, etc., se préoccupe surtout de ce que deviendra l'éducation morale dans l'école laïcisée, et qui recommande l'étude d'un « catéchisme moral et politique », fondé sur la science, où le peuple apprendra à la fois ses devoirs et ses droits ; et encore M. Allievo, qui s'est employé surtout à écrire l'histoire de l'éducation.

Dans les autres pays. — Il n'est plus de nation au monde qui ne se préocccupe des questions d'instruction et d'éducation. Une noble émulation s'est emparée de tous les peuples d'Europe pour améliorer leurs institutions d'enseignement; et il faudrait un volume pour rendre compte et des tentatives et des résultats. La Belgique est assurément un des pays où la pédagogie, soit par de savants traités, soit par l'abondance des journaux d'éducation, est le plus cultivée. Il en est de même de la Suisse. L'Espagne elle-même, quoique un peu arriérée encore, s'est éveillée à la pensée pédagogique ; et avec les Giner, les Cossio, l'*Institut libre d'enseignement* de Madrid lui trace des voies nouvelles. Les États Scandinaves ont ajouté de belles pages à l'histoire de la pédagogie, sur des points spéciaux : sur l'enseignement du travail manuel, en Suède, avec Otto Salomon, dans la célèbre école normale de Nääs, et en Danemark avec Clauson-Kaas ; sur la gymnastique, avec le professeur Ling. En Russie, sans parler des idées chimériques et des fantaisies du comte Tolstöi, le Rousseau slave, le gouvernement a procédé à des mesures pratiques en faveur de l'instruction. Par un ukase de 1874, des écoles primaires pour les deux sexes ont été instituées dans les villes et dans un grand nombre de villages. La Finlande rivalise avec les pays les plus civilisés dans l'organisation de ses écoles. La Bulgarie applique avec succès le système de la coéducation. En Autriche fleurissent les jardins d'enfants...

Il n'y a pas jusqu'aux pays Orientaux qui ne participent à l'impulsion générale. Et cette histoire de la pédagogie qui s'est ouverte par une esquisse de l'éducation chez les Hindous, devrait se terminer par une étude sur l'éducation au Japon.

Conclusion. — Le vingtième siècle verra certainement grandir encore la faveur qui, depuis longtemps, s'attache aux études pédagogiques et aux entreprises scolaires. Que de progrès à accomplir ? Combien de questions à discuter et à résoudre ? Les problèmes de l'éducation évoluent et se renouvellent sans cesse avec la marche de la civilisation. Les croyances religieuses s'affaiblissent, les dogmes s'effacent : et il devient nécessaire de rechercher de nouveaux fondements à l'éducation morale. Les progrès de l'industrie transforment la société : et il faut modifier, diversifier l'éducation intellectuelle, pour l'approprier, pour l'adapter à un état de choses qui n'a presque plus rien de commun avec la situation du passé. L'enseignement professionnel et technique, dont il a été trop peu question dans ce livre, se place au premier rang dans les préoccupations des éducateurs. Enfin, l'affaiblissement de la race et la décadence de la natalité donnent plus d'importance et même une certaine acuité aux questions d'éducation physique, et l'on voit des congrès internationaux se réunir pour établir les principes et les pratiques de l'hygiène scolaire.

Les partisans de la théorie de l'évolution semblent

parfois nous annoncer l'apparition prochaine d'une espèce supérieure à la nôtre et appelée à nous supplanter, comme nous avons nous-mêmes supplanté les races inférieures. Nous serions, paraît-il, exposés à rencontrer un jour ou l'autre, « au coin d'un rocher », le successeur de la race humaine. Nous comptons peu sur de pareilles promesses, et la venue de cette fantastique race d'hommes, subitement évoquée par un coup de baguette magique de la sélection naturelle, nous laisse fort incrédule.

Nous connaissons heureusement un moyen plus sûr, pour faire apparaître, non pas une race étrange et jusqu'à ce jour inconnue, mais des générations humaines qui vaillent mieux que la nôtre, qui lui soient supérieures par la force physique, comme par les qualités de l'esprit ou les vertus du caractère. Ce moyen, c'est d'organiser de mieux en mieux, à la lumière de de la raison, une éducation plus large et plus complète, plus sévère à la fois et plus libérale, puisque en même temps elle exigera plus de travail et permettra plus d'essor ; où l'enfant apprendra davantage à compter sur lui-même ; où l'on n'encouragera plus sa paresse, en l'habituant à invoquer mal à propos des secours surnaturels ; où l'instruction ne sera plus un formulaire récité du bout des lèvres, mais une acquisition intime et profonde de l'âme ; où la crainte de la conscience se substituera aux autres règles de conduite, où l'on ne se défiera plus de la pensée et de la libre réflexion ; une éducation peut-être plus religieuse aussi, parce qu'on aura du divin dans le monde une idée plus élevée ; une éducation plus sociale, où tout en développant l'individu, la personne humaine, on ne négligera plus de lui apprendre les devoirs de la solidarité ; une éducation plus scientifique enfin et plus rationnelle, parce que rien n'y sera négligé de ce qui peut développer les âmes humaines et les rapprocher de l'idéal. Or, cette éducation, à laquelle l'avenir appartient, n'est possible, les lois n'en peuvent être établies, les méthodes n'en peuvent être pratiquées qu'à une condition — et nous n'en sommes pas encore là, — c'est que la psychologie, surtout celle de l'enfant et de l'adolescent, soit faite et bien faite.

Il s'en faut que la pédagogie ait dit son dernier mot, et l'humanité périra avant qu'elle cesse de rechercher quelles sont les méthodes les plus efficaces à employer pour améliorer l'homme dans son corps et dans son âme, et pour atteindre la perfection idéale de l'éducation.

FIN.

TABLE ANALYTIQUE

FIN DE LA TABLE ANALYTIQUE.

TABLE DES MATIÈRES

FIN DE LA TABLE DES MATIÈRES.

1109-20. — Corbeil. Imprimerie Crété.

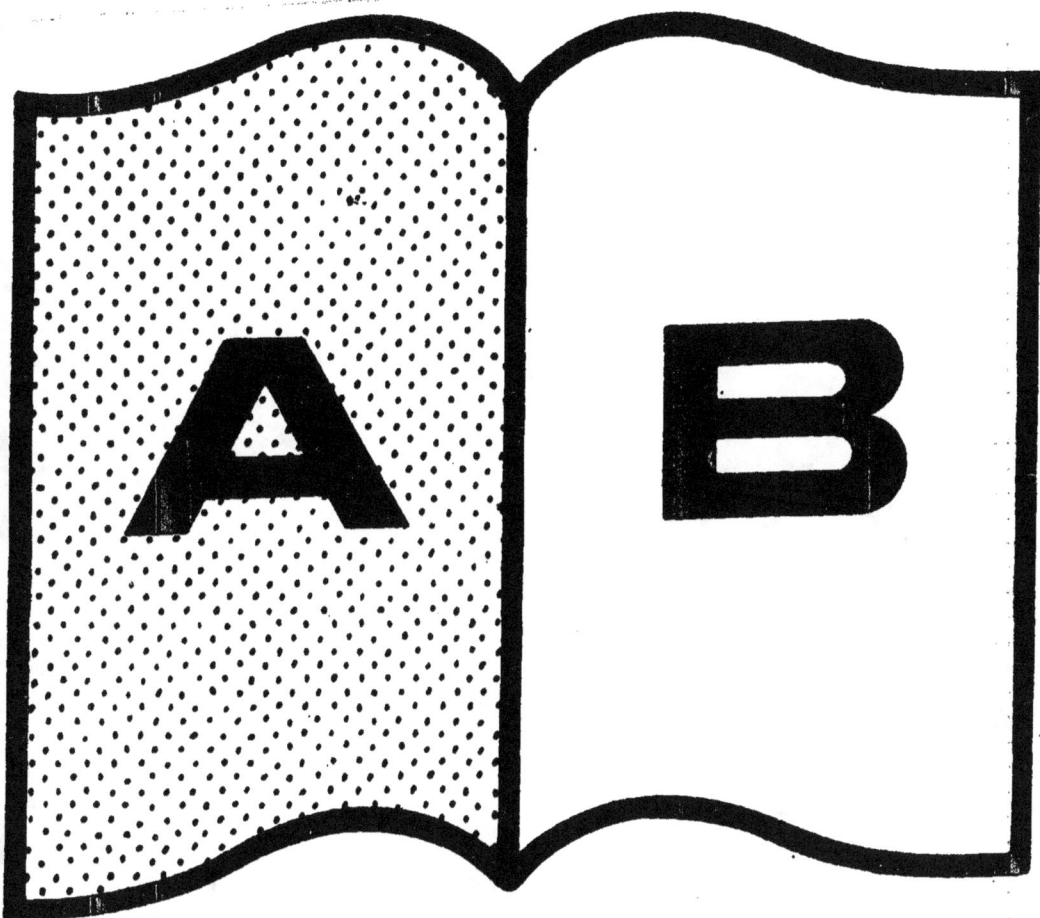

Contraste insuffisant

NF Z 43-120-14

www.ingramcontent.com/pod-product-compliance
Lightning Source LLC
Chambersburg PA
CBHW070628270326

41926CB00011B/1848